D1705757

Friedrich Hechelmanns
Decamerone

FRIEDRICH HECHELMANNS
DECAMERONE

*Die schönsten Erzählungen
aus Boccaccios Meisterwerk –
mit Gemälden von Friedrich Hechelmann*

KNAUR

Editorische Notiz:

Für das vorliegende Buch wurden aus den 100 Novellen des Decamerone 43 ausgewählt. Wo dadurch Brüche im Übergang zwischen den einzelnen Novellen entstanden, wurden diese durch eine behutsame Bearbeitung der Einstiegssätze behoben. Folgende Novellen sind in diesem Buch enthalten, die unwesentlich geänderten Erzählungen sind mit einem Sternchen markiert (Reihenfolge wie im Text): I. Tag: 5.*, 7.* Novelle; II.: 1., 2., 4.*, 5., 6., 10.*; III.: 1., 2., 4.*, 9.*, 10.; IV.: 2.*, 5.*, 6., 7., .8., 9.; V.: 1., 3.*, 4., 6.*, 9.*, 10.; VI.: 2.*, 3., 4., 5., 6., 7., 8., 9.; VII.: 1., 2., 3., 5.*, 6., 7.; VIII.: 2.*, 4.*, 5., 9.*

Copyright © 2004 Knaur Verlag
Ein Unternehmen der Droemerschen Verlagsanstalt
Th. Knaur Nachf. GmbH & Co. KG, München
Ein Projekt der AVA international GmbH,
Autoren- und Verlagsagentur, Herrsching
Alle Rechte vorbehalten. Das Werk darf – auch teilweise – nur
mit Genehmigung des Verlags wiedergegeben werden.
Copyright © 1957 der Übersetzung von Gustav Diezel,
revidiert von Paola Calvino by Manesse Verlag, Zürich 1957
Lektorat: Daniel Oertel
Layout und Umbruch: Michaela Daigl
Einbandgestaltung: ZERO Werbeagentur, München
Einbandabbildung: Friedrich Hechelmann
Druck und Bindung: Appl, Wemding
Printed in Germany
ISBN 3-426-66160-8

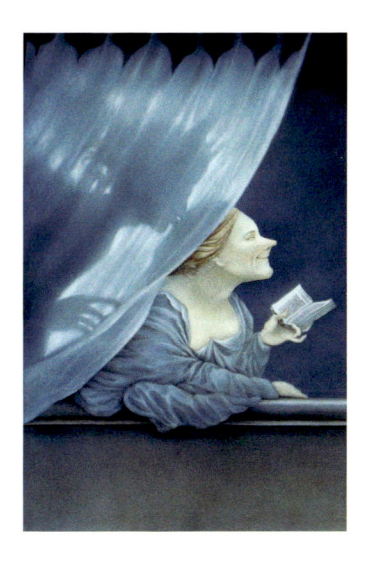

Friedrich Hechelmanns
Decamerone

VORWORT

»In diesen Novellen werden anmutige und verwickelte Liebesfälle und andere glückliche Ereignisse berichtet werden, die sich sowohl in neueren als in den alten Zeiten ereignet haben. Die schon bezeichneten Damen, welche dieses lesen werden, werden aus den ergötzlichen Geschichten, die darin vorkommen, sowohl Unterhaltung als auch nützlichen Rat schöpfen …; und meiner Ansicht nach müssen diese Erzählungen notwendig zur Linderung des Schmerzes beitragen. Wenn dies geschieht (wollte Gott, es geschähe!), so mögen sie der Liebe dafür danken, die mich von ihren Banden befreit und dadurch befähigt hat, zu ihrem Vergnügen beizutragen.«*

Mit diesen Worten beendet Giovanni Boccaccio die Vorrede zu seinem Decamerone. In einer gewissen literarischen Selbstinszenierung wendet er sich mit seinen Erzählungen offensichtlich an Frauen, vor allem an Verliebte oder auch unglücklich Liebende. Doch warum gerade Frauen als Adressaten? Ist es nur rhetorische Galanterie, die ihn dazu bewegt, oder

---

* *S. 9; Giovanni Boccaccio, Der Decamerone. Bd. 1. Übers. V. G. Diezel, revidiert v. Paola Calvino, Manesse Verlag, Zürich 1957. (Auf die einzelnen Novellen wird verwiesen mit römischer Ziffer auf den Erzähltag und der arabischen für die Tagesnummer der Erzählung.)*

gibt es andere, ernsthaftere Gründe? Boccaccio erwähnt in der Vorrede zwei Beweggründe, einen persönlichen: ihm ist selbst in verzweifelter Lage Trost und Hilfe zuteil geworden; und einen in den gesellschaftlichen Verhältnissen seiner Zeit liegenden: das Leben der jungen Frauen wird von außen bestimmt und kontrolliert, anfangs von ihren Vätern und Müttern, später von ihren Ehemännern. Für die Erfüllung eigener Lebenswünsche und Sehnsüchte bleibt den Frauen kaum eine Chance. Sie werden verheiratet; Gefühle und die sich darauf gründende Einwilligung der Frauen sind bei ehelichen Geschäftsverträgen nicht gefragt. Gegen die Unterdrückung der eigenen Lebensimpulse von Frauen mit Hilfe einer rigiden Sozialmoral wendet sich Boccaccio mit allen literarischen, ironischen, satirischen und komödiantischen Mitteln, die ihm zur Verfügung stehen. Er ist sich seiner Sache und Aufgabe ganz sicher: Hier werden natürliche Grundrechte von Menschen verletzt, es werden Frauen daran gehindert, ihr eigenes selbstbestimmtes Leben zu wählen. Doch woher nimmt Boccaccio diese Gewißheit?

Boccaccio gehört zu den frühen humanistischen Pionieren seines Jahrhunderts. Im Jahre 1313 in Paris geboren, entstammt er einer Beziehung, die sein Vater während eines Geschäftsaufenthalts dort mit einer jungen Pariserin eingegangen ist. Nach dem frühen Tod der Mutter nimmt der Vater seinen Sohn zu sich nach Florenz. Hier und im nahen Certaldo wächst der Knabe auf. Der Vierzehnjährige wird nach Neapel geschickt, erst zu einer kaufmännischen, dann zu einer juristischen Ausbildung. Das Studium des kanonischen Rechts interessiert ihn nicht sonderlich, wohl aber die Autoren der Antike. Er liest Vergil, Horaz, Ovid, übt seinen Sprachstil an Plautus, Livius, Cicero, vertieft sich in die philosophischen Theorien Ciceros und Senecas, lernt Griechisch und beschäftigt sich mit Platon und Aristoteles. In Briefform verteidigt er die Betrachtungen Epikurs über Lust und Unlust gegen gesellschaftliche Vorurteile. Im Jahre 1336 verliebt er sich leidenschaftlich in Maria dei Conti di Aquino. Sie ist mit einem neapolitanischen Adligen verheiratet und soll angeblich eine uneheliche Tochter König Roberts von Neapel sein. Wie Dante seine Beatrice, Petrarca seine Laura, so hat Boccaccio seine Geliebte gefunden, die er unter dem Namen Fiammetta poetisch besingt. Sie inspiriert ihn zu Prosa- und Versdichtungen, löst aber nach drei Jahren das Verhältnis auf. Jetzt beginnt für Boccaccio die Leidenszeit eines vergeblich Liebenden, von der er in der Vorrede zum Decamerone spricht und die ihm seiner Ansicht nach die Kompetenz verleiht, unglücklich liebenden Frauen in Solidarität Trost und Rat zu erteilen. Boccaccio kehrt nach Florenz zurück, ist dort als Notar und Richter tätig und begibt sich nach Jahren erneut auf Reisen nach Neapel, Ravenna und Forli. Hier hält er sich auf, als in Italien 1348 die grausame Pestepidemie ausbricht, durch die unzählige Menschen zugrunde gehen und ganze Städte entvölkert werden. In Neapel stirbt seine Fiammetta an der Pest und einige Zeit später sein Vater in Florenz.

Um Boccaccio wird es jetzt ruhiger. Vom Vater erbt er ein Haus in Certaldo, schreibt zwischen 1348 und 1353 an seinem Decamerone und wird ab und an mit diplomatischen Missionen der Stadt Florenz betraut. Im Jahre 1350 erhält er den Auftrag, Petrarca zur Übernahme einer Professur in Florenz zu bewegen; beide verbindet seitdem eine lebenslange Freundschaft. In seinen späteren Jahren widmet sich Boccaccio gelehrten Arbeiten, denkt zwischenzeitlich einmal daran, in ein Kloster einzutreten, distanziert sich von seinem glänzenden Hauptwerk, dem Decamerone, und hält Vorlesungen über Dante. Am 21. Dezember 1375 stirbt er in Certaldo im väterlich erbten Haus.

Das ist in knappem Umriss die Biographie eines frühen Humanisten, dessen Leben sich gleichsam zwischen zwei Epochen abspielt. In seinen jungen Jahren bricht Boccaccio auf in eine Zeit, die sich neu am Lebensverständnis der Antike orientiert. Man hat diese Zeit später »Renaissance« genannt, Wiedergeburt der Antike in der neuen Zeit. Durch sein Studium antiker Autoren gewinnt Boccaccio für sich den Maßstab zur Beurteilung der gesellschaftlichen Zustände seiner Gegenwart. So vermitteln ihm die ethischen und politischen Schriften des Aristoteles, daß zum gelingenden Zusammenleben einer menschlichen Gesellschaft die Respektierung der persönlichen Selbstständigkeit, frei entscheiden zu können, gehört. Von Seneca lernt er die Achtung vor der Natur und allem Natürlichen, wozu auch die sinnliche Liebe gehört. Es ist schädlich, im Widerspruch zur Natur, der eigenen wie der umgebenden, zu leben. Die elementare Bedeutung des ›Eros‹ für die menschliche Lebendigkeit ließ sich den Schriften Platons, insbesondere dem vielgelesenen ›Symposion‹, entnehmen. ›Eros‹ – das ist eine den ganzen Menschen durchdringende und ihn bewegende Kraft, ausgelöst durch die vielgestaltige Begegnung mit dem ›Schönen‹. Über den sinnlichen Charakter der erotischen Faszination konnte man allerdings im einzelnen bei Platon nicht allzu viel erfahren. Da waren die Dichter ergiebiger, allen voran Ovid. Mehr noch als dessen ›Ars amatoria‹ standen die ›Amores‹ (Liebesgedichte), die ›Metamorphosen‹ und die ›Remidia amoris‹ (Heilmittel gegen die Liebe) Pate bei der Entstehung des Decamerone. Die sinnliche Liebe ist nicht allein etwas gänzlich Natürliches im menschlichen Leben, in poetischer Lobpreisung erhebt sie Ovid darüber hinaus zu etwas Göttlichem. Die Geschicke der Liebe werden durch Amor und Venus, die göttlichen Mächte, gelenkt. Konstituierend für die menschlich-göttliche Würde der Liebe sind ihre Freiwilligkeit und die wechselseitige Achtung der Partner, hinzu kommen gegenseitige Rücksichtnahme, Takt und Diskretion. Mit seiner ›Ars amatoria‹, der Liebeskunst, verfolgt Ovid geradezu ein sittlich-zivilisatorisches Ziel: Er möchte zur Kultivierung dieses wichtigen Lebensgebietes der Menschen beitragen. Die rohen Formen animalischer Triebbefriedigung sollen in menschlich-kultivierte Formen der sinnlichen Liebe umgewandelt werden.

Damit ist der geistige Hintergrund charakterisiert, vor dem Boccaccio die Personen seines Decamerone auftreten läßt. Da gibt es die Übeltäter: Das sind die starren, berechnend unbarmherzigen Väter oder die herrschsüchtigen, gewalttätigen Ehemänner; das sind selbstverständlich alle öffentlichen wie privaten Tyrannen, alle, die dogmatisch und ohne Gegenrede über andere bestimmen oder über sie zu Gericht sitzen wollen. Bösewichter sind ebenso diejenigen, die Liebe erzwingen, kaufen oder mit falschen Versprechungen und himmlischen oder irdischen Strafandrohungen ergaunern wollen. Verwerflich erscheinen Boccaccio ebenfalls jene, die Menschen und wiederum gerade Frauen das natürliche Recht auf sinnlich-erotische Liebe absprechen oder unbillig einengen wollen. Das kann dadurch geschehen, daß nichteheliche Sexualität als

Unzucht oder Todsünde verdammt oder die concupiscentia, die sexuelle Begierde – wie bei Augustinus –, zum theologisch zu ortenden Sitz der ›Erbsünde‹ gemacht wird. Gestützt auf seine antiken Autoritäten, lehnt Boccaccio solche Einschätzungen der sinnlichen Liebe ab. Viele Geschichten des Decamerone erzählen von Klerikern, Klosterbrüdern oder Ordensfrauen, die ihre kirchlich abgelegten Keuschheitsgelübde vergessen, sobald die sinnliche Begierde von ihnen Besitz ergriffen hat. Boccaccio erzählt solche Begebenheiten nicht ohne eine gewisse diebische Freude, erweist sich in ihnen doch die unwiderstehliche, alle konventionellen Schranken durchbrechende Macht der Liebe.

Neben den Kritisierten gibt es in Boccaccios Novellen genügend kleine und große Liebende, die sich ihre Liebe selbst gegen alle Widerstände nicht nehmen lassen. Wo die Menschen, Frauen wie Männer, sich wirklich einlassen auf Liebe, da wachsen und reifen sie menschlich; die Liebe veredelt sie, z. B. in der Erzählung von Cimon (V, 1). Boccaccio bewundert vor allem die großen Liebenden wie Ghismonda (IV, 1), Lisabetta (IV, 5) oder Filippa (VI, 7). Sie lassen sich durch Reden, Erpressungen, Androhungen, zugefügte Schmerzen nicht irritieren und gehen konsequent und unbeirrt ihren Weg, gleichgültig, wohin dieser sie führt.

Boccaccio hat nirgends ausdrücklich definiert, was Liebe ist, er hat keinen gelehrten Traktat darüber geschrieben. Weil Liebe sehr vielgestaltig ins Leben der Menschen eintritt, hat er im Decamerone entsprechend viele Geschichten darüber erzählt. Hinter diesen steht, wie sich zeigte, ein durch antike Autoren angeregtes philosophisches Konzept über die Liebe und die Natur des Menschen. Bei aller Ergötzlichkeit der Erzählungen handelt es sich deshalb beim Decamerone im Grunde um eine erzählende, eine ›narrative‹ Moralphilosophie, insbesondere für Frauen, die zu weiterem Nachdenken über die Geschicke der Menschen motiviert.

Es bleibt noch einiges über die literarische Konzeption des Decamerone zu berichten. Die einhundert in ihm versammelten Geschichten hat Boccaccio in eine kunstvolle Rahmenerzählung eingebettet, die ihren Anfang zeitlich in den furchtbaren Tagen des Frühjahrs 1348 nimmt, als die Pest in Florenz wütet. Boccaccio beschreibt anschaulich die schrecklichen Zustände, die zu einem Zusammenbruch der medizinischen und kirchlichen Versorgung der Bevölkerung führten wie auch zu einer Auflösung der moralischen Sitten in der Stadt. In dieser schlimmen Zeit treffen sich an einem Dienstagmorgen in der Kirche Santa Maria Novella zehn junge, miteinander befreundete Menschen, sieben Frauen und drei Männer, und beschließen gemeinsam, die Stadt zu verlassen. Auf einem abgelegenen Landsitz nicht weit von Florenz wollen sie die gefährlichen Tage verstreichen lassen. Um die Zeit des Wartens zu verkürzen und den grausamen Bildern der letzten Tage etwas Erfreuliches entgegenzusetzen, verabreden sie, sich an den heißen Nachmittagen vergnügliche Geschichten zu erzählen, jede der zehn Personen je eine an einem Tag: Das ergibt in zehn Tagen einhundert Erzählungen – das ›Zehntagewerk‹, der ›Decamerone‹ ist geschaffen. Man hat vermutet, Boccaccio habe die Zahl einhundert gewählt, um den einhundert Gesängen der ›Göttlichen Komödie‹ Dantes ein weltlich-diesseitiges Gegenstück an die Seite zu stellen.

Die jungen Leute beschließen weiter, für jeden Tag solle eine ›Königin‹ oder ein ›König‹ bestellt werden, die die Leitung übernehmen und das Recht besitzen, dem Tag ein Thema voranzustellen. Und so geschieht es denn auch: Mit Ausnahme des ersten und neunten Tages steht jeder unter einer anderen Thematik. Die Geschichten drehen sich hauptsächlich um verschiedene Aspekte der Liebe, aber es begegnen einem auch immer wieder Erzählungen, die mit Liebe nichts oder nicht viel zu tun haben.

Mit der literarisch strukturierenden Funktion der Rahmenerzählung verbindet Boccaccio zugleich eine sozial-utopische. Es ist interessant zu sehen, wie er den tatsächlichen chaotischen Zuständen im Florenz seiner Tage eine fiktive sozial geordnete kleine Welt entgegensetzt: Die jungen Leute gehen freundlich und gesittet miteinander um, sie beraten zusammen und beschließen alles gemeinsam durch Wahl oder Zustimmung; keiner soll die anderen beherrschen können, privilegierte Rechte werden nur für einen Tag an den jeweiligen ›König‹ delegiert – in heutiger Ausdrucksweise könnte man sagen: Boccaccio schafft hier – wohl in Anlehnung an die politische Theorie des Aristoteles – im kleinen das Muster einer demokratisch organisierten idealen Kommunikationsgesellschaft.

Der Rahmenerzählung kommt auf diese Weise ebenfalls ein Vorbildcharakter zu. In der ›Ars poetica‹ des Horaz hieß es: »Aut prodesse volunt aut delectare poetae« – »Sowohl nützen als auch erfreuen wollen die Dichter«. Diese Regel der antiken Poetik erfüllt Boccaccio, wenn er mit seinen »ergötzlichen Geschichten« unterhalten wie auch nützlichen Rat spenden will. Doch gute Unterhaltung braucht spannungsreiche Geschichten, die voller Überraschungen sind. Und so schreibt Boccaccio ›Novellen‹, eine neue Art von Erzählungen, von einer Novellentheorie weiß er nichts – die hat es vor ihm nicht gegeben. Aber er hat ein intuitives Gespür für die Pointe, den Wendepunkt einer Erzählung, der sich durch die Einführung eines bedeutungsträchtigen Gegenstands oder durch ein sich wiederholendes Leitmotiv insgeheim bereits vorher ankündigt. In der neunten Novelle des fünften Tages gibt Boccaccio ohne eigentliche Absicht ein Muster einer solchen typischen ›Novelle‹: Es ist die Geschichte von Federigo und seinem Falken, die ›Falkennovelle‹. In ihr übernimmt der Falke die Rolle des Leitmotivs. Mit Bezug auf diese Novelle spricht man in der neueren Novellentheorie in einem allgemeinen typologischen Sinn auch heute noch von dem ›Falken‹ einer Novelle. Boccaccio ist mit seinem Decamerone thematisch und stilistisch zum ›Klassiker‹ geworden, dessen anregende Wirkung bis in die Gegenwart reicht.

Die pointierten ›ergötzlichen Geschichten‹ des Decamerone haben die Phantasie von Malern immer wieder angeregt. Illustrationen zum Decamerone gibt es bereits seit dem fünfzehnten Jahrhundert. Vergleicht man Darstellungen aus verschiedenen Jahrhunderten, so entdeckt man schnell, daß jede Zeit ihre eigene Bildsprache entwickelt. So erscheint es berechtigt und höchst erfreulich, wenn auch in unseren Tagen die ästhetische Herausforderung aufgenommen wird, bestimmte Szenen aus Boccaccios Erzählungen in Bilder umzusetzen.

Friedrich Hechelmann hat mit dergleichen Aufgaben schon eine lange Erfahrung. Neben seinen großen kosmischen Wasser- und Landschaftsvisionen, seinen traumhaften Gestaltmetamorphosen hat es ihn immer wieder gereizt, Mythen, Märchen, Sagen, Legenden und Balladen mit einfühlsamen Illustrationszyklen zu begleiten. So ist es kein Wunder, daß ihn auch Boccaccios Decamerone zu einem solchen Zyklus angestiftet hat. Zwischen beiden, dem Novellendichter des vierzehnten Jahrhunderts und der lebensdeutenden Bildersprache des Malers und Illustrators unserer Tage besteht des Zeitabstandes ungeachtet gleichwohl eine geistige Affinität: Zentrales Thema ist ihnen im Sinne der antiken stoischen Philosophie die Harmonie zwischen Natur und Mensch, von Makro- und menschlichem Mikrokosmos. Nachhaltige Störungen dieses Verhältnisses, sei es durch theologisch-doktrinäre Interventionen oder heute vorrangig durch zerstörerische technische Eingriffe, verändern die Lebenswelt zum Schaden der Menschen: diese werden sich selbst und ihrer natürlichen Lebendigkeit entfremdet. Auf die sozialen Folgen einer psychisch-physischen Denaturierung der Menschen antworten beide in ihrer je spezifischen Darstellungsweise: Boccaccio schreibt pointierte, überwiegend komödiantische Novellen; Friedrich Hechelmann gestaltet Bilder, welche die Menschen unserer Zeit an ihren natürlichen wie spirituellen Lebensgrund erinnern.

Die Geschichten des Decamerone können unterschiedlicher nicht sein: Die einen sind possenhaft frech, andere wieder elegisch verhalten, bisweilen trauernd bewegt. Friedrich Hechelmann erspürt den Charakter der Erzählungen mit seinen Bildern, auch sie sind deshalb sehr verschieden: Die einen bedienen sich grotesker, karikierender Stilmittel, andere führen in ein ästhetisch durchgestaltetes Zauberland oder bringen auch unmittelbar in bildnerischer Schlichtheit die Trauer über den Ausgang einer Erzählung zum Ausdruck (z. B. IV, 5).

Boccaccio behält zu seinen Geschichten intellektuelle Distanz: Sie schildern vor einem moralphilosophischen Hintergrund exemplarische Fälle sittlichen oder sittlich verwerflichen Verhaltens von Menschen. Diese literarische Distanziertheit greift Friedrich Hechelmann in seinen Bildern auf, indem er vielen von ihnen einen bühnenähnlichen Aufbau verleiht: Die Bildszenen spielen zumeist in Innenräumen, wie in Renaissancebildern oft durch Fensteröffnungen oder Säulenzwischenräumen mit Landschaftsausblicken verbunden, zudem gleichsam durch eine manchmal ornamental verzierte erhöhte Bühnenrampe vom Zuschauer getrennt. Durch diese theatralische Bildinszenierung wird der Erzählcharakter der Bilder deutlicher erkennbar; wie Boccaccios Geschichten sind auch Hechelmanns Bilder anschauliche Beispiele einer narrativen moralphilosophischen Darstellung menschlicher Lebenssituationen.

Manchen der ›elegischen‹, ästhetisch durchgestalteten Bilder merkt man die innere Nähe Friedrich Hechelmanns zur Bildkultur der Renaissance besonders an. Seine Maltechnik ermöglicht es ihm, Bildhintergründe von grazilem farbigem Filigran zu erschaffen, die an liebliche Olivenhaine und Landschaftsmotive erinnern, wie man sie aus bestimmten Renaissancebildern kennt. Darin drückt sich offenbar eine verbindende Gleichgestimmtheit mit dem Geist und der Lebensatmosphäre der ›Renaissance‹ aus. Die Bezeichnung ›Renaissance‹ ist nicht festgelegt auf eine bestimmte historische Stilepoche. Immer wenn sich überkommene Lebenshorizonte durch folgenreiche historische Ereignisse oder manchmal auch schleichend und von vielen unbemerkt auflösen, braucht es in einem allgemeineren Sinn eine ›Renaissance‹, die sich in Rückerinnerung an eine ›klassische‹ Vergangenheit auf eine zukünftige, neu entstehende Welt hin selbst entwirft. In diesem Verständnis läßt sich gewiß auch vom gegenwärtigen Bedürfnis der Menschen nach einer ›Renaissance‹ sprechen, dem Bedürfnis nach einer Neuorientierung des individuellen wie gesellschaftlichen Lebens durch Rückbesinnung auf die wesentlichen Fundamente und Ziele des menschlichen Daseins. Hechelmanns Interesse gehört nicht nur der historischen Renaissance-Epoche. Diese ist ihm vielmehr das exemplarische Muster einer ›Renaissance‹ im allgemeinen Sinn. Mit seinem bildnerischen Werk nimmt Friedrich Hechelmann selbst aktiv teil an den Bemühungen um die Renaissance eines neu zu gewinnenden Lebensverständnisses in der Gegenwart aus Quellen der Vergangenheit.

Theodor Bodammer, im August 2004

Als weiterführende Literatur empfohlen: Kurt Flasch, *Vernunft und Vergnügen. Liebesgeschichten aus dem Decamerone.* München, 2002

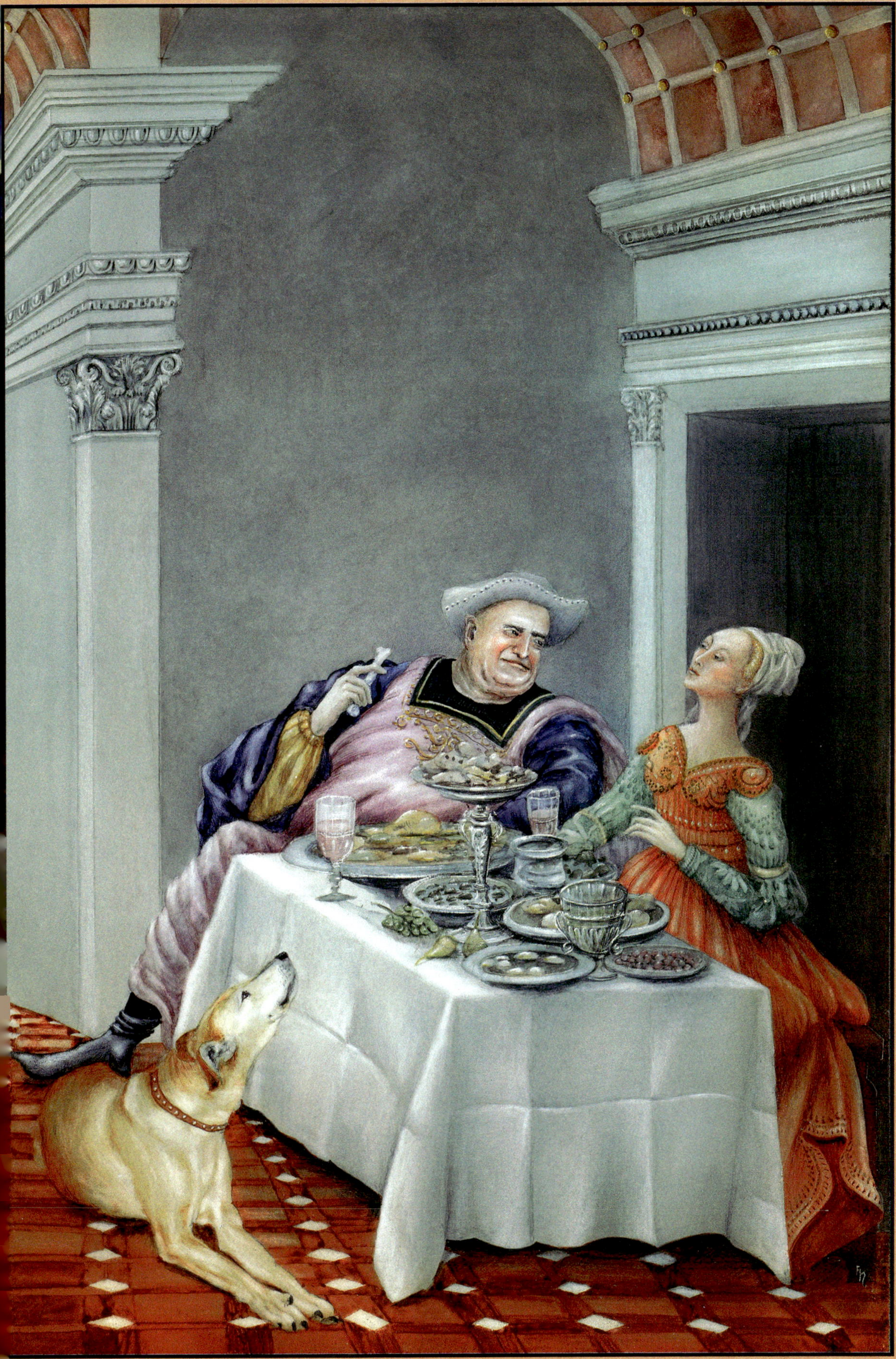

*»Meine Dame, gibt es denn in diesem Lande
nur Hühner und keinen Hahn?«*

DIE MARQUISE VON MONTFERRAT

LÖSCHT DURCH EINE HÜHNERMAHLZEIT
UND EINIGE ANMUTIGE WORTE
DIE TÖRICHTE LIEBE DES KÖNIGS VON FRANKREICH.

Die Königin wandte sich an Fiammetta, die neben Dioneo im Grase saß, und gebot ihr, weiter fortzufahren. Diese begann artig und mit heiterer Miene folgendermaßen:

Einmal, weil wir uns darauf eingelassen haben, in unseren Erzählungen zu zeigen, wie groß die Wirkung schöner und schneller Antworten ist, und dann, weil, wenn es bei Männern von großem Verstande zeugt, solche Damen zu lieben, die einem höheren Stande angehören, es umgekehrt von den Damen sehr klug ist, wenn sie sich hüten, sich in vornehmere Männer zu verlieben, ist es mir, meine schönen Damen, eingefallen, in meiner Novelle euch zu erzählen, wie eine edle Dame durch Wort und Tat sich davor zu hüten und den andern von seiner Liebe abzubringen wußte.

Der Marquis von Montferrat, ein Mann von hoher Tapferkeit und Bannerträger der Kirche, war in einem allgemeinen Kreuzzuge der Christenheit übers Meer gezogen; und als von seiner Tapferkeit am Hofe des Königs Philipp des Einäugigen gesprochen wurde, der sich zu demselben Kreuzzuge rüstete, bemerkte ein Ritter, es gäbe unter den Sternen kein Ehepaar, das dem Marquis und seiner Gattin gleiche; denn wie der Marquis durch jeden Vorzug sich vor den Rittern auszeichne, so sei seine Gattin unter allen andern Frauen der Welt die schönste und trefflichste. Diese Worte machten einen solchen Eindruck auf den König von Frankreich, daß er, ohne sie jemals gesehen zu haben, in glühender Liebe für sie entbrannte und beschloß, sich erst in Genua zu dem beabsichtigten Kreuzzuge einzuschiffen, um auf der Reise zu Lande dorthin einen anständigen Grund zu haben, die Marquise zu sehen. Denn er meinte, da der Marquis nicht zu Hause sei, so könne es ihm leicht gelingen, seine Sehnsucht zu stillen. Diesen Entschluß führte er auch aus. Nachdem er seine Leute vorausgesandt hatte, machte er sich mit einem kleinen Gefolge von Rittern auf den Weg, und als sie sich dem Gebiete des Marquis näherten, ließ er einen Tag vorher der Dame sagen, sie möge ihn am folgenden Morgen zum Mittagessen erwarten. Die verständige und kluge Dame antwortete freundlich: Es sei ihr die höchste Ehre und er sei ihr willkommen. Nachher dachte sie darüber nach, was denn dies bedeuten sollte, daß ein solcher König, ohne daß ihr Mann zu Hause sei, sie besuchen wolle, und sie täuschte sich nicht in ihrer Ansicht, daß der Ruf ihrer Schönheit ihn angezogen habe. Doch traf sie als treffliche Dame alle Anordnungen, um ihn zu ehren, ließ die Edlen, die zurückgeblieben waren, rufen und beratschlagte sich mit ihnen über die nötigen Anstalten; nur die Anordnung der Mahlzeit und der Speisen behielt sie sich allein vor. Ohne Verzug ließ sie so viele Hühner zusammenbringen, als in der Umgegend zu haben waren, und gab ihren Köchen an, wie sie aus diesen Hühnern allein mannigfaltige Speisen bereiten müßten. Am bestimmten Tage kam der König und wurde von der Dame mit großen Feierlichkeiten und Ehrenbezeigungen empfangen. Als er sie erblickte, erschien sie ihm noch weit schöner, trefflicher und gebildeter, als er sie sich nach den Worten des Ritters vorgestellt hatte; er wunderte sich sehr und lobte sie außerordentlich, und seine Begierde wurde um so glühender entzündet, je mehr der Anblick der Dame seine früheren Erwartungen übertraf. Nachdem er in Zimmern, die mit allen zum Empfange eines solchen Königs nötigen Dingen verziert waren, ausgeruht hatte, nahmen der König und die Marquise, als die Zeit zum Mittagessen gekommen war, an einem besondern Tische Platz, während die übrigen nach ihrem Range an anderen Tischen bedient wurden. Da dem Könige der Reihe nach viele Speisen und die herrlichsten und kostbarsten Weine aufgetragen wurden und er zudem noch manchmal die wunderschöne Marquise anblickte, so war er ganz glücklich; nur begann er, als ein Gericht auf das andere kam, sich zu wundern, daß, so mannigfaltig auch die Speisen zubereitet waren, sie doch aus nichts anderem als aus Hühnerfleisch bestanden, und obgleich der König wußte, daß der Ort, wo er war, an verschiedenem Wildbret Überfluß haben müsse, und, da er ja seine Ankunft vorher gemeldet, die Dame Zeit genug gehabt hatte, um jagen zu lassen, so wollte er doch, sosehr er sich auch darüber wundern mußte, die Sache auf keine andere Art gegen sie zur Sprache bringen als dadurch, daß er von ihren Hühnern anfing. Er wandte sich also freundlich zu ihr und sprach: »Meine Dame, gibt es denn in diesem Lande nur Hühner und keinen Hahn?« Die Marquise, welche diese Sprache sehr gut verstand und der Ansicht war, daß ihr jetzt Gott ihrem Wunsche gemäß den günstigen Augenblick gesandt habe, um ihm ihre Gesinnung auszudrücken, wandte sich unbefangen gegen den König und antwortete: »Nein, gnädiger Herr. Aber die Frauen sind hier, sosehr sie sich auch in Kleidern und im Range voneinander unterscheiden, doch alle so beschaffen wie anderswo.« Der König sah, nachdem er diese Worte gehört hatte, die Bedeutung des Hühnergerichtes und den verborgenen Sinn der Worte recht gut ein; und da er daraus schließen konnte, daß er bei dieser Dame seine Worte vergebens verschwenden würde und Gewalt ohnehin nicht anwenden könne, so bemühte er sich, die unvernünftig entzündete Liebesflamme um seiner Ehre willen verständig auszutilgen. Ohne deshalb weiter zu sticheln, aus Furcht vor ihren Antworten, beendete er nach aufgegebener Hoffnung sein Mahl, und um durch eine schleunige Abreise seinen unziemlichen Besuch wiedergutzumachen, dankte er ihr für die empfangene Ehre, empfahl sie dem Schutze Gottes und reiste nach Genua ab.

BERGAMINO

STICHELT MIT EINER ERZÄHLUNG VON PRIMASSEAU
UND DEM ABT VON CLIGNY FEINER WEISE AUF DEN GEIZ,
DER PLÖTZLICH DEN HERRN CANE DELLA SCALA BEFALLEN HATTE.

Filostrato, an den jetzt die Reihe kam, begann folgendermaßen zu erzählen:

Meine trefflichen Damen, es ist eine schöne Sache, eine Zielscheibe zu treffen, die unbeweglich fest steht; aber fast wunderbar ist es, wenn ein plötzlich auftauchendes Ziel von einem guten Bogenschützen getroffen wird. Das lasterhafte, unflätige Leben der Geistlichen, das in vielen Beziehungen ein feststehendes Zeichen der Schlechtigkeit ist, kann ein jeder ohne große Schwierigkeit bespötteln und tadeln, wenn er nur will, und obgleich daher der ehrliche Mann ganz recht hatte, daß er den Inquisitor wegen der heuchlerischen Mildtätigkeit der Mönche, die den Armen das geben, was sie eher den Schweinen geben oder wegwerfen sollten, verspottete, so muß doch meiner Ansicht nach der noch weit mehr gelobt werden, von dem ich jetzt mit Rücksicht auf die vorangehende Novelle sprechen werde. Derselbe verspottete einen Herrn Cane della Scala, einen freigebigen Mann, der aber plötzlich von einem an ihm ungewohnten Geize befallen wurde, mit einer anmutigen

Novelle, wobei er von einem andern das erzählte, was er von ihm selbst sagen wollte. Die Erzählung ist folgende:

Wie der allgemein verbreitete Ruf lautet, war Herr Cane della Scala, dem das Glück in vielen Fällen günstig war, einer der edelsten und freigebigsten Herren, die seit dem Kaiser Friedrich II. bis auf die jetzige Zeit in Italien gelebt haben. Dieser hatte sich entschlossen, ein großes, herrliches Fest in Verona zu geben, zu welchem viele Leute aus verschiedenen Gegenden gekommen waren und namentlich mancherlei verschiedene Hofleute. Plötzlich jedoch, man weiß nicht, warum, änderte er seinen Entschluß, entschädigte in etwa die Angekommenen und verabschiedete sie. Nur ein gewisser Bergamino, der ein so geschickter und gebildeter Redner war, wie man es kaum glaubte, wenn man ihn nicht gehört hatte, blieb zurück, ohne mit etwas entschädigt oder beurlaubt zu werden, und er hoffte, es werde dies nicht ohne Absicht geschehen sein und ihm noch zum Vorteil ausschlagen. Aber Herrn Cane kam es so vor, als wäre alles, was er ihm geben würde, übler angelegt, als wenn er es ins Feuer würfe, und deshalb sagte er ihm nichts und ließ ihm nichts sagen. Als Bergamino nach einigen Tagen weder gerufen noch zu irgend etwas, wozu er tauglich war, in Anspruch genommen wurde und außerdem in der Herberge mit seinen Pferden und Dienern sein Geld verzehrte, begann er unmutig zu werden; aber immer noch wartete er zu, da es ihm nicht gut schien, jetzt abzureisen: und da er drei schöne, kostbare Kleider mitgebracht hatte, die ihm von andern Edelleuten geschenkt worden waren, um bei dem Feste ehrenvoll erscheinen zu können, so gab er seinem Wirte, als dieser bezahlt sein wollte, zuerst das eine, und nachher, als noch vieles dazu kam, mußte er, um noch länger zu essen zu bekommen, auch das zweite hergeben; hierauf verzehrte er auf das dritte hin, entschlossen, so lange zu bleiben, solange dieses daure, und nachher abzureisen. Während er nun auf das dritte Kleid hin in der Herberge lebte, geschah es, daß er eines Tages beim Mittagessen des Herrn Cane mit einem sehr unmutigen Gesichte diesem gerade gegenüber saß. Als Herr Cane dies bemerkte, fragte er, mehr, um ihn zu verspotten, als um sich an einer seiner Reden zu erfreuen: »Bergamino, was hast du denn? Du siehst ja ganz unmutig aus. Sag einmal, warum?« Hierauf begann Bergamino, ohne sich einen Augenblick zu bedenken, wie wenn er schon lange darüber nachgedacht hätte, sogleich statt seiner eigenen Geschichte folgende Novelle zu erzählen:

»Mein Herr, Ihr müßt wissen, daß Primasseau ein großer und gelehrter Mann in der Grammatik war, und vor allem ein großer und geschickter Versemacher, durch welche Talente er sich einen solchen Ruf erwarb, daß, wenn er auch nicht überall von Angesicht bekannt war, doch seinen Namen und seinen Ruf jeder wußte und es niemand unbekannt war, wer Primasseau sei. Es geschah nun, daß, als er sich einmal in dürftiger Lage zu Paris befand, wie er denn überhaupt, da das Talent von den Reichen nicht sehr geehrt wird, meistens ein dürftiges Leben führte, er von dem Abt von Cligny erzählen hörte, der als Prälat mit Ausnahme des Papstes die reichsten Einkünfte haben sollte. Er hörte wunderbare Dinge von ihm erzählen; dieser Abt, sagte man, halte immer offene Tafel, und niemandem, der zu ihm komme, werde Essen und Trinken verweigert, wenn er es zur Essenszeit verlange. Als dies Primasseau hörte, entschloß er sich, da er gerne treffliche Männer und Herren kennenlernte, zu diesem Abt zu reisen und sich von seiner Freigebigkeit zu überzeugen; er fragte also, ob er sich zurzeit in der Nähe von Paris aufhalte, worauf er zur Antwort erhielt, daß er etwa sechs Meilen entfernt auf einem Landgute wohne. Primasseau dachte, wenn er sich morgens zu guter Stunde aufmache, so könne er bis zur Essenszeit daselbst ankommen; er ließ sich daher den Weg bedeuten, und da er keinen Begleiter fand und fürchtete, er könnte sich vielleicht verirren und an einen Ort hinkommen, wo er nichts zu essen fände, so nahm er sich auf diesen Fall vor, um nicht Hunger zu leiden, drei Brote mitzunehmen, wozu er wohl überall auch ein Wasser finden würde, obgleich er dies nicht sonderlich liebte. Er steckte also seine Brote in die Tasche, machte sich auf den Weg, und seine Reise ging so gut vonstatten, daß er noch vor der Essenszeit das Landgut des Abts erreichte. Er ging hinein, ließ sich überall umherführen, und als er die große Menge von gedeckten Tischen und die großen Zurichtungen in der Küche und die übrigen Zubereitungen zum Essen gesehen hatte, sagte er zu sich selbst: Dieser Abt ist wirklich so freigebig, als man von ihm sagt. Als er eine Zeitlang gewartet hatte, ließ der Haushofmeister des Abts, weil es Zeit zum Essen war, Wasser zum Waschen herumgehen. Darauf setzte sich jedermann zu Tische. Zufällig traf es sich, daß Primasseau gerade der Türe gegenüber zu sitzen kam, durch welche der Abt aus seinem Zimmer treten mußte, um in den Speisesaal zu gelangen. Es war an diesem Hofe üblich, daß weder Wein noch Brot, noch irgend etwas zu essen oder zu trinken aufgesetzt wurde, bevor der Abt am Tische Platz genommen. Nachdem daher alles in Bereitschaft war, ließ der Haushofmeister dem Abt sagen, das Essen sei bereit, ob es ihm gefällig sei. Der Abt ließ die Türe öffnen, um in den Saal zu treten. Zugleich blickte er hinein, und zufällig fielen seine Augen zuerst auf Primasseau, der ziemlich schlecht gekleidet war und den der Abt von Angesicht nicht kannte. Wie er diesen erblickte, kam ihm auf einmal ein niedriger Gedanke in den Sinn, den er sonst noch niemals gehabt hatte, und er sagte zu sich selbst: Da sehe einer, wem ich das Meinige zu essen gebe! Darauf kehrte er sich um, ließ die Türe wieder schließen und fragte die Leute in seiner Umgebung, ob keiner den Landstreicher kenne, der seinem Zimmer gegenüber am Tische sitze? Jeder antwortete, man kenne ihn nicht. Primasseau, dem seine Fußreise Appetit gemacht hatte und der nicht gewohnt war zu fasten, zog, nachdem er lange Zeit gewartet hatte und der Abt nicht kommen wollte, eines seiner drei Brote, die er mitgebracht hatte, hervor und begann zu essen. Nachdem der Abt eine Weile gewartet hatte, befahl er einem seiner Diener, er solle sehen, ob Primasseau fortgegangen sei. Der Diener antwortete: ›Nein, ehrwürdiger Herr, sondern er ißt Brot, welches er selbst mitgebracht zu haben scheint.‹ Hierauf sagte der Abt: ›Ja, er esse nur von seinem Brot, von dem unsrigen wird er heute nichts erhalten.‹ Der Abt hätte gerne gehabt, Primasseau möchte freiwillig fortgehen, denn ihn fortzuschicken schien ihm doch nicht wohl getan. Nachdem Primasseau das erste Brot gegessen hatte und der Abt noch nicht kam, begann er das zweite zu essen, was gleichfalls dem Abt wieder gesagt wurde, welcher hatte nachsehen lassen, ob er sich noch nicht entfernt hätte. Endlich, als der Abt noch nicht kam und Primasseau das zweite Brot verzehrt hatte, machte er sich auch an das dritte, was man wieder dem Abt sagte, der jetzt so zu sich selbst sprach: ›Was ist denn heute so plötzlich an mich gekommen? welcher Geiz, welcher Unwille, und weshalb? Ich habe das Meinige schon viele Jahre an einen jeden verteilt, ohne zu sehen, ob er ein Edelmann oder ein Bauer, reich oder arm, ein Kaufmann oder ein Betrüger sei; und unzählige Landstreicher haben das Meinige mir vor den Augen verschleudert, und doch ist noch niemals ein solcher Gedanke an mich gekommen, wie jetzt heute durch diesen Menschen. Das kann kein unbedeutender Mann sein, der mir diesen geizigen Gedanken eingeflößt hat. Dieser, der mir ein Landstreicher scheint, muß ein großer Mann sein, weil sich mein Geist so sehr dagegen empört hat, ihn zu bewirten.‹ Hierauf wollte er wissen, wer denn der Mensch eigentlich sei, und da fand es sich, daß es Primasseau war, der sich von seiner gerühmten Freigebigkeit überzeugen wollte. Da der Abt ihn dem Rufe nach schon längst als einen tüchtigen Mann kannte, so schämte er sich, und um seinen Fehler wiedergutzumachen, bemühte er sich auf jede Art, ihn zu ehren. Als daher das Essen vorüber war, ließ er ihn schön kleiden, wie es Primasseau angemessen war, gab ihm Geld und ein Pferd und stellte es ihm anheim, ob er bleiben oder gehen wollte, und Primasseau kehrte, nachdem er dem Abt, so gut er konnte, gedankt hatte, zu Pferd nach Paris zurück, von wo er zu Fuße abgereist war.«

Herr Cane, der ein verständiger Mann war, begriff, ohne einer weiteren Erklärung zu bedürfen, die Absicht des Bergamino und sagte lächelnd: »Bergamino, du hast deine Verluste, deine Geschicklichkeit, meinen Geiz und deine Wünsche recht gut dargestellt, und in der Tat war ich noch niemals geizig, wie ich es diesmal gegen dich war; aber ich will diesen Geiz mit den Waffen verjagen, die du mir in die Hand gegeben hast.« Hierauf ließ er den Wirt des Bergamino bezahlen, schenkte diesem ein herrliches Kleid, gab ihm Geld und ein Pferd und stellte es ganz ihm anheim, ob er bleiben oder gehen wollte.

MARTELLINO

DER SICH LAHM GESTELLT HAT,
TUT, ALS HABE DER HEILIGE ERICH IHN GEHEILT;
ABER SEIN BETRUG WIRD ENTDECKT UND ER GESCHLAGEN UND DANN
GEFANGENGENOMMEN, UND NACHDEM ER IN GEFAHR GEKOMMEN IST,
GEHANGEN ZU WERDEN, KOMMT ER ENDLICH GLÜCKLICH DAVON.

Oft schon, meine Teuersten, geschah es, daß der, welcher, zumal bei heiligen Dingen, mit andern Possen treiben wollte, sich selbst den größten Possen spielte und manchmal nur mit großem Schaden davonkam. Um nun dem Befehle der Königin gehorsam zu sein und unsere heutige Unterhaltung mit einer Erzählung zu beginnen, so will ich euch berichten, wie es einmal einem unserer Landsleute zuerst sehr unglücklich, nachher jedoch ganz unvermutet wieder ziemlich glücklich erging.

Vor noch nicht gar langer Zeit lebte in Treviso ein Deutscher, namens Erich, ein armer Mann, der als Lastträger einem jeden diente, der ihn verlangte, und dabei ein frommes Leben führte und von allen wert gehalten wurde. Deshalb soll es sich nach der Behauptung der Trevisaner (ob sie wahr oder unwahr ist, will ich nicht entscheiden) ereignet haben, daß in der Stunde seines Todes die Glocken der größten Kirche zu Treviso alle, ohne angezogen zu werden, zu läuten begonnen haben. Dies hielten sie für ein Wunder und erklärten diesen Erich einstimmig für einen Heiligen; die ganze Einwohnerschaft lief zu dem Hause, in welchem sein Leichnam lag; sie trugen ihn, wie den Leib eines Heiligen, in die größte Kirche und brachten alsdann Lahme, Blinde, Gichtbrüchige oder mit irgendeinem andern Übel Behaftete herbei, wie wenn alle durch die Berührung dieses Leichnams gesund werden müßten.

Während dieses Gewühls und Zusammenlaufens geschah es, daß drei Landsleute von uns in Treviso anlangten, von denen der eine Stecchi, der andere Martellino und der dritte Marchese hieß: Leute, die an den Höfen der Edelleute umherzogen, sich verstellten, jedermann mit komischen Gebärden nachahmten und dadurch die Zuschauer unterhielten. Als diese Männer, die noch nie in Treviso gewesen waren, alles Volk in Bewegung sahen, verwunderten sie sich, und als sie den Grund davon erfuhren, wurden sie neugierig, die Sache mit anzusehen. Als sie daher ihr Gepäck in einer Herberge niedergelegt hatten, sagte Marchese: »Wir wollen gehen und diesen Heiligen sehen; aber ich sehe nicht ein, wie wir dahingelangen können, denn ich habe gehört, der Platz sei mit Deutschen und andern Bewaffneten besetzt, die auf den Befehl des Landesherrn dort stehen, um Unordnungen zu verhüten; zudem ist die Kirche, wie man uns sagt, so angefüllt mit Menschen, daß niemand mehr hineinkommen kann.« Hierauf sagte Martellino, der sehr begierig war, die Sache mit anzusehen: »Deshalb bleibe ich nicht zurück; ich werde schon ein Mittel finden, um zu dem heiligen Leichnam zu gelangen.« Auf die Frage des Marchese: »Auf welche Art denn?« antwortete Martellino: »Das will ich dir sagen. Ich stelle mich, als wäre ich lahm, und da wirst du auf der einen und Stecchi auf der andern Seite mich unterstützen, wie wenn ich nicht allein gehen könnte, und ihr müßt tun, als wolle ich durch diesen Heiligen mich heilen lassen. Ein jeder, der uns sieht, wird alsdann Platz machen und uns ziehen lassen.« Dem Marchese und Stecchi gefiel dieses Mittel sehr; ohne Verzug verließen sie die Herberge, gingen an einen einsamen Ort, und hier verdrehte Martellino seine Hände, Arme und Beine und auch noch den Mund, die Augen und das ganze Gesicht dergestalt, daß es scheußlich anzusehen war, und ein jeder, der ihn gesehen haben würde, hätte sagen müssen: er sei wahrhaftig an seinem ganzen Leibe gelähmt und gichtbrüchig. So ergriffen ihn Marchese und Stecchi und führten ihn gegen die Kirche, indem sie mit frommen Mienen recht demütig und um Gottes willen einen jeden, der ihnen in den Weg kam, baten, er möchte ihnen Platz machen, was auch ein jeder gerne tat; so kamen sie, da bei ihrem Anblick beinahe alle riefen: »Platz! Platz!« in kurzer Zeit zu der Stelle, wo der Leichnam des heiligen Erich lag; einige vornehme Männer, die umherstanden, ergriffen den Martellino und legten ihn auf den Leichnam, damit dieser vermöge seiner Heiligkeit dem Kranken die Gesundheit schenken könnte. Martellino blieb eine Zeitlang ruhig liegen, während alles Volk aufmerksam zusah, wie die Sache gehen werde; dann begann er, der damit vortrefflich umzugehen wußte, einen Finger auszustrecken, hierauf die Hand, nachher den Arm und so allmählich seinen ganzen Körper. Als dies die Leute sahen, erhoben sie zum Lobe des heiligen Erich ein solches Geschrei, daß man selbst den Donner nicht mehr hätte hören können. – Nun stand aber zufällig ein Florentiner in der Nähe, der den Martellino sehr gut kannte; da er aber im Hereinführen so ganz verdreht war, hatte er ihn nicht erkannt. Allein jetzt, da er ihn aufgerichtet sah, erkannte er ihn wieder, fing plötzlich an zu lachen und sagte: »Zum Henker, welch verdammter Kerl! Wer hätte nicht, als er hereinkam, glauben sollen, er sei wirklich lahm!« Diese Worte wurden von einigen Trevisanern gehört, die alsbald fragten: »Wie! Dieser Mensch war nicht lahm?« Der Florentiner antwortete hierauf: »Gott bewahre, er war von jeher gesund und gerade wie ein jeder von uns; aber, wie ihr habt sehen können, weiß er besser als irgend jemand, sich zu verstellen, wie er will.« – Weiter bedurfte es nichts als dieser Worte; mit Gewalt drängten sie sich zu ihm hin und schrien: »Ergreifet diesen Verräter und Spötter gegen Gott und die Heiligen, der, ohne lahm zu sein, um unsere Heiligen und uns zu verspotten, sich lahm stellte und hieherkam«; – und mit diesen Worten ergriffen sie ihn, zogen ihn von dem Orte, wo er war, hinab, packten ihn an den Haaren, rissen ihm die Kleider vom Leibe und fingen an, ihm Faustschläge und Rippenstöße zu geben, und ein jeder glaubte, er müsse auch etwas dazu tun. Martellino bat zwar um Gottes willen, man möchte ihn schonen, und wehrte sich, so gut er konnte, aber es half nichts; der Stöße und Schläge wurden nur immer noch mehr. Als dies Stecchi und Marchese sahen, gestanden sie sich, die Sache stehe mißlich, und da sie für sich selbst fürchteten, wagten sie nicht, ihm beizustehen, sondern sie schrien mit den andern, man müsse ihn umbringen; doch dachten sie immer darüber nach, wie sie ihn den Händen des Volkes entreißen könnten, das ihn gewiß umgebracht hätte, wenn nicht ein Mittel gewesen wäre, das Marchese sogleich ergriff. Da nämlich vor der Kirche die ganze Polizei aufgestellt war, so ging Marchese so schnell als möglich zu dem Befehlshaber derselben und sagte: »Ich bitte Euch um Gottes willen; es ist da in der Kirche ein schlechter Mensch, der mir einen Beutel mit wenigstens hundert Goldgulden gestohlen hat; ich bitte Euch, lasset ihn doch festnehmen, damit ich mein Eigentum wieder erhalte.« – Auf dies hin liefen etwa zwölf Polizeidiener zu der Stelle, wo der arme Martellino so jämmerlich durchgebleut wurde. Mit größter Mühe zerteilten sie die Masse, rissen ihn ganz zerschlagen und übel zugerichtet aus ihren Händen und führten ihn in das Rathaus. Hieher folgten ihm viele, die sich von ihm verspottet glaubten, und als diese hörten, daß man ihn wegen Gelddiebstahls ergriffen habe, so glaubten sie, man könne gar kein besseres Mittel finden, um ihn an den Strick zu bringen, als dieses; und so erklärte denn ein jeder, auch ihm sei von diesem Menschen ein Beutel mit Geld gestohlen worden. Als dies der Richter, der ein rauher Mann war, hörte, führte er ihn sogleich beiseite und begann ihn darüber zu befragen. Martellino antwortete mit Scherzreden, wie wenn er seine Festnehmung für gar nichts anschlüge; darüber wurde der Richter erzürnt, ließ ihn auf die Folter spannen und ihm einige tüchtige Hiebe geben, um ihn zum Geständnisse seiner Diebstähle zu bringen und ihn dann aufhängen zu lassen. Als er wieder aufgestanden war und der Richter ihn gefragt hatte, ob es wahr sei, was diese Leute gegen ihn vorbringen, so antwortete er, da er nicht nein sagen mochte, folgendermaßen: »Edler Herr, ich bin bereit, Euch die Wahrheit zu sagen; aber lasset zuvor einen jeden, der mich beschuldigt, erklären, wann und wo ich ihm seinen Beutel gestohlen habe.

Dann will ich Euch sagen, ob ich es getan habe oder nicht.« Hierauf sagte der Richter: »Dies gefällt mir«; er ließ also einige rufen, von denen der eine sagte: »Ihm habe er vor acht Tagen gestohlen«; ein anderer vor sechs, wieder ein anderer vor vier Tagen und einige sagten, an diesem nämlichen Tage. Als dies Martellino hörte, sagte er: »Edler Herr, dies sind lauter grobe Lügen, und als Beweis für die Wahrheit dieser Behauptung kann ich Euch dies anführen, daß ich noch niemals hier war, außer seit ganz kurzer Zeit; gleich nach meiner Ankunft ging ich unglücklicherweise in die Kirche, um diesen Heiligen zu sehen, und hier wurde ich so durchgebleut, wie Ihr sehen könnt; daß dies, was ich hier sage, wahr sei, kann der Torwächter mit seinem Buche bezeugen, und auch mein Wirt; wenn Ihr Euch daher von der Richtigkeit meiner Aussagen überzeugt habt, so gebt nicht den Bitten dieser schlechten Menschen nach, die mich mißhandeln und umbringen wollen.«

Während die Sache so stand, waren Marchese und Stecchi, als sie den Richter so streng gegen Martellino verfahren und diesen schon foltern sahen, sehr besorgt geworden und sagten unter sich: »Da haben wir einen bösen Streich gemacht; vom Regen haben wir ihn weggezogen und unter die Traufe gestellt.« Schleunig gingen sie daher zu ihrem Wirte und erzählten diesem den ganzen Hergang. Dieser mußte lachen und führte sie zu einem gewissen Sandro Agolanti, der in Treviso wohnte und beim Fürsten in großer Gunst stand; und nachdem ihm der Wirt alles der Ordnung nach erzählt hatte, bat er ihn mit jenen, er möchte doch mit dem traurigen Schicksal des Martellino Mitleid haben. Sandro ging unter vielem Lachen zum Fürsten und wirkte sich die Gunst aus, daß nach Martellino gesandt wurde. So geschah es. Die Leute, welche nach ihm ausgeschickt wurden, fanden ihn noch im Hemd vor dem Richter, ganz verwirrt und sehr in Angst, weil der Richter nichts zu seiner Entschuldigung hören wollte; sondern dieser, der zufällig einen Haß auf die Florentiner hatte, war allen Ernstes entschlossen, ihn aufknüpfen zu lassen, und wollte ihn dem Fürsten nicht übergeben, bis er endlich, gezwungen, es mit großem Verdrusse tun mußte. Sobald Martellino vor dem Fürsten stand und diesem alles in Ordnung erzählt hatte, bat er um die Gnade, ihn ziehen zu lassen, weil, solang er nicht in Florenz zurück wäre, es ihm immer vorkommen werde, als habe er den Strick am Halse. Der Fürst mußte über seine Begegnisse laut lachen und ließ einem jeden ein Gewand geben: und alle drei kehrten, unvermutet von einer großen Gefahr befreit, gesund und wohl nach Hause zurück.

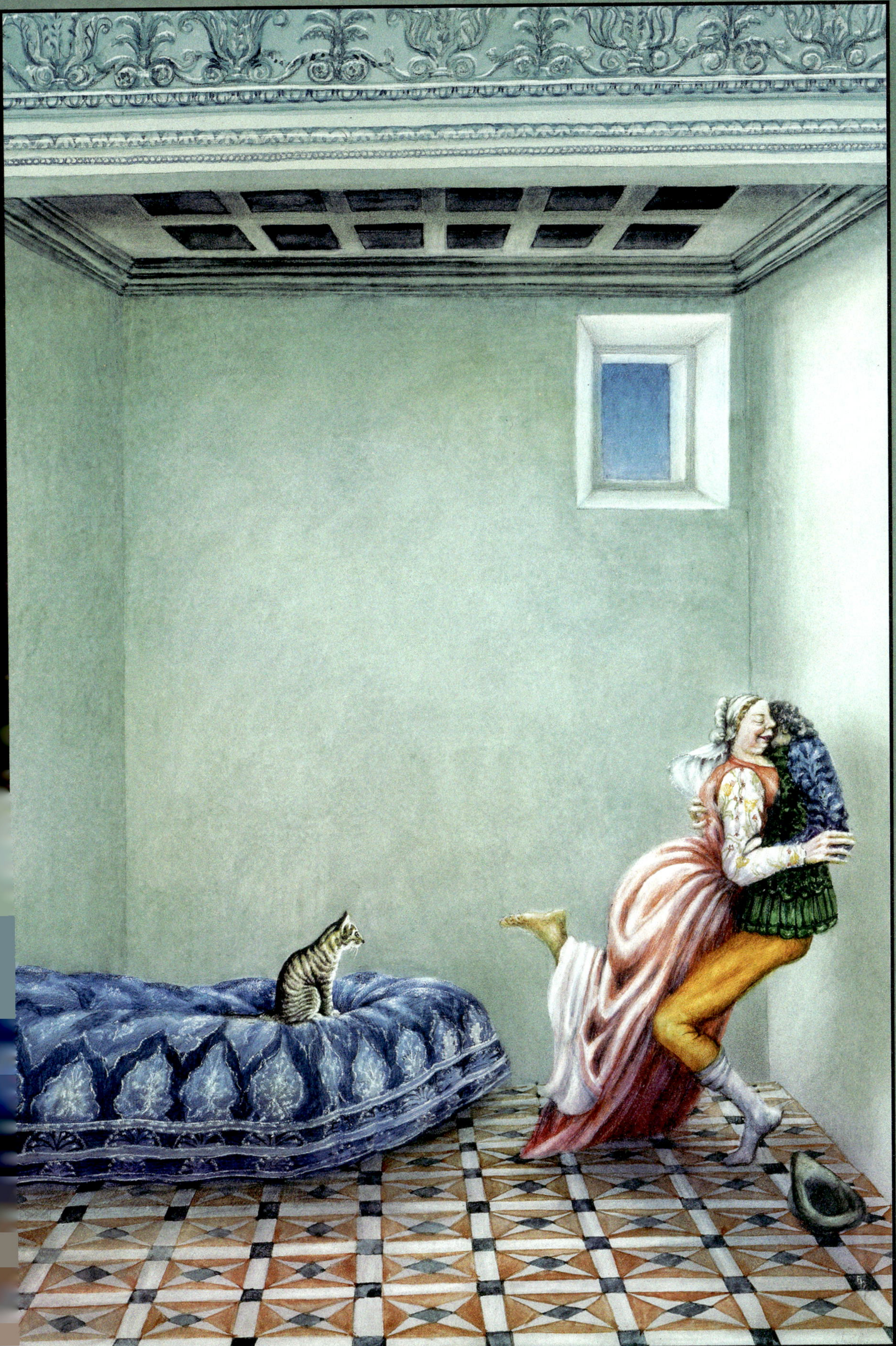

Die Dame, die von Lust und Begierde ganz brannte, warf sich ihm in die Arme, und nachdem sie ihn feurig ans Herz gedrückt und tausendmal geküßt hatte …

RINALDO D'ASTI

WIRD BERAUBT, KOMMT NACH CASTEL GUIGLIELMO
UND WIRD VON EINER WITWE BEHERBERGT, UND NACHDEM
IHM SEINE VERLUSTE ERSETZT WORDEN SIND,
KEHRT ER GESUND UND WOHL NACH HAUSE ZURÜCK.

Ueber die Begegnisse des Martellino in der Erzählung der Neifile lachten die Damen ungemein, besonders aber unter den jungen Männern Filostrato, dem, weil er neben Neifile saß, die Königin gebot, er solle im Erzählen fortfahren. Er begann ohne Verzug folgendermaßen: Schöne Damen, ich kann nicht umhin, euch eine Novelle zu erzählen, die aus religiösen, tragischen und verliebten Dingen zusammengesetzt ist, welche anzuhören jedoch nur nützlich sein kann, zumal für diejenigen, welche in den gefährlichen Regionen der Liebe umherwandeln, in denen einer, der das Paternoster des heiligen Julian nicht gesprochen hat, oft übel beherbergt wird, wenn er auch ein gutes Bette findet.

Zur Zeit des Marchese Azzo von Ferrara war ein Kaufmann mit Namen Rinaldo d'Asti in seinen Geschäften nach Bologna gekommen, und als er diese beendigt hatte und nach Hause zurückkehrte, geschah es, daß er, nachdem er Ferrara verlassen und gegen Verona zuritt, auf einige Männer stieß, die Kaufleute zu sein schienen, die aber Straßenräuber und schlechtes Gesindel waren und mit denen er sich unvorsichtigerweise in ein Gespräch einließ. Als diese sahen, daß er ein Kaufmann war, und glaubten, der müsse Geld bei sich führen, verabredeten sie untereinander, den ersten günstigen Augenblick zu ergreifen, um ihn zu berauben; um jedoch keinen Verdacht bei ihm aufkommen zu lassen, sprachen sie auf dem Wege ganz als gutgesittete und rechtschaffene Männer nur von ehrbaren Dingen und von der Redlichkeit, und erwiesen sich nach allen Kräften recht bescheiden und artig gegen ihn, so daß er es für ein großes Glück hielt, sie gefunden zu haben, weil er nur einen berittenen Diener bei sich hatte. Unter solchen Gesprächen kamen sie, wie man bei solcher Unterhaltung vom einen aufs andere kommt, auch auf die Gebete zu sprechen, welche die Menschen an Gott richten, und einer von den Straßenräubern, deren drei waren, sprach zu Rinaldo: »Und Ihr, edler Herr, welche Gebete pflegt Ihr unterwegs zu sprechen?« Darauf antwortete Rinaldo: »Die Wahrheit zu sagen, so bin ich in solchen Dingen höchst weltlich und unerfahren und habe nur wenige Gebete zur Hand; denn ich lebe nach der alten Weise und lasse fünf gerade sein. Doch habe ich auf meinen Reisen immer die Gewohnheit gehabt, des Morgens ein Paternoster und ein Ave Maria zum Besten der Eltern des heiligen Julian zu sprechen; und dann bitte ich Gott und ihn, sie möchten mir in der kommenden Nacht eine gute Herberge senden. Und schon sehr oft in meinem Leben war ich auf Reisen in großen Gefahren, denen ich glücklich entging, und immer kam ich des Abends an einen guten Ort, wo ich trefflich beherbergt wurde; weshalb ich fest überzeugt bin, der heilige Julian, dem zu Ehren ich das Gebet spreche, habe mir diese Gunst bei Gott ausgewirkt, und ich könnte nicht glauben, daß es mir den Tag über gutgehen und ich des Nachts gut aufgenommen werden würde, wenn ich des Morgens nicht jenes Gebet gesprochen hätte.«

Hierauf sagte der, welcher ihn zuerst gefragt hatte: »Habt Ihr auch heute jenes Gebet gesprochen?«, worauf Rinaldo antwortete: »Ganz gewiß.« Jener, der schon wußte, wie die Sache gehen würde, sagte bei sich selbst: »Dir wird es not tun; denn wenn es uns nicht ganz mißlingt, solltest du meiner Meinung nach heute eine schlechte Herberge finden«; – dann antwortete er ihm: »Ich habe auch schon viele Reisen gemacht und habe Euer Gebet noch niemals gesprochen, obgleich ich es von vielen sehr habe rühmen hören, und dennoch habe ich deshalb noch nie eine schlechte Herberge gefunden; diesen Abend könnt Ihr aber vielleicht noch sehen, wer von uns eine bessere Herberge haben wird, Ihr, der Ihr das Gebet gesprochen habt, oder ich, der ich es nicht gesprochen habe; wiewohl ich freilich statt dessen gewöhnlich das Dirupisti oder das Intemerata oder De profundis betete, welche Gebete, wie mir meine Großmutter zu sagen pflegte, höchst wirksam sind.«

Während sie unter solchen Gesprächen ihre Reise fortsetzten und jene den Ort und die Zeit für die Ausführung ihrer schlimmen Absicht herbeisehnten, so geschah es, daß sie, als es schon spät war, in der Nähe von Castel Guiglielmo, an der Furt eines Flusses, ankamen, wo alsdann die drei Straßenräuber die späte Stunde und den abgelegenen Ort benützten, den Rinaldo angriffen und ihn beraubten. Hierauf ließen sie ihn zu Fuß und im Hemd zurück und riefen ihm im Davoneilen zu: »Geh und sieh zu, ob dein heiliger Julian dir heute nacht eine gute Herberge geben wird; unser Heiliger wird uns gewiß eine gute schicken«; hierauf setzten sie über den Fluß und ritten fort. Der Diener Rinaldos, der ein feiger Mensch war, tat gar nichts zu seinem Beistande, als er ihn angegriffen sah; sondern er wandte das Pferd, welches er ritt, und eilte in vollem Laufe nach Castel Guiglielmo, kam dort in ziemlich später Stunde an und suchte sich unverweilt eine Herberge. Rinaldo, der im Hemd und barfuß in großer Kälte und bei einem heftigen Schneegestöber zurückgelassen war und die Nacht schon sehr vorgerückt sah, wußte nicht, was er tun sollte; zitternd und zähneklappernd sah er sich überall um, ob er nicht irgendwo einen Schlupfwinkel entdecken könnte, um die Nacht darin zuzubringen, ohne zu erfrieren; aber er entdeckte keinen, denn kurz zuvor hatte ein Krieg in der Gegend gehaust, und alles war niedergebrannt worden. So wandte er sich also, von der Kälte gezwungen, in schnellem Laufe nach Castel Guiglielmo, ohne jedoch zu wissen, daß sein Diener da oder irgend anderswohin geflohen sei; er dachte nur, wenn er hier eingelassen würde, so werde ihm Gott schon eine Hilfe senden. Aber beinahe eine Meile vor der Burg wurde es finstere Nacht; und er kam daher so spät dort an, daß die Tore schon geschlossen, die Zugbrücken aufgezogen waren und er nicht mehr hineinkonnte. Traurig und bekümmert blickte er umher nach einem Lager, wo es wenigstens nicht auf ihn schneien würde, und zufällig bemerkte er ein Haus auf der Schloßmauer, das einen Vorsprung hatte; unter diesen beschloß er sich zu flüchten und dort bis zum Tagesanbruch zu bleiben. Hier fand er eine Türe, die jedoch verschlossen war; auf deren Schwelle legte er ein wenig Stroh, das er in der Nähe fand, auf welches er sich traurig und klagend niedersetzte und oft dem heiligen Julian Vorwürfe machte, daß er sein Vertrauen auf ihn nicht besser rechtfertige. Aber der heilige Julian erbarmte sich seiner und bereitete ihm bald eine gute Herberge.

Es lebte in dieser Festung eine Witwe von großer Schönheit, die der Marchese Azzo wie sein Leben liebte und auf ihre Bitten hier wohnen ließ. Diese Dame wohnte in dem Hause, unter dessen Vorsprung Rinaldo sich ein Lager bereitet hatte. Tags zuvor war zufällig der Marchese gekommen, um die Nacht bei ihr zuzubringen, und hatte in ihrem Hause in aller Stille ein Bad und ein herrliches Abendessen bereiten lassen. Als aber alles schon fertig war und die Dame nur noch auf die Ankunft des Marchese wartete, geschah es, daß ein Diener in das Schloß kam und dem Marchese Nachrichten brachte, auf welche er plötzlich wegreiten mußte. Er ließ daher der Dame sagen, sie dürfe ihn nicht erwarten, und machte sich alsdann schnell auf den Weg, worauf die Dame, ein wenig bekümmert, zuerst nicht wußte, was sie tun sollte, nachher aber sich entschloß, in das für den Marchese bereitete Bad zu gehen, darauf zu Nacht zu speisen und sich zu Bett zu legen. Und so ging sie also in das Bad. Das Badezimmer war nahe an der Türe, vor welcher der arme Rinaldo draußen auf dem Boden saß. Als daher die Dame im Bad war, hörte sie die Klagen und das Zittern des Rinaldo, der ein Storch geworden zu sein schien. Sie rief daher ihrer Dienerin und sagte: »Geh und sieh über die Mauer hinaus an die Türe, wer dort ist und was er dort tut!« Die Dienerin ging, und von der Klarheit der Luft begünstigt, sah sie den Rinaldo im Hemd und barfuß, wie wir erzählt haben, und vor Frost zitternd dort sitzen. Sie fragte ihn daher, wer er sei, und Rinaldo, der so heftig zitterte, daß er kaum sprechen konnte, sagte ihr so kurz als möglich, wer er sei und wie und weshalb er hiehergekommen, und dann bat er sie inständig, wenn es ihr möglich sei, möchte sie ihn doch nicht hier vor Frost sterben lassen.

Die Dienerin wurde mitleidig, kehrte zur Dame zurück und sagte ihr alles. Diese hatte ebenfalls Mitleid, und da sie sich erinnerte, daß sie den Schlüssel zu jener Türe hatte, durch welche der Marchese zuweilen heimlich hereingekommen war, sagte sie: »Geh und mache ihm in der Stille auf; hier steht das Abendessen, und es ist niemand da, um es zu verzehren, und Platz haben wir auch genug, um ihn über Nacht zu behalten.« Die Dienerin rühmte ihre Dame sehr wegen ihrer Menschenfreundlichkeit, ging und öffnete ihm, und als er hereingekommen war und die Dame ihn ganz erstarrt sah, sagte sie zu ihm: »Mein guter Mann, geh schnell in dieses Bad, das noch warm ist.« Rinaldo wartete auf keine weitere Einladung und tat es mit Freuden, und von der Wärme des Bades erquickt, glaubte er, vom Tode zum Leben zurückzukehren. Die Dame ließ ihm Kleider von ihrem kurz zuvor verstorbenen Manne reichen, und als er diese angezogen hatte, schienen sie wie auf seinen Leib gemacht. In Erwartung der ferneren Befehle der Dame dankte er Gott und dem heiligen Julian, daß sie ihn von der schlimmen Nacht, auf die er sich schon gefaßt gemacht hatte, befreit und, wie er meinte, in eine gute Herberge geführt hatten. Die Dame hatte indessen eine Weile ausgeruht; sie ließ in einem ihrer Zimmer ein starkes Feuer machen, ging dahin und erkundigte sich nach dem Manne, wie er sich befinde. Die Dienerin antwortete: »Verehrte Frau, er hat sich angekleidet und ist ein schöner Mann; auch scheint er sehr wohlerzogen und gesittet.« – »So geh«, sagte die Dame, »ruf ihn und sag ihm, er solle sich hier an das Feuer setzen und zu Nacht essen, denn ich weiß, daß er noch nicht zu Nacht gegessen hat.« Rinaldo trat in das Zimmer, und als er die Dame, die ihm sehr vornehm schien, erblickte, grüßte er sie ehrerbietig und dankte ihr so verbindlich, als er konnte, für die ihm erwiesene Wohltat. Als die Dame ihn sah und hörte, war sie derselben Ansicht wie ihre Dienerin. Sie empfing ihn also freundlich, ließ ihn vertraulich zu sich ans

Feuer sitzen und befragte ihn über das Ereignis, das ihn hiehergeführt hatte. Rinaldo erzählte ihr alles der Ordnung gemäß. Die Dame hatte bei der Ankunft von Rinaldos Diener im Schlosse etwas von der Sache gehört; daher glaubte sie ihm alles, was er sagte, und erzählte ihm das, was sie von seinem Diener wußte, und wie leicht er des andern Morgens diesen wiederfinden könnte. Als die Speisen aufgetragen waren, mußte Rinaldo, nachdem er sich die Hände gewaschen hatte, nach dem Willen der Dame mit ihr zu Nacht speisen. Er war von großer Gestalt, hatte ein hübsches, anmutiges Gesicht, gefällige Sitten und war ein Mann in seinen besten Jahren; daher blickte die Dame oft nach ihm hin, und er gefiel ihr sehr; und da der Marchese die Nacht bei ihr hatte zubringen sollen und dadurch ihre sinnlichen Begierden schon gereizt waren, so erhob sie sich nach dem Abendessen von der Tafel und beriet sich mit ihrer Dienerin, ob es ihr wohlgetan schiene, wenn sie, da der Marchese sie getäuscht habe, den Vorteil ergriffe, den ihr das Schicksal zugesendet habe. Die Dienerin erkannte bald den Wunsch ihrer Dame und ermutigte sie, so gut sie konnte, ihn zu befriedigen. Die Dame wandte sich daher gegen das Feuer, an welchem Rinaldo allein zurückgelassen war, blickte ihn verliebt an und sprach: »Ei, Rinaldo, warum seid Ihr so nachdenklich? Glaubt Ihr denn, man könne Euch für ein Pferd und für einige Kleider, die Ihr verloren habt, nicht entschädigen? Tröstet Euch, seid fröhlich! Tut, als ob Ihr zu Hause wäret: denn ich will Euch nur sagen, daß, als ich Euch in diesen Kleidern sah, die meinem verstorbenen Manne gehörten, es mir vorkam, als wäret Ihr dieser mein verstorbener Gatte, und wohl hundertmal habe ich Lust gehabt, Euch zu umarmen und zu küssen, und wenn ich nicht befürchtet hätte, Euch zu mißfallen, so hätte ich es gewiß getan.« Als Rinaldo diese Worte hörte und das Funkeln ihrer Augen sah, ging er ihr, da er nicht auf den Kopf gefallen war, mit offenen Armen entgegen und sprach: »Verehrte Dame, wenn ich bedenke, daß ich Euch mein Leben verdanke, und berücksichtige, welcher Lage Ihr mich entzogen habt, so wäre es sehr schlecht von mir, wenn ich mich nicht bestreben würde, alles zu tun, was Euch angenehm ist. Befriediget daher Eure Begierde, mich zu umarmen und zu küssen, ich werde Euch mehr als gerne umarmen und küssen.«

Weiter bedurfte es keiner Worte. Die Dame, die von Lust und Begierde ganz brannte, warf sich ihm in die Arme, und nachdem sie ihn feurig ans Herz gedrückt und tausendmal geküßt hatte und wieder von ihm geküßt worden war, gingen sie in das Schlafzimmer. Nachdem sie sich schleunig niedergelegt hatten, befriedigten sie bis zum Anbruche des Tages ihre Lust zu wiederholten Malen voll und ganz. Als die Morgenröte erschien, erhoben sie sich, damit niemand etwas merken sollte; die Dame schenkte ihm einige abgetragene Kleider, füllte ihm den Beutel mit Geld und bat ihn, die Sache geheimzuhalten. Hierauf zeigte sie ihm den Weg, den er nehmen müsse, um in die Burg zu kommen und seinen Diener zu finden, und ließ ihn dann durch die Türe hinaus, durch welche er hereingekommen war. Nachdem es heller Tag geworden und die Tore geöffnet wurden, ging er, wie wenn er weither käme, in die Festung und fand seinen Diener wieder. Daher zog er von seinen eigenen Kleidern an, die im Felleisen waren, und als er eben auf das Pferd seines Dieners steigen wollte, geschah es, gleichsam durch ein göttliches Wunder, daß die drei Straßenräuber, die ihn des Abends zuvor beraubt hatten und die eines andern Verbrechens halber festgenommen worden waren, in die Burg hereingeführt wurden, und so erhielt er, da sie selbst alles eingestanden, sein Pferd, seine Kleider und sein Geld zurück und verlor nur ein paar Kniebänder, von denen die Räuber selbst nicht wußten, was daraus geworden war. Deshalb dankte Rinaldo Gott und dem heiligen Julian, stieg zu Pferde und kehrte gesund und wohl nach Hause zurück; die drei Straßenräuber aber mußten des andern Tages baumeln.

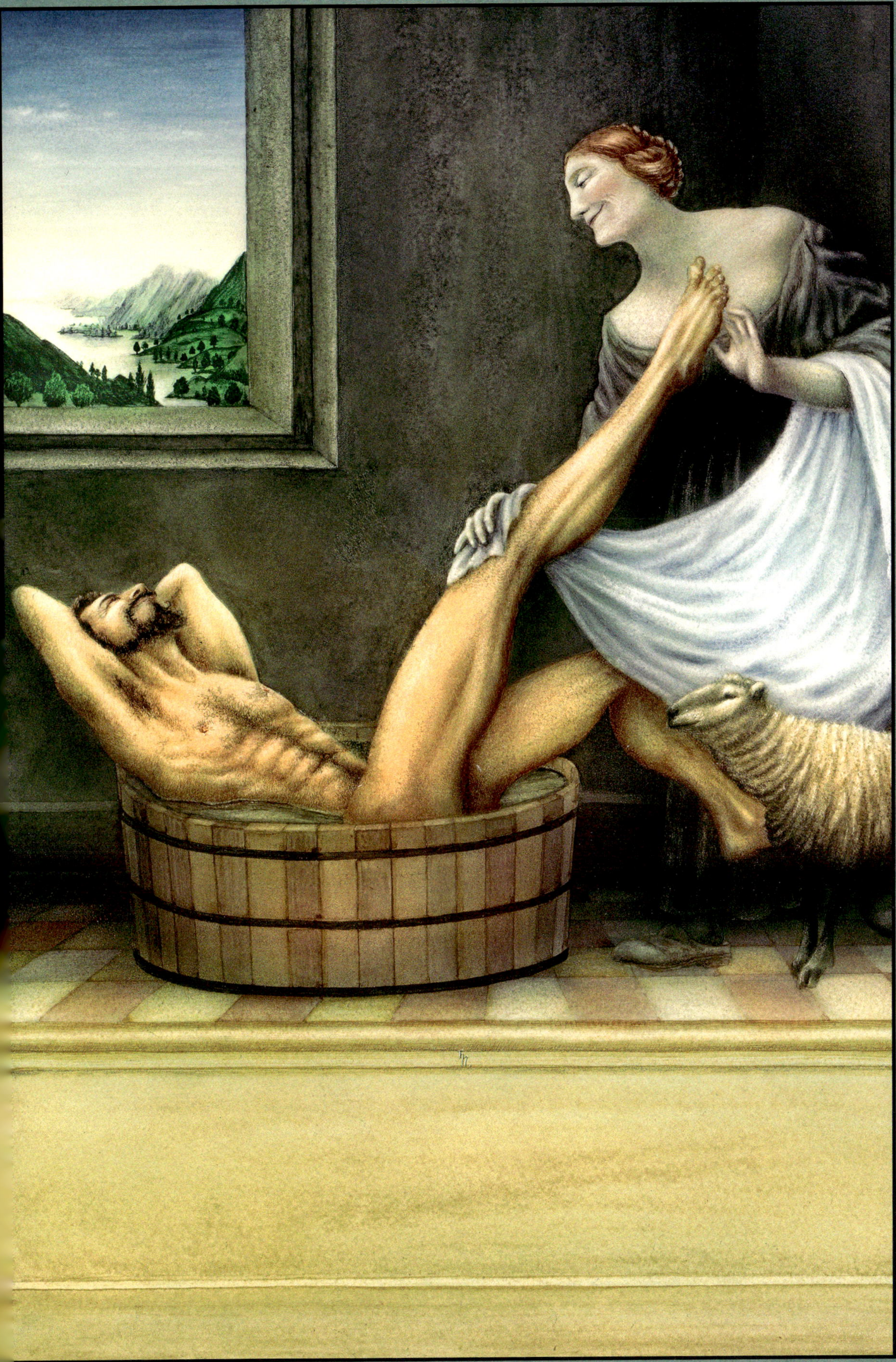

*... setzte ihn in ein Bad, rieb ihn
und wusch ihn mit warmem Wasser.*

LANDOLFO RUFFOLO

VERARMT, WIRD SEERÄUBER, VON DEN GENUESERN GEFANGEN
UND LEIDET SCHIFFBRUCH; AUF EINER KISTE VOLL KOSTBARER
JUWELEN ENTKOMMT ER, WIRD IN KORFU VON EINER FRAU
AUFGENOMMEN UND KEHRT NACH HAUSE ZURÜCK.

Als Lauretta sah, daß ihr Vorgänger seine Erzählung beendigt hatte, fing sie ohne weiteres folgendermaßen zu erzählen an:

Meine anmutigen Damen, meiner Ansicht nach kann es keinen größeren Glückswechsel geben, als wenn jemand vom äußersten Elend zur königlichen Würde erhoben wird. Weil nun jedermann, der über das aufgegebene Thema eine Erzählung geben will, sich innerhalb dieser Schranken halten muß, so will ich mich nicht schämen, eine Geschichte zu erzählen, die zwar noch größere Unglücksfälle enthält, aber keinen so glänzenden Ausgang genommen hat. Ich weiß wohl, daß, wenn man nur auf dieses Rücksicht nimmt, meine Geschichte mit weniger Aufmerksamkeit angehört werden wird, aber ich kann es nicht anders machen, und man muß mich entschuldigen.

Die Seeküste zwischen Reggio und Gaeta hält man für die anmutigste Gegend von ganz Italien. Hier liegt in der Nähe von Salerno eine Uferstrecke, die von den Einwohnern die Küste von Amalfi genannt wird und voll kleiner Städte, Gärten, Quellen und Menschen ist, welche durch sehr bedeutenden Handel sich große Reichtümer erwerben. Von den erwähnten Städten heißt eine Ravello, in der, obgleich auch heutzutage noch reiche Leute dort wohnen, vor Zeiten einmal ein Mann, namens Landolfo Ruffolo, lebte, der bei weitem der reichste war. Aber sein Reichtum genügte ihm nicht, er wollte ihn immer höher steigern und kam dadurch in große Gefahr, nicht nur sein Vermögen, sondern auch sein Leben einzubüßen. Wie es nämlich bei den Kaufleuten gebräuchlich ist, kaufte er, nachdem er seinen Überschlag gemacht hatte, ein großes Schiff, befrachtete dasselbe ganz von seinem Geld mit mannigfaltigen Waren und schiffte damit nach Zypern. Hier fand es sich, daß noch mehrere andere Schiffe mit denselben Waren angekommen waren, welche er mitgebracht hatte; daher mußte er nicht bloß die seinigen unter dem Preise losschlagen, sondern wenn er mit seinen Artikeln aufräumen wollte, mußte er sie beinahe verschenken, wodurch sein Vermögen fast ganz zugrunde ging. Hiedurch verfiel er in die größte Verzweiflung und wußte nicht, was er tun sollte; und als er sich so plötzlich aus einem so reichen Mann arm geworden sah, entschloß er sich, entweder zu sterben oder durch Seeräubereien seine Verluste zu ersetzen, um nicht arm dahin zurückzukehren, von wo er reich ausgezogen war. Nachdem er einen Käufer für sein großes Schiff ausfindig gemacht hatte, kaufte er mit diesem Gelde und mit demjenigen, welches er aus seinen Waren gelöst hatte, ein kleines leichtes Raubschiff, versah dasselbe mit allem, was zu diesem Zwecke nötig war, stattete es prächtig aus und entschloß sich, auf jedermann Jagd zu machen, besonders aber auf die Türken. Hiebei war ihm das Glück viel günstiger als bei seinem Handel. Etwa im Laufe eines Jahres beraubte und kaperte er so viele türkische Schiffe, daß er sich nicht nur für seine Verluste im Handel entschädigt sah, sondern sein früheres Vermögen um vieles vermehrt hatte. Durch seinen früheren Verlust gewitzigt und im Bewußtsein, daß er genug habe, ging er, um nicht einen zweiten Verlust zu erleiden, mit sich zu Rat und hielt es für das beste, wenn er sich das, was er jetzt besaß, genügen ließe. Er entschloß sich daher, mit seinem Gelde nach Hause zurückzukehren, und da er gegen den Handel mißtrauisch geworden war, ließ er sich nicht darauf ein, sein Geld in Waren anzulegen, sondern auf dem Schiffe, mit welchem er es gewonnen hatte, schiffte er sich nach seiner Heimat ein. Schon war er in den Archipel gekommen, da erhob sich eines Abends ein Südostwind, der nicht bloß seiner Richtung entgegen war, sondern auch das Meer dergestalt aufregte, daß sein kleines Schiffchen sich nicht dagegen hätte halten können; er lief daher in einen Meerbusen ein, den eine kleine Insel vor dem Winde schützte, um hier auf besseres Wetter zu warten. Kurz darauf liefen auch zwei große genuesische Galeeren, die von Konstantinopel kamen, mit Mühe in diesen Meerbusen ein, aus demselben Grunde, aus welchem Landolfo eingelaufen war. Als die Leute auf demselben das Schiffchen sahen, versperrten sie ihm den Ausweg, und als sie hörten, wer es sei, beschlossen sie, da es von Natur geld- und raubsüchtige Menschen waren und den Landolfo durchs Gerücht als sehr reich kannten, ihn zu berauben. Sie setzten daher einen Teil ihrer Mannschaft wohlbewaffnet und mit Armbrüsten versehen ans Land und ließen sie eine solche Stellung einnehmen, daß niemand, ohne erschossen zu werden, das Schiffchen verlassen konnte. Hierauf setzten sie Boote ins Meer, und von der See begünstigt, näherten sie sich dem kleinen Schiffe des Landolfo, und ohne viel Mühe oder Zeit aufzuwenden, nahmen sie es mit der ganzen Ladung, ohne einen Mann zu verlieren. Nachdem sie den Landolfo auf eine ihrer Galeeren gebracht und alles aus dem Schiffchen entfernt hatten, versenkten sie es und ließen dem Eigentümer nichts als eine ärmliche Jacke. Als sich am folgenden Tage der Wind drehte, lichteten die Galeeren ihre Anker, steuerten gegen Abend und setzten diesen Tag über ihre Reise glücklich fort; aber gegen Abend erhob sich ein so heftiger Sturm, daß das Meer hohe Wellen schlug und die Galeeren voneinander getrennt wurden.

Durch die Gewalt des Sturmes geschah es, daß das Schiff, auf welchem der arme, unglückliche Landolfo war, oberhalb der Insel Cefalonia mit großer Heftigkeit auf eine Sandbank stieß und, gerade wie wenn man ein Glas an einer Wand zerschmettert, ganz zertrümmert wurde und in Stücke ging. Die Unglücklichen auf dem Schiffe suchten sich in der stockfinstern Nacht auf den Waren, Kisten und Brettern zu retten, die, wie es in solchen Fällen gewöhnlich ist, im Meere umherschwammen: wer schwimmen konnte, schwamm oder klammerte sich an die Gegenstände an, die ihm in den Weg kamen. Der arme Landolfo hatte zwar tags zuvor oft dem Tode gerufen, indem er glaubte, es wäre für ihn besser, zu sterben, als so arm nach Hause zurückzukehren; aber als er den Tod vor sich sah, fürchtete er ihn doch und klammerte sich wie die andern an ein Brett an, das ihm in die Hände schwamm, in der Hoffnung, wenn er sich vor dem Ertrinken bewahren könnte, würde ihm doch vielleicht Gott Hilfe und Rettung zusenden. Er setzte sich rittlings darauf, und obgleich er vom Meer und Wind bald dahin, bald dorthin geschleudert wurde, hielt er sich doch darauf, bis es Tag wurde. Als dieser anbrach und Landolfo umherblickte, konnte er nichts entdecken als Wasser und Wolken und eine Kiste, die auf den Meereswogen schwamm und sich ihm oft näherte, wobei er alsdann große Besorgnis hegte, sie möchte so an ihn anstoßen, daß es ihm gefährlich werden könnte. Daher wehrte er sie immer mit der Hand ab, so gut es bei seinen geschwächten Kräften möglich war. So wäre es schon gegangen, aber da erhob sich plötzlich in der Luft ein ungeheurer Windstoß, brauste in das Meer, faßte die Kiste gewaltig und schleuderte sie so heftig gegen das Brett, auf welchem Landolfo saß, daß dieses umschlug, dem Landolfo entkam und dieser in das Wasser sank. Als er schwimmend, mehr von der Furcht als von der Kraft begünstigt, sich wieder emporarbeitete und das Brett in großer Entfernung von sich sah, fürchtete er, es nicht mehr erreichen zu können; er näherte sich daher der Kiste, die in geringer Entfernung von ihm war, legte sich mit der Brust auf den Deckel derselben und gab ihr, so gut er konnte, mit den Armen ihre Richtung. In dieser Lage blieb er den ganzen Tag und die kommende Nacht; das Meer schleuderte ihn bald da, bald dorthin, essen konnte er nichts, weil er nichts hatte, und trinken mußte er mehr, als ihm lieb war; wo er sich befand, wußte er nicht, und sah nichts anderes als das Meer. Am folgenden Tage, als er beinahe ein Schwamm geworden war und die Enden der Kiste mit jener Heftigkeit umklammert hielt, wie es Menschen tun, welche dem Ertrinken nahe sind, führte ihn die Gnade Gottes oder die Heftigkeit des Windes an das Ufer der Insel Korfu, wo ein armes Weib zufällig ihre Töpfe mit Sand und Seewasser reinigte. Als diese den Landolfo heranschwimmen sah und keine Gestalt daran unterscheiden konnte, fürchtete sie sich und lief mit Geschrei davon. Er konnte nichts sprechen und sah beinahe nichts, daher konnte er sich ihr nicht verständlich machen. Als ihn jedoch das Meer näher an das Land hintrieb, konnte das Weib die Kiste unterscheiden, und als sie genauer hinsah, entdeckte sie zuerst die Arme, welche die Kiste umschlungen hielten, dann unterschied sie das Gesicht und dachte sich nun das Ganze. Von Mitleid getrieben, ging sie ein wenig in das Meer hinein, das schon wieder ruhig geworden war, faßte ihn bei den Haaren und zog ihn mitsamt der Kiste ans Land. Hier machte sie mit großer Anstrengung seine Hände von der Kiste los, setzte diese ihrer Tochter, die bei ihr war, auf den Kopf und trug dann den Landolfo wie ein kleines Kind ans Land, setzte ihn in ein Bad, rieb ihn und wusch ihn mit warmem Wasser, daß die verschwundene Farbe und zum Teil auch die verlorenen Kräfte wieder zurückkehrten. Als es ihr Zeit zu sein schien, nahm sie ihn heraus, erquickte ihn mit gutem Wein und mit Speisen und bewirtete ihn einige Tage lang, so gut sie konnte, bis er wieder zu Kräften und zum Bewußtsein kam. Jetzt schien es der guten Frau Zeit, ihm seine Kiste zurückzugeben, die sie ihm aufbewahrt hatte, und ihm zu sagen, daß er jetzt sein Glück weiter versuchen müsse. Landolfo erinnerte sich zwar der Kiste nicht mehr, nahm sie aber doch, als die gute Frau sie ihm überreichte, denn er dachte, so gering an Wert könne sie doch nicht sein, daß er sich nicht ein paar Tage davon erhalten könnte; zwar als er sie sehr leicht fand, wollte ihm der Mut sinken, dennoch aber öffnete er sie, als einmal die Frau nicht zu Hause war, um zu sehen, was darinnen sei, und da fand er in ihr viele kostbare Steine, gefaßt und ungefaßt. Da er sich einigermaßen darauf verstand, so erkannte er sogleich ihren großen Wert. Er dankte Gott, der ihn noch nicht verlassen wollte, und wurde ganz vergnügt. Da er jedoch in kurzer Zeit zwei schwere Schläge des Schicksals erlitten hatte, so fürchtete er den dritten und dachte, er müsse mit aller Vorsicht zu Werke gehen, um diese Kostbarkeiten nach Hause zu bringen. Er versteckte sie daher, so gut er konnte, in einige

Lumpen und sagte zu der mitleidigen Frau, er habe die Kiste nicht mehr nötig, ob sie ihm nicht einen Sack dafür geben wolle. Dies tat die gute Frau gern, und Landolfo dankte ihr, so gut er konnte, für ihre Wohltaten, nahm seinen Sack auf den Rücken und verließ sie. Er stieg in ein Boot, fuhr darin nach Brindisi und ging von hier längs der Küste bis nach Trani, wo er einige Landsleute fand, die Tuchhändler waren und die ihn um Gottes willen kleideten, nachdem er ihnen alle seine Schicksale, mit Ausnahme des Vorfalls mit der Kiste, erzählt hatte. Überdies liehen sie ihm ein Pferd und ließen ihn bis nach Ravello begleiten, wohin er zurückkehren wollte. Hier glaubte er sich in Sicherheit, dankte Gott, daß er ihn glücklich zurückgeführt habe, öffnete seinen Sack, und nachdem er jetzt genauer als das erstemal seine Kostbarkeiten betrachtete, fand er sich im Besitze von so vielen und kostbaren Steinen, daß, wenn er sie zu mäßigen, ja zu geringen Preisen hätte verkaufen müssen, er immer noch viel reicher geworden wäre als zur Zeit seiner Abreise. Nachdem er Mittel gefunden hatte, seine Steine zu verwerten, schickte er der guten Frau, die ihn aus dem Meere gezogen hatte, für die ihm geleisteten Dienste eine große Summe Geldes nach Korfu, ebenso den Tuchhändlern in Trani, die ihn gekleidet hatten, und das übrige behielt er für sich, ohne Handel zu treiben, und lebte anständig bis zu seinem Tode.

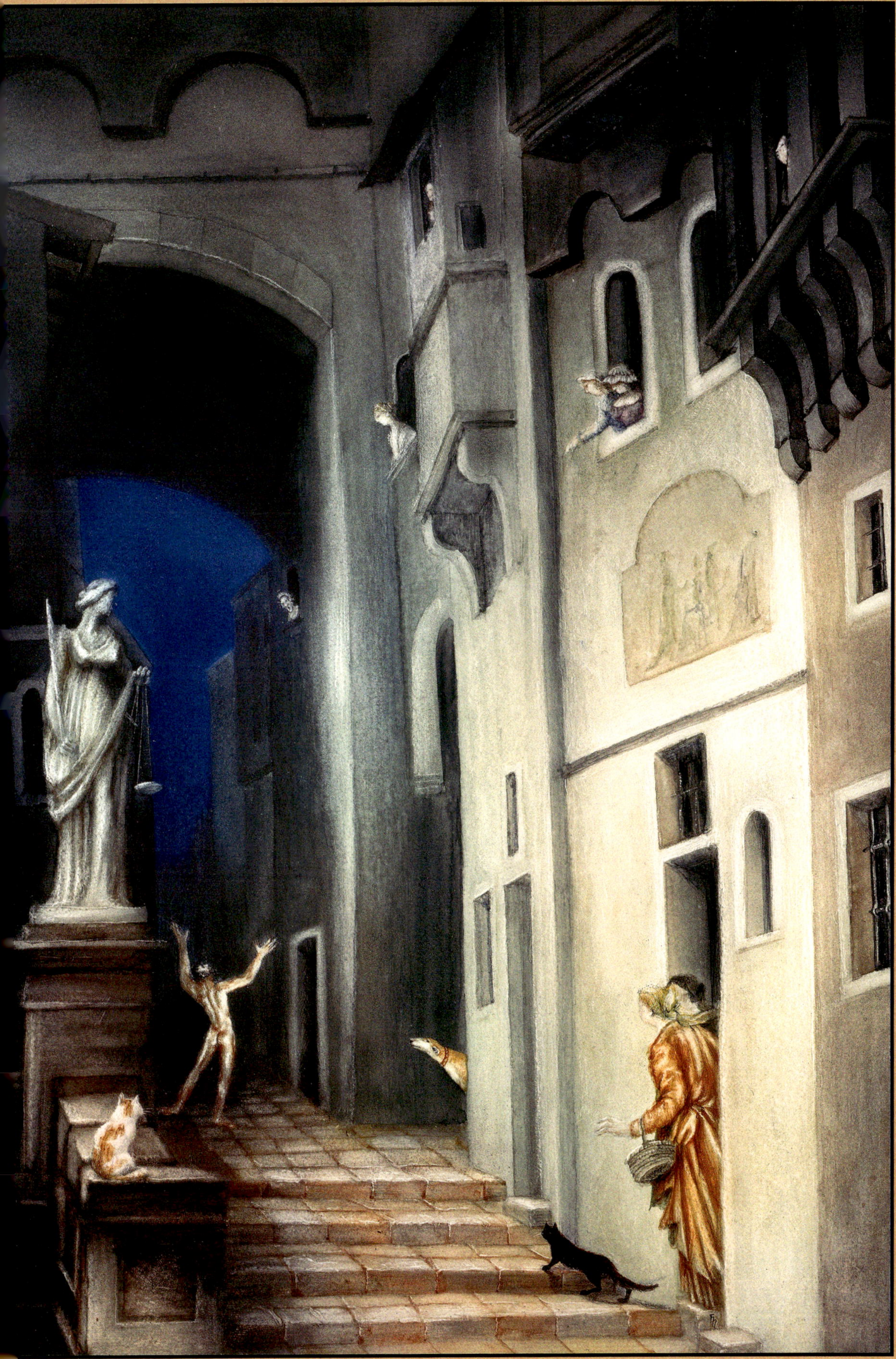

*»Das ist eine Frechheit, zu solcher Stunde an das Haus
von ehrlichen Frauenzimmern zu kommen und solchen Lärm
zu machen. Pack dich fort und laß uns schlafen!«*

ANDRUCCIO VON PERUGIA

KOMMT NACH NEAPEL, UM PFERDE ZU KAUFEN,
UND ERLEBT IN EINER NACHT DREI GEFÄHRLICHE ABENTEUER,
KOMMT ABER GLÜCKLICH DAVON UND KEHRT
MIT EINEM RUBIN NACH HAUSE ZURÜCK.

Die von Landolfo gefundenen Steine, begann Fiammetta, an welche die Reihe zu erzählen kam, haben mir eine Geschichte ins Gedächtnis zurückgerufen, in welcher nicht weniger Gefahren vorkommen als in der von Lauretta erzählten; nur insofern weichen beide voneinander ab, daß die Abenteuer in der vorangegangenen Erzählung wohl innerhalb mehrerer Jahre, die in der meinigen aber in einer einzigen Nacht vorgefallen sind, wie ihr jetzt vernehmen werdet. –

Wie ich einmal gehört habe, lebte in Perugia ein junger Mann namens Andruccio de Pietro, ein Roßhändler; als dieser einmal vernahm, daß man in Neapel gute Pferde kaufen könne, nahm er 500 Goldgulden in den Beutel, und da er noch niemals seine Vaterstadt verlassen hatte, machte er die Reise dahin in Gesellschaft von andern Handelsleuten. Sie kamen an einem Sonntagabend zur Vesperzeit an, und nachdem er sich den andern Morgen bei seinem Wirte erkundigt hatte, begab er sich auf den Roßmarkt, sah dort viele Pferde, von denen ihm auch manche gefielen, ließ sich auch wegen mehrerer derselben in einen Handel ein, konnte aber bei keinem zum Abschluß kommen. Um jedoch zu zeigen, daß er kaufen und bezahlen könne, zog er, weil er noch ein unerfahrener und unvorsichtiger Mensch war, mehrmals vor den Anwesenden seinen Geldbeutel heraus. Während er nun so im Handel begriffen war und eben wieder seine Börse zeigte, geschah es, daß eine sehr schöne Sizilianerin, die jedoch um geringen Preis einem jeden sich gefällig zu erweisen bereit war, ohne daß er sie bemerkte, an ihm vorbeiging und seine Börse sah. Diese dachte sogleich: »Das wäre nicht übel, wenn dieses Geld mein wäre«, und ging vorüber. Bei diesem jungen Mädchen befand sich eine alte Frau, ebenfalls eine Sizilianerin, die, als sie den Andruccio sah, das Mädchen vorbeigehen ließ, außerordentlich freundlich auf ihn zulief und ihn umarmte. Als das Mädchen dies bemerkte, sprach sie kein Wort, sondern wartete in einer kleinen Entfernung. Als Andruccio sich gegen die Alte umwandte, erkannte er sie, freute sich sehr, und nachdem sie ihm versprochen hatte, ihn in seiner Herberge zu besuchen, ging sie, ohne sich länger aufzuhalten, von ihm hinweg, und Andruccio fing wieder an zu handeln, ohne jedoch diesen Morgen etwas zu kaufen. Das Mädchen, welches zuerst die Börse des Andruccio und nachher die Vertraulichkeit ihrer Alten mit ihm bemerkt hatte, dachte auf irgendein Mittel, um dieses Geld ganz oder teilweise zu erhalten, und fragte daher vorsichtig: wer dieser Mensch wäre, woher, und was er hier mache und woher sie ihn kenne? Die Alte erzählte ihr alle Verhältnisse des Andruccio so genau, wie wenn er sie ihr mit kurzen Worten selbst geschildert hätte, denn sie war lange in Sizilien und später in Perugia im Hause seines Vaters gewesen; auch sagte sie ihr, woher er komme und warum er hier sei. Als das Mädchen mit seiner Verwandtschaft und mit seinem Namen ganz vertraut war, gründete sie darauf den Plan, durch einen feinen Betrug ihren Wunsch zu erfüllen. Sie kehrte nach Hause zurück und gab der Alten den ganzen Tag über zu arbeiten, damit sie nicht zu Andruccio gehen könne;

hierauf nahm sie eine Magd, die sie zu solchen Geschäften trefflich abgerichtet hatte, und schickte sie gegen Abend in die Herberge, in welcher Andruccio wohnte. Als diese dahin kam, fand sie ihn zufällig allein unter der Türe stehen und erkundigte sich bei ihm selbst nach ihm; worauf er antwortete: er sei es. Sie nahm ihn beiseite und sagte zu ihm: »Mein Herr, eine edle Dame dieser Stadt wünscht mit Euch zu sprechen, wenn es Euch gefällig ist.« Als Andruccio, der sehr für sich eingenommen war und sich für einen hübschen Mann hielt, dieses hörte, glaubte er, die Dame müsse in ihn verliebt sein, wie wenn er damals der einzige schöne Jüngling in Neapel gewesen wäre; schnell antwortete er: er sei bereit, und fragte sie: wo und wann die Dame ihn sprechen wolle? Hierauf antwortete das Mädchen: »Mein Herr, sie erwartet Euch in ihrem Hause, wenn Ihr mir folgen wollt.« Andruccio, ohne in der Herberge etwas davon zu sagen, sprach sogleich: »Geh nur voran, ich folge dir auf dem Fuße.« Die Dienerin führte ihn in das Haus jener Sizilianerin, welche in einer Gegend wohnte, die man Malpertugio* nennt und deren Name also schon anzeigt, wie ehrbar es dort hergeht. Andruccio jedoch wußte davon nichts, sondern glaubte an einen ganz anständigen Ort zu einer schönen Dame zu gehen und folgte, ohne Argwohn, der Dienerin in ihr Haus. Er stieg die Treppe hinauf, und da das Mädchen die Sizilianerin schon gerufen und ihr gesagt hatte: »Hier ist Andruccio«, so sah er sie schon oben auf der Treppe auf ihn warten. Sie war noch sehr jung, von hohem Wuchs und schönem Gesicht und sehr anständig gekleidet und geschmückt. Als Andruccio sich ihr näherte, kam sie ihm mit offenen Armen drei Stufen entgegen, fiel ihm um den Hals und schien im Übermaß der Rührung eine Zeitlang kein Wort hervorbringen zu können. Dann küßte sie ihn weinend auf die Stirne und sprach mit gebrochener Stimme: »O Andruccio, sei mir willkommen!« Andruccio wunderte sich über diese zärtlichen Liebkosungen und antwortete ganz verblüfft: »Meine Dame, seid mir freundlich gegrüßt!« Hierauf nahm sie ihn bei der Hand, führte ihn in einen Saal, und von hier trat sie ohne weiteres in ihr Schlafgemach, das

---

* *Von mal = Verbrechen und pertugio = Loch.*

ganz von Rosen, Pomeranzen und anderen Wohlgerüchen duftete. Hier stand ein herrliches Bett mit schönen Vorhängen, und an den Wänden hingen, nach dortigem Gebrauche, viele Kleider und andere schöne und kostbare Geräte. Der Anblick all dieser Dinge gab ihm, der noch ein Neuling war, die feste Überzeugung, sie könne nichts anderes als eine vornehme Dame sein. Nachdem sie sich mit ihm auf eine Kiste am Fuß ihres Bettes niedergesetzt hatte, sprach sie folgendermaßen zu ihm: »Andruccio, ich bin fest überzeugt, du wirst dich sehr verwundern, sowohl über meine Liebkosungen als über meine Tränen, denn du kennst mich nicht und hast vielleicht noch niemals von mir gehört, aber bald wirst du dich wohl noch mehr verwundern, wenn ich dir sage, daß ich deine Schwester bin. Ja, ich muß dir sagen: jetzt, nachdem mir Gott die große Gnade erwiesen hat, daß ich vor meinem Tode noch einen meiner Brüder gesehen habe, wiewohl ich euch alle zu sehen wünschte, werde ich ruhig sterben können, und wenn du vielleicht noch nie etwas davon gehört hast, so will ich es dir erzählen. Pietro, mein Vater und der deinige, hielt sich, wie du wohl gehört haben wirst, lange Zeit in Palermo auf und wurde dort wegen seiner Güte und Freundlichkeit von allen seinen Bekannten geliebt und ist es noch jetzt. Aber unter allen liebte ihn meine Mutter, die eine vornehme Dame und damals Witwe war, am meisten und so sehr, daß sie mit Hintansetzung der Furcht vor ihrem Vater und ihren Brüdern, und ohne Rücksicht auf ihre Ehre, sich so tief mit ihm einließ, daß ich, die du hier vor dir siehst, geboren wurde. Als später Pietro veranlaßt wurde, Palermo zu verlassen und nach Perugia zurückzukehren, ließ er mich, die ich damals noch ein kleines Kind war, mit meiner Mutter zurück, und seitdem hat er sich, soviel ich weiß, nie mehr weder an mich noch an sie erinnert, so daß ich, wenn er nicht mein Vater wäre, ihm heftige Vorwürfe machen würde wegen des Undanks, den er gegen meine Mutter bewiesen hat, die ihm sich selbst und alles ihrige, ohne zu wissen, wer er war, aus reiner treuer Liebe hingab; gar nicht zu reden von der Liebe, die er für mich, als für seine Tochter, die nicht von einer Dienerin oder einem gemeinen Weibe geboren wurde, hätte hegen sollen. Allein, was kann man tun? Vergehen, die schon so alt sind, sind weit leichter zu tadeln, als wiedergutzumachen. Aber so verhielt sich die Sache. Er ließ mich als kleines Kind in Palermo zurück, wo, als ich herangewachsen war – schon beinahe so, wie ich jetzt bin –, meine Mutter, die eine reiche Dame war, mich an einen edlen und rechtschaffenen Mann aus dem Geschlechte der Gergenti vermählte, der mir und meiner Mutter zulieb sich in Palermo aufhielt. Da derselbe, ein sehr guelfisch gesinnter Mann, sich hier mit unserem König Karl in Unterhandlungen einließ und König Friedrich, ehe sie ihre Pläne ausführen konnten, die Sache erfuhr, mußten wir aus Sizilien fliehen, gerade als ich hoffte, die größte Dame auf dieser Insel zu werden. Wir nahmen daher das wenige, dessen wir habhaft werden konnten (ich sage das wenige, in Rücksicht auf das viele, das wir hatten), verließen unsere Landgüter und Paläste und flohen in dieses Land, wo wir den König Karl so gnädig gegen uns fanden, daß er die Verluste, die wir um seinetwillen erlitten hatten, uns zum Teil ersetzte, uns Güter und Häuser hier gab und auch fortwährend meinem Manne, deinem Schwager, eine gute Besoldung ausbezahlt, wie du noch in der Folge wirst sehen können. Und so lebe ich hier und verdanke es der Gnade Gottes, nicht dir, mein lieber Bruder, daß ich dich sehe.« – Mit diesen Worten umarmte sie ihn aufs neue und küßte ihn wiederholt unter Tränen zärtlich auf die Stirne.

Als Andruccio diese so zusammenhängende Erzählung hörte, die von der Sizilianerin, ohne auch nur ein einziges Mal zu stottern, recht unbefangen und zierlich berichtet wurde; da er ferner sich erinnerte, daß sein Vater wirklich in Palermo gewesen war, und weil er an sich selbst erfahren hatte, wie gerne man sich in der Jugend verliebt, und die zärtlichen Tränen, Umarmungen und ehrbaren Küsse fühlte, so hielt er alle ihre Aussagen für durchaus wahr und antwortete ihr mit folgenden Worten: »Meine Dame, es kann Euch nicht auffallen, wenn ich mich verwundere; denn in der Tat habe ich nie etwas von Euch gehört, wie wenn Ihr gar nicht auf der Welt wäret, sei es, daß mein Vater von Eurer Mutter und von Euch niemals gesprochen hat, oder daß, wenn er dies getan, ich wenigstens nichts davon erfahren habe. Um so angenehmer ist es mir aber, daß ich hier eine Schwester gefunden habe, je mehr ich hier allein bin und je weniger ich mir so etwas träumen ließ. Und in der Tat, ich kenne keinen noch so vornehmen Mann, dem Ihr nicht teuer sein müßtet, und nun vollends mir, der ich nur ein geringer Handelsmann bin. Nur eines, bitte ich, erkläret mir: Wie habt Ihr denn erfahren, daß ich hier sei?« Hierauf antwortete sie: »Diesen Morgen erfuhr ich es von einer armen Frau, die oft zu mir kommt, weil sie, wie sie sagt, lange Zeit sowohl in Palermo als in Perugia im Hause unseres Vaters war, und wenn ich es nicht für ehrbarer gehalten hätte, daß du zu mir kommst, als daß ich zu dir käme, so hätte ich dich heute schon lange in deiner Herberge besucht.« Hierauf befragte sie ihn genau über alle seine Verwandten, die sie mit Namen nannte, und Andruccio gab ihr auf alles Antwort und glaubte jetzt um so fester, was er am wenigsten hätte glauben sollen. Da sie lange miteinander sich unterhalten hatten und die Hitze groß war, ließ sie griechischen Wein und Konfekt kommen und bewirtete Andruccio damit. Als dieser endlich Abschied nehmen wollte, weil es Zeit zum Abendessen war, ließ sie es durchaus nicht zu, stellte sich beleidigt, umarmte ihn und sagte: »Ach, ich sehe deutlich, wie wenig ich dir wert bin! Bedenke doch, daß du bei deiner Schwester bist, die du noch nie gesehen hast und in deren Hause du hättest absteigen sollen, und jetzt willst du von mir weggehen, um in der Herberge zu Nacht zu speisen? Wahrhaftig, du mußt mit mir zu Abend essen; mein Mann ist zwar nicht zu Haus, was mir sehr leid tut, aber ich werde dich schon zu bewirten wissen, so gut es ein Frauenzimmer kann.« Hierauf wußte Andruccio nichts anderes zu erwidern als dies: »Ich habe Euch lieb, wie man eine Schwester liebhaben kann; aber wenn ich nicht komme, so wird man den ganzen Abend mit dem Essen auf mich warten, und das wäre nicht recht von mir.« Hierauf sagte sie: »Nun sei Gott gelobt, ich werde doch jemand im Hause haben, durch den ich sagen lassen kann, daß man nicht auf dich warten soll. Übrigens könntest du auch, wenn du so artig sein willst, deinen Freunden sagen lassen, sie möchten hier zu Nacht speisen; dann könntet ihr, wenn du durchaus heute gehen willst, in Gesellschaft heimkehren.« Andruccio antwortete, nach seinen Freunden sehne er sich diesen Abend gar nicht; über ihn aber könne sie verfügen, wenn es ihr angenehm sei. Hierauf stellte sie sich, als lasse sie in die Herberge sagen, man dürfe ihn nicht zum Nachtessen erwarten, und dann setzte sie sich, nachdem sie noch vieles miteinander gesprochen hatten, mit ihm zum Abendessen nieder und bewirtete ihn glänzend mit vielen Speisen und wußte das Mahl so tief in die Nacht auszudehnen, daß, als sie sich von der Tafel erhoben und Andruccio Anstalten machte, sich zu entfernen, die Sizilianerin erklärte, daß sie dies in keinem Falle zugeben könne, denn Neapel sei keine Stadt, wo man bei Nacht umhergehen dürfe, zumal wenn man ein Fremder sei. Als sie habe sagen lassen, man solle nicht mit dem Nachtessen auf ihn warten, habe sie das gleiche auch in Beziehung auf das Nachtlager melden lassen. Er glaubte es, und von seiner Leichtgläubigkeit betrogen, freute er sich sogar, bei ihr zu bleiben. Nicht ohne Grund wurden demnach nach dem Abendessen die Gespräche noch lange ausgedehnt, und nachdem ein Teil der Nacht vorüber war, ließ sie den Andruccio mit einem kleinen Knaben, der ihm bringen sollte, was er etwa noch bedürfe, in ihrem Schlafgemach zurück, und sie selbst ging mit ihrer Dienerin in ein anderes Gemach. Die Hitze war groß: als sich daher Andruccio allein sah, zog er seine Jacke und seine Beinkleider aus, legte sie unter sein Kopfkissen, und da er ein natürliches Bedürfnis befriedigen mußte, fragte er den Knaben, wo dies geschehen könne. Dieser zeigte auf eine Türe in einer Ecke des Gemachs und sagte: »Geht hier hinein!« Als Andruccio sorglos hineingetreten war, setzte er seinen Fuß zufällig auf ein Brett, das auf der entgegengesetzten Seite von dem Balken, auf welchem es ruhte, sich losmachte, mit ihm überschlug, und er fiel zugleich mit dem Brett hinunter. Aber Gott war ihm noch gnädig; denn der Fall hatte ihn nicht verletzt, obgleich er ziemlich hoch herabgefallen war, nur wurde er von dem Unrat, mit welchem der Ort angefüllt war, sehr besudelt. Damit ihr desto besser sowohl das Erzählte als das, was noch folgt, verstehen möget, will ich euch sagen, wie dieser Ort beschaffen war. Es waren nämlich in einem engen Gäßchen, wie man es häufig zwischen zwei Häusern findet, von dem einen zum andern zwei Balken und auf diese wieder einige Bretter gelegt; auf diesen war der Sitz angebracht, und mit einem dieser Bretter war Andruccio hinabgestürzt. Als er sich zu seinem großen Leidwesen unten in dem Gäßchen fand, rief er den Knaben; aber dieser war, sobald er ihn hatte fallen hören, zu der Dame gelaufen und hatte es ihr gesagt. Schleunig lief sie in ihr Schlafzimmer, suchte nach seinen Beinkleidern, fand sie und in diesen das Geld, welches er aus Besorgnis törichterweise immer bei sich trug. Da sie jetzt dasjenige besaß, nach welchem sie ihr Netz ausgeworfen und weshalb sie als Palermitanerin die Schwester eines Perugianers gespielt hatte, bekümmerte sie sich nicht weiter um ihn, sondern verschloß die Türe, durch welche er gegangen war. Als Andruccio keine Antwort von dem Knaben erhielt, begann er stärker zu rufen, aber umsonst. Jetzt begann er mißtrauisch zu werden und allmählich den Betrug zu ahnen. Er stieg daher auf eine kleine Mauer, die das Gäßchen von der Straße trennte, sprang hinaus und ging an die Türe des Hauses, die er sehr gut kannte. Hier rief, rüttelte und pochte er lange vergeblich, und endlich, als er sein Unglück deutlich vor Augen sah, sagte er bekümmert: »O ich Unglücklicher, in wie kurzer Zeit habe ich fünfhundert Gulden und eine Schwester verloren!« Nachdem er noch vieles andere gesagt, begann er aufs neue an die Türe zu pochen und zu rufen, so daß viele Leute in der Nachbarschaft erwachten und aufstanden, weil sie den Lärm nicht länger erdulden wollten. Auch eine von den Dienerinnen der Sizilianerin kam scheinbar noch ganz schlaftrunken an das Fenster und fragte höhnisch: »Wer pocht da unten?« – »Oh«, antwortete Andruccio, »kennst du mich nicht? Ich bin ja Andruccio, der Bruder der Frau Fiordaliso.« Hierauf antwortete sie: »Mein guter Freund, wenn du zuviel getrunken hast, so gehe schlafen und komme morgen wieder; ich weiß nichts von einem Andruccio und verstehe dieses Geschrei nicht. Geh mit Gott und laß uns hier ruhig schlafen, wenn es dir gefällig ist.« – »Wie?« sagte Andruccio, »du verstehst meine Worte nicht? Du weißt alles recht gut. Aber wenn die sizilianischen Verwandtschaften so gar schnell vergessen werden, so gib mir wenigstens meine Kleider zurück, die ich bei euch gelassen habe, dann will ich gerne gehen.« Hierauf sprach sie lachend: »Guter Freund, ich glaube du träumst«, und mit diesen Worten zog sie sich zurück und schloß das Fenster zu. Jetzt war Andruccio seines Verlustes gewiß. Von Schmerz und Verzweiflung zur Wut gebracht, entschloß er sich, das, was er auf gütlichem Wege nicht zurückerhalten konnte, sich durch Gewalt zu verschaffen. Er nahm daher einen großen Stein, schlug damit viel heftiger als zuvor an die Türe und suchte sie mit Gewalt einzubrechen. Die Nachbarn, die schon zuvor aufgewacht und aus dem Bette aufgestanden waren, glaubten, es müsse ein Ruhestörer sein, der seine Worte nur erdichtete, um diese ehrlichen Frauenzimmer zu beunruhigen, und da der Lärm, den er machte, ihnen selbst unangenehm war, gingen sie an das Fenster, gerade wie alle Hunde einer Gegend einen fremden Hund anbellen, und riefen: »Das ist eine Frechheit, zu solcher Stunde an das Haus von ehrlichen Frauenzimmern zu kommen und solchen Lärm zu machen. Pack dich fort und laß uns schlafen, und wenn du etwas mit diesen Frauenzimmern zu tun hast, so komme morgen; aber bei Nacht laß uns in Ruhe!« Durch diese Worte wurde ein Zuhälter jener ehrlichen Dame, der sich in ihrem Hause aufhielt, den aber Andruccio weder gehört noch gesehen hatte, ermutigt, kam an das Fenster und rief mit wilder, fürchterlicher Stimme: »Wer ist da unten?« Andruccio hob auf diese Worte seinen Kopf und sah in der Dunkelheit einen Mann mit einem schwarzen, dichten Barte, der, wie wenn er erst aus dem Bette und aus dem Schlafe aufgewacht wäre, gähnte und sich die Augen rieb. Nicht ohne Furcht antwortete Andruccio: »Ich bin der Bruder der Dame, die hier wohnt.« Aber dieser wartete nicht, bis Andruccio mit seiner Antwort fertig war, sondern noch rauher als das erste Mal rief er hinab: »Ich weiß nicht, warum ich nicht hinuntergehe und dich so lange durchprügle, bis du dich nicht mehr bewegen kannst, du unverschämter, betrunkener Esel, der heute niemand schlafen läßt.« Mit diesen Worten trat er zurück und schloß das Fenster. Einige Nachbarn, die diesen Menschen besser kannten, sprachen jetzt freundlich zu Andruccio: »Um Gottes willen, mein guter Freund, geh mit Gott, sonst wirst du heute nacht noch umgebracht. Geh um deines Wohles willen!« Andruccio, durch die Stimme und das Angesicht jenes Menschen erschreckt und durch die Aufforderung jener Leute, die ihm aus Mitleiden zu raten schienen, bewogen, machte sich fort und schlug in großer Verzweiflung über den Verlust seines Geldes die Richtung ein, in welcher er mit der

Dienerin hergekommen war, ohne zu wissen, wohin er komme, in der Absicht, in seine Herberge zurückzukehren. Da jedoch der Gestank von dem Ort, in welchen er hinabgefallen war, ihm selbst widerwärtig war, so hätte er sich gerne im Meere gewaschen; daher wandte er sich links in eine Straße, die man die catalonische nennt. Als er den oberen Teil der Stadt erreichte, sah er von ungefähr in der Ferne zwei Menschen auf sich zukommen, mit Laternen in der Hand, und da er fürchtete, es möchten dies Diener der Polizei oder sonst Menschen mit üblen Absichten sein, flüchtete er sich leise in ein verfallenes Haus, das er in der Nähe sah. Aber jene, wie wenn sie an denselben Ort geschickt worden wären, traten ebenfalls in das verfallene Haus, und einer von ihnen legte einige eiserne Werkzeuge, die er auf der Schulter getragen hatte, nieder, betrachtete sie mit dem andern, und so sprachen sie verschiedenes darüber. Im Gespräch sagte der eine: »Was soll denn das sein? Ich rieche den größten Gestank, den ich jemals spürte.« Bei diesen Worten erhob er die Laterne ein wenig, und da erblickten sie den armen Tropf Andruccio und fragten ganz verwirrt: »Wer da?« Andruccio schwieg. Aber jene näherten sich ihm mit dem Licht und fragten ihn: was er so schmutzig hier mache? Hierauf erzählte ihnen Andruccio alles, was ihm begegnet war. Jene errieten leicht, wo ihm dies begegnet sein konnte, und sagten zueinander: »Dieser ist ganz gewiß in der Mordhöhle des Scarabone gewesen«; dann wandte sich einer von ihnen zu ihm und sprach: »Guter Freund, obgleich du dein Geld verloren hast, mußt du Gott noch dafür danken, daß du heruntergefallen bist und nicht mehr ins Haus hinein konntest; denn wärest du nicht gefallen, so darfst du überzeugt sein, man hätte dich im ersten Schlafe umgebracht, und du hättest nicht bloß dein Geld, sondern auch noch das Leben verloren. Doch was hilft jetzt das Klagen? Du erhältst keinen Heller mehr, sowenig als einen Stern vom Himmel. Aber umgebracht kannst du wohl werden, wenn jener erfährt, daß du etwas davon gesprochen hast.« Hierauf beratschlagten sich die beiden eine Weile und sagten dann zu ihm: »Siehe, wir haben Mitleid mit dir; wenn du uns also auf dem Gange, den wir vorhaben, begleiten willst, so darfst du mit Sicherheit hoffen, daß du für deinen Teil mehr gewinnen wirst, als du verloren hast.« Andruccio in seiner Verzweiflung antwortete, er sei bereit. Es war an jenem Tage ein Erzbischof von Neapel begraben worden, mit Namen Filippo Minutolo, und zwar hatte man ihn mit dem kostbarsten Schmuck und einem Rubin am Finger beerdigt, der mehr als fünfhundert Goldgulden wert war. Diesen wollten sie berauben und sagten dies dem Andruccio. Andruccio, mit mehr Begierde als Klugheit, machte sich mit ihnen auf den Weg, und als sie gegen die Hauptkirche zugingen und Andruccio so gar übel roch, sagte der eine: »Können wir denn kein Mittel finden, daß dieser sich ein wenig waschen könnte, damit er nicht so gar übermäßig stinkt?« Der andere antwortete: »Ja, wir sind hier in der Nähe eines Brunnens, an welchem immer ein Eimer an einem Seile hängt, dort wollen wir ihn gründlich abspülen.« Als sie an den Brunnen gekommen waren, fanden sie zwar das Seil, aber der Eimer war weggenommen. Daher kamen sie auf den Einfall, ihn an das Seil zu binden und in den Brunnen hinabzulassen, damit er sich unten abwasche; alsdann sollte er das Seil fassen und sie wollten ihn wieder heraufziehen. So machten sie es. Als sie aber den Andruccio in den Brunnen hinabgelassen hatten, kamen einige Diener der Polizei, die wegen der Hitze und weil sie einem nachgelaufen waren, Durst hatten, an denselben Brunnen, um zu trinken, und als jene ihrer ansichtig wurden, machten sie sich schleunig davon. Die Polizeidiener, die dahin kamen, um zu trinken, bemerkten die Fliehenden nicht, und Andruccio, der im Brunnen drunten sich abgewaschen hatte, rüttelte jetzt an dem Seil. Jene, die sehr durstig waren, legten ihre Schilde, ihre Waffen und Röcke ab und fingen an, das Seil heraufzuziehen, in der Meinung, es werde ein voller Eimer daran hängen. Als Andruccio sich dem Rande des Brunnens nahe sah, ließ er das Seil los und klammerte sich an den Brunnenrand. Dies setzte die Polizeidiener, als sie es sahen, in große Furcht, so daß sie, ohne ein Wort zu sprechen, das Seil fahren ließen und, so schnell sie konnten, sich auf die Flucht machten, worüber sich Andruccio sehr verwunderte, und wenn er sich nicht festgehalten hätte, so wäre er wieder in den Brunnen hinabgestürzt und hätte Schaden genommen oder gar das Leben verloren. Aber als er herausgekommen war und die Waffen sah, von denen er wußte, daß sie seinen Kameraden nicht gehörten, verwunderte er sich noch weit mehr. Nachdem er eine Weile nachgedacht hatte und in seiner Verzweiflung nicht wußte, was er tun sollte, entschloß er sich, weiterzugehen, ohne etwas zu berühren. So ging er also fort, ohne zu wissen, wohin. Auf dem Wege begegnete er seinen zwei Kameraden, die ihn jetzt aus dem Brunnen ziehen wollten, und als ihn diese sahen, verwunderten sie sich sehr und fragten ihn, wer ihn denn aus dem Brunnen gezogen habe? Andruccio antwortete, er wisse es nicht, und erzählte ihnen der Ordnung nach, wie es gegangen sei und was er draußen vor dem Brunnen angetroffen habe. Hieraus errieten jene, wie sich die Sache verhalte, und erzählten ihm lachend, warum sie geflohen seien und wer die Leute gewesen, die ihn herausgezogen hätten. Jetzt aber gingen sie, ohne weiter zu sprechen, da es schon Mitternacht war, zu der Hauptkirche, kamen ziemlich leicht hinein und machten sich an den Sarg, der von Marmor und sehr groß war. Mit ihren Eisen hoben sie den Deckel, der sehr schwer war, so weit empor, daß ein Mensch hineinschlüpfen konnte, und stützten ihn. Hierauf begann der eine den andern zu fragen: »Wer soll hineingehen?« Der andere antwortete: »Ich nicht!« – »Auch ich nicht«, sagte jener, »aber Andruccio soll hineingehen.« – »Das tue ich nicht«, sagte Andruccio. Aber die beiden andern wandten sich zu ihm und sagten: »Was, du willst nicht hineingehen? So wahr Gott lebt, wenn du nicht hineingehst, so schlagen wir dich mit einem dieser Brecheisen so lange auf den Kopf, bis du stirbst.« Andruccio ging aus Furcht hinein, dachte aber beim Hineingehen: »Diese schicken mich hinein, um mich zu betrügen; denn wenn ich ihnen alles gegeben haben werde, werden sie, während ich aus dem Sarg wieder heraussteige, mit ihrer Beute davongehen und ich werde nichts haben.« Deshalb beschloß er, seinen Anteil zum voraus zu nehmen, und da er sich des teuern Ringes erinnerte, von dem sie gesprochen hatten, zog er diesen dem Erzbischof zuerst vom Finger und steckte ihn an den seinigen; alsdann reichte er ihnen den Bischofsstab und die Bischofsmütze und die Handschuhe, zog ihn bis auf das Hemd aus, gab ihnen alles und sagte: weiter sei nichts da. Jene behaupteten, es müsse auch noch ein Ring da sein, und sagten, er solle überall suchen. Aber jener antwortete: er finde ihn nicht, stellte sich, als ob er darnach suche, und hielt sie dadurch eine Zeitlang hin. Jene waren aber nicht weniger arglistig als er; während sie ihn aufforderten, recht genau zu suchen, nahmen sie sich Zeit, die Stütze, welche den Sargdeckel emporhielt, wegzunehmen, flohen davon und ließen ihn in dem Sarge zurück. Wie dem Andruccio zumute war, als er dies bemerkte, kann man sich denken. Mehrmals versuchte er es, sowohl mit dem Kopf als mit den Schultern, den Deckel emporzuheben; aber er bemühte sich umsonst, und von Schmerz überwunden, fiel er ohnmächtig auf den Leichnam des Erzbischofs hin, und wer die beiden so gesehen hätte, hätte schwerlich unterscheiden können, welcher von beiden mehr tot sei, der Erzbischof oder er. Als er wieder zu sich gekommen war, fing er kläglich an zu weinen, indem er dachte, daß er ohne Zweifel auf eine der folgenden beiden Arten seinen Tod finden müsse, entweder nämlich würde er, wenn niemand den Sarg öffnete, unter den Würmern des Leichnams an Hunger und Gestank sterben oder, wenn jemand käme und man ihn im Sarge fände, als ein Dieb aufgehängt werden. Während er solchen schmerzlichen Gedanken sich hingab, hörte er Leute in der Kirche umhergehen und sprechen, und da er glaubte, diese seien in derselben Absicht gekommen, die ihn mit seinen Kameraden hergeführt hatte, so fürchtete er sich nur noch mehr. Als diese Leute den Sarg geöffnet und den Deckel gestützt hatten, stritten sie sich, wer hineingehen müsse, und als es niemand tun wollte, sagte endlich nach langem Streit ein Priester: »Was fürchtet ihr denn? die Toten sind keine Menschenfresser, ich will hineingehen!« Mit diesen Worten schwang er sich auf den Rand des Sarges und ließ sich, den Kopf nach außen, die Füße nach innen, in den Sarg hinunter. Als Andruccio dies sah, richtete er sich auf, faßte den Priester an einem Bein und tat, als wollte er ihn herunterziehen. Als dies der Priester fühlte, stieß er einen schrecklichen Schrei aus und schwang sich aus dem Sarge hinaus, wodurch die andern so erschreckt wurden, daß sie den Sarg offen stehen ließen und, wie von tausend Teufeln verfolgt, sich auf die Flucht machten. Als dies Andruccio sah, war er außerordentlich froh, sprang schnell hinaus und ging durch dieselbe Türe, durch welche er hereingekommen war, aus der Kirche. Es war schon gegen Tag, als er mit seinem Ring am

Finger, aufs Geratewohl umherirrend, an das Ufer kam. Von hier aus gelangte er in seine Herberge, wo er seine Gefährten und den Wirt fand, welche die ganze Nacht in Sorge um ihn gewesen waren. Als er ihnen seine Schicksale erzählt hatte, forderten ihn, auf den Rat des Wirtes, alle auf, Neapel sogleich zu verlassen. Dies tat er unverzüglich und kehrte nach Perugia zurück, nachdem er sein Geld, für welches er Pferde hatte kaufen wollen, in einen Ring umgesetzt hatte.

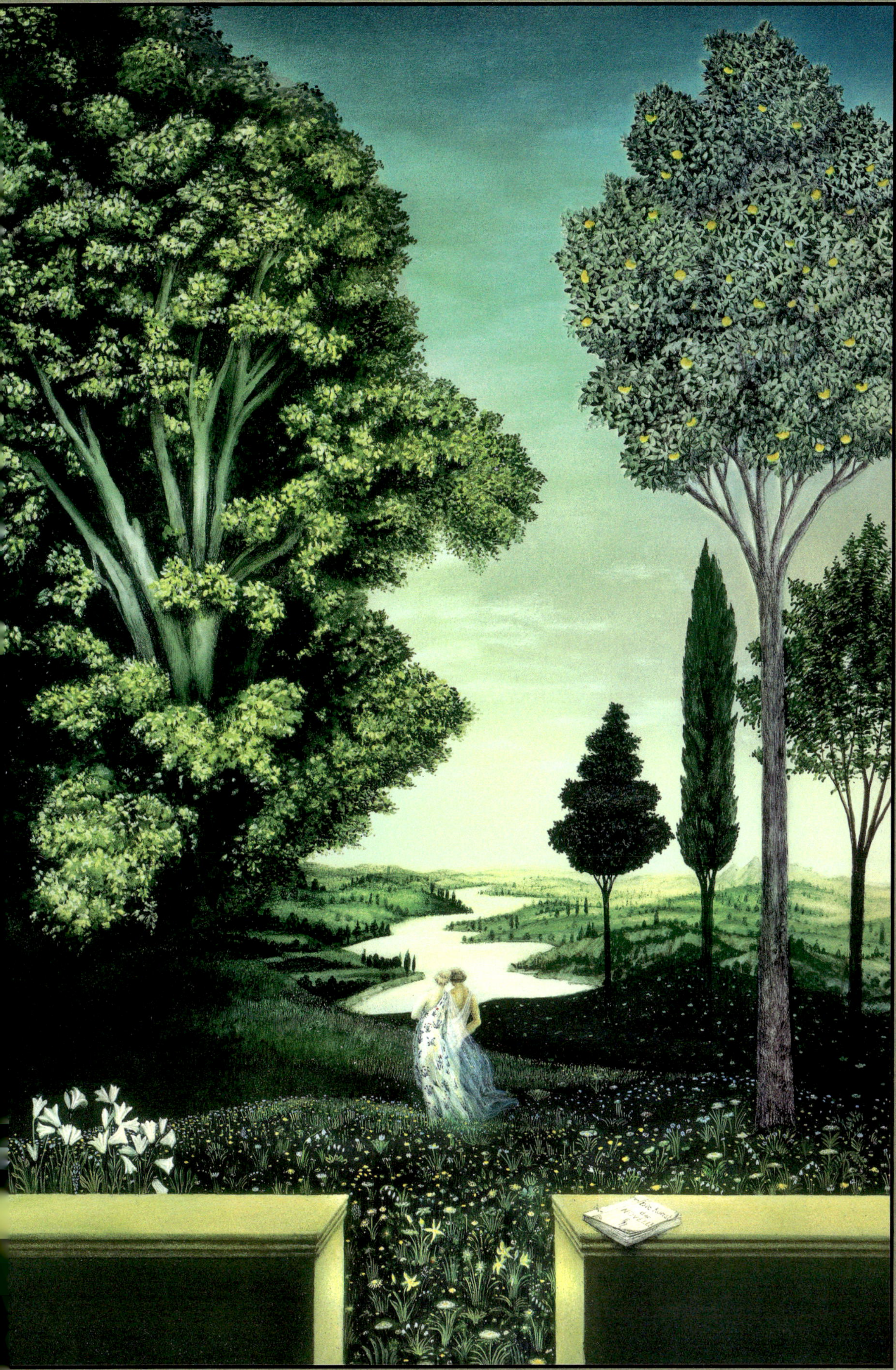

*Als sie daher eines Tages in einem schönen
schattigen Baumgange spazierengingen,
verließen sie miteinander die übrige Gesellschaft.*

FRAU BERITOLA

VERLIERT IHRE SÖHNE, WIRD AUF EINER INSEL BEI ZWEI JUNGEN REHEN GEFUNDEN UND KOMMT NACH LUNIGIANA. HIER TRITT EINER IHRER SÖHNE BEI DEM HERRN, IN DESSEN HAUSE SIE IST, IN DIENST, SCHLÄFT BEI DESSEN TOCHTER UND WIRD INS GEFÄNGNIS GESETZT. AUF ANLASS DES AUFRUHRS IN SIZILIEN HEIRATET ER, VON SEINER MUTTER WIEDER ERKANNT, DIE TOCHTER SEINES HERRN, FINDET SEINEN BRUDER WIEDER, UND SIE KOMMEN WIEDER ZU ANSEHEN.

Sowohl die Damen wie die Herren mußten über die Schicksale des Andruccio, wie sie von Fiammetta erzählt wurden, lachen; und als Emilia sah, daß die Erzählung beendigt war, begann sie auf den Befehl der Königin folgendermaßen: Es ist etwas Hartes und Schmerzliches um die mannigfaltigen Wechsel und Änderungen des Glückes; sooft daher über diesen Punkt gesprochen wird, wachen unsere Gemüter, welche durch die Gunst des Schicksals so leicht eingeschläfert werden, auf, und deshalb sollten meiner Ansicht nach weder die Glücklichen noch die Unglücklichen jemals müde werden, solche Erzählungen anzuhören; denn die ersten werden dadurch klug und die andern getröstet. Obgleich daher schon recht viele schöne Dinge in dieser Beziehung erzählt worden sind, will ich euch doch auch eine Erzählung geben, die ebenso wahr als rührend ist und in welcher, obgleich sie zuletzt einen glücklichen Ausgang nimmt, doch so viele und lange Trübsale vorkommen, daß ich kaum begreifen kann, wie die darauffolgenden Freuden dafür entschädigen konnten.

Teuerste Freundinnen! Ihr werdet wissen, daß nach dem Tode des Kaisers Friedrich II. Manfred zum Könige von Sizilien gekrönt wurde. Bei diesem stand ein neapolitanischer Edelmann, mit Namen Arrighetto Capece, in großem Ansehen, der eine schöne und vornehme Frau zur Gemahlin hatte, die ebenfalls aus Neapel war und Frau Beritola Carracciola hieß. Als dieser Arrighetto, welcher die Regierung der Insel in seiner Hand hatte, erfuhr, daß König Karl I. zu Benevent den Manfred besiegt und getötet und daß das ganze Reich demselben anheim gefallen war, entschloß er sich zur Flucht, da er von der Treulosigkeit der Sizilianer nichts Gutes hoffen konnte und dem Feinde seines Herrn sich nicht unterwerfen wollte. Aber als die Sizilianer diesen Plan erfuhren, überlieferten sie ihn und viele andere Freunde und Diener des Königs Manfred gefangen an König Karl und setzten diesen in den Besitz der Insel. Da Frau Beritola bei diesem Umsturze der Dinge nicht wußte, was aus Arrighetto geworden, und immer das fürchtete, was schon wirklich geschehen war, bestieg sie aus Furcht vor Verletzung ihrer Ehre, mit Zurücklassung ihres ganzen Eigentums, arm und hochschwanger, mit einem Söhnchen von etwa acht Jahren, namens Giuffredi, ein Boot und floh nach Lipari. Hier gebar sie einen zweiten Sohn, den sie Scacciato* nannte, nahm eine Amme und bestieg mit allen zusammen ein kleines Schiff, um sich nach Neapel zu ihren Verwandten zu begeben. Aber es geschah anders, als sie dachte; denn die Gewalt des Windes führte das Schiff, das nach Neapel bestimmt war, an die Insel Ponza, wo sie in einen kleinen Meerbusen einliefen, um auf günstigen Wind für ihre Reise zu warten. Frau Beritola, die wie die andern an das Land gestiegen war, fand einen einsamen und abgelegenen Ort, wohin sie sich oft ganz allein begab, um ihren Arrighetto zu beweinen. Da sie dieses jeden Tag wiederholte, geschah es einmal, daß, während

* *Der Verjagte*

sie sich dort mit ihrem Schmerze beschäftigte, ein Raubschiff herbeikam, ohne daß die Schiffsleute oder irgend jemand es bemerkten, und ohne Schwertschlag alle ergriff und mit fortnahm. Als Frau Beritola ihre tägliche Klage beendigt hatte und ihrer Gewohnheit gemäß zum Ufer zurückkehrte, um ihre Söhne wiederzusehen, fand sie niemand mehr. Darüber wunderte sie sich zuerst, plötzlich aber kam ihr eine Ahnung des Geschehenen. Sie schaute auf das Meer hinaus und erblickte das Raubschiff, das noch nicht weit entfernt war und das Schiffchen am Schlepptau hatte. Jetzt sah sie ein, daß sie, wie ihren Mann, auch ihre Kinder verloren hatte und arm und einsam zurückgelassen war, ohne zu wissen, ob je irgend jemand sie hier finden werde, und sie fiel, die Namen ihres Gatten und ihrer Kinder rufend, ohnmächtig am Ufer nieder. Niemand war da, der mit frischem Wasser oder durch ein anderes Mittel ihre Kräfte hätte zurückrufen können; ihre Lebensgeister konnten daher ungestört umherirren, wo sie wollten. Aber als die verlorenen Kräfte samt Tränen und Klagen bei der Unglücklichen sich wieder einstellten, rief sie lange ihren Kindern und suchte sie ängstlich in jeder Höhle. Als sie jedoch sah, daß ihre Mühe umsonst war, die Nacht herankam und sie noch immer hoffte, ohne zu wissen, warum, wurde sie endlich für sich selbst besorgt. Sie verließ daher das Ufer und begab sich in jene Höhle, wo sie zu weinen und zu klagen gepflegt hatte. Nachdem sie die Nacht in unbeschreiblichem Schmerz und großer Besorgnis zugebracht hatte, kam endlich der Tag, und als schon die dritte Stunde vorüber war, wurde sie zuletzt, da sie abends zuvor nichts gegessen hatte, durch den Hunger genötigt, Kräuter zu essen, und nachdem sie sich, so gut es ging, gesättigt hatte, gab sie sich verschiedenen Gedanken über ihre Zukunft hin. Während sie in diese vertieft war, bemerkte sie ein Reh, das in eine Höhle in der Nähe ging, nach einiger Zeit wieder herauskam und ins Gebüsch lief. Sie stand auf, ging da hinein, wo das Reh herausgekommen war, und entdeckte hier zwei junge, kaum erst geborene Rehe, die ihr die lieblichsten und zierlichsten Geschöpfe von der Welt schienen, und da sie von ihrer erst kürzlich erfolgten Entbindung noch Milch in der Brust hatte, nahm sie die Tierchen und legte sie zärtlich an ihre Brüste. Diese schlugen ihre Güte keineswegs aus, sondern sogen an ihr wie an ihrer Mutter und machten auch in der Folge zwischen ihr und ihrer Mutter keinen Unterschied mehr. Nun hatte die Dame an diesem verlassenen Orte doch eine Gesellschaft gefunden; sie nährte sich von Kräutern, trank Wasser, lebte in der traurigen Erinnerung an ihren Gatten, ihre Söhne und ihre ganze Vergangenheit, war aber entschlossen, hier zu leben und zu sterben, da sie mit der Rehmutter ebenso vertraut geworden war wie mit den Jungen. Während nun die Dame im Zustande einer Wilden hier verweilte, geschah es nach einigen Monaten, daß an demselben Orte, wo sie zuerst angekommen war, ein Schiffchen von Pisa landete und mehrere Tage dort verweilte. Auf demselben befand sich ein Edelmann namens Currado, aus dem Geschlechte der Malespini, mit seiner tugendhaften und frommen Gemahlin. Diese kamen von einer Wallfahrt nach allen heiligen Orten der Provinz Apulien und kehrten nach Hause zurück. Currado machte eines Tages, um sich die Langeweile zu vertreiben, mit seiner Gattin, einigen Dienern und seinen Hunden einen Streifzug durch die Insel. Nicht weit von der Stelle, wo Frau Beritola sich befand, spürten die Hunde des Currado die jungen Rehe auf, welche indessen herangewachsen waren und sich ihr Futter suchten, und als diese von den Hunden aufgejagt wurden, wußten sie nirgends anders hinzufliehen als in die Höhle, in der Frau Beritola sich befand. Diese sprang alsbald auf, ergriff einen Stock und wehrte die Hunde ab, und als Currado und seine Gattin, die ihren Hunden gefolgt waren, dazukamen und diese Frau sahen, die hager, von der Sonne verbrannt und mit verwirrtem Haar vor ihnen stand, erstaunten sie; aber Frau Beritola noch viel mehr über sie. Als Currado auf ihre Bitte seine Hunde zurückgerufen hatte, baten sie sie inständig, ihnen zu sagen, wer sie wäre und was sie hier mache, und Frau Beritola erzählte ihnen ihre ganze Lage, ihre Schicksale und ihren Entschluß, hier ein wildes Leben zu führen. Als dies Currado, der den Arrighetto Capece sehr gut gekannt hatte, hörte, rührte ihn das Mitleid zu Tränen, und er gab sich viele Mühe, sie von ihrem grausamen Entschlusse abzubringen, indem er sich erbot, sie zu den ihrigen zurückzuführen oder sie wie eine Schwester bei sich zu behalten, bis ihr Gott bessere Tage schenken würde. Da die Dame diese Anerbietungen durchaus nicht annahm, ließ Currado seine Gattin bei ihr zurück und sagte ihr: sie möchte ihr zu essen kommen lassen, ihr von ihren Kleidern geben – denn die ihrigen waren ganz zerrissen – und um jeden Preis sie bewegen, mit ihnen zu gehen. Die Dame blieb zurück, weinte zuerst lange mit Frau Beritola über ihr Unglück, ließ dann Kleider und Speisen kommen, bewog sie aber nur mit vieler Mühe, sie anzunehmen und zu essen, und endlich nach vielen Bitten und unter der Bedingung, daß sie an keinen Ort komme, wo man sie kenne, brachte sie dieselbe dahin, mit den zwei jungen Rehen und deren Mutter, die inzwischen ebenfalls zurückgekehrt war und zur großen Verwunderung der Dame der Frau Beritola die größten Liebkosungen erwiesen hatte, auf ihrem Schiffe nach Lunigiana zu reisen. Als günstige Witterung eingetreten war, bestieg Frau Beritola mit Currado und seiner Gattin das Schiff, und mit ihnen die Rehmutter und die zwei jungen Rehe, nach denen Frau Beritola, da man ihren Namen ganz geheimhielt, Cavriuola* genannt wurde. Ein günstiger Wind brachte sie bald an die Mündung der Magra, wo sie ans Land stiegen und nach dem Schlosse des Currado sich begaben. Hier lebte Frau Beritola in Witwenkleidern ehrbar, demütig und gehorsam als Gesellschafterin bei der Gattin des Currado, sorgte immer für ihre Rehe und gab ihnen ihr Futter.

Die Seeräuber, welche bei Ponza das Schiff, auf welchem Frau Beritola gekommen war, genommen und sie, von der sie nichts wußten, zurückgelassen hatten, segelten mit den übrigen nach Genua. Hier wurde die Beute unter die Eigentümer des Schiffes verteilt, und die Amme der Frau Beritola nebst den zwei Kindern fiel durchs Los einem Herrn Guasparrino d'Oria zu, der sie alle drei in sein Haus nahm, um sie dort als Sklaven zu halten. Die Amme war über den Verlust ihrer Gebieterin und über die unglückliche Lage, in der sie sich mit ihren zwei Kindern sah, ungemein betrübt und weinte lange. Da sie jedoch einsah, daß durch Tränen nichts gewonnen werde und sie mit den Kindern in einem Hause Sklavendienste tun müsse, entschloß sie sich, da sie, obgleich eine arme Frau, doch weise und verständig war, fürs erste einmal so gut als möglich

---

* *Das Reh*

sich zu trösten; alsdann bedachte sie genau ihre Lage und überlegte, daß, wenn man die beiden Kinder erkennen würde, dies ihnen leicht Gefahr bringen könne; zudem hoffte sie, ihr Schicksal könnte sich irgend einmal ändern und sie, wenn sie am Leben blieben, in ihren früheren Zustand zurückkehren. Deshalb entschloß sie sich, niemand zu entdecken, wer sie wären, außer wenn der rechte Zeitpunkt dazu gekommen wäre, und allen, die darnach fragten, sagte sie, es seien *ihre* Kinder, und nannte den Größern nicht Giuffredi, sondern Giannotto di Procida; den Namen des Jüngern zu ändern hielt sie nicht für nötig; aber dem Giuffredi erklärte sie genau, warum sie seinen Namen verändert habe und welche Gefahr es ihm bringen könne, wenn man ihn erkennen würde, und dies wiederholte sie ihm oft, so daß der Knabe, der verständig war, die Vorschriften der Amme genau befolgte. So lebten die beiden Knaben mehrere Jahre lang in schlechten Kleidern und noch schlechteren Schuhen mit der Amme im Hause des Herrn Guasparrino und wurden zu allerlei niedrigen Diensten verwendet. Aber Giannotto, der inzwischen sechzehn Jahre alt geworden war und mehr Selbstgefühl besaß, als mit seinem Sklavendienste bestehen konnte, mochte es endlich in seiner niedrigen Knechtschaft nicht mehr aushalten, entsprang aus dem Dienste des Herrn Guasparrino, ging auf ein Schiff, das nach Alexandrien segelte, und bereiste mehrere Länder, ohne jedoch irgendwo etwas vor sich zu bringen. Endlich, etwa drei bis vier Jahre nachdem er den Dienst des Herrn Guasparrino verlassen hatte, hörte er, der inzwischen ein schöner Jüngling und groß von Gestalt geworden war, daß sein Vater, den er tot geglaubt hatte, zwar noch am Leben sei, aber vom König Karl in schwerer Gefangenschaft gehalten werde. Nachdem er nun in der Verzweiflung lange umhergeirrt war, kam er auch nach Lunigiana, trat hier bei Currado Malespina in Dienste und diente diesem treulich, wodurch er sich sein Wohlgefallen erwarb. Und obgleich er hier seine Mutter, die bei der Gemahlin des Currado war, häufig sah, erkannte er sie doch nicht und ebensowenig sie ihn, so sehr hatten sich beide seit ihrer Trennung verändert. Während nun Giannotto im Dienste des Currado stand, geschah es, daß eine Tochter des Currado, mit Namen Spina, die Witwe eines gewissen Nicolo da Grignano, in das

Haus ihres Vaters zurückkehrte. Diese, die eine schöne und anmutige Dame und wenig über sechzehn Jahre alt war, warf ihre Augen auf Giannotto und er auf sie, und beide verliebten sich sterblich ineinander. Diese Liebe blieb nicht lange ohne Befriedigung und dauerte mehrere Monate, ehe sie jemand innewurde. Dadurch wurden beide allzu sicher und gingen mit weniger Vorsicht zu Werke, als gut gewesen wäre. Als sie daher eines Tages in einem schönen schattigen Baumgange spazierengingen, verließen sie miteinander die übrige Gesellschaft, gingen ins Gebüsch, und als sie die übrigen weit genug hinter sich zu haben glaubten, setzten sie sich an einem anmutigen, mit Gras und Blumen bewachsenen und von Bäumen eingeschlossenen Orte nieder und ließen ihrer Liebe freien Lauf. Nachdem sie eine lange Zeit, die ihnen aber in ihrer Entzükkung sehr kurz vorgekommen war, daselbst zugebracht hatten, wurden sie zuerst von der Mutter der Dame und dann von Currado selbst überrascht. Dieser war bei diesem Anblick sehr aufgebracht, ließ sie beide, ohne zu sagen, in welcher Absicht, von drei Dienern ergreifen und gebunden in eines seiner Schlösser führen; denn knirschend vor Zorn und Wut war er entschlossen, sie eines schmählichen Todes sterben zu lassen. Die Mutter der Dame war zwar ebenfalls sehr aufgebracht und fest überzeugt, daß der Fehltritt ihrer Tochter die schwerste Züchtigung verdiene. Als sie jedoch aus einem Worte des Currado entnahm, was seine Absicht mit den Schuldigen sei, eilte sie ihrem erzürnten Gemahl nach und bat ihn, er möchte doch nicht so schnell seinen Vorsatz ausführen, in seinem Alter der Mörder seiner Tochter zu werden und seine Hände mit dem Blute seines Kindes zu besudeln; er werde schon ein anderes Mittel finden können, um seinem Zorne Genüge zu tun, indem er sie gefangensetzen, sie im Gefängnisse behalten und sie ihren Fehltritt abbüßen lassen könne. Durch diese und viele andere Worte brachte es die fromme Dame dahin, daß er sein Vorhaben, sie zu ermorden, aufgab und statt dessen befahl, sie beide an verschiedenen Orten einzukerkern, unter strenger Aufsicht zu halten, mit geringer und sparsamer Kost zu versehen, bis er anders über sie verfügen würde. Und so geschah es. Was sie hier in der Gefangenschaft unter beständigen Tränen und bei strengerem Fasten, als ihnen lieb sein mochte, für ein Leben zubrachten, kann sich jeder selbst denken.

Während nun Giannotto und Spina in so trauriger Lage schmachteten und schon ein Jahr lang im Gefängnisse lebten, ohne daß Currado an sie dachte, geschah es, daß der König Pedro von Aragonien, in Verbindung mit Gian di Procida, die Insel Sizilien aufwiegelte und dem König Karl entriß, worüber Currado als Ghibelline eine große Festlichkeit anstellte. Als dies Giannotto von einem seiner Gefängniswärter hörte, stieß er einen tiefen Seufzer aus und sprach: »O ich Unglücklicher! Vierzehn Jahre lang habe ich mich kümmerlich auf der Welt umhergeschleppt und auf nichts anders gewartet als auf dies, und jetzt, da es geschehen ist, befinde ich mich, damit mir vollends jede Hoffnung geraubt ist, in einem Gefängnisse, in dem ich bis zu meinem Tode werde schmachten müssen.« – »Wieso?« fragte der Gefängniswärter. »Was geht dich das an, was große Könige machen? Was hast du denn in Sizilien zu tun?« Hierauf antwortete Giannotto: »Das Herz will mir brechen, wenn ich bedenke, was einst mein Vater dort zu tun hatte. Denn obgleich ich noch ein kleiner Knabe war, als wir flohen, erinnere ich mich doch noch, daß ich ihn zur Zeit des Königs Manfred als angesehenen Mann sah.« Der Kerkermeister fragte: »Wer war denn dein Vater?« – »Wer mein Vater war«, sagte Giannotto, »darf ich nun offen sagen, weil die Gefahr jetzt vorüber ist, die mich bestimmte, es zu verschweigen. Er hieß, und wenn er noch am Leben ist, heißt er noch Arrighetto Capece, und mein Name ist nicht Giannotto, sondern Giuffredi, und ich zweifle keinen Augenblick, daß, wenn ich frei wäre und nach Sizilien käme, ich dort bald zu großem Ansehen gelangen würde.« Der gute Mann fragte nicht weiter, sondern ging, sobald er konnte, zu Currado und erzählte ihm dies. Als Currado es hörte, gab er sich zwar vor dem Kerkermeister das Ansehen, als bekümmere er sich nichts darum, ging aber sogleich zu Frau Beritola und fragte sie freundlich, ob sie von Arrighetto einen Sohn mit Namen Giuffredi gehabt habe. Die Dame antwortete mit Tränen, wenn ihr ältester Sohn noch am Leben wäre, so würde er sich so nennen und zweiundzwanzig Jahre alt sein. Als Currado dies hörte, sah er ein, daß Giannotto ihr Sohn sein müsse; auch fiel ihm ein, daß, wenn dies der Fall wäre, er zu gleicher Zeit eine große Gnade ausüben und seine und seiner Tochter Schande auslöschen könne, wenn er sie Giannotto zum Weibe gäbe. Er ließ daher Giannotto heimlich zu sich kommen und fragte ihn genau über sein vergangenes Leben aus, und da er sich deutlich überzeugte, daß er wirklich Giuffredi, der Sohn des Arrighetto Capece sei, sagte er zu ihm: »Giannotto, du weißt, welche große Beleidigung du mir und meiner Tochter zugefügt hast, während du, da ich dich stets gut und freundlich behandelte, als treuer Diener immer auf meine Ehre und mein Eigentum hättest bedacht sein sollen, und viele hätten dich eines schmählichen Todes sterben lassen, wenn du ihnen das angetan hättest, was du mir angetan hast. Aber mir erlaubte es meine Güte nicht. Da du nun, wie du mir sagst, der Sohn eines Edelmannes und einer adeligen Mutter bist, so will ich, wenn es auch dein Wille ist, deinen Leiden ein Ende machen, dich aus dem Elend und der Gefangenschaft, in der du schmachtest, befreien und zugleich deine und meine Ehre wiederherstellen. Wie du weißt, ist Spina, gegen welche du eine dir und ihr ungeziemende Liebe gezeigt hast, Witwe und hat eine gute und reichliche Ausstattung; ihre Sitten, ihren Vater und ihre Mutter kennst du; von deiner jetzigen Lage will ich nichts sagen. Wenn du also willst, so bin ich entschlossen, sie dir auf eine ehrbare Weise zur Frau zu geben, nachdem sie auf eine unehrbare Weise deine Geliebte war, und du kannst als mein Sohn, solange es dir gefällt, hier mit ihr leben.« Durch das lange Gefängnis waren die Körperkräfte des Giannotto erschöpft, aber der Edelsinn, den er von seinen Eltern geerbt, hatte sich in nichts vermindert und ebensowenig die Liebe zu seiner Geliebten, und so sehnlich er es wünschte, was Currado ihm anbot, so verschwieg er doch kein Wort von dem, was der Stolz seines Geistes ihm eingab, und antwortete: »Currado, weder Herrschsucht noch Geldgier noch irgendein anderer Grund hat mich je veranlassen können, deinem Leben oder deinem Eigentum verräterisch nachzustellen. Ich habe deine Tochter geliebt und werde sie stets lieben, weil ich sie meiner Liebe würdig halte, und wenn ich nach der Ansicht gewöhnlicher Menschen nicht ganz ehrenvoll an ihr gehandelt habe, so habe ich hier einen Fehltritt begangen, der stets mit der Jugend verbunden ist und den man nicht ausrotten kann, ohne die Jugend selbst auszurotten, und der, wenn die ältern Leute sich erinnern wollten, daß auch sie einst jung gewesen sind, und die Fehler anderer gegen die ihrigen abwägen wollten, auch ihnen nicht so schwer erscheinen würde, als du und viele andere ihn machen; auch habe ich ihn als Freund, nicht als Feind begangen. Was du mir jetzt anbietest, war immer mein Wunsch, und wenn ich hätte glauben können, daß er mir gewährt würde, so hätte ich schon längst darum gebeten; jetzt aber ist mir die Erfüllung dieses Wunsches um so angenehmer, je weniger ich Hoffnung dazu hatte. Wenn du nicht wirklich die Absicht hast, die du aussprichst, so halte mich nicht mit leeren Hoffnungen hin, sondern schicke mich in mein Gefängnis zurück und laß mich dort verschmachten, wenn es dir so beliebt; denn solange ich Spina lieben werde, so werde ich auch, ihr zulieb, dich lieben und achten, magst du mir auch tun, was du willst.« Als Currado dieses hörte, verwunderte er sich, hielt ihn für einen Mann von hohem Sinn, überzeugte sich von seiner glühenden Liebe und schätzte ihn nur um desto höher; daher erhob er sich, umarmte und küßte ihn, und ohne die Sache weiter aufzuschieben, befahl er sogleich, Spina in der Stille herbeizuholen. Sie war in dem Gefängnis hager, blaß und schwach geworden und sah sich nicht mehr gleich, wie auch Giannotto ein anderer Mensch geworden zu sein schien; und so hielten sie im Beisein des Currado zur Zufriedenheit beider Teile ihr Verlöbnis nach unsern Gebräuchen. Nachdem Currado mehrere Tage lang, ohne daß irgend jemand etwas von dem Geschehenen erfuhr, ihnen alles verschafft hatte, was für sie nötig oder angenehm war, schien es ihm Zeit, auch ihre Mütter zu erfreuen. Er ließ daher seine Gattin und die Cavriuola rufen und sprach zur letztern folgendermaßen: »Was würdet Ihr wohl sagen, meine Dame, wenn ich Euch Euren ältesten Sohn zurückbringen würde, als den Gemahl einer meiner Töchter?« Hierauf antwortete die Cavriuola: »Ich würde nichts anders sagen können als dies, daß wenn ich Euch noch mehr verpflichtet werden könnte, als ich es schon bin, ich es am meisten dann würde, wenn Ihr mir das zurückgeben würdet, was mir teurer ist als mein eigenes Ich, und wenn Ihr es mir nun vollends so zurückbrächtet, wie Ihr soeben ausgesprochen habt, so würdet

Ihr alle meine verlorenen Hoffnungen wieder lebendig machen.« Hier schwieg sie, von Tränen gehemmt. Hierauf sagte Currado zu seiner Gattin: »Und was würdest du davon halten, wenn ich dir einen solchen Schwiegersohn gäbe?« Hierauf antwortete seine Gattin: »Nicht bloß ein Edelmann, sondern selbst ein Bettler wäre mir recht, wenn er Euch gefiele.« Hierauf sprach Currado: »Ich hoffe Euch in wenigen Tagen eine solche Freude machen zu können.« Als er darauf sah, daß die beiden jungen Leute ihre vorige Gestalt wiedererlangt hatten, gab er ihnen anständige Kleider und fragte den Giuffredi: »Würde es deine Freude nicht sehr erhöhen, wenn du hier deine Mutter treffen würdest?« Hierauf antwortete Giuffredi: »Ich darf nicht glauben, daß die Bekümmernis über ihre unglücklichen Schicksale sie so lange am Leben gelassen hat. Wenn es aber möglich wäre, so würde ich mich um so mehr darüber freuen, als ich mir zutrauen würde, durch ihren guten Rat einen großen Teil meines Vermögens in Sizilien zurückzuerhalten.« Hierauf ließ Currado beide Damen rufen. Sie wunderten sich beide, durch welche Eingebung wohl Currado sich hätte zu der Gnade bewegen lassen, Giannotto mit seiner Geliebten zu verbinden. Aber Frau Beritola, durch die Worte des Currado aufmerksam gemacht, betrachtete Giannotto genau. Bald hatte sie in seinem Gesichte eine Erinnerung an die jugendlichen Züge ihres Sohnes gefunden und flog daher, ohne auf einen weitern Beweis zu warten, mit offenen Armen an seinen Hals, und im Übermaß ihrer mütterlichen Liebe und Freude konnte sie kein Wort hervorbringen, ja so sehr verließ sie das Empfindungsvermögen, daß sie beinahe tot in die Arme ihres Sohnes sank. Obgleich sich dieser sehr verwunderte, in der Erinnerung, daß er sie oft in demselben Schlosse gesehen und niemals erkannt hatte, fühlte er doch jetzt sogleich den Duft der mütterlichen Liebe, machte sich Vorwürfe über seine bisherige Unachtsamkeit, faßte sie weinend in seine Arme auf und küßte sie zärtlich. Nachdem Frau Beritola mit Hilfe der Gattin des Currado und dessen Tochter durch frisches Wasser und andere Mittel wieder zum Bewußtsein gekommen war, umarmte sie aufs neue mit vielen Liebesworten ihren Sohn und küßte ihn voll mütterlicher Zärtlichkeit mehr als tausendmal. Nachdem diese Liebkosungen zur großen Freude der Umstehenden mehrmals erneuert worden waren und eines dem andern seine Schicksale erzählt hatte und Currado seinen Freunden die neue Verwandtschaft bereits angezeigt und eine schöne und herrliche Festlichkeit veranstaltet hatte, sagte Giuffredi zu ihm: »Currado, Ihr habt mir auf mehrfache Weise Vergnügen gemacht und meiner Mutter lange Zeit Ehre erwiesen, ich bitte Euch nun, damit nichts übrigbleibe, Ihr möchtet meine Mutter und mich an meinem Hochzeitsfeste durch die Gegenwart meines Bruders erfreuen, der als Sklave bei Guasparrino d'Oria dient, welcher, wie ich Euch schon gesagt habe, ihn und mich geraubt hat. Ferner, Ihr möchtet irgend jemand nach Sizilien senden, der sich in der Stille nach den Verhältnissen des Landes erkundige und nach Arrighetto, meinem Vater, frage, ob er noch lebt oder gestorben ist, und wenn er noch lebt, in welchem Zustande, und wenn er nach allem sich erkundigt hat, so soll er zu uns zurückkehren.« Diese Bitte gefiel Currado. Er schickte daher unverzüglich verständige Leute sowohl nach Genua als nach Sizilien. Derjenige, den er nach Genua sandte, fand Herrn Guasparrino und bat ihn im Namen Currados dringend: er möchte den Scacciato und seine Amme übersenden. Zugleich erzählte er in der Ordnung alles, was Currado für Giuffredi und seine Mutter getan hatte. Herr Guasparrino verwunderte sich sehr, als er dieses hörte, und sprach: »Ich würde gewiß für Currado alles tun, was diesem angenehm wäre, und habe allerdings schon seit vierzehn Jahren den Knaben mit seiner Mutter im Hause, die ich beide gerne senden werde. Aber sagt dem Currado in meinem Namen, er möge sich hüten, den Fabeln des Giannotto, der sich jetzt Giuffredi nennen läßt, allzuvielen Glauben beizumessen, denn dieser Bursche ist schlimmer, als er sich vorstellt.« Hierauf ließ er den Abgesandten bewirten, berief insgeheim die Amme und befragte sie über diese Sache. Da diese den Aufstand in Sizilien vernommen und gehört hatte, daß Arrighetto am Leben sei, verbannte sie die Furcht, die sie bisher gehabt hatte, erzählte ihm alles und gab ihm die Gründe an, warum sie solche Anordnungen getroffen hatte. Als Herr Guasparrino sah, daß die Aussage der Amme mit denen des Abgesandten des Currado trefflich übereinstimme, begann er ihren Worten Glauben zu schenken, und da er ein sehr listiger Mann war, überzeugte er sich bei geschickter Untersuchung immer mehr von der Wahrheit der Tatsache. Nun schämte er sich der schlimmen Behandlung des Knaben, und zur Entschädigung dafür gab er ihm, da er wußte, wer Arrighetto gewesen und noch war, seine schöne Tochter von etwa elf Jahren mit einer reichen Mitgift zur Frau, stellte eine große Hochzeit an, und nachdem diese vorüber war, bestieg er mit den Vermählten, mit dem Abgesandten des Currado und der Amme ein wohlbewaffnetes Schiff und segelte nach Lerici. Hier wurde er von Currado empfangen, ging mit seiner Gesellschaft auf ein Schloß des Currado, das in geringer Entfernung lag und in welchem das große Fest veranstaltet war. Wie groß die Freude der Mutter war, als sie ihren Sohn wiedersah, wie groß die Freude der beiden Brüder, wie groß die Freude aller drei über die treue Amme, mit welcher Freude Guasparrino und seine Tochter und Currado und seine Gattin, seine Kinder und seine Freunde begrüßt wurden, kann nicht mit Worten ausgesprochen werden. Daher möget ihr selbst, meine Damen, es euch vorstellen.

Um aber die Freude ganz vollständig zu machen, wollte Gott, welcher, wenn er einmal anfängt, der reichlichste Geber ist, daß auch von dem Wohlbefinden des Arrighetto Capece fröhliche Nachricht einlief. Als nämlich bei dem herrlichen Feste die Gäste an der Tafel noch an dem ersten Gerichte waren, traf derjenige ein, der nach Sizilien gesandt worden war, und erzählte unter anderem von Arrighetto, daß, als er vom König Karl im Gefängnisse gehalten worden sei, das Volk gleich im Beginn des Aufstandes das Gefängnis gestürmt, die Aufseher getötet, den Arrighetto befreit und als geschworenen Feind des Königs Karl zu ihrem Anführer gegen die Franzosen gemacht habe. Dadurch habe er sich bei dem König Pedro außerordentlich in Gunst gesetzt, und dieser habe ihn in alle seine Güter und Ehrenstellen wieder eingesetzt. Daher befinde er sich in einer sehr glücklichen Lage, und als er ihn besucht habe, sei er von ihm mit den höchsten Ehren empfangen worden, und Arrighetto habe sich über die Nachricht von seiner Gattin und seinem Sohne, von denen er seit seiner Gefangenschaft nichts mehr gehört habe, außerordentlich gefreut und habe noch überdies eine Fregatte mit mehreren Edelleuten abgesandt, die ihm auf dem Fuße folgen. Diese Nachricht wurde fröhlich angehört, und Currado ging mit einigen seiner Freunde den Edelleuten entgegen, die an Frau Beritola und Giuffredi abgesandt waren, empfing sie freundlich und lud sie zu seinem Gastmahle ein, das noch nicht halb vorüber war. Frau Beritola und Giuffredi und alle übrigen empfingen sie so fröhlich, daß man noch nie so etwas sah. Ehe sie sich jedoch zur Tafel setzten, richteten sie im Namen Arrighettos dem Currado und seiner Gattin Gruß und Dank aus für die Ehre, die sie seiner Gattin und seinem Sohne erwiesen hätten, und boten ihm alle seine Dienste an. Hierauf wandten sie sich an Herrn Guasparrino und sagten, daß, wenn Arrighetto gewußt hätte, was er an Scacciato getan habe, er ihm ähnlichen und noch größeren Dank hätte ausdrücken lassen. Hierauf setzten sie sich fröhlich nieder und speisten mit beiden Brautpaaren. Und nicht bloß diesen Tag gab Currado seinem Schwiegersohn und den übrigen Verwandten ein Fest, sondern dieses dauerte viele Tage. Nachdem es zu Ende war und es Beritola und Giuffredi und den andern Zeit schien, abzureisen, nahmen sie unter vielen Tränen von Currado, seiner Gattin und Guasparrino Abschied, bestiegen die Fregatte und segelten ab. Mit günstigem Winde landeten sie bald in Sizilien, wo sie von Arrighetto in Palermo insgesamt mit solchen Festlichkeiten empfangen wurden, daß man es gar nicht beschreiben kann. Und hier sollen sie alle noch lange Zeit glücklich und der erhaltenen Wohltat eingedenk als Freunde Gottes gelebt haben.

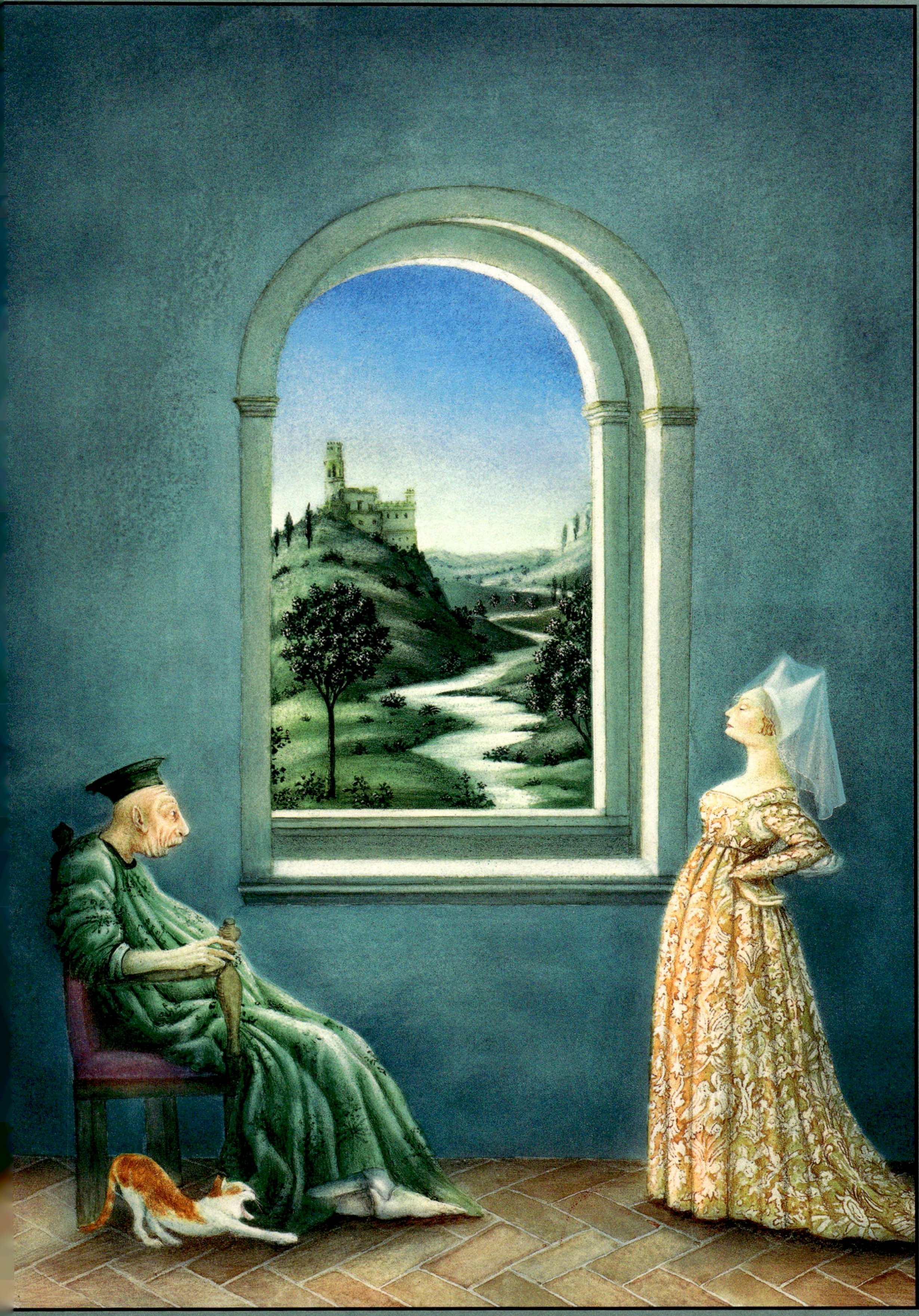

»Ich sage Euch, wenn Ihr den Arbeitern, die Eure Güter bebauen mußten, auch so viele Festtage gestattet hättet, als Ihr dem gestattet habt, der mein kleines Feldchen zu bebauen hatte, so hättet Ihr zeit Eures Lebens kein Körnchen Getreide eingeerntet.«

PAGANINO
VON MONACO

RAUBT DEM HERRN RICCIARDO DI CHINZICA SEINE GATTIN;
DIESER ERFÄHRT ES, REIST IHR NACH, WIRD EIN
FREUND PAGANINOS UND FORDERT SIE ZURÜCK.
PAGANINO BERUFT SICH AUF DEN WILLEN DER FRAU;
DIESE WILL NICHT ZU IHREM GATTEN ZURÜCKKEHREN,
SONDERN WIRD NACH DEM TODE DES HERRN RICCIARDO
DIE GATTIN PAGANINOS.

Nachdem Dioneo die vorangegangene Erzählung sehr gerühmt hatte, begann er folgendermaßen: Meine schönen Damen! Ein Umstand hat mich bestimmt, die Geschichte, die ich vorzutragen im Sinne hatte, nicht vorzutragen, sondern eine andere zu wählen: und dieser Umstand ist die Dummheit des Bernabò – obwohl dieser noch gut davonkam – und aller andern, die dasselbe glauben, was er glaubte, nämlich sich einbilden, während sie die Welt durchziehen, und bald mit dieser, bald mit einer andern sich die Zeit vertreiben, sitzen ihre Frauen zu Hause und legen die Hände in den Schoß, als ob wir, die wir unter ihnen geboren werden und aufwachsen, nicht wüßten, nach was es die Frauen gelüstet. In meiner Geschichte werde ich euch zu gleicher Zeit zeigen, wie groß die Torheit solcher Menschen ist, und um wieviel größer noch die Torheit derer, die sich für mächtiger halten als die Natur, und glauben, das, was sie für sich nicht zu bewirken imstande sind, durch fabelhafte Vorspiegelungen bewirken zu können.

Es lebte einmal in Pisa ein Richter, der mehr mit Verstand als mit Körperkräften begabt war; sein Name war Ricciardo di Chinzica. Dieser glaubte wahrscheinlich, mit denselben Fähigkeiten, mit denen er sich den Studien widmete, auch einer Frau Genüge tun zu können, und da er sehr reich war, so gab er sich nicht geringe Mühe, sich eine schöne und junge Gattin auszusuchen, was er doch beides hätte unterlassen müssen, wenn er ebenso gut sich als andern hätte raten können. Aber es gelang ihm so gut, daß Herr Lotto Gualandi ihm eine seiner Töchter, mit Namen Bartolomea, zur Frau gab, eines der schönsten und verliebtesten Mädchen in Pisa, obwohl dort fast alle Frauenzimmer den Eidechsen glichen. Diese führte der Richter unter großen Feierlichkeiten nach Hause, veranstaltete eine schöne und prächtige Hochzeit und wagte es wirklich, in der ersten Nacht ein einziges Mal die Heirat zu vollziehen; doch wäre es ihm auch dieses einzige Mal kaum gelungen, und da er ein hagerer, ausgetrockneter, schweratmender Mann war, so mußte man des andern Tages Weine, Backwerk und andere stärkende Mittel anwenden, um ihn wieder ins Leben zurückzurufen. Dies führte ihn darauf, seine Kräfte besser als zuvor zu berechnen, und so entwarf er seiner Frau einen Kalender, der für Kinder, welche lesen lernen, gut sein mag und vielleicht in Ravenna verfertigt worden ist; denn nach diesem Kalender war an jedem Tage im Jahre ein, ja mehrere Heiligenfeste, zu deren Feier, wie er ihr anschaulich zu machen suchte, Mann und Weib sich voneinander enthalten mußten: dazu kamen noch Fasten, Quatember, Vigilien der Apostel und tausend anderer Heiliger, und Freitag, Samstag und Sonntag, die ganze Fastenzeit, die Phasen des Monds und viele andere Ausnahmen, indem er wahrscheinlich glaubte, er müsse mit seiner Frau im Bette ebenso Ferien machen wie mit seinen Prozessen. Diese Sitte beobachtete er lange, zum großen Verdrusse seiner Frau, die auf diese Art kaum einmal des Monats von ihm berührt wurde; aber dabei bewachte er sie sorgfältig, damit nicht irgend jemand sie die Werktage kennen lehren möchte, wie er sie in den Festtagen unterwiesen hatte. Da kam einst dem Herrn Ricciardo an einem sehr heißen Tage die Lust, sich auf ein schönes Landgut nahe bei Monte Nero zu begeben und sich dort einige Tage aufzuhalten, um frische Luft zu schöpfen, und auch seine schöne Gattin mitzunehmen. Während ihres Aufenthaltes daselbst veranstaltete er eines Tages, um ihr ein Vergnügen zu machen, einen Fischfang, und sie fuhren auf zwei Nachen, auf dem einen er mit den Fischern, auf dem andern sie mit andern Damen, in die See hinaus, und von Vergnügen hingerissen, wagten sie sich, ohne es zu bemerken, mehrere Meilen weit in das Meer. Und während sie aufmerksam dem Fischfang zusahen, kam Paganino von Monaco, ein damals sehr bekannter Seeräuber, auf einem Schiffe heran, fuhr auf die Nachen zu, die nicht so schnell entfliehen konnten, daß nicht Paganino den hätte erreichen können, auf welchem die Damen sich befanden. Als er unter diesen die schöne Gattin des Ricciardo sah, die ihm ungemein wohl gefiel, nahm er, ohne sich um die andern zu bekümmern, diese auf sein Schiff und fuhr davon, während ihr Gatte vom Land aus den ganzen Hergang mit ansah. Dieser, der so eifersüchtig war, daß er jedes Lüftchen fürchtete, war natürlich hierüber außerordentlich bekümmert. Aber vergebens jammerte er in Pisa und überall über die Frechheit der Seeräuber, da er ja nicht wußte, wer ihm seine Frau geraubt oder wohin er sie gebracht hatte. – Paganino hatte eine große Freude über ihre Schönheit, und da er keine Frau hatte, so beschloß er, sie bei sich zu behalten. Er tröstete die Weinende mit süßen Worten, und als die Nacht kam, so fing er, da ihm der Kalender ganz entfallen und alle Ferien oder Feste aus dem Gedächtnis geschwunden waren, an, sie durch die Tat zu trösten, da die Worte den Tag über nicht viel gefruchtet hatten. Auf diese Art tröstete er sie so gut, daß, ehe sie noch in Monaco anlangten, der Richter mit seinen Gesetzen ihr aus dem Sinn gekommen war und sie anfing, mit Paganino das lustigste Leben zu führen. Als sie dieser nach Monaco geführt hatte, hielt er sie, außer den Tröstungen, die er ihr bei Tag und bei Nacht angedeihen ließ, sehr ehrenvoll wie seine Frau.

Nach einiger Zeit kam es dem Ricciardo zu Ohren, wo seine Frau sich befinde, und von der feurigsten Sehnsucht beseelt, entschloß er sich, da er glaubte, daß niemand so gut als er das Nötige in diesem Falle zu tun wisse, selbst dahin zu gehen, mit dem Vorsatz, für ihre Loskaufung jede Summe aufzuwenden. Er schiffte sich also ein, kam nach Monaco, sah seine Frau dort und wurde von ihr gesehen, die es sogleich dem Paganino mitteilte und ihn von seiner Absicht unterrichtete. Am folgenden Morgen sah Ricciardo den Paganino, machte sich mit ihm bekannt und schloß in kurzer Zeit eine enge Freundschaft mit ihm, indem sich Paganino stellte, als kenne er ihn nicht, um zu sehen, wie er seine Sache angreifen würde. Als es Herrn Ricciardo Zeit zu sein schien, entdeckte er ihm, so gut und freundlich er konnte, den Grund seines Hierseins und bat ihn, ihm seine Frau zurückzugeben und eine beliebige Summe dafür zu fordern. Hierauf antwortete Paganino ganz vergnügt: »Mein Herr, seid mir willkommen; ich will Euch mit wenig Worten meine Meinung sagen: Es ist wahr, ich habe eine junge Frau zu Hause, von der ich nicht weiß, ob sie Eure Frau oder die eines andern ist, weil ich Euch gar nicht und sie erst so lange kenne, als sie bei mir ist, nämlich erst kurze Zeit. Wenn Ihr der Gatte dieser Frau seid, so will ich, weil Ihr mir ein höflicher Mann zu sein scheint, Euch zu ihr führen, und bin überzeugt, sie wird Euch alsdann recht wohl erkennen: sagt sie, es sei so, wie Ihr sagt, und will sie mit Euch gehen, so will ich, Eurer Höflichkeit zuliebe, Euch gestatten, mir ein beliebiges Lösegeld für sie zu zahlen: ist es aber nicht so, so würdet Ihr unrecht tun, mir sie zu nehmen; denn ich bin ein junger Mann und kann so gut wie ein anderer eine Frau halten, besonders sie, die das anmutigste Weibchen ist, das ich je sah.« Hierauf sprach Herr Ricciardo: »Ganz gewiß ist sie meine Frau, und wenn du mich zu ihr führst, so wirst du es bald sehen: sie wird mir sogleich um den Hals fallen. Es soll daher nicht anders sein, als wie du selbst gesagt hast.« – »Nun, so laßt uns gehen«, sagte Paganino. Sie gingen also in das Haus des Paganino, und dieser ließ sie rufen. Schön gekleidet und geschmückt kam sie aus einer Kammer zu

Ricciardo und Paganino und sprach mit Ricciardo gerade so, wie wenn er irgendein Fremder wäre, den Paganino in sein Haus geführt hätte. Als dies der Richter, der geglaubt hatte, er werde von ihr mit größter Freude empfangen werden, sah, wunderte er sich sehr und sprach zu sich selber: Wahrscheinlich hat der Verdruß und der lange Kummer über ihren Verlust mich so umgewandelt, daß sie mich nicht mehr erkennt. Daher sprach er: »Der Fischfang, zu dem ich dich führte, ist mir teuer zu stehen gekommen, liebe Frau; denn niemals hat jemand einen größeren Schmerz gefühlt, als ich über deinen Verlust empfunden habe, und du scheinst mich nicht einmal mehr zu kennen, so kalte Reden richtest du an mich: siehst du denn nicht, daß ich dein Ricciardo bin, der hiehergekommen ist, um diesem höflichen Manne, in dessen Hause wir sind, jede beliebige Summe zu bezahlen, um dich loszukaufen und mit mir zu nehmen!« Die Dame wandte sich zu ihm und sagte mit einem leichten Lächeln: »Mein Herr, sprecht Ihr mit mir? Sehet zu, daß Ihr mich nicht mit etwas anderem verwechselt; denn ich wenigstens kann mich nicht erinnern, Euch je gesehen zu haben.« Hierauf sprach Ricciardo: »Bedenke doch, was du sagst! sieh mich doch recht an; wenn du ein wenig zurückdenken willst, so wirst du bald sehen, daß ich dein Ricciardo di Chinzica bin.« Die Dame antwortete: »Verzeiht mir, mein Herr; es ist wohl nicht so schicklich für mich, als Ihr Euch einbildet, Euch viel anzusehen; aber doch habe ich Euch schon so genau betrachtet, daß ich überzeugt bin, Euch nie gesehen zu haben.« – Ricciardo bildete sich nun ein, sie tue dies aus Furcht vor Paganino, um nicht in seiner Gegenwart bekennen zu müssen, daß sie ihn kenne: daher bat er nach einer Weile den Paganino, er möchte ihm gestatten, mit ihr allein in einem Zimmer zu sprechen. Paganino sagte, er erlaube es, unter der Bedingung jedoch, daß er sie nicht wider ihren Willen küsse, und der Dame befahl er, mit Ricciardo in die Kammer zu gehen und zu hören, was er ihr zu sagen habe. Sie ging also mit Ricciardo in die Kammer, und nachdem sie sich gesetzt hatten, begann Ricciardo: »Ach du liebes Herzchen, süßes Leben, meine Hoffnung, kennst du denn nicht deinen Ricciardo, der dich mehr liebt als sich selbst? Wie ist es denn möglich? habe ich mich so sehr verändert? Ach, du mein Licht, schaue mich nur ein wenig an.« Die Dame fing an zu lachen, unterbrach ihn und sprach: »Ihr wißt wohl, daß ich kein so schlechtes Gedächtnis habe, um nicht zu wissen, daß Ihr Herr Ricciardo di Chinzica, mein Gemahl, seid; aber solange ich noch bei Euch war, habt Ihr bewiesen, daß Ihr mich sehr wenig kennt; denn wäret Ihr verständig gewesen, wofür Ihr doch gelten wollt, so hättet Ihr so viel Einsicht haben müssen, um zu sehen, daß junge Damen etwas mehr verlangen als Kleidung und Speise, wenn sie auch aus Scham nichts davon merken lassen: und wie Ihr es damit gehalten habt, wißt Ihr am besten. Wenn Euch das Studium Eurer Gesetze lieber ist als ein Weib, so hättet Ihr keines nehmen sollen; obwohl Ihr meiner Ansicht nach kein Richter seid, sondern Ihr scheinet mir ein Ausrufer der Heiligentage und Feste, Fasten und Vigilien zu sein, so gut verstandet Ihr Euch auf dieses. Ich sage Euch, wenn Ihr den Arbeitern, die Eure Güter bebauen mußten, auch so viele Festtage gestattet hättet, als Ihr dem gestattet habt, der mein kleines Feldchen zu bebauen hatte, so hättet Ihr zeit Eures Lebens kein Körnchen Getreide eingeerntet. Ich habe den getroffen, den mir Gott aus mitleidiger Berücksichtigung meiner Jugend gesandt hat; mit ihm lebe ich in dieser Kammer, in der man nichts von einem Feiertage weiß, von solchen Festtagen nämlich, die Ihr weit mehr zur Ehre Gottes als im Dienste Eurer Frau so sorglich gefeiert habt: über diese Schwelle kommt kein Samstag oder Freitag, keine Vigilie oder Quatember, keine Fastenzeit, die gar kein Ende nehmen will, sondern hier wird Tag und Nacht darauflos gearbeitet, und sooft es zur Frühmette läutet, kann ich davon sagen, wie es wieder die Nacht über zugegangen ist. Deshalb will ich hier bei ihm bleiben und arbeiten, solange ich noch jung bin, und die Feiertage, Bußtage und Fasten will ich mir auf das Alter aufsparen. Euch aber wünsche ich glückliche Reise; entfernet Euch, sobald Ihr könnt, und haltet ohne mich Feiertage, soviel Ihr wollt.« – Als Herr Ricciardo diese Worte hörte, empfand er unbeschreiblichen Kummer und sprach, nachdem sie geendigt hatte: »Ach, mein süßes Leben! welche Worte hast du gesprochen? hast du denn gar keine Rücksicht auf die Ehre deiner Eltern und auf deine eigene? Willst du hier als Kebsweib dieses Mannes in Todsünden bleiben, statt in Pisa als meine Gattin zu leben? Wenn dich dieser Mensch satt hat, wird er dich mit Schimpf und Schande verstoßen; ich werde dich stets liebhaben, und wenn ich auch nicht mehr lebe, wirst du doch stets Gebieterin meines Hauses bleiben. Willst du denn um dieser unordentlichen und unehrbaren Lust willen deine Ehre und mich, der ich dich mehr als mein Leben liebe, ganz im Stiche lassen? Ach, meine süße Hoffnung, sprich nicht so, sondern komme mit mir. Da ich jetzt deinen Wunsch kenne, so will ich mich in der Folge mehr anstrengen: deshalb ändere deinen Entschluß, mein süßes Leben, und komme mit mir; denn seitdem du mir geraubt bist, habe ich keine Freude mehr empfunden.« Hierauf antwortete die Dame: »Um meine Ehre, meine ich, braucht sich jetzt, da es schon zu spät ist, niemand mehr zu bekümmern als ich; wären meine Eltern damals um meine Ehre besorgt gewesen, als sie mich Euch zur Gattin gaben! Haben sie sich aber damals nicht um die meinige bekümmert, so bekümmere ich mich jetzt nicht um die ihrige. Lebe ich hier in einer Todsünde, so sei es; bin ich doch sonst gut versorgt, und so braucht sich niemand um mich zu bekümmern. Übrigens glaube ich, hier Paganinos Frau zu sein, während ich in Pisa nur Euer Kebsweib zu sein glaubte, da ja die Planeten zwischen Euch und mir sich nur nach Mondsphasen und geometrischen Berechnungen vereinigten; statt dessen hat Paganino hier mich die ganze Nacht im Arme, drückt und preßt mich, und Gott weiß, wie er mich zurichtet. Ihr sagt, Ihr wollt Euch künftig anstrengen. Zu was denn? Einen einzigen mißlungenen Versuch zu machen, um dann halbtot umzusinken? Ich sehe, Ihr seid ein rechter Held geworden, seit ich Euch nicht mehr sah. Geht, strengt Euch an, daß Ihr Euer Leben fristet; wiewohl ich glaube, Ihr wohnt nur zur Miete in Eurem Körper, so schwindsüchtig und schwächlich seht Ihr aus. Ja, ich sage Euch noch mehr; wenn mich auch Paganino verläßt, wozu er mir nicht gerade Lust zu haben scheint, wenn nur ich bleiben will, so würde ich deshalb doch nicht zu Euch zurückkehren; denn wenn man Euch auch ganz auspressen würde, so käme doch kein Näpfchen Saft heraus. Zu meinem größten Schaden und Nachteil bin ich einmal bei Euch gewesen: ich werde deshalb irgend anderswo mein Unterkommen suchen. Ich sage Euch also noch einmal: hier gibt es keine Feiertage und keine Vigilien; deshalb will ich hierbleiben; Ihr aber gehet mit Gott, sobald Ihr könnt, widrigenfalls ich schreien würde, Ihr wolltet mir Gewalt antun.«

Als Herr Ricciardo sah, daß seine Sache schlecht stehe, und jetzt seine Torheit, ein junges Mädchen genommen zu haben, einsah, verließ er die Kammer traurig und bekümmert, sprach zwar viel mit Paganino, aber fruchtlos, und kehrte zuletzt nach Pisa zurück, nachdem er seine Frau aufgegeben hatte. Aus Schmerz über seinen Verlust verfiel er in eine solche Geisteszerrüttung, daß, wenn auf der Straße von Pisa irgend jemand ihn grüßte oder ihn etwas fragen wollte, er nur antwortete: »Die Spitzbübin will keine Feiertage«, und bald nachher starb er auch. Als dies Paganino, der wußte, wie sehr ihn die Dame liebte, hörte, nahm er sie zu seiner Frau, und so fuhren sie fort, darauflos zu arbeiten und sich's wohl sein zu lassen, solange sie die Beine trugen, ohne an Festtage, Vigilien und Fastenzeiten zu denken. Deshalb scheint es mir, meine werten Damen, als habe Bernabò in seinem Streite mit Ambrogiuolo das Pferd am Schwanz aufgezäumt.

Diese Novelle gab der ganzen Gesellschaft so viel zu lachen, daß allen die Kinnladen schmerzten, und die Damen erklärten einstimmig, Dioneo habe recht, und Bernabò sei ein Narr gewesen. Nachdem jedoch die Erzählung und das Gelächter zu Ende waren und die Königin sah, daß es schon spät war, daß alle erzählt hätten und ihre Regierung ein Ende habe, nahm sie ihren Kranz vom Haupte, setzte ihn der Neifile auf und sprach anmutig: »Von jetzt an, teure Freundin, sei die Herrschaft über diese kleine Gesellschaft dein« – und dann setzte sie sich. Neifile errötete ein wenig über die empfangene Ehre und glich in ihrem Gesichte einer frischen April- oder Mairose beim Anbruch des Tages; ihre feurigen und wie der Morgenstern funkelnden Augen senkte sie ein wenig zu Boden. Nachdem sich jedoch das Geräusch des Beifalls, mit welchem die Umstehenden ihrer neuen Königin ihre Achtung darbrachten, gelegt hatte, faßte sie sich, nahm einen etwas erhabenen Sitz ein und sprach: »Da ich nun eure Königin bin, so will ich mich von der Weise, welche meine Vorgängerinnen beobachtet haben, nicht entfernen und euch meine Meinung in wenigen Worten darlegen, die wir dann, wenn sie eure Zustimmung erhält, befolgen wollen. Wie ihr wißt, ist morgen Freitag und übermorgen Samstag, zwei Tage, die wegen der Speisen, die man an ihnen genießt, manchen beschwerlich sind. Außerdem, daß man den Freitag, an welchem Der, welcher für unser Heil in den Tod ging, litt, heilig halten muß, und es sich also besser ziemt, denselben mit Gebeten als mit Erzählungen hinzubringen: so ist es am darauffolgenden Samstag Sitte bei den Frauen, sich den Kopf zu waschen, allen Staub und Schmutz, der sich unter den Mühen der vergangenen Woche angesammelt hat, zu entfernen, aus Ehrfurcht für die heilige Mutter des Sohnes Gottes zu fasten und dem Sonntag zu Ehren von jeder Arbeit zu ruhen: daher können auch wir unsere gewöhnliche Ordnung an diesen Tagen nicht befolgen, sondern ich glaube, wir müssen unsere Erzählungen aussetzen. Da wir ferner schon vier Tage hier lebten, so halte ich es, wenn wir nicht von Besuchen überrascht werden wollen, für nötig, unsern Aufenthaltsort zu verändern und anderswohin zu ziehen; auch habe ich schon einen neuen Aufenthaltsort ausfindig gemacht. Wenn wir nun nächsten Sonntag zur Mittagsruhe daselbst uns versammelt haben werden, nachdem wir heute Zeit genug gehabt haben, uns zu besprechen, so glaube ich, wir sollten, teils weil wir mehr Zeit zum Nachdenken gehabt, teils weil es mehr Reiz haben wird, die Grenzen, innerhalb welcher sich unsere Erzählungen bewegen müssen, etwas enger ziehen und aus den mannigfaltigen Schicksalen einen bestimmten Fall uns auswählen. Und zwar würde ich vorschlagen, von Personen zu erzählen, *die etwas Heißersehntes durch Gewandtheit sich verschafft oder, wenn sie es verloren, wiedergewonnen haben.* Es mögen nun alle darüber nachdenken, über dieses Thema etwas Nützliches oder wenigstens Unterhaltendes mitzuteilen, wobei übrigens dem Dioneo sein Vorrecht unbenommen bleibt.« Die Rede und der Vorschlag der Königin wurden von allen gelobt und angenommen. Jene ließ hierauf ihren Haushofmeister kommen, gab ihm genau an, wo er des Abends den Tisch decken und wie es die ganze Zeit ihrer Regierung über gehalten werden sollte. Hierauf erhob sie sich mit ihrer Gesellschaft und gab einem jeden die Erlaubnis, seinem Vergnügen frei nachzugehen. Die Damen und die

Herren schlugen den Weg zu einem Garten ein, und nachdem sie sich eine Weile darin ergangen hatten, speisten sie fröhlich und vergnügt zu Nacht. Nach dem Abendessen führte Emilia auf das Gebot der Königin einen Tanz auf, und Pampinea sang folgendes Lied, in welches die andern einstimmten:

> *An mir vor allen Frauen ist's, zu singen,*
> *An mir, der alle Wünsche Rosen bringen!*
> *So komm denn, Amor, Herr in meinem Herzen,*
> *Der du mir Liebe, Hoffnung, Lust gewährtest,*
> *Laß uns ein Lied erheben*
> *Von Seufzern nicht und nicht von bittern Schmerzen,*
> *Durch die du meine Freuden nur vermehrtest,*
> *Nein, von dem Wonneleben,*
> *Das mich entflammt zum hellen, frohen Streben,*
> *Dir, meinem Gotte, Opfer darzubringen.*
> *Du führtest, Amor, mir vor meine Augen*
> *Am ersten Tage, da ich dir mich weihte,*
> *Ein Jünglingsbild zum Lohne:*
> *Wer Mut und Schönheit kennt und männlich Taugen,*
> *Weiß keinen über ihm noch ihm zur Seite!*
> *Er ist der Männer Krone,*
> *In dem ich, dir zum Preis, so innig wohne,*
> *Daß ich mit dir kann Jubellieder singen.*
> *Die höchste Wonne doch, die mir beschieden,*
> *Ist, daß sein Herz mir schlägt, wie ihm das meine.*
> *Dank, Amor, deinem Walten,*
> *Hab' ich des Wunsches Ziel erreicht hienieden,*
> *Und hoff' auch drüben, daß ein Licht mir scheine,*
> *Weil ich ihm Treu' gehalten.*
> *Gott, dem mein Herz liegt offen ohne Falten,*
> *Wird gnädig drum zu seinem Reich uns bringen.*

Hierauf wurden noch mehrere andere Lieder gesungen und Tänze gespielt und aufgeführt. Als es der Königin Zeit schien, zur Ruhe zu gehen, gingen alle unter Begleitung von Fackeln in ihre Zimmer. Die folgenden Tage brachten sie mit den Beschäftigungen zu, welche die Königin zuvor angegeben hatte, und warteten mit Sehnsucht auf den Sonntag.

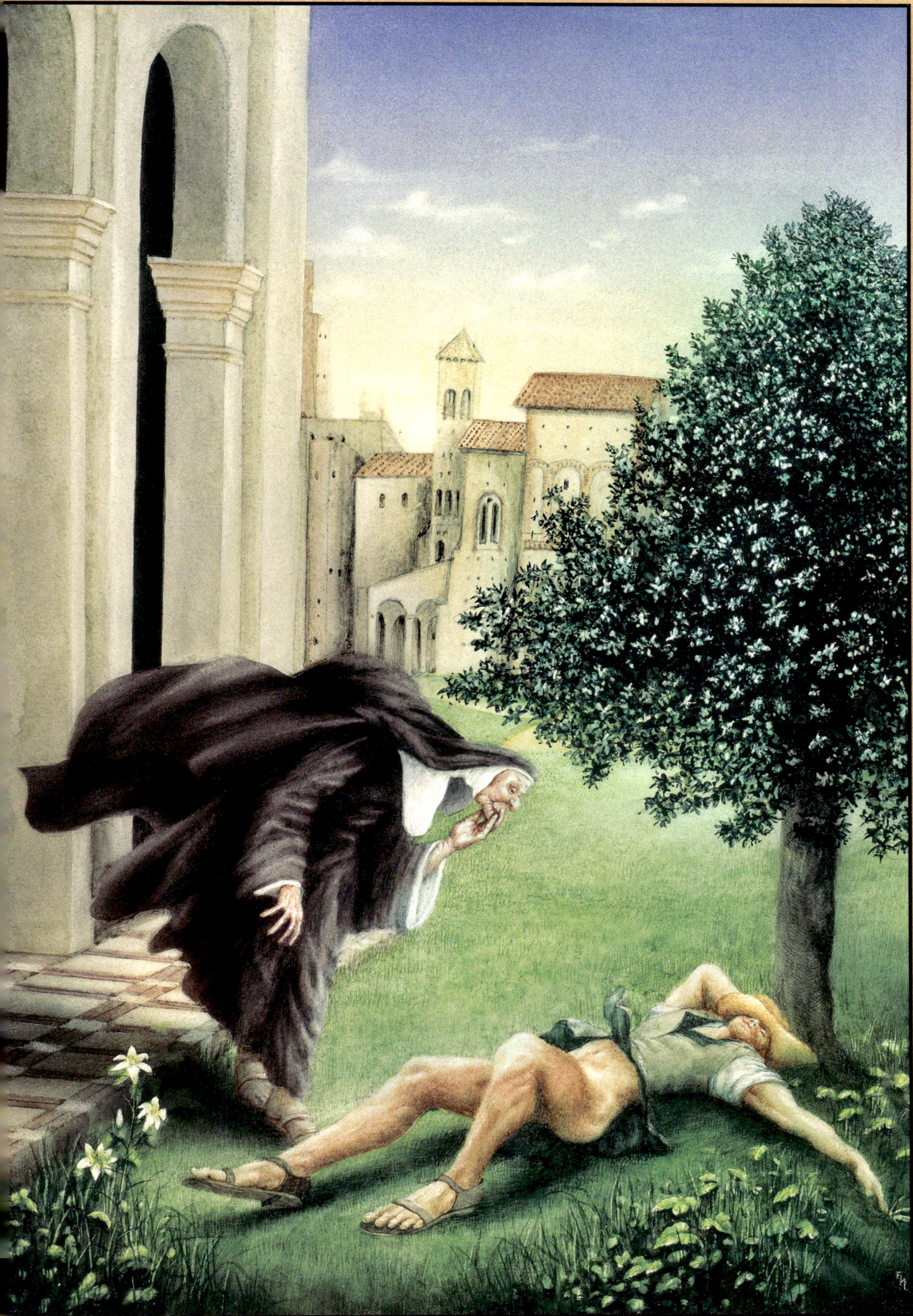

*Und da der Wind in seinen Kleidern spielte,
so lag er ganz entblößt. Da dies die Dame sah und allein war,
so kam ihr dasselbe Verlangen wie ihren Nonnen.*

MASETTO VON LAMPORECCHIO

STELLT SICH STUMM UND WIRD GÄRTNER
IN EINEM NONNENKLOSTER, DESSEN BEWOHNERINNEN
ALLE BEI IHM SCHLAFEN WOLLEN.

Meine schönen Damen, viele Männer und Frauen sind so töricht, zu glauben, wenn eine Jungfrau den weißen Schleier um das Haupt gelegt und sich in ein schwarzes Kleid gehüllt habe, dann sei sie kein Weib mehr und habe keine weiblichen Gelüste, gerade wie wenn sie dadurch, daß sie eine Nonne geworden ist, sich ganz in einen Stein verwandelt hätte: und wenn sie zufällig etwas hören, was diesem ihrem Glauben widerspricht, so werden sie so entrüstet, wie wenn das größte, furchtbarste Verbrechen gegen die Natur begangen worden wäre, ohne daran zu denken und darauf Rücksicht zu nehmen, daß *sie,* bei ihrer völligen Freiheit, zu tun, was sie wollen, doch nicht gesättigt werden und daß dagegen das müßige Leben und die Einsamkeit auf die Klosterfrauen eine ungemeine Kraft ausüben muß. Ebenso gibt es noch viele, die da glauben, die Hacke und der Spaten und die grobe Kost und die Beschwerden nehmen den Landleuten alle begehrlichen Neigungen und stumpfen ihren Verstand und ihren Scharfsinn gänzlich ab. Wie sehr sich jedoch alle die, welche dies glauben, täuschen, will ich, dem Befehle der Königin gemäß, ohne das von ihr aufgestellte Thema zu verlassen, durch eine kleine Erzählung ganz deutlich zu machen suchen.

In unserer Gegend befand sich und befindet sich noch jetzt ein Frauenkloster, das seiner Heiligkeit wegen sehr berühmt ist, das ich jedoch nicht nennen will, um seinen guten Ruf nicht im mindesten zu beflecken. In diesem Kloster war vor noch nicht sehr langer Zeit, als gerade nicht mehr als acht Nonnen und eine Äbtissin, die sämtlich noch sehr jung waren, sich darin befanden, ein guter Mensch als Gärtner des schönen Klostergartens angestellt, der, mit seinem Gehalt nicht zufrieden, mit dem Verwalter des Klosters seine Rechnung abschloß und nach Lamporecchio zurückging, wo er her war. Hier traf er unter anderen, die ihn freundlich empfingen, einen jungen, starken und kräftigen Landmann, der eine hübsche Gestalt hatte gleich einem Edelmann. Dieser, mit Namen Masetto, fragte ihn, wo er so lange gewesen sei. Der gute Mann, der Nuto hieß, sagte es ihm. Da fragte ihn Masetto, was er denn dem Kloster für Dienste geleistet habe. Hierauf antwortete Nuto: »Ich arbeitete in dem schönen und großen Garten des Klosters; außerdem ging ich manchmal in den Wald, um Holz zu fällen, schöpfte Wasser und leistete sonst ähnliche Dienste; aber die Nonnen gaben mir so geringen Lohn, daß ich davon kaum meine Schuhe bezahlen konnte. Außerdem sind sie noch alle ganz jung, und ich glaube, sie haben den Teufel im Leibe; denn nichts kann man ihnen recht machen. Hatte ich einmal im Garten zu arbeiten, so sagte die eine: Setze dies dahin, und die andere: Setze jenes dahin, und die dritte nahm mir die Schaufel aus der Hand und sagte: Das hast du schlecht gemacht. Dadurch wurden sie mir so beschwerlich, daß ich die Arbeit stehenließ und den Garten verließ, bis ich endlich, durch verschiedene Gründe bewogen, nicht mehr bleiben wollte und hiehergezogen bin. Der Verwalter bat mich, wenn ich hieherkomme und jemand ausfindig mache, der für meinen Dienst geeignet sei, so solle ich ihn ihm zusenden, und ich habe es ihm auch versprochen. Aber der darf lange warten, bis ich ihm jemand zusende.« Als Masetto die Worte des Nuto gehört hatte, faßte ihn ein so glühendes Verlangen, bei jenen Nonnen zu sein, daß er ganz davon verzehrt wurde. Denn er entnahm aus Nutos Reden, daß er bei ihnen seine Wünsche schon würde stillen können. Da er jedoch einsah, daß es ihm nicht gelingen würde, wenn er Nuto etwas davon sagte, sprach er: »Du hast recht getan, daß du davongegangen bist! Was soll ein Mann bei Weibern? Weit lieber möchte ich bei Teufeln sein. Bei siebenmal wissen sie sechsmal selbst nicht, was sie eigentlich wollen.« Sobald aber ihr Gespräch zu Ende war, fing Masetto an, darüber nachzudenken, auf welche Art er in das Kloster kommen könnte. Da er wußte, daß er die Geschäfte, von denen Nuto gesprochen hatte, recht gut versehen konnte, hatte er in dieser Beziehung keine Besorgnis. Nur fürchtete er, man werde ihn nicht aufnehmen, weil er noch zu jung und von zu angenehmer Gestalt war. Nach langem Hin- und Herdenken sagte er endlich zu sich selbst: Der Ort ist ziemlich weit von hier entfernt und niemand kennt mich dort. Wenn ich mich stumm stelle, werden sie mich gewiß aufnehmen. Auf diese Meinung vertrauend, machte er sich, mit einer Axt auf der Schulter, ohne irgend jemand etwas von seiner Reise zu sagen, einem armen Manne ähnlich, auf den Weg nach dem Kloster. Hier angekommen, ging er hinein und fand zufällig den Verwalter im Hofe. Diesem gab er durch Zeichen und Gebärden, wie sie den Stummen eigentümlich sind, zu verstehen, er möchte ihm um Gottes willen zu essen geben, und er wolle ihm dafür, wenn er es nötig habe, Holz spalten. Der Verwalter gab ihm gerne zu essen und legte ihm hierauf einige Blöcke vor, die Nuto nicht hatte spalten können; Masetto aber, ein kräftiger Mann, hatte sie in kurzer Zeit gespalten. Der Verwalter, der in den Wald gehen mußte, nahm ihn mit sich und ließ ihn hier Bäume fällen; dann führte er ihm einen Esel vor und gab ihm durch Zeichen zu verstehen, daß er ihn mit dem Holze beladen und nach Hause zurückführen solle. Masetto machte seine Sache recht gut; deshalb behielt ihn der Verwalter zur Besorgung der Geschäfte, die er gerade nötig hatte, mehrere Tage bei sich. Da geschah es eines Tages, daß die Äbtissin ihn sah und den Verwalter fragte: wer er sei. Dieser antwortete ihr: »Fromme Frau, es ist ein armer Taubstummer, der in den letzten Tagen hieherkam, um ein Almosen zu erbitten. Ich habe ihm ein Geschenk gegeben und ihn einige Dinge besorgen lassen, die ich nötig hatte. Wüßte er im Garten zu arbeiten und wollte er hierbleiben, so glaube ich, wir wären mit ihm recht gut bedient; denn wir bedürfen jemand, und dieser hier ist kräftig und es könnte jedermann mit ihm anfangen, was er wollte, und außerdem hättet Ihr nicht nötig, daran zu denken, er könne mit Euern jungen Klosterfrauen Scherze machen.« Die Äbtissin antwortete hierauf: »Bei Gott, du hast recht. Erkundige dich nur, ob er die Arbeit versteht, und bemühe dich, ihn zu behalten. Gib ihm ein Paar Schuhe und ein altes Kleid; schmeichle ihm, vertreibe ihm die Zeit und gib ihm gut zu essen.« Masetto war nicht weit davon, sondern unter dem Vorwand, den Hof zu reinigen, hörte er dieses ganze Gespräch mit an, und sagte erfreut zu sich selbst: Wenn ihr mich hier anstellt, werde ich euern Garten so bearbeiten, wie er noch nie bearbeitet worden ist. Nachdem sich nun der Verwalter überzeugt hatte, daß er die Arbeit ganz vortrefflich verstehe, und auf die Frage, die er durch Zeichen an ihn richtete, ob er hierbleiben wolle, wiederum die Antwort erhalten hatte: er wolle tun, was er befehle, nahm er ihn an, übertrug ihm die Besorgung des Gartens und zeigte ihm, was er zu tun habe. Hierauf ging er andern Geschäften nach und ließ ihn zurück. Als Masetto auf diese Weise einen Tag nach dem andern arbeitete, fingen die Nonnen bald an, ihn zu necken und zu verspotten, wie man dies häufig mit Stummen zu tun pflegt. Auch sagten sie ihm die gottlosesten Dinge von der Welt, in der Meinung, er verstehe sie nicht, und die Äbtissin, die wahrscheinlich glaubte, wie die Zunge, so fehle ihm auch die männliche Kraft, bekümmerte sich wenig oder gar nichts darum. Nun geschah es eines Tages, daß, als er nach angestrengter Arbeit ausruhte, zwei blutjunge Nonnen, die im Garten spazierengingen, sich ihm näherten und ihn betrachteten, während er sich stellte, als ob er schliefe. Die eine, die etwas kecker war, sprach zur andern: »Wenn ich glaubte, daß du verschwiegen wärest, so würde ich dir jetzt einen Gedanken mitteilen, den ich schon mehrmals gehabt habe und der vielleicht auch dir Freude machen würde.« Die andere antwortete: »Sage es getrost heraus, ich will es gewiß niemand sagen.« Hierauf begann die Kecke: »Ich weiß nicht, ob du schon darüber nachgedacht hast, wie streng wir gehalten sind, und daß nie ein Mann zu uns eingehen darf, außer der Verwalter, der schon alt ist, und dieser Stumme, und ich habe schon oft und schon von mehreren Frauen, die zu uns gekommen sind, gehört, daß alle Freuden der Welt nichts sind gegen das Vergnügen, mit einem Manne zu verkehren. Daher habe ich schon oft den Einfall gehabt, da ich es mit sonst niemandem kann, es mit diesem Stummen zu probieren, ob es so ist. Hiezu ist dieser am allertauglichsten; denn wenn er auch wollte, so könnte und wüßte er es nicht wieder zu sagen, und du siehst, daß er ein dummer Bengel ist, der seinen Verstand überwachsen hat. Ich möchte nun gerne hören, was du von der Sache hältst.« – »Ach Gott«, antwortete die andere, »was sagst du da? Weißt du denn nicht, daß wir Gott die Jungfräulichkeit versprochen haben?« – »Ach«, sagte jene, »wie viele Dinge werden ihm alle Tage versprochen, ohne daß ein einziges davon gehalten wird. Wenn wir sie ihm versprochen haben, so mag sich eine andere finden, die ihm das Versprechen hält.« Hierauf antwortete die Begleiterin: »Aber wenn wir schwanger werden, wie ist es dann?« Darauf sprach die andere: »Du denkst an das Unglück, ehe es da ist; wenn dies einmal geschehen ist, dann wird man auch an Abhilfe denken, und es wird tausend Mittel geben, um die Sache so einzurichten, daß niemand etwas davon erfährt, wenn wir nur selbst es nicht aussagen.« Als jene diese Worte hörte, hatte sie schon noch mehr Verlangen darnach als die andere, zu erforschen, was denn der Mann für ein Tier sei. Sie sprach: »Nun gut, wie wollen wir es denn angreifen?« Hierauf antwortete jene: »Du siehst, es ist jetzt Mittagszeit, und ich glaube, alle unsere Schwestern schlafen, außer uns. Machen wir nun einen Gang durch den Garten, um zu sehen, ob jemand hier ist. Und wenn niemand da ist, was haben wir alsdann weiter zu tun, als ihn an der Hand zu nehmen und ihn in das Hüttchen zu führen, wo er sich vor dem Regen schützt? Hier bleibt dann die eine bei ihm und die andere steht Schildwache. Er ist so dumm, daß er alles tun wird, was wir wollen.« Masetto hörte das ganze Gespräch mit an, und entschlossen, zu gehorchen, wartete er auf nichts anderes, als von einer an der Hand genommen zu werden. Nachdem die Nonnen alles durchsucht und sich überzeugt hatten, daß sie von keiner Seite aus gesehen werden könnten, näherte sich diejenige, welche die Sache zuerst berührt hatte, Masetto, nahm ihn bei der Hand, und er erhob sich augenblicklich. Sie liebkoste ihn, worauf er in ein simpelhaftes Gelächter ausbrach, führte ihn dann in die Hütte, wo Masetto, ohne sich lange bitten zu lassen, ihr ihren Willen tat. Als treue Freundin machte sie, sobald sie hatte, was sie gewollt, der andern Platz, und Masetto, der sich die ganze Zeit über tölpelhaft stellte, tat auch ihr ihren Willen. Ehe sie nun nach Hause gingen, wollte eine jede noch einmal die Erfahrung machen, wie der Stumme zu reiten verstehe, und dann besprachen sie sich fleißig miteinander und gestanden sich, daß die Sache wirklich so angenehm sei, als sie gehört hatten. Daher nahmen sie sich zu jeder gelegenen Stunde Zeit, um sich mit dem Stummen auf diese Weise zu unterhalten. Da geschah es eines Tages, daß eine Schwester die Sache von ihrem Fenster aus bemerkte und zwei andern Klosterfrauen zeigte. Zuerst sprachen sie miteinander darüber, daß man die Sache bei der Äbtissin anzeigen müsse. Dann änderten sie jedoch ihren Plan und wurden mit den zwei ersteren einig, an der Sache teilzunehmen. Durch verschiedene Zufälle wurden nach und nach auch die übrigen zur Teilnahme gezogen. Zuletzt auch die Äbtissin, die gar nichts von der ganzen Sache bemerkt hatte. Eines Tages ging sie, als die Hitze sehr groß war, ganz allein durch den Garten und fand Masetto, der, durch seine Anstrengungen ermüdet, in dem Schatten eines Maulbeerbaumes eingeschlafen war, und da der Wind in seinen Kleidern spielte, so lag er ganz entblößt. Da dies die Dame sah und allein war, so kam ihr dasselbe Verlangen wie ihren Nonnen. Sie weckte Masetto, führte ihn mit sich in ihre Kammer und behielt ihn hier mehrere Tage, zum großen Leidwesen der Nonnen, da inzwischen der Gärtner nicht in ihrem Garten arbeiten konnte. Die Äbtissin in ihrem Zimmer schmeckte wieder und immer wieder die Süßigkeit, die sie sonst vor allen an andern getadelt hatte. Als sie ihn endlich aus ihrem Zimmer entlassen hatte und ihn später häufig zu sich rief und mehr als andere von ihm verlangte, war endlich Masetto außerstande, so vielen zugleich genug zu tun und bedachte, daß sein Stummsein, wenn er es noch länger beibehielte, ihm großen Nachteil bringen könne. Daher löste er, als er in einer Nacht bei der Äbtissin war, die Zunge und sprach: »Fromme Frau, ich habe gehört, daß ein Hahn für zehn Hühner hinreicht, aber daß zehn Männer kaum und mit Mühe imstande sind, *einer* Frau genug zu tun, während ich deren neun bedienen muß, das kann ich um alles in der Welt nicht länger aushalten; denn durch das, was ich bisher geleistet habe, bin ich schon sehr heruntergekommen, und Ihr müßt mich deshalb entweder mit Gott ziehen lassen oder die Sache anders einzurichten suchen.« Als die Dame hörte, daß der, den sie für stumm gehalten hatte, plötzlich sprach, war sie ganz bestürzt und sagte: »Was ist denn das? ich glaubte, du seiest stumm?« – »Fromme Frau«, antwortete Masetto, »ich war es allerdings, aber nicht von Natur, sondern durch eine Schwäche, welche die Zunge mir gelähmt hatte. Erst in dieser Nacht fühle ich sie wieder gelöst, wofür ich Gott danke, so gut ich kann.« Die Dame glaubte das und fragte ihn, was er denn damit sagen wolle, daß er neun zu bedienen habe? Masetto erzählte ihr die Sache. Als die Äbtissin den Hergang hörte, sah sie ein, daß alle ihre Nonnen viel klüger waren als sie selbst. Als eine verständige Frau entschloß sie sich daher, ohne Masetto den Abschied zu geben, mit ihren Nonnen eine Einrichtung zu treffen, damit Masetto der Ehre des Klosters nicht schade, und da gerade der Verwalter gestorben war, beschlossen sie einstimmig, nachdem sie sich entdeckt hatten, was zuvor von allen geschehen war, im Einverständnis mit Masetto die Welt glauben zu machen, durch ihre Gebete und die Verdienste des Heiligen, mit dessen Namen das Kloster benannt war, habe Masetto, der lange Zeit stumm gewesen, die Rede zurückerhalten; sie machten ihn dann zum Verwalter und teilten seine Anstrengungen auf solche Weise ein, daß er sie ertragen konnte. Obgleich nun Masetto mit diesen Klosterfrauen eine hinreichende Anzahl Nönnchen erzeugte, wußte man doch die Sache so klug einzurichten, daß niemand davon erfuhr, bis nach dem Tode der Äbtissin, als Masetto schon ziemlich alt war und nun daran dachte, reich nach seiner Heimat zurückzukehren, was ihm, als man seinen Wunsch erfahren, auch leicht bewilligt wurde. So kehrte also Masetto betagt, als Vater und reich, ohne die Mühe, Kinder zu ernähren und Kosten dafür zu bezahlen, nachdem er seine Jugend mit Verstand gut angewendet hatte, dahin, von wo er mit einer Axt auf der Schulter ausgezogen war, zurück und behauptete, so belohne Christus diejenigen, welche mit ihrem Horne richtig zu zielen verstehn.

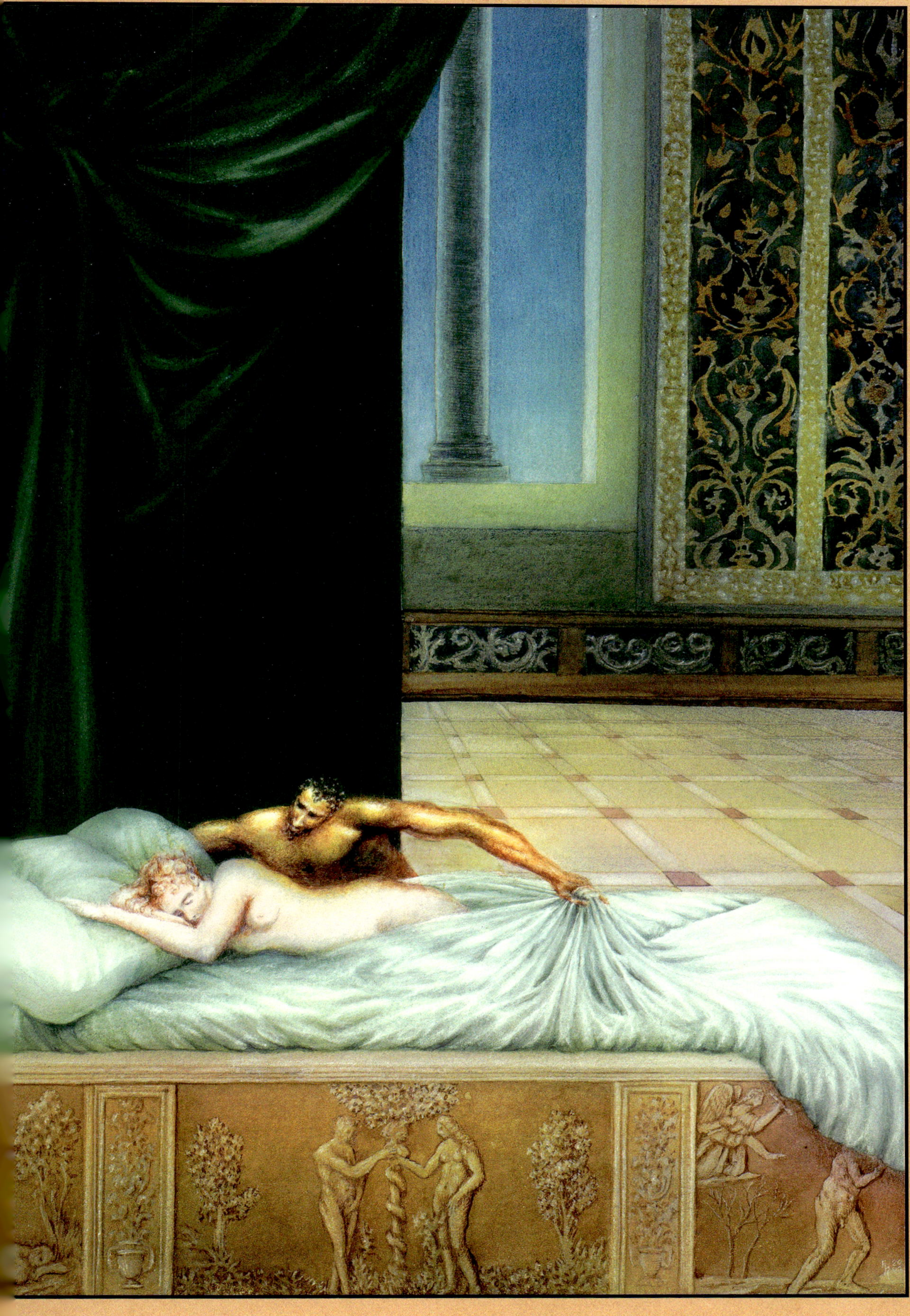

*… worauf jener, ohne ein Wort zu sprechen,
hinter die Bettvorhänge ging und in das Bett stieg,
in welchem die Königin schlief.*

EIN REITKNECHT

SCHLÄFT BEI DER GEMAHLIN DES KÖNIGS AGILULF;
AGILULF MERKT DIE SACHE, SCHWEIGT, MACHT DEN TÄTER AUSFINDIG
UND SCHERT IHN. DER GESCHORENE SCHERT ALLE ÜBRIGEN AUF
DIESELBE WEISE UND ENTGEHT DADURCH SEINER STRAFE.

Kaum war die Erzählung des Filostrato, über welche die Damen bald ein wenig erröteten, zu Ende, rief die Königin Pampinea zum Erzählen auf, die lächelnd also begann: Es gibt Leute, die so unverständig sind, zu zeigen, daß sie Dinge wissen, die sie lieber sich stellen sollten, nicht zu wissen, und die dann manchmal, wenn sie unbemerkte Vergehen anderer tadeln und dadurch ihre Schande verbergen wollen, diese gerade recht ins Licht stellen. Die Wahrheit dieser Behauptung, meine anmutigen Damen, will ich euch durch das Gegenteil beweisen, indem ich euch die Verschlagenheit eines Mannes, der vielleicht noch unbedeutender ist als Masetto, und den Verstand eines mächtigen Königs schildern werde.

Agilulf, der König der Langobarden, befestigte, gleich seinen Vorgängern in Pavia, der Hauptstadt der Lombardei, seinen Thron durch Vermählung mit Teudolinga, der Witwe Auterichs, der ebenfalls König der Langobarden gewesen war. Diese Gattin war sehr schön, verständig und ehrbar, der aber dennoch ein Liebhaber einst einen schlimmen Streich spielte. Als nämlich durch die Tapferkeit und den Verstand des Königs Agilulf der lombardische Staat glücklich und ruhig geworden war, geschah es, daß ein Reitknecht der genannten Königin, ein Mensch, was die Abstammung anbetrifft, von höchst ärmlichen Umständen, sonst aber über sein niederes Geschäft hoch erhoben und von Gestalt schön und groß wie der König, sich über alle Maßen in die Königin verliebte. Da jedoch sein niedriger Stand ihn keineswegs hinderte, einzusehen, daß diese seine Liebe außer allen Grenzen der Möglichkeit und der Schicklichkeit liege, so offenbarte er sie als ein verständiger Mann niemandem und wagte nicht einmal, sie der Königin selbst nur durch einen Blick zu entdecken. Obgleich er nun gänzlich hoffnungslos war, so tat er sich doch bei sich selbst etwas darauf zugute, daß er seine Gedanken so hoch hatte steigen lassen, und vom Liebesfeuer ganz entzündet, gab er sich Mühe, es allen seinen Kameraden in allem, von dem er glaubte, daß es der Königin gefallen könnte, zuvorzutun. Dadurch geschah es, daß die Königin, wenn sie ausritt, weit lieber das Pferd ritt, das dieser wartete, als ein anderes, und dies rechnete sich jener zur höchsten Gnade, ging alsdann nicht vom Steigbügel weg und schätzte sich glücklich, wenn er ihre Kleider berühren durfte. Aber wie wir dies häufig sehen, daß die Liebe um so stärker wird, je mehr sich die Hoffnung verringert, so geschah es auch bei diesem armen Reitknecht, der sein verborgenes Verlangen, das von keiner Hoffnung gelindert war, kaum mehr ertragen konnte, und oft, da er sich von dieser Liebe nicht losmachen konnte, den Entschluß faßte, zu sterben. Da er nun über die Art und Weise seines Todes nachdachte, beschloß er, denselben so zu veranstalten, daß dadurch an den Tag käme, er sterbe infolge der Liebe, die er zu der Königin gehegt habe und hege, und nahm sich vor, die Sache so einzurichten, daß er dabei sein Glück probiere, ob er vielleicht entweder ganz oder teilweise sein Verlangen zu stillen imstande wäre. Worte an die Königin richten oder in Briefen ihr seine Liebe gestehen, wollte er nicht; denn er wußte wohl, daß Worte wie Briefe vergeblich sein würden, sondern er wollte versuchen, ob er nicht mit List bei der Königin schlafen könnte. Dies ließ sich durch keine andere List ausführen als dadurch, daß er ein Mittel finden würde, um als König verstellt, von dem er wußte, daß er nicht beständig bei seiner Gemahlin schlafe, zu ihr zu kommen und in ihr Schlafzimmer zu gelangen. Um daher zu sehen, auf welche Art und in welcher Kleidung der König zu seiner Gemahlin gehe, versteckte er sich mehrmals des Nachts in einem großen Saale des königlichen Palastes, der in der Mitte war zwischen den Gemächern des Königs und denen der Königin, und so sah er denn eines Nachts den König aus seinem Zimmer kommen, in einen großen Mantel gehüllt, in der einen Hand eine brennende Kerze, in der andern einen kleinen Stab, und gegen das Zimmer der Königin gehen, wo er, ohne ein Wort zu sagen, ein- oder zweimal mit jenem Stäbchen an die Türe schlug, worauf sogleich geöffnet und die Kerze ihm aus der Hand genommen wurde. Als der Reitknecht dies und auf ähnliche Weise auch die Rückkehr des Königs gesehen hatte, begriff er, daß er es ebenfalls so machen müsse: er verschaffte sich also einen Mantel, der dem, welchen er am König gesehen hatte, ähnlich war, eine Kerze und ein Stäbchen; dann nahm er zuerst ein tüchtiges Bad, damit nicht der Stallgeruch die Königin belästigen oder ihr den Betrug entdekken möchte, und versteckte sich so, wie er schon gewohnt war, in dem großen Saale. Als er sah, daß schon alles schlief und es ihm Zeit schien, entweder seinem Verlangen Befriedigung zu geben oder aus so erhabenem Grunde dem ersehnten Tode in die Arme zu eilen, machte er mit dem Stein und Stahl, den er bei sich führte, ein wenig Feuer, zündete sein Kerzchen an, hüllte sich in seinen Mantel, ging an die Türe des Zimmers und klopfte zweimal mit seinem Stäbchen an. Das Zimmer wurde von einer ganz schlaftrunkenen Kammerfrau geöffnet, die ihm die Kerze aus der Hand nahm und auslöschte, worauf jener, ohne ein Wort zu sprechen, hinter die Bettvorhänge ging und in das Bett stieg, in welchem die Königin schlief. Er schloß sie sehnsüchtig in seine Arme, stellte sich jedoch verstimmt, weil er wußte, daß es die Gewohnheit des Königs war, sobald er verstimmt war, nichts hören zu wollen, und ohne ein Wort zu sprechen oder von ihr angesprochen zu werden, erkannte er die Königin mehrere Male fleischlich, und so schwer es ihm auch fiel, sich zu trennen, so stand er doch aus Furcht, ein allzulanger Aufenthalt möchte das genossene Vergnügen in Traurigkeit verwandeln, auf, legte seinen Mantel um, nahm das Licht, entfernte sich, ohne ein Wort zu sagen, und kehrte so schnell als möglich in sein Bett zurück. Er konnte dasselbe noch kaum erreicht haben, als der König sich erhob und in das Zimmer der Königin ging, worüber sich diese sehr wunderte, und als er in das Bett gestiegen und sie freundlich begrüßt hatte, faßte sie sich bei seiner Fröhlichkeit ein Herz und sagte: »O mein Herr, welch neues Benehmen habt Ihr in dieser Nacht? Erst vor kurzer Zeit gingt Ihr von mir, nachdem Ihr mehr als gewöhnlich Wohlgefallen an mir gefunden hattet, und jetzt kehrt Ihr so bald wieder zurück. Bedenket doch, was Ihr tut.« Als der König diese Worte hörte, sah er sogleich ein, daß die Königin durch die Ähnlichkeit, Kleidung und Person getäuscht worden war. Aber als ein verständiger Mann faßte er sogleich den Entschluß, da weder die Königin selbst noch sonst jemand es bemerkt haben konnte, es jene auch nicht merken zu lassen. Viele Toren hätten das nicht getan, sondern gesagt: »Ich war nicht da. Wer war derjenige, der da war? Wie kam er hieher? Wer war es wohl?« Hieraus wäre viel Unheil entstanden. Er hätte die Königin dadurch mit Unrecht betrübt und hätte ihr Grund gegeben, das, was sie bereits genossen hatte, auch künftig wieder zu wünschen. Das, was ihm, wenn er schwieg, durchaus keine Schande bringen konnte, hätte ihm, wenn er redete, nur Schimpf gebracht. Daher antwortete ihr der König, weit mehr innerlich erzürnt als im Gesichte, mit den Worten: »Königin, scheine ich Euch nicht der Mann zu sein, der imstande ist, nachdem er zuvor hier gewesen, noch einmal hieher zurückzukehren?« Hierauf antwortete die Königin: »Ja, gnädiger Herr! aber in jedem Falle bitte ich Euch, daß Ihr Eure Gesundheit schonen möget.« Hierauf sprach der König: »Und mir gefällt es, Eurem Rate zu folgen und diesmal, ohne Euch weiter zu belästigen, in mein Zimmer zurückzukehren.« Innerlich voll Zorn und Unmut über das Geschehene, nahm er seinen Mantel, verließ das Zimmer und wollte in der Stille den Täter ausfindig machen, indem er sich vorstellte, er müsse zum Hause gehören und habe, wo er auch sein möge, dasselbe nicht verlassen können. Er nahm daher ein kleines Licht in einer Laterne und ging in einen sehr langen Saal, der in seinem Palaste über dem Marstall erbaut war und in welchem beinahe die ganze Dienerschaft des Königs in verschiedenen Betten schlief. In der Meinung, daß, wer es auch gewesen sein mochte, der das getan, was die Dame gesagt hatte, sein Blut und Puls infolge der Anstrengung noch nicht ganz zur Ruhe zurückgekehrt sein könne, fing er ganz in der Stille an einem Ende jenes Saales an und befühlte jedem die Brust, um zu sehen, ob das Herz noch klopfe. Obgleich nun alle andern fest schliefen, so schlief doch der, welcher bei der Königin gewesen war, noch nicht. Er sah daher den König kommen, stellte sich sogleich vor, was dieser suche, und fürchtete sich daher sehr, so daß außer seinem Herzklopfen infolge der gehabten Anstrengung auch noch die Furcht ihm ein Klopfen verursachte, und er war vollständig überzeugt, daß, wenn der König die Sache bemerke, er ihn unverzüglich töten lasse. Obgleich nun mehrere Pläne ihm durch den Kopf gingen, entschloß er sich doch, als er den König unbewaffnet kommen sah, sich schlafend zu stellen und zu warten, was der König tun werde. Nachdem nun der König lange gesucht und keinen gefunden hatte, den er für den Täter halten konnte, kam er auch zu diesem, und als er das Herz desselben stark schlagen fühlte, sprach er zu sich: »Der ist es!« Da jedoch niemand etwas von der Sache merken sollte, tat er nichts anderes als dies: Er schnitt ihm mit einer Schere, die er bei sich trug, von einem Teile seines Kopfes die Haare ab, die man zu jener Zeit sehr lang trug, um ihn an diesem Zeichen am kommenden Morgen wieder zu erkennen. Nachdem er dies getan, kehrte er in sein Zimmer zurück. Der Reitknecht, der alles gefühlt hatte, sah als ein listiger Bursche recht gut den Grund ein, warum man ihn so gezeichnet hatte: er stand daher schleunig auf, fand eine Schere, die man im Stalle für die Pferde zu benützen pflegte, und schnitt der Reihe nach allen, die in dem Saale lagen, auf gleiche Weise die Haare über den Ohren ab. Hierauf kehrte er, ohne daß jemand etwas bemerkte, in sein Bett zurück. Der König stand des Morgens auf und befahl, ehe die Pforten des Palastes geöffnet würden, solle seine ganze Dienerschaft vor ihn kommen, und so geschah es. Als diese alle mit entblößtem Haupte vor ihm standen, fing er an, sie zu betrachten, um den Geschorenen zu erkennen. Als er aber den größten Teil derselben auf die nämliche Weise an einer Stelle geschoren sah, wunderte er sich und sprach bei sich selbst: »Derjenige, den ich suche, mag er auch von noch so geringem Stande sein, beweist, daß er einen hohen Verstand hat.« Da er nun einsah, daß er, ohne Lärm zu machen, den, welchen er suchte, nicht herausfinden werde, aber nicht im Sinne hatte, einer kleinen Rache wegen sich großer Schmach auszusetzen, beschloß er, mit einem einzigen Worte ihn zu warnen und ihm zu beweisen, daß man es bemerkt habe. Er wandte sich daher an alle und sprach: »Wer es getan hat, der tue es nicht mehr. Und nun gehet mit Gott!« Ein anderer hätte nur daran gedacht, zu köpfen, zu martern, Untersuchungen anzustellen, auszufragen, und hätte dadurch das geoffenbart, was jeder zu verbergen suchen soll, und wenn er den Schuldigen entdeckt haben würde, so hätte er, wenn er auch vollständige Rache genommen hätte, seine Schmach nicht vermindert, sondern um vieles vermehrt und den guten Ruf seiner Gattin befleckt. Diejenigen, welche jene Worte anhörten, wunderten sich und befragten lange einander, was denn der König damit habe sagen wollen, verstehen aber konnte sie keiner, außer der allein, auf den sie sich bezogen. Dieser aber, als ein verständiger Mann, hielt die Sache, solange der König lebte, geheim und setzte niemals mehr sein Leben auf solche Weise auf das Spiel.

DON FELICE

UNTERWEIST DEN BRUDER PUCCIO,
WIE ER SELIG WERDEN KÖNNE, WENN ER BUSSE TUE;
BRUDER PUCCIO TUT BUSSE UND DON FELICE MACHT SICH
UNTERDESSEN MIT DER FRAU DES BRUDERS GUTE STUNDEN.

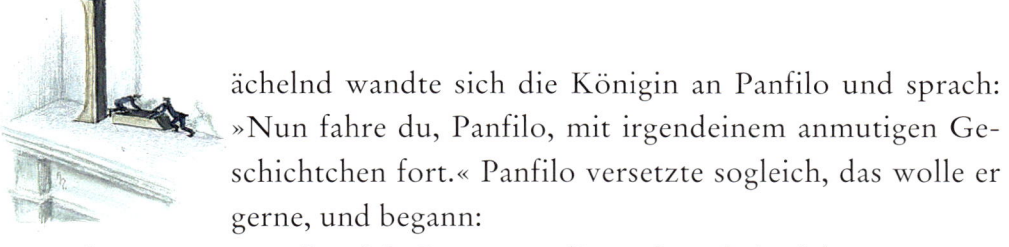

Lächelnd wandte sich die Königin an Panfilo und sprach: »Nun fahre du, Panfilo, mit irgendeinem anmutigen Geschichtchen fort.« Panfilo versetzte sogleich, das wolle er gerne, und begann:

Meine Damen, es gibt viele Personen, die, während sie sich anstrengen, ins Paradies zu kommen, ohne daß sie es bemerken, andere hineinschicken. Und dies geschah, wie ihr jetzt hören werdet, vor noch nicht langer Zeit einer unserer Nachbarinnen.

Wie ich einmal sagen hörte, lebte nahe bei St. Pankraz ein rechtschaffener und reicher Mann, mit Namen Puccio di Rinieri, welcher, da er immer mit geistlichen Dingen sich abgab, Laienbruder der Franziskaner wurde und sich Bruder Puccio nennen ließ. Dieses geistliche Leben setzte er auch fort, und da sein ganzer Haushalt nur aus seiner Frau und einer Dienerin bestand und er um dieser willen nicht nötig hatte, sich mit irgendeinem Gewerbe abzugeben, so ging er sehr fleißig in die Kirche. Als ein ungebildeter, grobschrotiger Mann sagte er nur seine Paternoster, ging in die Predigten, wohnte den Messen bei und fehlte auch niemals bei dem Lobgesang der Laienbrüder. Er fastete, geißelte sich und trompetete bei den Umzügen, denn er war unter den Bußgeißlern. Seine Frau, die man Frau Isabetta hieß, noch ein junges Weibchen von achtundzwanzig bis dreißig Jahren, frisch, schön und rund wie ein roter Apfel, mußte wegen der Heiligkeit ihres Mannes und vielleicht auch wegen seines hohen Alters oft länger fasten, als ihr lieb war, und wenn sie gerne geschlafen oder vielleicht mit ihm gescherzt hätte, so erzählte er ihr das Leben Christi, die Predigten des Anastasius oder die Klagen der Magdalena und solche Dinge. Da kam zu jener Zeit aus Paris ein Mönch zurück, mit Namen Don Felice, der zum Kloster St. Pankraz gehörte; er war noch jung, schön von Gestalt, sehr verständig und hochgelehrt. Mit ihm schloß Bruder Puccio eine enge Freundschaft, und da er imstande war, ihm alle seine Zweifel zu lösen und überdies, da er dessen frommes Wesen kennengelernt hatte, sich höchst musterhaft und andächtig gegen ihn zeigte, so fing der Bruder Puccio an, ihn hie und da in sein Haus zu führen, ihn zum Mittag- und Abendessen zu bitten, wie es sich gerade schickte, und die Frau war dem Bruder Puccio zuliebe ebenfalls seine Freundin geworden und erwies ihm gerne Ehre. Als nun der Mönch fortfuhr, das Haus des Bruders Puccio zu besuchen und die Frau so frisch und rund sah, bemerkte er bald, an was sie am meisten Mangel leide, und gedachte wo möglich dem Bruder Puccio eine Mühe abzunehmen und seine Stelle bei der Frau zu ersetzen. Er faßte sie daher manchmal recht listig ins Auge, und dadurch entzündete er in ihr das nämliche Verlangen, und als dies der Mönch bemerkt hatte, benützte er die erste Gelegenheit, um seinen Wunsch bei ihr anzubringen. Sosehr er sie aber auch geneigt fand, das Werk zu vollenden, ließen sich doch nicht so schnell Mittel und Wege finden, weil sie sich nirgends in der Welt dem Mönche anvertrauen wollte, außer in ihrem Hause, und im Hause war dies nicht möglich, weil der Bruder Puccio nicht von der Stelle wich, worüber sich denn der Mönch sehr betrübte. Endlich fiel ihm ein Mittel ein, wie er ohne irgendeinen Argwohn bei der Frau im Hause sein könne, während der Bruder Puccio ebenfalls zu Hause wäre. Und als eines Tages Bruder Puccio bei ihm war, sprach er zu ihm also: »Ich habe schon oft gesehen, Bruder Puccio, daß es dein einziger Wunsch ist, selig zu werden. Allein, es scheint mir, du machst zu diesem Zwecke einen großen Umweg, während es einen sehr kurzen Weg gibt, den der Papst und seine übrigen hohen Prälaten, die ihn kennen und benützen, nicht überall bekanntmachen lassen wollen, weil der geistliche Stand, der meistens von Almosen lebt, dadurch sogleich sich auflösen müßte, da alsdann die Weltlichen ihm weder Almosen noch irgend etwas anderes mehr zukommen lassen würden. Weil du aber mein Freund bist und mir schon viele Ehre erwiesen hast, so würde ich dir diesen Weg zeigen, wenn ich nur wüßte, daß du ihn niemandem auf der Welt sonst offenbaren und ihn genau befolgen wolltest.« Der Bruder Puccio, sehnsüchtig, diesen neuen Weg zu erfahren, bat zuerst aufs dringendste, er möchte ihn ihm zeigen, dann schwur er, er werde ihn niemals, außer mit der Zustimmung des Mönches, irgend jemandem entdecken, und beteuerte, wenn es ihm möglich sei, ihn zu befolgen, so werde er alle Kraft aufbieten. Der Mönch sprach: »Weil du mir es so sehr versprichst, so will ich dir ihn zeigen. Du mußt wissen, daß die heiligen Doktoren der Ansicht sind, wer selig werden wolle, der müsse folgende Buße tun, wie du sie jetzt hören wirst. Aber verstehe mich wohl; ich sage nicht, daß du nach der Buße nicht ein Sünder seiest; nur das wird der Fall sein, daß die Sünden, die du bis zur Stunde der Buße vollbracht hast, alle abgewaschen und dir verziehen sein werden, und diejenigen, die du später begehen wirst, werden dir nicht zur Verdammnis gereichen, sondern sie werden mit Weihwasser abgewaschen werden wie jetzt die Schwachheitssünden. Vor allem nun muß der Mensch, wenn er seine Buße antritt, mit allem Fleiße seine Sünden beichten, dann aber vierzig Tage lang fasten und sich enthalten und in dieser Zeit nicht einmal die eigene Frau, geschweige denn ein anderes Frauenzimmer, berühren. Außerdem mußt du in deinem eigenen Hause einen Ort haben, wo du des Nachts in den Himmel sehen kannst; an diesen Ort mußt du dich des Abends begeben, und hier muß ein großer Tisch so gestellt sein, daß, wenn du auf dem Fuße stehst, du dich mit der Hüfte darauf stützen kannst und, die Füße immer auf dem Boden, die Arme wie ein Gekreuzigter ausstreckest; willst du diese auf einem Pflöckchen aufstützen, so ist dies erlaubt: auf diese Weise aber mußt du, immer zum Himmel blickend, bewegungslos stehen bis zum Morgen. Wärest du in der Schrift gelehrt, so müßtest du während dieser Zeit gewisse Gebete sprechen, die ich dir geben würde. Da du jedoch dies nicht bist, so mußt du dreihundert Paternoster und dreihundert Ave Maria zu Ehren der Dreieinigkeit hersagen und, während du zum Himmel aufblickst, stets im Gedächtnis haben, daß Gott der Schöpfer des Himmels und der Erde ist und daß Christus am Kreuze gelitten hat, in derselben Stellung, welche du jetzt einnimmst. Wenn dann die Morgenstunde schlägt, kannst du, wenn du willst, gehen und dich angekleidet auf ein Bett werfen und schlafen. Am Vormittag mußt du in die Kirche gehen und dort wenigstens drei Messen hören und wenigstens fünfzig Paternoster und ebensoviel Ave Maria sprechen. Hierauf kannst du mit Einfalt des Herzens einige Geschäfte verrichten, wenn du solche hast, dann zu Mittag essen, zur Vesperzeit in die Kirche gehen und dort einige Gebete hersagen, die ich dir geschrieben geben werde und ohne welche die ganze Sache nicht möglich ist; hierauf gegen Abend wieder nach der vorigen Weise anfangen. Wenn du dies tust, wie ich es schon getan habe, so hoffe ich, du werdest, noch ehe das Ende deiner Bußzeit kommt, eine wunderbare Vorempfindung der ewigen Seligkeit haben, sofern du die Sache mit Andacht verrichtet hast.« Bruder Puccio sagte hierauf: »Dies ist nicht allzuschwer und nicht allzulang und muß ganz gut vonstatten gehen, und so will ich denn in Gottes Namen am Sonntag anfangen.« So trennte er sich von ihm, ging nach Hause und erzählte mit der Erlaubnis des Mönchs seiner Frau alles. Die Dame verstand recht gut, was der Mönch mit dem ungewöhnlichen Stehen bis zum Morgen bezwecken wollte; das Mittel gefiel ihr daher, und sie sagte, sie sei sehr erfreut darüber, wie über jeden Vorteil, den seine Seele erhalte, und damit Gott diese seine Buße gedeihlich mache, wolle sie mit ihm fasten, an dem übrigen jedoch keinen Teil nehmen. So wurden sie hierüber einig, und am nächsten Sonntag begann der Bruder Puccio seine Buße. Abends, zu einer Stunde, wo er nicht mehr gesehen werden konnte, kam dann der Herr Mönch zu der Dame und brachte die meisten Abende mit ihr zu, indem er etwas Gutes zu essen und zu trinken mit sich führte; dann legte er sich mit ihr zu Bette bis zum Morgen, wo er aufstand, sich entfernte und Bruder Puccio ins Bette zurückkehrte. Der Ort, den sich Bruder Puccio zu seiner Bußübung ausgewählt hatte, befand sich neben der Kammer, in welcher die Dame schlief, und war von dieser nur durch eine sehr dünne Mauer geschieden. Als daher einmal der Herr Mönch sich etwas gar zu ungeniert mit der Dame die Zeit vertrieb, und sie mit ihm, so schien es dem Bruder Puccio, als zittere der Fußboden seines Hauses. Als er daher gerade hundert von seinen Paternostern gesprochen hatte, machte er hier ein Punktum, rief, ohne sich zu bewegen, seiner Frau, und fragte sie, was sie treibe? Diese, die sehr scherzhafter Natur war und vielleicht gerade das Tier des heiligen Benedikt oder des heiligen Albert ohne Sattel ritt, antwortete: »Wahrhaftig, lieber Mann, ich rühre mich, so gut ich kann.« Hierauf sprach Bruder Puccio: »Wie rührst du dich denn? Was will das heißen, daß du dich rührst?« Die Dame lachte, wozu sie wohl gerade Ursache hatte, und antwortete: »Wie, Ihr wißt nicht, was das heißen soll? Habe ich es doch schon tausendmal von Euch selbst gehört: Wer des Abends satt sich nicht macht, muß sich rühren die ganze Nacht.« Da glaubte nun Bruder Puccio, das Fasten sei schuld daran, daß sie nicht schlafen könne und sich daher im Bette herumwerfe. Daher sprach er treuherzig: »Liebe Frau, ich habe dir's wohl gesagt, faste nicht! aber du hast es doch gewollt. Daher denke jetzt nicht daran, sondern suche zu schlafen. Du wirfst dich so im Bette herum, daß das ganze Haus zittert.« Hierauf sprach die Dame: »Laß dich das nicht kümmern; ich weiß wohl, was ich tue. Mache nur du deine Sachen gut, ich will schon sehen, wie ich die meinigen gut mache.« Hierauf war der Bruder Puccio still und machte sich wieder an seine Paternoster. Die Frau und der Herr Mönch aber ließen von jener Nacht an in einem andern Teil des Hauses ein Bett aufschlagen, wo sie sich die ganze Dauer der Bußzeit des Bruders Puccio über vortrefflich miteinander unterhielten. Zu einer bestimmten Stunde ging alsdann der Mönch weg, die Dame kehrte in ihr Bett zurück, und bald darauf kam der Mann von seiner Bußübung. Während nun der Bruder auf solche Weise seine Buße und die Frau mit dem Mönch ihre Unterhaltung fortsetzten, sprach sie mehrmals scherzweise zu ihm: »Du läßt den Bruder Puccio die Buße tun, durch die wir das Paradies gewonnen haben.« Da der Frau dieses Leben sehr behagte, gewöhnte sie sich so an die Speisen des Mönchs, daß, da sie von ihrem Manne lange Zeit nur sehr sparsam gehalten worden war, sie auch nach Vollendung der Bußzeit ihres Mannes Mittel fand, sich mit dem Mönche zu ergötzen, und so hatten sie lange ihr Vergnügen miteinander. So geschah es also, damit die Schlußworte zu den Anfangsworten passen, daß, während der Bruder Puccio sich durch seine Bußübungen selbst ins Paradies zu schicken glaubte, er den Mönch hineinschickte, der ihm den Weg dazu gezeigt hatte, und seine Frau, die bei ihm lange Zeit dasjenige sehr entbehrt hatte, was ihr der gutherzige Mönch in reicher Fülle spendete.

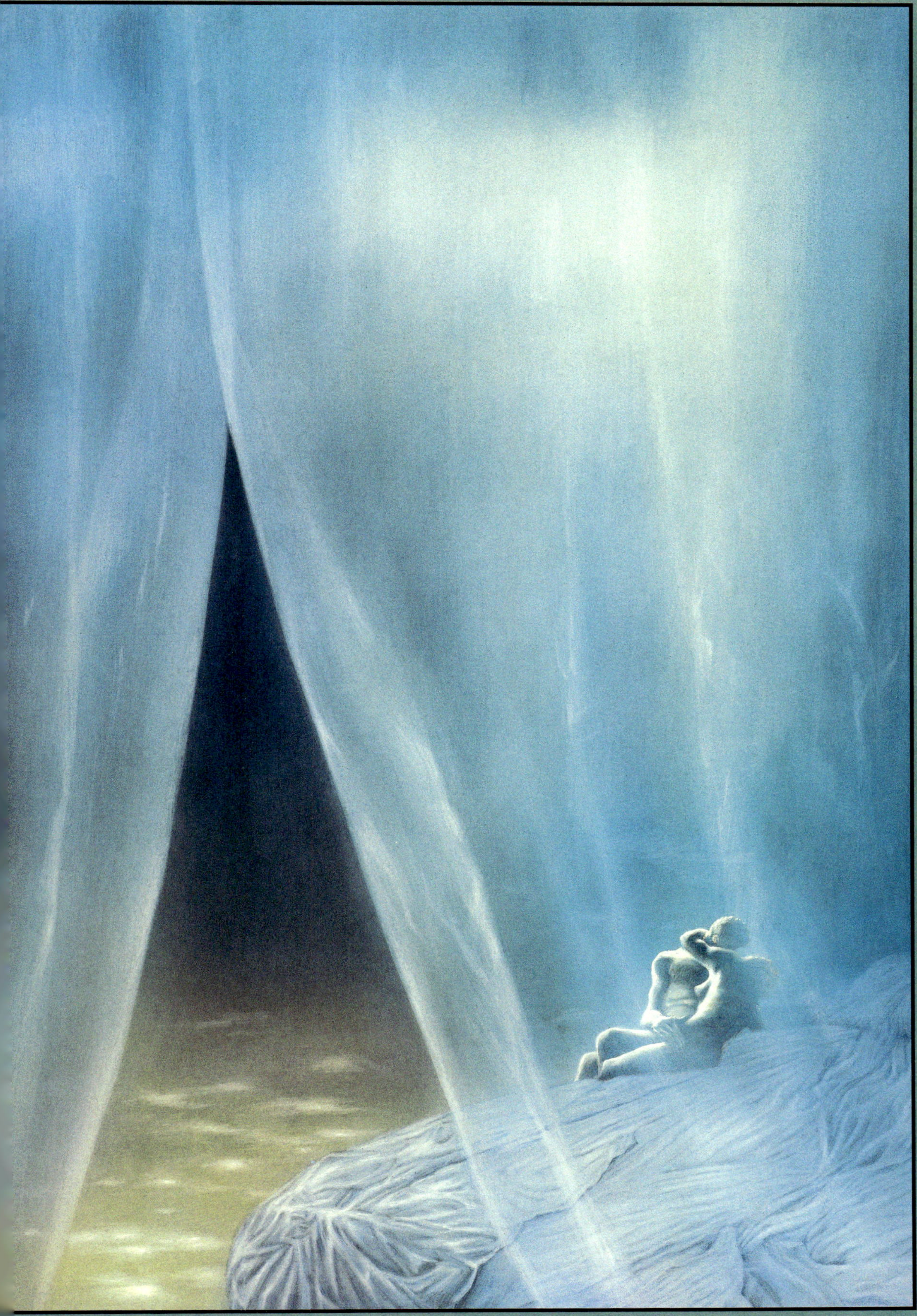

Und nicht bloß einmal verschaffte die Edeldame der Gräfin die Umarmungen ihres Gatten, sondern oft, und die Sache ging so herrlich vonstatten, daß man kein Wort davon erfuhr.

JULIA VON NARBONNE

HEILT DEN KÖNIG VON FRANKREICH VON EINER FISTEL
UND VERLANGT BELTRAM VON ROUSSILLON ZU IHREM GEMAHL.
DIESER MUSS SIE WIDER SEINEN WILLEN ZUR FRAU NEHMEN,
GEHT NACHHER AUS UNMUT NACH FLORENZ UND VERLIEBT SICH HIER
IN EINE JUNGE DAME. JULIA, ALS DIESE JUNGE DAME VERSTELLT,
SCHLÄFT BEI IHM UND ERHÄLT VON IHM ZWEI KINDER, WODURCH
SIE IHM TEUER WIRD UND ER SIE ZUM WEIBE NIMMT.

Es begann nun die Königin selbst eine Geschichte zu erzählen.

Es lebte im Königreich Frankreich ein Edelmann, mit Namen Isnard Graf von Roussillon. Dieser hatte, weil er fast immer krank war, stets einen Arzt um sich, den man Meister Gerard von Narbonne nannte. Der genannte Graf hatte nur einen einzigen Sohn, mit Namen Beltram, einen schönen, anmutigen Jungen, mit welchem noch andere Kinder seines Alters erzogen wurden, unter denen sich auch eine Tochter jenes Arztes befand, mit Namen Julia. Diese faßte zu jenem Beltram eine übermäßige, glühende Liebe, wie sie ihrem Alter gar nicht eigen zu sein schien. Als nun der Graf starb und Beltram dem König überlassen blieb, mußte er nach Paris gehen, worüber das Mädchen ganz untröstlich war, und als ihr Vater bald darauf starb, wäre sie unter einem anständigen Vorwande gerne nach Paris gegangen, um Beltram zu sehen; allein sie wurde, da sie sehr reich und das einzige Kind war, scharf bewacht. Schon hatte sie das Alter der Mannbarkeit erreicht, und noch konnte sie Beltram nicht vergessen und wies viele Männer zurück, mit denen sie sich nach dem Wunsche ihrer Verwandten vermählen sollte, ohne einen Grund für ihre Weigerung anzugeben. Nun geschah es, daß, während sie mehr als je in Liebe zu Beltram brannte, von dem sie gehört hatte, daß er ein schöner junger Mann geworden sei, die Nachricht ihr zu Ohren kam, der König von Frankreich habe eine Geschwulst auf der Brust gehabt, und da diese schlecht geheilt worden sei, so sei eine Fistel zurückgeblieben, die ihm außerordentlich viel Schmerz und Beschwerde verursache und für die man noch keinen tüchtigen Arzt gefunden habe, so viele es auch mit der Heilung versucht hätten; alle diese hätten vielmehr die Sache verschlimmert, worüber der König ganz in Verzweiflung sei und nun von keinem mehr Rat und Hilfe annehmen wolle. Über diese Nachricht war die junge Dame sehr erfreut und glaubte dadurch nicht nur einen guten Grund zu erhalten, um nach Paris zu reisen, sondern wenn die Krankheit wirklich die wäre, für die sie dieselbe der Beschreibung nach hielt, so dachte sie, es könne ihr bei dieser Gelegenheit leicht gelingen, Beltram zum Manne zu erhalten. Da sie nun von ihrem Vater vieles gelernt hatte, so bereitete sie aus verschiedenen Kräutern, die gegen das Übel, das sie sich vorstellte, gut sind, ein Pulver, stieg zu Pferde und kam nach Paris. Das erste war, daß sie sich Mühe gab, Beltram zu sehen; dann trat sie vor den König und bat sich die Gnade aus, daß er ihr sein Übel zeigen möge. Als der König die schöne, anmutige und junge Dame sah, konnte er ihr ihren Wunsch nicht versagen und zeigte es ihr. Nachdem sie es gesehen hatte, faßte sie sogleich die sichere Hoffnung, es heilen zu können, und sprach: »Gnädigster Herr, wenn es Euch gefällt, so will ich Euch, ohne alle Mühe und Beschwerde für Euch, innerhalb acht Tagen von diesem Übel heilen.« Der König mußte über die Worte des Mädchens innerlich lachen und dachte:

Was die Ärzte der Welt nicht gewußt und nicht gekonnt haben, wie soll das eine junge Dame können? Er dankte ihr daher für ihren guten Willen und antwortete, er habe sich vorgenommen, keinen Rat eines Arztes mehr anzunehmen. Hierauf sprach die junge Dame: »Gnädigster Herr, Ihr verschmäht meine Kunst, weil ich jung und ein Frauenzimmer bin; aber ich erinnere Euch, daß ich nicht *mit meiner Wissenschaft* heile, sondern mit der Hilfe Gottes und der Wissenschaft Gerards von Narbonne, der mein Vater und zu seinen Lebzeiten ein berühmter Arzt war.« Hierauf sprach der König zu sich selbst: »Vielleicht ist mir dieses Weib von Gott zugesandt; warum soll ich ihre Kunst nicht versuchen, da sie doch sagt, sie könne mich ohne Beschwerde für mich heilen?« Er entschloß sich daher, eine Probe anzustellen, und sprach: »Meine junge Dame, und wenn Ihr, nachdem ich Euch zuliebe meinen Vorsatz gebrochen habe, mich doch nicht heilet, was soll ich dann tun?« – »Gnädiger Herr«, sprach die Jungfrau, »laßt mich nur machen, und wenn ich Euch innerhalb acht Tagen nicht heile, so laßt mich verbrennen; wenn ich Euch aber gesund mache, was soll mir dann werden?« Hierauf antwortete der König: »Ihr scheint noch ohne Mann zu sein; wenn Ihr Euer Versprechen haltet, will ich Euch gut und vornehm verheiraten.« Die Jungfrau sprach darauf: »Gnädigster Herr, das gefällt mir, daß Ihr mich verheiraten wollt, aber ich will gerade den zum Mann, den ich mir auswähle, wobei ich jedoch keinen von Euren Söhnen oder aus dem königlichen Hause überhaupt wählen werde.« Der König versprach ihr dieses augenblicklich. Die Jungfrau begann nun ihre Kur, und in kurzer Zeit, noch ehe der Termin abgelaufen war, hatte sie den König gesund gemacht. Als sich der König geheilt fühlte, sprach er: »Meine junge Dame, Ihr habt einen Mann wohl verdient.« – »Dann, gnädigster Herr«, sprach die Jungfrau, »habe ich Beltram von Roussillon verdient, für den ich schon in meiner Jugend eine Neigung faßte und den ich seitdem stets aufs glühendste liebe.« Es schien nun zwar dem König nichts Geringes, ihr diesen zum Manne zu geben; aber da er es einmal versprochen hatte, wollte er doch sein Versprechen halten, ließ ihn rufen und sprach zu ihm: »Beltram, Ihr seid jetzt groß und ein vollendeter Edelmann; Wir wollen daher, daß Ihr zurückkehrt und die Herrschaft über

Eure Grafschaft übernehmt und daß Ihr eine junge Dame mit Euch nehmt, die Wir Euch zur Gattin ausersehen haben.« Beltram sprach: »Und wer ist diese junge Dame, gnädigster Herr?« Hierauf antwortete der König: »Das ist dieselbe, die mir durch ihre Arznei die Gesundheit zurückgegeben hat.« Beltram, der sie kannte und gesehen hatte, fand sie nun zwar schön; da er jedoch wußte, daß sie nicht von einem Geschlechte sei, dessen Verwandtschaft seinem Adel anstehe, sagte er ganz unwillig: »Gnädigster Herr, Ihr wollt mir also eine Arzneienmischerin zur Frau geben? Das wolle Gott nicht gefallen, daß ich je eine solche Frau nehme!« Hierauf sprach der König: »So wollt Ihr also, daß Wir unser Wort brechen sollen, welches Wir, um unsere Gesundheit wiederzuerlangen, der Dame verpfändeten, die zum Lohne dafür Euch zum Manne verlangte?« – »Gnädigster Herr«, sprach Beltram, »Ihr könnt mich zwingen und als Euern Lehensmann geben, wem Ihr wollt; aber das versichere ich Euch, daß ich mit dieser Heirat nie zufrieden sein werde.« – »Das werdet Ihr schon sein«, sprach der König, »denn die Dame ist schön und sehr verständig und liebt Euch sehr; daher hoffen Wir, Ihr werdet mit ihr noch glücklicher sein als mit einer Dame von noch so vornehmem Adel.« – Beltram schwieg, und der König ließ große Anstalten zum Hochzeitsfeste treffen. Und als der bestimmte Tag kam, heiratete Beltram, so sehr sich auch sein Herz dagegen sträubte, im Angesicht des Königs die Dame, die ihn mehr als sich selbst liebte. Er hatte jedoch bereits bedacht, was zu tun sei; er erklärte daher, daß er in seine Grafschaft zurückkehren und dort seine Ehe vollziehen wolle, und beurlaubte sich bei dem König. Er stieg zu Pferde, reiste jedoch nicht in seine Grafschaft, sondern nach Toskana, und als er erfuhr, daß die Florentiner mit den Sienesern im Kriege begriffen waren, entschloß er sich, den Krieg mitzumachen. Man nahm ihn ehrenvoll und mit Freuden auf, machte ihn zum Hauptmann einer Heeresabteilung, und da er von den Florentinern gut gehalten wurde, blieb er bei ihnen und hatte gute Tage. Die Neuvermählte, hiemit gar nicht zufrieden, ging, in der Hoffnung, ihn durch ihr gutes Benehmen in seine Grafschaft zurückzurufen, nach Roussillon, wo sie von allen als ihre Herrin empfangen wurde. Als sie sich überzeugte, daß durch die lange Abwesenheit des

Grafen alles verwirrt und vernachlässigt worden war, brachte sie, als eine verständige Dame, alles mit größter Mühe wieder in Ordnung, worüber sich die Untertanen sehr freuten und sie darum auch sehr teuer hielten und große Liebe zu ihr faßten, so daß sie den Grafen hart tadelten, daß er mit ihr nicht zufrieden sei.

Nachdem die Dame alles in Ordnung gebracht hatte, zeigte sie es durch zwei Edelleute dem Grafen an und bat ihn, wenn an ihr die Schuld liege, daß er nicht in seine Grafschaft käme, so möchte er es ihr kundtun, dann werde sie sich, ihm zuliebe, entfernen. Der Graf gab ihnen aber die harte Antwort: »Damit mag sie es halten, wie sie will; ich werde dann erst zu ihr zurückkehren, wenn sie diesen Ring am Finger und ein von mir erzeugtes Kind auf den Armen tragen wird.« Der Ring war ihm außerordentlich teuer, und er trennte sich nie von ihm, weil er eine gewisse Eigenschaft hatte, durch die man alles erfahren konnte. Die Edelleute sahen aus seiner Antwort deutlich die Unmöglichkeit, ihn zurückzuführen, und da sie sich überzeugt hatten, daß sie nicht imstande seien, ihn durch ihre Vorstellungen zu bewegen, kehrten sie zu der Dame zurück und brachten ihr seine Antwort. Diese war sehr betrübt, und nach langem Nachdenken entschloß sie sich, alles zu versuchen, ob sie nicht jene zwei Bedingungen erfüllen könnte, um dadurch ihren Mann zu sich zurückzuführen. Nachdem sie ihren Entschluß gefaßt hatte, versammelte sie einen großen Teil der edelsten und besten Männer der Grafschaft, erzählte ihnen in der Ordnung und mit beweglichen Worten, was sie dem Grafen zuliebe schon getan hätte, zeigte ihnen den Erfolg davon und sagte ihnen am Schlusse, es sei nicht ihre Absicht, den Grafen durch ihren Aufenthalt in der Grafschaft in beständiger Verbannung zu halten, vielmehr beabsichtige sie, den Rest ihres Lebens der Pilgerschaft und frommen Werken zum Heil ihrer Seele zu widmen; auch bat sie dieselben, die Verwaltung der Grafschaft zu übernehmen und es dem Grafen anzuzeigen, sie habe ihm seine Besitzungen frei und in geordnetem Zustande zurückgelassen und sich entfernt in der Absicht, nie mehr nach Roussillon zurückzukehren. Während sie so sprach, vergossen die trefflichen Männer reichliche Tränen und baten sie inständig, sie möchte doch ihren Entschluß ändern;

aber vergebens. Nachdem sie ihre Untertanen Gott empfohlen hatte, machte sie sich mit einem Vetter und ihrer Kammerfrau in Pilgerkleidung, wohlversehen mit Geld und kostbaren Juwelen, auf den Weg, ohne daß jemand wußte, wohin sie ging, und reiste, ohne sich aufzuhalten, nach Florenz. Hier kam sie zufällig in eine kleine Herberge, die von einer rechtschaffenen Witwe gehalten wurde, quartierte sich hier wie eine arme Pilgerin ein, begierig, Nachrichten von ihrem Herrn zu erfahren. Da geschah es, daß sie des andern Tages Beltram zu Pferde mit seinen Soldaten vorüberziehen sah, und ob sie ihn gleich auf der Stelle recht wohl erkannte, fragte sie gleichwohl die rechtschaffene Witwe, wer es sei. Die Wirtin gab ihr zur Antwort: »Es ist ein fremder Edelmann, mit Namen Graf Beltram, ein anmutiger, ritterlicher, in dieser Stadt sehr beliebter junger Mann, der in unsere Nachbarin, eine edle Dame, die aber sehr arm ist, außerordentlich verliebt ist. Es ist eine sehr ehrbare junge Dame, die nur wegen ihrer Armut noch nicht geheiratet hat, sondern bei ihrer Mutter, einer klugen und rechtschaffenen Frau, lebt, und vielleicht hätte sie, wenn ihre Mutter nicht gewesen, dem Grafen schon seinen Willen getan.« Die Gräfin überlegte diese Worte genau, und nachdem sie alles wohl erwogen, faßte sie ihren Entschluß. Nachdem sie das Haus und den Namen der Dame, deren Tochter von dem Grafen geliebt wurde, erfahren hatte, ging sie eines Tages in der Stille in Pilgerkleidung dahin. Sie fand die Dame und ihre Tochter in sehr ärmlichen Umständen, grüßte sie und sagte zu der Mutter, sie möchte, wenn sie es erlaube, mit ihr sprechen. Die vornehme Dame erhob sich und erklärte sich bereit, sie zu hören, und als sie in einem Zimmer allein waren und Platz genommen hatten, begann die Gräfin: »Gnädige Frau, es scheint, Ihr seid auch keine Freundin des Glückes, wie ich; allein wenn Ihr wollt, könnt Ihr wohl mich und Euch selbst trösten.« Die Dame versetzte, sie wünsche nichts sehnlicher, als sich auf ehrbare Weise aus der Not zu helfen. Die Gräfin fuhr fort: »Mir ist Euer Vertrauen nötig; wenn ich mich auf dieses verlasse und Ihr betrügt mich, so verderbt Ihr Eure und meine Sache.« Die edle Dame antwortete: »Sagt mir getrost alles, was Ihr wollt; von mir werdet Ihr niemals betrogen werden.« Nun erzählte die Gräfin von dem ersten Anfange ihrer Liebe, wer sie sei und was ihr bis auf diesen Tag begegnet, und erzählte dies alles auf eine Weise, daß die vornehme Dame ihren Worten glaubte, da sie schon durch andere davon gehört hatte und Mitleid mit ihr fühlte. Dann fuhr sie fort: »Ihr habt nun, außer meinen übrigen Beschwerden, auch die zwei Bedingungen gehört, die ich erfüllen muß, wenn ich meinen Mann wieder erhalten will, und hiezu kann mir auf der Welt niemand verhelfen, ausgenommen Ihr, wenn es wahr ist, was ich gehört habe, daß nämlich der Graf, mein Gemahl, in Eure Tochter sterblich verliebt ist.« Hierauf sprach die Dame: »Ob der Graf meine Tochter liebt, weiß ich nicht; aber er tut so. Was kann jedoch ich in dieser Sache tun?« – »Gnädige Frau«, antwortete die Gräfin, »ich will es Euch sagen; zuerst aber will ich Euch bemerken, was die Folge davon sein soll, wenn Ihr mir dient. Ich sehe, daß Eure Tochter schön und mannbar ist, und soviel ich gesehen und gehört habe, behaltet Ihr sie nur deshalb zu Hause, weil Ihr kein Vermögen habt, um sie auszustatten. So will ich denn für den Dienst, den Ihr mir leisten werdet, von meinem Gelde ihr sogleich ein solches Heiratsgut aussetzen, wie Ihr selbst es für angemessen achten werdet, um sie anständig zu verheiraten.« Dieses Anerbieten gefiel der Dame, die sehr bedürftig war; dennoch aber sprach sie, weil sie einen hohen Sinn hatte, folgendermaßen: »Gnädige Frau, sagt mir nur, was ich für Euch tun kann, und wenn es schicklich für mich ist, werde ich es gerne tun, und Ihr mögt dann handeln, wie Euch beliebt.« Die Gräfin antwortete: »Für mich ist es notwendig, daß Ihr durch eine Person, der Ihr vertrauen könnt, meinem Gemahl, dem Grafen, sagen laßt, Eure Tochter sei bereit, ihm ganz zu Willen zu sein, wenn sie überzeugt sein dürfe, daß er sie wirklich so liebe, wie er vorgebe; dies werde sie jedoch nicht eher glauben, als bis er ihr den Ring sende, den er an der Hand trage und von dem sie wisse, daß er ihm sehr teuer sei. Wenn er Euch nun diesen Ring sendet, so gebt Ihr ihn mir und laßt ihm sagen, Eure Tochter sei bereit, ihm seinen Willen zu tun. Hierauf laßt ihn hieherkommen, und anstatt Eurer Tochter legt Ihr in der Stille mich an seine Seite. Vielleicht schenkt mir Gott seine Gnade, daß ich schwanger werde, und wenn ich dann seinen Ring am Finger und ein Kind von ihm im Arme habe, werde ich ihn zum Manne zurückerhalten und als sein Weib bei ihm wohnen, wozu dann Ihr die Veranlassung seid.« – Der Edeldame schien dies eine schwierige Sache, denn sie fürchtete, es möchte Schande für ihre Tochter daraus entstehen; da sie jedoch bedachte, daß die Dame mit allem Recht ihren Mann zurückerhalte und daß sie sich also für eine gerechte Sache tätig erweise, gab sie, im Vertrauen auf ihre ehrbare Neigung, nicht nur das Versprechen, sondern verschaffte sich auch nach wenigen Tagen auf vorsichtige und geheime Weise den Ring, so schwer dies auch dem Grafen fiel, sorgte auch aufs trefflichste dafür, daß die Gräfin statt ihrer Tochter zu dem Grafen zu liegen kam. Nach dem Willen Gottes wurde die Dame von dieser ersten Umarmung, die der Graf aufs zärtlichste ausübte, mit zwei Knäblein schwanger, wie sich bei der Geburt, als diese erfolgte, zeigte. Und nicht bloß einmal verschaffte die Edeldame der Gräfin die Umarmungen ihres Gatten, sondern oft, und die Sache ging so herrlich vonstatten, daß man kein Wort davon erfuhr und der Graf stets der Meinung war, er sei bei der Dame, die er liebte, nicht bei seiner Gattin. Des Morgens bei der Trennung gab der Graf ihr immer wertvolle Juwelen, welche die Gräfin sorgfältig aufbewahrte. Als sie sich schwanger fühlte, wollte sie die Edeldame nicht auch mit diesem Dienste belästigen, sondern sprach: »Gnädige Frau, Gott und Euch sei es gedankt, ich habe meinen Zweck erreicht, deshalb ist es jetzt Zeit, daß ich Euch nach Eurem Wunsche beschenke und mich dann entferne.« Die Edeldame antwortete, wenn sie ihr ein Geschenk geben wolle, so sei sie damit zufrieden, übrigens habe sie das, was sie getan habe, nicht nur in der Hoffnung auf eine Belohnung getan, sondern weil sie es für recht gehalten habe. Die Gräfin antwortete: »Ihr sprecht ganz nach meinem Sinne, und so will ich denn das, was Ihr von mir verlangen werdet, Euch nicht als Belohnung geben, sondern um ein gutes Werk zu tun, wozu ich die Verpflichtung in mir fühle.« Hiedurch genötigt, bat die Edeldame ganz verschämt um hundert Livres, um ihre Tochter zu verheiraten. Die Gräfin, die ihr ansah, wie sie sich schämte, und ihre bescheidene Forderung hörte, gab ihr fünfhundert und so viele schöne und wertvolle Juwelen, daß sie wohl noch soviel an Wert betrugen, worüber die Edeldame hocherfreut war und der Gräfin aufs innigste dankte, die von ihr Abschied nahm und in eine Herberge zog. Die Edeldame, um Beltram die Veranlassung, in ihr Haus zu kommen oder zu senden, zu nehmen, ging ebenfalls mit ihrer Tochter aufs Land zu Verwandten, und Beltram reiste bald darauf, von seinen Untertanen aufgefordert, nach Hause, als er hörte, daß die Gräfin sich entfernt hatte. Als die Gräfin erfuhr, daß er Florenz verlassen habe und in seine Grafschaft zurückgekehrt sei, war sie hocherfreut; sie blieb in Florenz bis zu ihrer Entbindung, gebar zwei Knäblein, die ihrem Vater ganz ähnlich waren, und ließ sie aufs sorgfältigste behandeln. Als es ihr Zeit schien, machte sie sich auf den Weg und kam, ohne erkannt zu werden, nach Montpellier. Hier ruhte sie mehrere Tage aus, und als sie erfuhr, wie es dem Grafen gehe und wo er sich aufhalte, und hörte, daß er am Allerheiligentage in Roussillon ein großes Fest für Ritter und Damen halte, reiste sie, wie gewöhnlich als Pilgerin gekleidet, dahin. Als sie die Ritter und Damen im Palast des Grafen versammelt glaubte, um zur Tafel zu gehen, begab sie sich, ohne ihre Kleidung zu ändern, mit ihren Knäblein im Arme in den Saal, ging durch Männer und Frauen hindurch bis zu dem Grafen, warf sich vor ihm auf die Knie und sprach weinend: »Mein Herr, ich bin deine unglückliche Gattin, die, um dich in deine Grafschaft zurückkehren zu lassen, gramvoll lange durch die Welt gereist ist. Ich bitte dich bei Gott, daß du jetzt die Bedingung mir hältst, die du mir durch die zwei Edelleute, welche ich an dich sandte, hast stellen lassen – siehe hier auf meinen Armen nicht einen, sondern zwei Knaben von dir; siehe hier auch deinen Ring. Jetzt ist es also Zeit, daß ich von dir als Gattin aufgenommen werde, wie du versprochen hast.« Als der Graf dies hörte, fiel er fast in Ohnmacht; er erkannte den Ring und auch die Kinder, so ähnlich waren sie ihm. Dennoch sagte er: »Wie kann das sein?« Nun erzählte die Gräfin, zur großen Verwunderung des Grafen und aller Anwesenden, der Ordnung gemäß alles, was geschehen war. Als nun der Graf erkannte, daß sie die Wahrheit sprach, und ihre Standhaftigkeit und Liebe sowie die zwei hübschen Knaben sah, legte er, um sein gegebenes Wort zu lösen und aus Willfährigkeit gegen alle seine Ritter und Damen, die ihn sämtlich baten, er möchte sie jetzt als seine rechtmäßige Gattin aufnehmen und verehren, seine übermäßige Grausamkeit ab, hieß die

Gräfin sich vom Boden erheben, umarmte und küßte sie, erkannte sie als seine rechtmäßige Gemahlin und die Kinder als seine Söhne an. Hierauf ließ er sie anständige Kleider anziehen und stellte, zur größten Freude aller Anwesenden wie derer, welche davon hörten, ein großes Fest an, das diesen und noch mehrere Tage dauerte, ehrte sie von diesem Tage an als seine Frau und Gattin und schätzte und liebte sie ungemein.

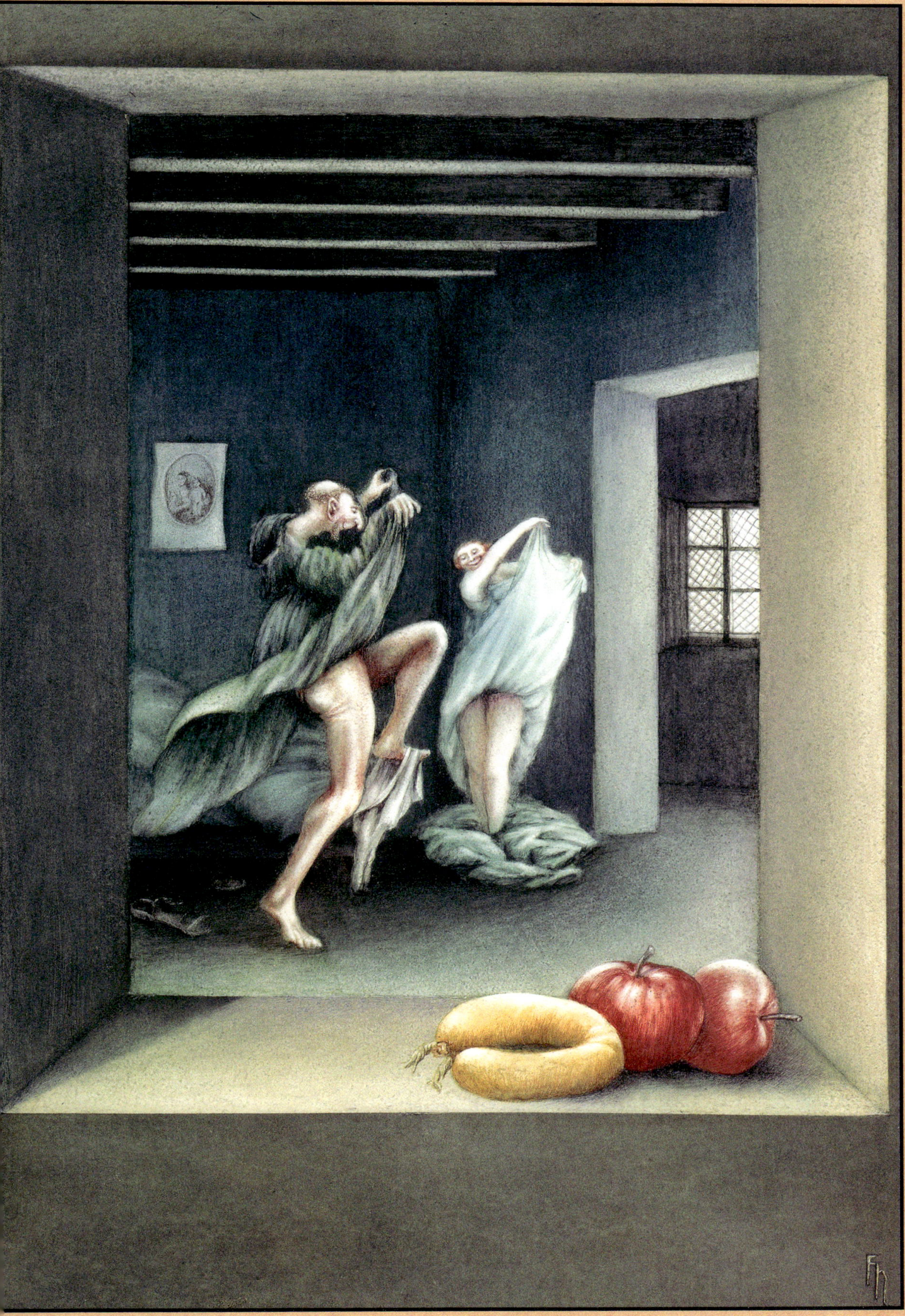

Er fing an, die wenigen Kleider, die er trug, abzunehmen, und war ganz nackt, und so machte es auch das Mädchen.

ALIBECH

WIRD EINSIEDLERIN UND DER MÖNCH RUSTICO LEHRT SIE,
WIE MAN DEN TEUFEL IN DIE HÖLLE STECKT.
SPÄTER WIRD SIE DIE FRAU DES NEERBAL.

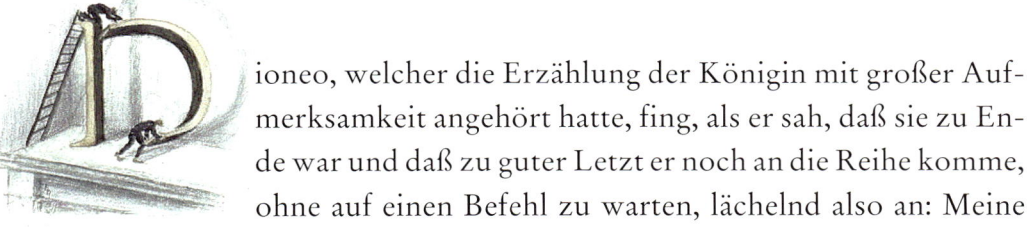

Dioneo, welcher die Erzählung der Königin mit großer Aufmerksamkeit angehört hatte, fing, als er sah, daß sie zu Ende war und daß zu guter Letzt er noch an die Reihe komme, ohne auf einen Befehl zu warten, lächelnd also an: Meine anmutigen Damen, ihr habt wohl nie davon gehört, wie man den Teufel in die Hölle steckt, ohne mich daher um das Thema zu bekümmern, über das ihr heute den ganzen Tag über gesprochen habt, will ich euch dieses lehren. Wenn ihr dies gehört habt, könnt ihr vielleicht damit eure Seele noch retten und daraus erkennen, daß, obgleich Amor die freundlichen Paläste und geschmückten Zimmer lieber bewohnt als dürftige Hütten, er doch zuweilen auch unter dickem Gebüsch, auf hohen Gebirgen und in wüsten Höhlen seine Macht zeigt, woraus ihr schließen könnt, daß seiner Gewalt alles unterworfen ist.

Ich komme also zur Erzählung und sage, daß in der Stadt Capsa in der Barbarei ein sehr reicher Mann lebte, der neben andern Kindern auch eine schöne, anmutige Tochter hatte, mit Namen Alibech. Da diese nun keine

Christin war und von vielen Christen, die in der Stadt lebten, den christlichen Glauben und den Dienst Gottes sehr rühmen hörte, fragte sie eines Tages jemanden, auf welche Art man am leichtesten Gott dienen könne. Dieser antwortete ihr, diejenigen dienen Gott am besten, die alles Weltliche fliehen, wie die, welche sich in die Einöden der Wüste von Theben zurückziehen. Das einfältige Mädchen, das erst etwa vierzehn Jahre alt war, machte sich nun, nicht aus eigentlichem Verlangen nach einem geistlichen Leben, sondern aus kindischem Antriebe, ohne jemandem ein Wort davon zu sagen, am folgenden Morgen heimlich auf den Weg nach der thebaischen Wüste, gelangte nach mehrtägiger Reise unter großen Anstrengungen, die indessen ihre Lust nicht verminderten, in die Wüste und ging, als sie eine kleine Hütte sah, auf diese zu, an deren Türe sie einen frommen Mann sitzen sah. Dieser wunderte sich über ihren Anblick und fragte sie, was sie suche. Sie antwortete, von Gottes Geist getrieben, wolle sie diesem zu Dienste leben und suche einen Mann, der sie darin unterweise. Der gute Mann, der ihre Jugend und Schönheit sah und fürchtete, wenn er sie bei sich behalte, möchte ihm der Teufel einen Streich spielen, lobte ihren guten Vorsatz, gab ihr Wurzeln, wilde Äpfel und Datteln zu essen und Wasser zu trinken und sprach: »Meine Tochter, nicht weit von hier wohnt ein frommer Mann, der dich in dem, was du suchst, weit besser unterrichten kann als ich, zu ihm mußt du gehen«, und so schickte er sie fort. Als sie zu diesem gekommen war und dort auf die gleiche Weise fortgeschickt wurde, kam sie endlich zur Hütte eines jungen Einsiedlers, der sehr fromm und gut war und Rustico hieß; an diesen richtete sie dieselbe Frage wie an die vorigen. Dieser wollte seine Festigkeit auf die Probe stellen und schickte sie daher nicht, wie die andern, fort, sondern behielt sie bei sich in der Hütte, und als die Nacht kam, machte er ihr ein Bett aus Palmblättern und hieß sie sich niederlegen; als das geschehen war, fing schon die Versuchung einen Kampf mit seinen Kräften an, und bald mußte er sich, ehe noch ein bedeutender Angriff erfolgt war, gefangen geben. So ließ er die heiligen Gedanken, Gebete und die Furcht beiseite und begann die Jugend und Schönheit des Mädchens in der Erinnerung sich vorzustellen und darüber nachzudenken, wie er es mit ihr halten müsse, damit sie nicht merke, daß er das, was er von ihr verlange, aus schlechter Absicht wünsche. Daher stellte er ein paar Fragen an sie und sah, daß sie noch nie einen Mann erkannt hatte und so einfältig war wie sie aussah. Er beschloß nun, sie unter dem Schein, Gott zu dienen, zur Befriedigung seiner Wünsche zu bewegen. Er setzte ihr zuerst weitläufig auseinander, wie sehr der Teufel ein Feind Gottes sei, und machte ihr dann einleuchtend, der Dienst, durch welchen man sich Gott am angenehmsten machen könne, sei der, den Teufel in die Hölle zu stecken, zu der ihn Gott verdammt habe. Die Jungfrau fragte ihn, wie man dies anstelle. Hierauf sprach Rustico: »Du wirst es bald sehen, tue nur, was du mich jetzt tun siehst.« Er fing an, die wenigen Kleider, die er trug, abzunehmen, und war ganz nackt, und so machte es auch das Mädchen; dann kniete er nieder, wie wenn er zu Gott beten wollte, und ließ das Mädchen gerade vor sich stehen.

Als sie nun so vor ihm stand, wurde Rustico noch weit mehr von Fleischeslust entbrannt, da er ihren schönen Körper sah, und es erfolgte dann die *Auferstehung des Fleisches.* Als Alibech dieses bemerkte, staunte sie und sprach: »Rustico, was ist denn das, was ich hier bei dir sehe, das immer weiter hervorsteht und das doch ich nicht habe?« – »O meine Tochter«, sprach Rustico, »das ist der Teufel, von dem ich dir gesprochen habe, jetzt sieh nur zu, der macht mir die größte Beschwerde, so daß ich es kaum aushalten kann.« Hierauf sprach die Jungfrau: »O Gott sei gelobt, jetzt seh ich, daß ich in dieser Beziehung besser daran bin als du, weil ich keinen solchen Teufel habe.« Da sprach Rustico: »Wohl wahr, aber du hast dafür etwas anderes, was ich nicht habe.« Hierauf sprach Alibech: »O was denn?« Und Rustico antwortete: »Du hast die Hölle, und ich sage dir, ich glaube, Gott hat dich um des Heils meiner Seele willen hierhergeführt, denn wenn dieser Teufel mir so viel Beschwerde macht und du wolltest so mitleidig sein und mir erlauben, ihn in die Hölle zu stecken, so würdest du mir dadurch große Erleichterung verschaffen und Gott einen großen Dienst erweisen, wenn du doch einmal, wie du sagst, nur dessentwillen hierhergekommen bist.« Die Jungfrau antwortete treuherzig: »O mein Vater, weil ich die Hölle habe, so tue nur, wie dir gefällt.« Hierauf sprach

Rustico: »Meine Tochter, sei gesegnet: gehen wir also, und stecken wir ihn hinein, daß er mich nachher in Ruhe lasse.« Nach diesen Worten führte er die Jungfrau auf ein Bett und unterwies sie, wie sie sich benehmen müsse, damit man diesen Gottverfluchten ins Gefängnis tun könne. Die Jungfrau, die in ihrem Leben noch keinen Teufel in die Hölle gesteckt hatte, fühlte zum erstenmal ein wenig Schmerz und sagte daher zu Rustico: »Ja wahrhaftig, mein Vater, es muß eine schlimme Sache um diesen Teufel sein, der in der Tat ein Feind Gottes zu sein scheint; denn sogar in der Hölle macht er noch Schmerz.« Rustico antwortete: »Meine Tochter, es wird schon anders werden.« Und damit es auch anders werde, steckten sie ihn sechsmal hinein, ehe sie sich von dem Bette entfernten, und dadurch nahmen sie ihm seinen Übermut, daß er nun recht gerne Ruhe gab. Als er ihm jedoch in der Folge wieder zurückkehrte und die Jungfrau gehorsam sich bequemte, ihn wieder zur Ruhe zu bringen, fing sie an, Gefallen an dem Spiel zu finden, und sagte zu Rustico: »Ich sehe wohl, die weisen Männer in Capsa sprachen wahr, daß der Dienst Gottes etwas so Süßes sei, und ich erinnere mich in der Tat nicht, daß irgend etwas mir so viel Vergnügen gemacht hätte wie dieses Stecken des Teufels in die Hölle, und daher glaube ich auch, daß jeder ein dummes Tier ist, der sich nicht dem Dienst Gottes widmet.« Oft ging sie daher zu Rustico und sagte: »Mein Vater, ich bin hierhergekommen, um Gott zu dienen und nicht um müßig dazustehen, daher wollen wir den Teufel in die Hölle stecken.« Einmal sagte sie: »Rustico, ich weiß nicht, warum der Teufel aus der Hölle flieht, denn wenn er ebenso gerne darin wäre, als die Hölle ihn aufnimmt und behält, würde er gar nicht mehr hinausgehen.« Indem so die Jungfrau Rustico oft einlud und zum Dienste Gottes aufmunterte, hatte sie ihn in kurzer Zeit so entkräftet, daß er zu einer Zeit, wo ein anderer geschwitzt hätte, fror. Daher begann er der Dame vorzustellen, man dürfe den Teufel nicht züchtigen oder in die Hölle stecken, außer wenn er im Übermut das Haupt erhebe, und sie hätten ihm nun dermaßen zugesprochen, daß er jetzt Gott bitte, ihn in Ruhe zu lassen. Dadurch legte er der Jungfrau auf eine Weile Stillschweigen auf. Als sie jedoch sah, daß Rustico sie nicht mehr anging, um den Teufel in die Hölle zu tun, sagte sie eines Tages zu ihm: »Rustico, wenn der Teufel jetzt gezüchtigt ist und dir keine Beschwerde mehr macht, so läßt mich dagegen meine Hölle nicht mehr ruhen; es wäre daher sehr gut, wenn du mit deinem Teufel dazu mitwirken würdest, die Unruhe meiner Hölle zu zähmen, wie ich mit meiner Hölle dazu mitgeholfen habe, deinem Teufel seinen Übermut auszutreiben.« Rustico, der von Wurzeln und Wasser lebte, konnte ihren Anforderungen nur schlecht entsprechen. Er sagte daher: um die Hölle zu zähmen, seien gar viele Teufel nötig, doch werde er tun, was er könne, und befriedigte sie einmal, aber das war gerade, wie wenn eine Bohne in den Rachen eines Löwen fällt. Die Jungfrau meinte deswegen, er diene Gott nicht so, wie sie gerne möchte, und war sehr unzufrieden. Während jedoch auf diese Weise zwischen dem Teufel des Rustico und der Hölle der Alibech, infolge des allzu vielen Verlangens auf der einen und der Schwäche auf der andern Seite dieser Zank obwaltete, geschah es, daß in Capsa Feuer ausbrach und der Vater der Alibech mit allen seinen Kindern und seinem ganzen Hause verbrannte, so daß Alibech sein ganzes Vermögen erbte, und da ein junger Mann, mit Namen Neerbal, der durch großen Aufwand all sein Vermögen verschwendet hatte, hörte, Alibech sei noch am Leben, machte er sich auf den Weg, um sie zu suchen, und als er sie fand, ehe der König das große Vermögen ihres Vaters, als eines Mannes, der ohne Erben gestorben, eingezogen, führte er sie, zur großen Freude des Rustico, aber gegen ihren Willen, nach Capsa zurück, nahm sie zur Frau und durch sie das große Vermögen als Erbe in Besitz. Als sie nun von den Frauen, noch ehe Neerbal bei ihr geschlafen hatte, gefragt wurde, mit was sie in der Wüste Gott gedient habe, antwortete sie, sie habe ihm dadurch gedient, daß sie den Teufel in die Hölle gesteckt habe, und Neerbal habe eine große Sünde begangen, daß er sie diesem Gottesdienste entzogen habe. Die Frauen fragten nun weiter: »Wie steckt man denn den Teufel in die Hölle?« Und nun zeigte es ihnen Alibech mit Worten und Zeichen, worüber jene dermaßen lachen mußten, daß sie vielleicht jetzt noch lachen, und unter Lachen sagten sie ihr: »Gräme dich nicht, Töchterchen; denn das läßt sich auch hier recht gut tun; Neerbal wird mit dir Gott schon zu dienen wissen.« Als nun diese Frauen die Geschichte in der Stadt herumerzählten, wurde es zum gewöhnlichen Sprichwort, »der angenehmste Dienst, den man Gott tun könne, sei, den Teufel in die Hölle zu stecken«, und dieses Sprichwort ist übers Meer gewandert und ist jetzt noch im Schwunge. Darum, meine jungen Damen, denen die Gnade Gottes nottut, lernt den Teufel in die Hölle stecken, denn das ist Gott angenehm und ein Vergnügen für beide Teile, und es kann daraus viel Gutes kommen.

Mehr als tausendmal hatte die Erzählung des Dioneo die sittsamen Damen zum Lachen gebracht, so sehr gefiel sie ihnen. Als sie zu Ende war und die Königin sah, daß die Zeit ihrer Herrschaft abgelaufen, nahm sie den Lorbeerkranz vom Haupte, setzte ihn anmutig dem Filostrato aufs Haupt und sprach: »Nun wollen wir sehen, ob der Wolf die Schafe besser zu leiten weiß, als das Schaf die Wölfe leitete.« Als Filostrato dies hörte, sprach er lächelnd: »Wenn es nach meinem Sinn gegangen wäre, so hätten die Wölfe die Schafe gelehrt, den Teufel in die Hölle zu stecken, so gut, als Rustico die Alibech es lehrte: nennt uns daher nicht Wölfe, da ihr ja keine Schafe gewesen seid. Übrigens werde ich, wie man es verlangt, die Herrschaft führen.« Neifile antwortete: »O Filostrato, Ihr hättet, während Ihr uns unterweisen wolltet, selbst List und Verstand lernen können, wie Masetto von Lamporecchio durch die Klosterfrauen; Ihr hättet die Sprache gewiß auch in dem Augenblick zurückerhalten, wenn die Glieder ohne Lehrer sich verständlich zu machen lernten.« Filostrato sah ein, daß wenn er Pfeile absandte, sie dafür mit Sicheln kamen, daher ließ er das Spötteln und wandte sich dazu, seine Regierungsmaßregeln zu treffen. Er ließ daher den Haushofmeister rufen und holte Bericht ein, wie die Sachen überhaupt stünden, und als er erfuhr, daß alles in Ordnung war, und einsah, daß er für die Bedürfnisse der Gesellschaft sorgen müsse, traf er für die Dauer seiner Herrschaft verständige Anordnungen, wandte sich dann an die Damen und sprach: »Meine liebenswürdigen Damen, es ist mein Unglück, daß ich, obwohl ich das Gute recht wohl vom Schlimmen unterscheiden kann, durch die Schönheit einer von euch stets der Liebe untertan war, und weder die Demut noch der Gehorsam noch ein beständiges Nachgeben hat mich davor geschützt, daß es immer schlechter mit mir wurde. Und so glaube ich auch, wird es fortgehen bis zum Tode. Deshalb soll auch morgen über nichts anderes gesprochen werden als über ein Thema, das meinem Schicksal am meisten entspricht, nämlich von Personen, *deren Liebe ein unglückliches Ende hatte,* weil einmal ich den unglücklichsten Ausgang erwarte, und in der Tat scheint auch der Name, den ihr mir gebt, recht darauf zu passen.« – Hierauf erhob er sich und beurlaubte alle bis zum Abendessen. Der Garten, in dem sie sich befanden, war so schön und lieblich, daß niemand hinausging, um irgend anderswo mehr Vergnügen zu finden. Da die Hitze der Sonne schon abgenommen hatte und keine Beschwerde mehr machte, wenn man den Rehen, Kaninchen und andern Tieren, die ihnen während des Erzählens hundertmal in die Quere gelaufen waren, nachgehen wollte, so machten sich einige dieses Vergnügen, Dioneo und Fiammetta sangen von Guiglielmo und der Dame von Vergiù, Filomena und Panfilo spielten Schach, und so ging die Zeit schnell hin bis zum Abendessen. Neben dem schönen Brunnen waren die Tische gedeckt, und nun speisten sie mit bestem Appetit zu Nacht. Filostrato, um nicht aus dem Gleise zu gehen, das von der vorigen Königin beobachtet worden war, befahl nach aufgehobener Tafel der Lauretta, einen Tanz zu beginnen und ein Lied zu singen. Diese sprach: »Mein Herr, fremde Lieder weiß ich keine, und auch von den meinen fällt mir keines ein, das für eine so heitere Gesellschaft ganz passen würde, wollt Ihr jedoch eines hören, so will ich gern eines singen.« Der König sprach: »Nichts von dir kann anders sein als schön und anmutig, daher singe eines, wie es dir gerade einfällt.« Hierauf sang Lauretta mit lieblicher Stimme, aber etwas trauriger Gebärde, folgendes Lied, wozu die übrigen den Chor mitsangen:

> *Von allen Dulderinnen*
> *Läßt keine doch wie ich*
> *Trostlos verwaister Liebe Tränen rinnen.*
> *Er, der den Himmel und die Sterne lenkt,*
> *Schuf mich zu seiner Freude;*
> *Er hat mir jeden schönen Reiz geschenkt:*
> *Vielleicht, sprach er, daß bei der Augenweide*

Der Mensch des Urbilds denkt,
Das vor dem Throne steht im Strahlenkleide.
Doch, mir zu bittrem Leide,
Du schnöde Erdenwelt
Verstößest mich mit blinden, kranken Sinnen.
Wohl gab es einen, der mich junges Ding
Sein zartes Liebchen nannte,
An seine Brust und in sein Herz empfing,
An meinen Augen mehr und mehr entbrannte,
Die Zeit, die rasch verging,
In meiner Minne ganz und gar verwandte;
Und ich, die gern ihn bannte,
Ich hielt ihn lieb und wert;
Doch ach, ich sah das holde Glück zerrinnen.
Drauf kam ein junger Freier stolz daher
In dünkelhaftem Prangen;
Er wähnt sich edel, wähnt sich hoch und hehr,
Und hält mich nun in falschem Wahn gefangen
Und wacht und eifert sehr;
Und nun sind mir, zu spät, in Not und Bangen,
Die Augen aufgegangen,
Daß ich, zu vieler Glück
Geboren, mich von einem ließ gewinnen.
Ich fluche meinem Unstern, daß ich ja,
Das Kleid zu tauschen, sagte.
Ich war so schön in meinem dunklen Ja
Und hatte, was dem heitern Sinn behagte.
Nun steh ich schimmernd da,
Doch schlecht gebettet, fast als Angeklagte.
O daß er nie mir tagte,
Als nur zur ewigen Nacht,
Der Tag, der solchen Faden mußte spinnen!
Geliebter Freund, du durftest ungeteilt

Der Liebe Kelch mir reichen.
Du, der jetzt oben in dem Himmel weilt
Vor ihm, der uns erschuf, laß dich erweichen!
Denn diese Wunde heilt
Bei einem andern nicht. Gib mir ein Zeichen
Aus deinen hohen Reichen,
Daß unsre Liebe lebt,
Ja, oder nimm mich ganz zu dir von hinnen.

Hier endete Lauretta ihr Lied, das von den andern aufmerksam angehört und von den Verschiedenen verschieden verstanden wurde, und einige wollten auf gut mailändisch verstehen, ein gutes Schwein sei besser als eine schöne Frau. Andere hatten ein reineres, besseres und wahreres Verständnis, wovon jedoch jetzt nicht zu reden ist. Inzwischen hatte der König auf Gras und Blumen Fackeln anzünden lassen, ließ andere Lieder singen, bis die Sterne sich neigten und es Zeit schien, zu schlafen; und nun befahl der König allen, nachdem er ihnen gute Nacht gewünscht, auf ihre Zimmer zurückzukehren.

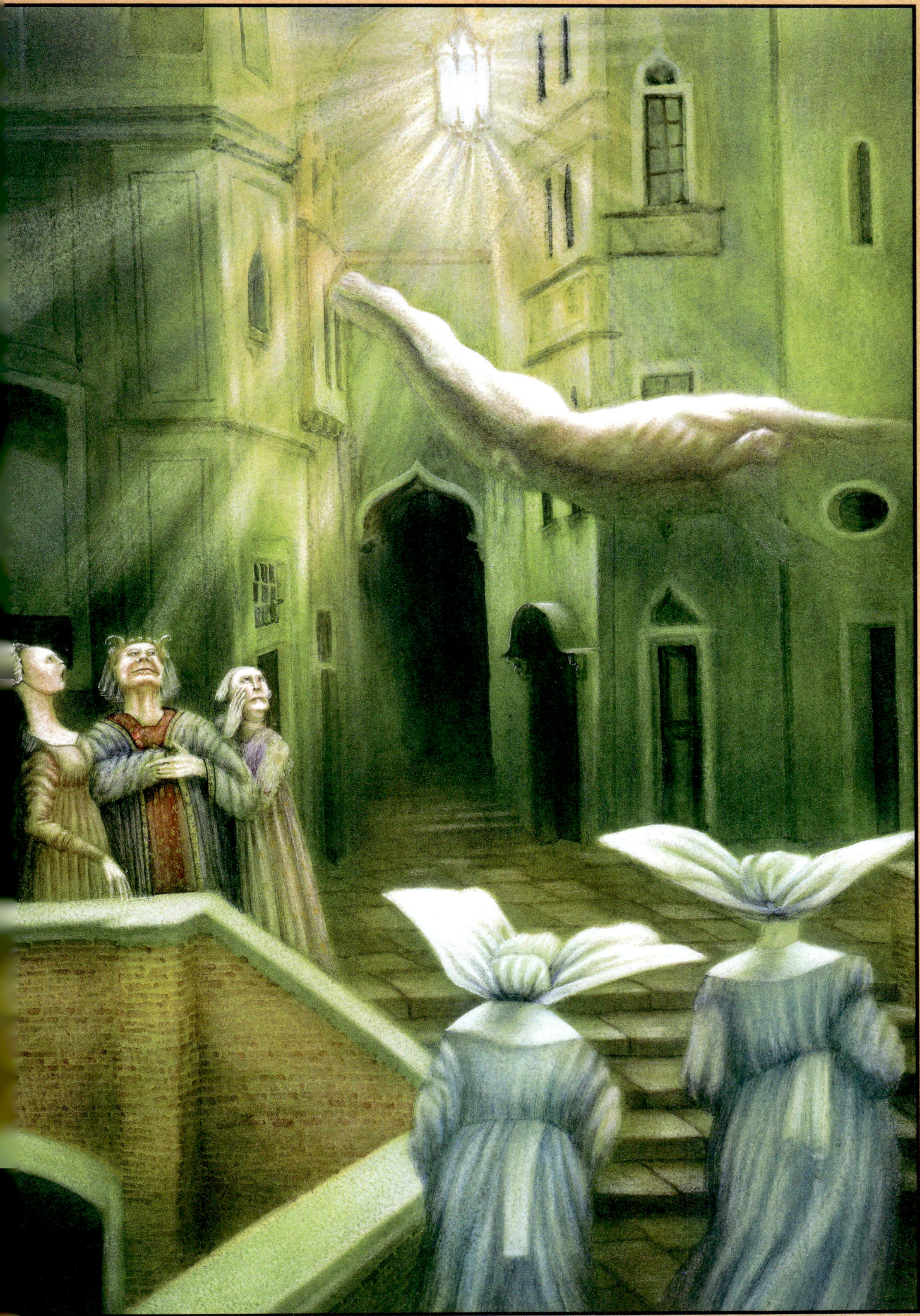

*Als Bruder Alberto dies hörte und sich die Sache dachte,
stand er auf, und da er keine andere Rettung wußte,
öffnete er ein Fenster, das auf den großen Kanal hinausging,
und stürzte sich hinab.*

BRUDER ALBERTO

MACHT EINE DAME GLAUBEN, DER ENGEL GABRIEL SEI IN SIE VERLIEBT; ALS SOLCHER VERSTELLT, SCHLÄFT ER MEHRMALS BEI IHR; AUS FURCHT VOR IHREN VERWANDTEN STÜRZT ER SICH AUS IHREM ZIMMER IN DEN KANAL, RETTET SICH IN DAS HAUS EINES ARMEN MANNES, DER IHN ALS EINEN WILDEN AM FOLGENDEN TAGE AUF DEN MARKT FUHRT, WO ER ERKANNT, VON SEINEN KLOSTERBRÜDERN FESTGENOMMEN UND EINGEKERKERT WIRD.

»Solange ich lebe«, sprach der König mit traurigem Blick, »fühle ich in jeder Stunde tausend Tode, und durch alle diese erlange ich nicht das kleinste Teilchen Seligkeit. Lassen wir jedoch für jetzt meine Schicksale; es möge in den traurigen Erzählungen, die mit meinen Schicksalen so viel Ähnlichkeit haben, Pampinea fortfahren, und wenn diese fortfahren wird, so wird gewiß ein wohltätiger Tautropfen auf mein versengtes Herz niederfallen.« Pampinea, welche sah, daß an sie die Reihe komme, fühlte sich mehr zu ihren Freundinnen hingeneigt als zu dem König und wollte daher lieber jene unterhalten, als den König zufriedenstellen; ohne somit das Thema zu verlassen, entschloß sie sich, eine Novelle zum Lachen zu erzählen, und begann:

Man hat im gemeinen Leben das Sprichwort: ein Bösewicht, den man für rechtschaffen hält, kann Übles tun, ohne daß man es glaubt. Dieses Sprichwort bietet mir Stoff genug, um meine Geschichte zu erzählen und darin zu zeigen, wie groß die Heuchelei der Geistlichen ist, die in weiten und langen Kleidern, mit künstlich blaß gefärbten Gesichtern und mit Worten, welche demütig sind, wenn es sich darum handelt, andere zu bitten, hochmütig und anmaßend aber, wenn sie ihre eigenen Laster an andern tadeln und wenn sie beweisen wollen, daß sie selbst durch Nehmen, andere aber durch Geben zur Seligkeit gelangen, die Menschen zu täuschen suchen; nicht als Menschen, die sich gleich uns das Paradies erst erwerben müssen, sondern gleichsam als Besitzer und Herren desselben, da sie jedem, welcher stirbt, je nach der Summe Geldes, die er ihnen hinterläßt, einen besseren oder geringeren Platz darin anweisen, womit sie, wenn sie daran glauben, sich selbst, sodann diejenigen, welche ihren Worten Glauben schenken, betrügen. Dürfte ich dies so ans Licht stellen, wie sie es verdienten, dann würde ich vielen Einfältigen zeigen, was jene in ihren weiten Mänteln verborgen halten; aber möchte es nur Gott gefallen, daß alle für ihre Lügen so bestraft würden wie ein Minorite, der, nicht mehr sehr jung, in Venedig für sehr fromm gehalten war. Von diesem zu erzählen drängt es mich ungemein, um eure Gemüter, die durch Ghismondas Tod noch voll Mitleid sind, vielleicht durch Lachen und Freude wieder zu erheitern.

Es lebte also, meine trefflichen Damen, in Imola ein Mann, der ein frevelhaftes, verderbtes Leben führte und Berto della Massa genannt wurde. Als dessen schändliche Handlungen den Einwohnern von Imola bekannt wurden, kam es so weit, daß man ihm nicht bloß keine Lügen, sondern nicht einmal mehr die Wahrheit glaubte. Er bemerkte nun, daß hier nicht mehr der Ort für seine Betrügereien sei, und zog nach Venedig, dem Wohnsitze aller Laster. Hier wollte er sein verbrecherisches Streben auf andere Weise befriedigen. Daher stellte er sich, als fühle er über seine begangenen Schlechtigkeiten schwere Gewissensbisse, als sei er dadurch sehr niedergedrückt und außerordentlich fromm geworden. Er ließ sich unter die Minoriten aufnehmen und gab sich den Namen Alberto von

Imola. Als solcher führte er zum Scheine eine rauhe Lebensweise, pries Buße und Enthaltsamkeit, aß kein Fleisch und trank keinen Wein, wenn er nicht solchen haben konnte, der ihm schmeckte. Noch niemand hatte je gesehen, wie einer aus einem Dieb, Fälscher, Kuppler und Mörder so plötzlich ein großer Prediger wurde. Übrigens hatte er deshalb die zuvor genannten Laster keineswegs aufgegeben, wenn er sie nur in der Stille ausüben konnte. Er ließ sich zum Priester weihen, und am Altare, wenn er die Messe las und von vielen gesehen wurde, so weinte er über die Leiden des Heilands, denn er war ein Mann, dem die Tränen nicht viel Mühe kosteten. In kurzer Zeit hatte er durch seine Predigten und seine Tränen die Venezianer dergestalt angelockt, daß fast alle Testamente in seiner Gegenwart gemacht und ihm anvertraut wurden, daß viele Geld bei ihm niederlegten und die meisten Männer und Frauen ihn zum Beichtvater nahmen. So hatte man also den Wolf zum Hirten aufgestellt, und der Ruf seiner Frömmigkeit stieg in jener Gegend höher als der des heiligen Franz von Assisi. Nun geschah es, daß eine junge, sehr einfältige und dumme Dame, Lisetta von Quirino, die Frau eines großen Kaufmannes, der mit Galeeren nach Flandern gereist war, in Gesellschaft von andern Frauen zu dem Bruder kam, um ihm zu beichten. Als diese nach Weise der Venezianer, die alle sehr leichtgläubig sind, sich ihm zu Füßen gesetzt und ihm einen Teil ihrer Verhältnisse erzählt hatte, fragte sie Bruder Alberto, ob sie einen Liebhaber habe? Darauf antwortete sie mit zornigem Gesicht: »Wie, Ihr Mönch, habt Ihr keine Augen im Kopfe? Scheint Euch meine Schönheit eine solche zu sein, wie man sie bei andern sieht? Tausend Liebhaber könnte ich haben, wenn ich wollte; aber meine Schönheit ist nicht von der Art, daß man sie dem ersten besten hingibt. Wessen Schönheit kommt denn der meinigen gleich? Im Paradiese selbst würde man mich für schön halten.« Und weiter sprach sie noch so viel von ihrer Schönheit, daß es ein Ekel anzuhören war. Bruder Alberto merkte gleich, wo es ihr fehle; sie schien ihm Wasser für seine Mühle, und er verliebte sich daher sogleich sterblich in sie; doch verschob er die Freude auf eine bequemere Zeit, und um sich recht fromm zu stellen, fing er an, sie zu tadeln und ihr zu sagen, dies sei Eitelkeit und weltliches Wesen und dergleichen mehr, worauf ihm die Dame erwiderte: er sei ein dummes Tier und erkenne nicht, daß sie keine gewöhnliche Schönheit sei. Bruder Alberto, der sie nicht zu sehr erzürnen wollte, hörte nun die Beichte und entließ sie mit den andern. Nach einigen Tagen nahm er einen treuen Gefährten und ging in das Haus der Frau Lisetta, führte sie in einen Saal, wo sie allein waren und von niemand gesehen werden konnten, warf sich vor ihr auf die Knie und sprach »Meine Dame! ich bitte Euch um Gottes willen, verzeiht mir das, was ich Euch am Sonntag, als Ihr mir von Eurer Schönheit erzählet, sagte; denn in der folgenden Nacht wurde ich dafür so streng gezüchtigt, daß ich erst heute wieder aus dem Bette aufstehen konnte.« Das dumme Weib sprach: »Und wer züchtigte Euch denn?« Da sagte Bruder Alberto: »Ich will es Euch erzählen. Als ich in der Nacht im Gebete begriffen war, wie ich stets zu tun pflege, sah ich plötzlich in meiner Zelle einen großen Glanz, und ehe ich mich noch umkehren konnte, um zu sehen, was es wäre, sah ich über mir einen wunderschönen Jüngling mit einem dicken Stab in der Hand, der mich bei der Kutte ergriff, zu sich herzog und mir solche Prügel gab, daß ich beinahe zerbrach. Ich fragte ihn hierauf, warum er dies getan habe, und erhielt die Antwort: ›Weil du dir heute herausgenommen hast, die himmlische Schönheit der Frau Lisetta zu tadeln, die ich nächst Gott über alles liebe.‹ Hierauf fragte ich: ›Wer seid Ihr?‹ und er antwortete, er sei der Engel Gabriel! ›O mein Herr!‹ sagte ich, ›ich bitte Euch, verzeiht mir.‹ Dann sprach er: ›Ich verzeihe dir unter der Bedingung, daß du so bald als möglich zu ihr gehest und sie um Verzeihung bittest, und wenn sie dir nicht verzeiht, so werde ich hierher zurückkehren und dir so viele Prügel geben, daß du, solange du hier lebst, zu keiner Ruhe mehr kommen kannst.‹ Was er mir nachher noch sagte, das wage ich nicht zu wiederholen, bevor Ihr mir nicht verziehen habt.« Die Dame, die wenig Grütze im Kopfe hatte, freute sich außerordentlich, als sie dies hörte, hielt alles für wahr und sprach nach einer Weile: »Ich habe Euch wohl gesagt, Bruder Alberto, daß meine Schönheit himmlisch sei. Aber so wahr mir Gott helfe, Ihr dauert mich, und damit Euch kein Unglück mehr widerfahre, so verzeihe ich Euch, unter der Bedingung jedoch, daß Ihr mir saget, was der Engel nachher noch zu Euch sprach.« Bruder Alberto sagte: »Meine Dame, weil Ihr mir verziehen habt, so will ich es Euch gerne sagen, aber an etwas erinnere ich Euch, daß Ihr nämlich gegen niemand etwas hierüber verlauten lasset, wenn Ihr Euch nicht Eure Sache selbst verderben wollt; denn Ihr seid die glücklichste Dame, die jemals auf der Welt war. Dieser Engel Gabriel sagte mir, Ihr gefallet ihm so sehr, daß er oft bei Nacht bei Euch sein möchte, wenn er sich nicht fürchtete, Euch zu erschrecken. Nun schickt er mich zu Euch, um Euch zu sagen, daß er heute nacht zu Euch kommen und eine Weile bei Euch zubringen wolle. Und weil er ein Engel ist und Ihr ihn nicht berühren könntet, wenn er als Engel erschiene, so sagte er, daß er aus Wohlgefallen an Euch in der Gestalt irgendeines Mannes kommen werde, und deshalb sollt Ihr ihm sagen lassen, wann und in wessen Gestalt er kommen solle; dann wird er zu Euch hieherkommen, und alsdann werdet Ihr mit ihm, der Euch über alle Maßen liebt, die größte Seligkeit empfinden.« Die einfältige Dame erklärte jetzt, es freue sie sehr, wenn der Engel Gabriel sie liebe; denn auch sie liebe ihn, und sie sei nie an seinem Bilde vorübergegangen, ohne ihm eine Kerze für einen Mattapan* anzuzünden. Er werde jedenfalls willkommen sein, wenn er zu ihr komme, denn sie befinde sich ganz allein in ihrem Zimmer, aber dies unter der Bedingung, daß er sie nicht wegen der Jungfrau Maria wieder verlasse, der er, wie man sage, sehr geneigt sei, und vor der er auch, wo man ihn sehe, auf den Knien liege. Übrigens stehe es bei ihm, in welcher Gestalt er kommen wolle, denn sie fürchte sich nicht. Hierauf sprach Bruder Alberto: »Meine Dame, Ihr sprecht verständig, und ich werde ihm alle Eure Worte mitteilen, aber Ihr könntet mir eine große Gnade erweisen, die Euch nichts kosten würde, und die besteht darin, daß Ihr den Engel in diesem meinem Körper zu Euch kommen lasset. Höret mich an, inwiefern mir dies eine Gnade wäre: der Engel wird meine Seele aus meinem Körper nehmen und in das Paradies versetzen und selbst in mich eingehen, und solange er bei Euch bleiben wird, solange wird meine Seele im Paradies sein.« Die leichtgläubige Dame sprach: »Das gefällt mir! Für die Schläge, die er Euch um meinetwillen gab, möget Ihr jetzt diesen Trost

* *Eine alte venezianische Münze*

haben.« Hierauf sprach Bruder Alberto: »So sorget denn, daß er diese Nacht die Türe zu Eurem Hause offen finde, denn da er in einem menschlichen Körper kommt, so würde er ohne eine offene Türe nicht hereinkommen können.« Die Dame sprach, es werde geschehen. Bruder Alberto entfernte sich, und die zurückbleibende Dame war vor Freude ganz außer sich, und es deuchten ihr tausend Jahre bis zur Ankunft des Engels Gabriel. Alberto, der bedachte, daß er die Nacht über ein Ritter und nicht ein Engel sein müsse, stärkte sich durch Speisen und Getränke, um nicht so leicht vom Pferde geworfen zu werden. Nachdem er die Erlaubnis erhalten hatte, ging er bei Anbruch der Nacht mit einem Begleiter in das Haus einer Freundin, bei der er sich schon manchmal zu seinen bösen Streichen vorbereitet hatte. Von hier aus begab er sich, als es ihm Zeit schien, in das Haus der Dame, verwandelte sich hier in einen Engel, wozu er das Nötige mitgebracht hatte, stieg hinauf und kam in das Zimmer der Dame. Als sie die weiße Gestalt erblickte, fiel sie vor ihr auf die Knie; der Engel segnete sie, hob sie auf und gab ihr ein Zeichen, daß sie auf das Bett steigen sollte. Diese war gerne gehorsam und tat es sogleich, und so legte sich der Engel mit seiner Andächtigen nieder. Bruder Alberto war ein schöner und kräftiger Mann mit gesunden und geraden Beinen; als er sich daher mit der frischen und wollüstigen Frau Lisetta im Bette befand, machte er bald ganz andere Bewegungen als ihr Mann, und flog die Nacht über mehr als einmal ohne Flügel, worüber sie sehr vergnügt war; außerdem sprach er noch viel mit ihr über die himmlische Herrlichkeit. Als der Tag herannahte, rüstete er sich zur Rückkehr, ging in seiner Kleidung hinaus und kehrte zu seinem Begleiter zurück, dem die gute Hausmeisterin, damit er sich nicht fürchte, wenn er allein schlafen müsse, aufs freundschaftlichste Gesellschaft geleistet hatte. Nachdem die Dame gefrühstückt hatte, ging sie in Gesellschaft zu Bruder Alberto und erzählte ihm von dem Engel Gabriel und was sie von ihm gehört habe über die Herrlichkeit des ewigen Lebens, und wie er ausgesehen habe, indem sie noch wunderbare Dinge hinzufügte. Bruder Alberto sagte zu ihr: »Gnädige Frau, ich weiß nicht, wie Ihr Euch mit ihm befunden habt, aber das weiß ich, daß, als er heute nacht zu mir kam und ich ihm Eure Botschaft ausrichtete, er plötzlich meine Seele durch Blumen- und Rosengefilde führte, wie ich sie noch nie gesehen hatte, und mich an einem der herrlichsten Orte, die es gibt, bleiben ließ bis heute früh; was mit meinem Körper vorgegangen ist, weiß ich nicht.« – »Sagte ich es Euch denn nicht«, sprach die Dame, »Euer Körper war die ganze Nacht hindurch mit dem Engel Gabriel in meinem Arm, und wenn Ihr mir nicht glaubt, so betrachtet nur Eure linke Brust, auf welche ich dem Engel einen langen Kuß gab, so daß das Zeichen davon mehrere Tage sichtbar sein wird.« Hierauf sprach Bruder Alberto: »Da werde ich heute wohl etwas tun, was ich schon lange nicht mehr getan habe. Ich werde mich entkleiden, um zu sehen, ob Ihr die Wahrheit sprecht.« Nach vielen solchen Plaudereien kehrte die Dame nach Hause zurück, und Bruder Alberto ging noch häufig in der Gestalt des Engels zu ihr, ohne auf ein Hindernis zu stoßen. Da geschah es eines Tages, daß Frau Lisetta bei einer Gevatterin war und mit dieser über die Schönheit sprach, und um die ihrige über jede andere zu erheben, sagte sie törichterweise: »Wüßtet Ihr, wem meine Schönheit gefällt, wahrhaftig! Ihr würdet von den andern schweigen.« Die Gevatterin, neugierig, weil sie Frau Lisetta kannte, sagte: »Es könnte wahr sein; aber da man nicht weiß, wer dieses ist, so werden andere nicht so leicht glauben.« Hierauf sprach die Dame, die mit sehr wenig Geist gesegnet war: »Gevatterin, es wird sich freilich nicht recht sagen lassen, aber mein Liebster ist der Engel Gabriel, der mich mehr liebt als sich selbst, weil ich, wie er mir sagt, die schönste Dame in der Welt oder irgendwo bin.« Die Gevatterin verspürte jetzt eine bedeutende Lust zum Lachen, aber doch hielt sie an sich, um jene noch weiter sprechen zu lassen, und sagte nur: »Bei Gott, wenn der Engel Gabriel Euer Liebster ist und Euch dies sagt, dann muß es wahr sein; aber ich glaube nicht, daß die Engel solche Dinge tun.« Die Dame sprach: »Gevatterin, da seid Ihr im Irrtum. Bei den Wunden Gottes, er kann es besser als mein Mann und sagte mir, daß man dies auch im Himmel tue; aber weil ich ihm schöner vorkomme als irgendeine im Himmel, so hat er sich in mich verliebt. Nun seht Ihr's.« Als die Gevatterin die Frau Lisetta verlassen hatte, deuchten es ihr tausend Jahre, bis sie an einen Ort käme, wo sie alles dies wieder sagen konnte, und sobald sie bei einem Feste mit einer großen Gesellschaft von Damen zusammenkam, erzählte sie hier der Ordnung nach die ganze Geschichte. Diese Damen sagten es ihren Männern und andern Damen, und diese wieder andern, und so war in weniger als zwei Tagen ganz Venedig voll davon. Aber unter denen, welchen diese Geschichte zu Ohren kam, waren auch die Verwandten der Frau Lisetta, die, ohne ihr ein Wort davon zu sagen, sich in den Kopf setzten, diesen Engel ausfindig zu machen und zu erfahren, ob er zu fliegen verstehe, und sie stellten sich mehrere Nächte lang auf den Posten. Da geschah es, daß auch dem Bruder Alberto etwas von der Geschichte zu Ohren kam. Daher ging er, um die Dame deshalb zu tadeln, einst in der Nacht zu ihr; aber kaum hatte er sich entkleidet, als ihre Verwandten, die ihn hatten kommen sehen, an die Türe ihres Zimmers kamen, um sie zu öffnen. Als Bruder Alberto dies hörte und sich die Sache dachte, stand er auf, und da er keine andere Rettung wußte, öffnete er ein Fenster, das auf den großen Kanal hinausging, und stürzte sich hinab. Das Wasser war tief, und er konnte gut schwimmen, daher tat es ihm nichts; er schwamm über den Kanal und ging schnell in ein Haus, das er geöffnet sah, und bat einen rechtschaffenen Mann, der darin war, er möchte ihm um Gottes willen das Leben retten, indem er über die Ursache, warum er zu dieser Stunde und nackt hieherkomme, allerlei Fabeln auskramte. Der rechtschaffene Mann, zum Mitleid bewogen, ließ ihn, da er seinen Geschäften nachgehen mußte, in sein Bette liegen und sagte ihm, er möchte hierbleiben bis zu seiner Rückkehr. Er schloß ihn ein und ging weg, um seine Sachen zu besorgen. Die Verwandten der Dame fanden, als sie in das Zimmer eindrangen, daß der Engel Gabriel mit Hinterlassung seiner Flügel davongeflogen sei. Darüber erzürnt, sagten sie der Dame die größten Schimpfreden, ließen sie ganz untröstlich zurück und gingen mit den Kleidern des Engels in ihre Wohnungen. Mittlerweile war es Tag geworden, und jener rechtschaffene Mann hörte auf dem Rialto, daß der Engel Gabriel in der Nacht bei der Frau Lisetta geschlafen, von den Verwandten derselben überrascht, sich in den Kanal geworfen habe, und daß man nicht wisse, was aus ihm geworden sei. Daher war sein erster Gedanke, daß der Mann in seinem Hause es sein müsse. Er kam daher zurück, erkannte ihn, und nach verschiedenen Verhandlungen wurde man darüber einig, daß er, um nicht den Verwandten der Dame ausgeliefert zu werden, fünfhundert Dukaten holen lassen mußte, und so geschah es. Als nun nachher Bruder Alberto das Haus zu verlassen wünschte, sagte ihm der brave Mann: »Dazu kann unmöglich anders Rat werden als nur auf eine Weise. Wir halten heute ein Fest, auf welches der eine einen Menschen führt, der als Bär verkleidet ist, der andere einen, der einen Wilden, und wieder einer einen, der etwas anderes vorstellt. Alsdann ist auf dem Markusplatz eine Jagd, nach welcher das Fest zu Ende ist, und dann kann ein jeder mit dem, den er herbeigeführt hat, hingehen, wohin er will. Wenn Ihr nun wollt, daß ich Euch, ehe jemand entdecken kann, daß Ihr Euch hier befindet, auf eine dieser Weisen mitnehme, so kann ich Euch führen, wohin Ihr wollt. Auf andere Weise könnt Ihr nicht wohl unerkannt dieses Haus verlassen; denn die Verwandten der Dame, die sich wohl denken, daß Ihr Euch irgendwo in der Nähe aufhaltet, haben überall Wachen ausgestellt, um Euch zu fangen.« So hart es auch den Bruder Alberto ankam, auf diese Weise das Haus zu verlassen, entschloß er sich dennoch dazu, aus Furcht vor den Verwandten der Dame, bezeichnete jenem den Ort, wohin er geführt werden wolle, und willigte in alles. Der Mann beschmierte ihn mit Honig, bedeckte ihn ganz mit Federn, befestigte ihm eine Kette an den Hals und eine Maske vor das Gesicht, gab ihm einen großen Stock in die eine Hand und in die andere zwei große Fleischerhunde und sandte jemand auf den Rialto, um zu verkünden, wer den Engel Gabriel sehen wolle, solle auf den Markusplatz kommen. Dies war venezianische Ehrlichkeit. Einige Zeit nachher führte er ihn hinaus, indem er ihn von hinten an der Kette hielt, unter großem Lärm des Volks, das laut rief: »Wer ist dies? wer ist dies?« So führte er ihn auf den Platz, wo einmal diejenigen, welche hinten nachgelaufen waren, und dann die, welche auf die Meldung vom Rialto herkamen, einen unermeßlichen Haufen ausmachten. Hier angekommen, band er seinen Wilden auf einem erhabenen Platz an eine Säule, scheinbar den Anfang der Jagd erwartend, und hier quälten ihn, weil er mit Honig beschmiert war, Fliegen und Bremsen ganz fürchterlich. Als der Mann den Platz voll sah, stellte er sich, als wolle er seinen

Wilden die Kette abnehmen, zog dem Bruder Alberto die Maske vom Gesicht und sprach: »Meine Herren, weil das Schwein nicht erscheint und die Jagd also nicht stattfinden kann, so sollt ihr, damit ihr nicht vergebens hergekommen seid, hier den Engel Gabriel sehen, der des Nachts vom Himmel auf die Erde herabsteigt, um die venezianischen Damen zu trösten.« Als die Maske vom Gesichte war, wurde Bruder Alberto sogleich von allen erkannt; es erhob sich alsbald ein allgemeines Geschrei gegen ihn, sie sagten ihm die schimpflichsten Dinge und die furchtbarsten Schmähreden; sie warfen ihm Kot ins Gesicht und hielten ihn in dieser mißlichen Lage so lange, bis ein Zufall die Nachricht seinen Klosterbrüdern brachte, von denen alsdann sechs kamen, ihm eine Kutte überwarfen, seine Fesseln lösten und ihn unter unbeschreiblichem Lärm in ihr Kloster führten, wo er ins Gefängnis geworfen wurde und im Elend gestorben sein soll. So hat es dieser Mann, der für rechtschaffen gehalten wurde und von dem man daher, während er Böses tat, dies nicht einmal glaubte, gewagt, den Engel Gabriel zu spielen, verwandelte sich von diesem in einen Wilden und mußte zuletzt, mit Schande bedeckt, nach Verdienst seine früheren Sünden büßen. Möchte es Gott gefallen, daß es allen übrigen auch so ergehe!

LISABETTA   LORENZO

… sich stets in die Nähe dieses Topfes zu setzen und die Pflanzen mit aller Liebe zu pflegen, da ja ihr Lorenzo darin verborgen lag.

DIE BRÜDER
DER LISABETTA

TÖTEN DEREN GELIEBTEN. ER ERSCHEINT IHR IM TRAUM
UND ZEIGT IHR DEN ORT, WO ER BEGRABEN IST. SIE GRÄBT
IN DER STILLE SEINEN KOPF AUS, STELLT IHN IN EINEN BASILIKUMTOPF
UND WEINT DARÜBER TÄGLICH LANGE. DIE BRÜDER NEHMEN IHN IHR
WEG, UND AUS GRAM HIERÜBER STIRBT SIE NACH KURZER ZEIT.

Nun erhielt Filomena den Auftrag, fortzufahren. Diese begann nach einem mitleidigen Seufzer folgendermaßen:

Meine Erzählung, meine anmutigen Damen, bewegt sich nicht im Kreise hoher Personen; aber sie wird vielleicht rührend sein, und das kurz vorhin erwähnte Messina, wo das Ereignis vorfiel, erinnert mich unwillkürlich daran.

Es lebten in Messina drei Brüder, junge Kaufleute, die nach dem Tode ihres Vaters, der aus San Gimignano war, sich im Besitz großer Reichtümer sahen. Diese Brüder hatten eine Schwester namens Lisabetta, eine schöne tugendreiche Jungfrau, welche aus irgendeinem Grunde noch nicht von ihnen verheiratet worden war. Außerdem hatten die drei Brüder in ihrem Tuchladen einen jungen Pisaner namens Lorenzo, der alle ihre Geschäfte führte. Da nun dieser sehr schön von Gestalt und ein sehr feingebildeter junger Mann war, der Lisabetta oft sah, so geschah es, daß er ihr ganz besonders gefiel, und als dies Lorenzo zu verschiedenen Malen bemerkte, ließ er plötzlich alle seine übrigen Liebesverhältnisse und widmete bloß ihr sein Herz. Die Sache kam nun so weit, daß, da beide das gleiche Gefallen aneinander hatten, sie nach kurzer Zeit Mittel und Wege fanden, um ihr heißes Verlangen zu befriedigen. Da sie dies nun lange Zeit zur Annehmlichkeit beider fortführten, wußten sie es doch nicht so heimlich anzustellen, daß nicht in einer Nacht der älteste Bruder, als Lisabetta in das Schlafzimmer Lorenzos ging, dies bemerkte, ohne von seiner Schwester gesehen zu werden. So unangenehm ihm diese Entdeckung war, so war er doch verständig genug, kein Wort über die Sache zu sagen, sondern er dachte nur über verschiedene Dinge in dieser Beziehung nach und wartete bis zum folgenden Morgen. Als der Tag anbrach, erzählte er seinen Brüdern, was er in der vergangenen Nacht von Lisabetta und Lorenzo gesehen hatte, und nach einer langen Beratung beschloß er mit ihnen, damit weder für sie noch ihre Schwester eine Schmach daraus entstehen könnte, stillschweigend darüber hinwegzugehen und sich zu stellen, als hätten sie nichts gesehen und nichts gehört, bis die Zeit komme, wo sie ohne Nachteil oder Verlegenheit die Schmach, ehe sie noch zu weiteren Folgen geführt, von sich abwenden könnten. Mit diesem Entschlusse lebten sie nun scherzend und lachend mit Lorenzo, wie sie gewohnt waren; aber bei einer geschickten Gelegenheit stellten sie sich, als wollten sie alle drei einen Ausflug aus der Stadt machen, nahmen Lorenzo mit, und als sie an einen abgelegenen einsamen Ort gekommen waren, der ihnen günstig gelegen schien, töteten sie Lorenzo, der gar keine Ahnung davon hatte, und beerdigten ihn auf eine Weise, daß niemand etwas davon bemerken konnte. Hierauf kehrten sie nach Messina zurück und gaben vor, sie hätten ihn in Geschäften irgendwohin geschickt, was leicht geglaubt wurde, weil sie ihn häufig wegschickten. Als Lorenzo nicht zurückkehrte und Lisabetta sehr oft und dringend die Brüder nach ihm fragte, da sein langes Ausbleiben sie schmerzte, geschah es eines Tages, daß einer ihrer Brüder, als sie sehr angelegentlich sich nach ihm erkundigte, sagte: »Was will denn das heißen? Was geht denn dich Lorenzo an, daß du so oft nach ihm fragst? Wenn du noch öfter nach ihm fragst, werden wir dir eine Antwort geben, wie sie für dich paßt.« Hiedurch betrübt und traurig, etwas fürchtend, ohne zu wissen, was, fragte sie eine Zeitlang nicht mehr; oft rief sie bei Nacht sehnsüchtig seinen Namen und betete, daß er wieder kommen möchte, und manchmal betrauerte sie mit reichlichen Tränen sein langes Ausbleiben und wartete beständig auf seine Rückkehr, ohne einen Augenblick heiter zu werden. Eines Nachts, als sie um Lorenzo, der immer noch nicht zurückkehren wollte, lange geweint hatte und zuletzt unter Tränen eingeschlafen war, erschien er ihr im Traume, bleich und ganz verwirrt, mit zerrissenen, beschmutzten Kleidern, und sie glaubte die Worte von ihm zu hören: »O Lisabetta, du rufst mich beständig und grämst dich über mein langes Ausbleiben und klagst mich hart an mit deinen Tränen: so wisse denn, daß ich nicht mehr hierher zurückkehren kann, denn am letzten Tage, an welchem du mich sahst, haben mich deine Brüder getötet«; hierauf gab er ihr den Ort an, wo sie ihn beerdigt hatten, sagte ihr, sie möchte ihn nicht mehr rufen noch erwarten, und verschwand. Die Jungfrau erwachte, und da sie dem Traumgesichte Glauben schenkte, weinte sie bitterlich. Am Morgen erhob sie sich, und da sie nicht den Mut hatte, ihren Brüdern etwas davon zu sagen, beschloß sie, an den bezeichneten Ort zu gehen und zu sehen, ob das, was ihr im Traum erschienen, auf Wahrheit beruhte, und als sie die Erlaubnis erhalten hatte, in Gesellschaft einer Dame, die oft bei ihr war und alle ihre Angelegenheiten wußte, zu ihrem Vergnügen spazierenzugehen, begab sie sich, so schnell sie konnte, an den Ort. Sie räumte das dürre Laub, das hier lag, hinweg und grub, wo ihr das Erdreich am weichsten zu sein schien. Bald fand sie auch den Leichnam ihres teuern Geliebten, der noch gar nicht in Verwesung übergegangen war; daher erkannte sie deutlich, daß seine Erscheinung und Aussage wahr gewesen. Hierüber war sie über alle Maßen betrübt. Da sie jedoch einsah, daß hier mit Tränen nichts mehr auszurichten war, hätte sie gerne den ganzen Leichnam mitgenommen, um ihm ein ehrenvolles Begräbnis zu geben. Da dies jedoch nicht möglich war, schnitt sie mit einem Messer, so gut sie konnte, den Kopf vom Rumpfe, wickelte ihn in ein Handtuch, deckte die Erde wieder über den übrigen Leichnam, gab das Tuch der Dienerin und kehrte, ohne von jemand gesehen zu werden, nach Hause zurück. Hier schloß sie sich mit dem Kopfe in ihr Zimmer ein und weinte lange und bitterlich, so daß er ganz in ihren Tränen schwamm, und gab ihm tausend Küsse. Hierauf nahm sie einen großen schönen Topf, in den man gewöhnlich Majoran oder Basilikum pflanzte, und legte den Kopf, in ein schönes Tuch eingewickelt, hinein, deckte dann Erde darüber und pflanzte mehrere Stämmchen vom schönsten salernitanischen Basilikum hinein, und diese Stämmchen begoß sie nur mit Rosenwasser, Pomeranzenwasser oder ihren Tränen. Nach und nach gewöhnte sie sich daran, sich stets in die Nähe dieses Topfes zu setzen und die Pflanzen mit aller Liebe zu pflegen, da ja ihr Lorenzo darin verborgen lag. Dann neigte sie sich darüber hin und begann zu weinen, und weinte so lange, bis die Pflanzen ganz durchwässert waren. Sowohl infolge der langen und aufmerksamen Pflege als auch der Fettigkeit, welche der in Verwesung übergegangene Kopf der Erde mitteilte, wurde das Basilikum sehr schön und wohlriechend. Als nun die Jungfrau tagtäglich diese Sitte beobachtete, wurde sie mehrmals von ihren Nachbarn gesehen, und da sich die Brüder über ihre abnehmende Schönheit sowie darüber, daß die Augen ihr aus dem Kopfe verschwunden schienen, wunderten, sagten ihnen die Nachbarn: »Wir haben bemerkt, daß sie jeden Tag dieses Verfahren beobachtet.« Als dies die Brüder gehört und sich davon überzeugt hatten, tadelten sie sie einmal, und als dies nichts fruchtete, ließen sie den Topf heimlich von ihr wegbringen. Als sie diesen vermißte, verlangte sie ihn oft auf das dringendste zurück, und als sie ihn nicht zurückerhielt und ihre Klagen und Tränen kein Ende nahmen, wurde sie krank und verlangte die ganze Krankheit über nur nach ihrem Topfe. Die Jünglinge wunderten sich sehr über diesen Wunsch und wollten sehen, was denn darin wäre. Sie gruben die Erde auf, sahen das Tuch und in diesem den Kopf, der noch nicht so unkenntlich war, daß man nicht an dem krausen Haupthaar hätte sehen können, es sei der Lorenzos. Hierüber wunderten sie sich sehr und fürchteten, die Sache möchte laut werden. Sie begruben ihn daher, verließen, ohne ein Wort zu sagen, in der Stille Messina und kamen, ihrer Verabredung gemäß, nach Neapel. Die Jungfrau, die nicht aufhörte zu weinen und nur nach ihrem Topfe verlangte, starb in Tränen, und dies war das Ende ihrer unglücklichen Liebe. Nach einiger Zeit wurde die Sache offenbar, und da dichtete einer jenes Lied, das noch heutzutage gesungen wird und so anfängt:

> *Was war das für ein böser Christ,*
> *Der mir mein Gut entwendet usw.*

ANDRIUOLA

LIEBT GABRIOTTO; SIE ERZÄHLT IHM EINEN GEHABTEN TRAUM
UND ER IHR EINEN ANDERN, UND ER STIRBT PLÖTZLICH
IN IHREN ARMEN. WÄHREND SIE IHN MIT EINER DIENERIN
NACH HAUSE TRÄGT, WERDEN SIE VON DER OBRIGKEIT
FESTGENOMMEN, UND SIE SAGT AUS, WIE DIE SACHE GEGANGEN IST.
DER RICHTER WILL IHR GEWALT ANTUN, UND SIE DULDET ES NICHT;
IHR VATER HÖRT DAVON, UND DA MAN SIE UNSCHULDIG FINDET,
LÄSST MAN SIE FREI. SIE VERSCHMÄHT ES NUN,
IN DER WELT ZU LEBEN, UND GEHT IN EIN KLOSTER.

Besonders den Damen gefiel die von Filomena erzählte Novelle, weil sie jenes Lied oft genug hatten singen hören und nie auf ihre Frage die gehörige Auskunft erhalten hatten, was zu demselben Veranlassung gegeben habe. Als der König sie zu Ende gehört hatte, befahl er dem Panfilo fortzufahren. Hierauf sprach dieser: Der in der vorangegangenen Novelle erzählte Traum gibt mir Stoff, eine neue zu erzählen, in welcher zwei Träume vorkommen. Es handelt sich dabei um Dinge, die geschehen sollten, und zwar waren dieselben von denen, die sie gesehen hatten, kaum erzählt, als sie auch schon in Erfüllung gingen. Ihr müßt nun wissen, anmutige Damen, daß die gewöhnliche Ansicht der Leute die ist, in den Träumen nur eitle Dinge zu sehen; dennoch aber gibt es Beispiele, daß sie dem Schlafenden während des Schlafs ganz wahr erscheinen und daß man, wenn man erwacht, das eine Mal sie für wahr, das andere Mal sie für wahrscheinlich, dann aber auch einmal für ganz unwahrscheinlich hält. Viele schenken jedem Traum so unbedingten Glauben wie nur irgendeiner Sache, die sie im wachen Zustande sehen, und lassen sich durch ihre Träume fröhlich oder traurig stimmen, je nachdem sie von ihnen etwas fürchten oder hoffen. Dagegen gibt es auch wieder Leute, die keinem Traume glauben, außer wenn die vorausgesagte Gefahr wirklich eingetroffen ist. Ich kann weder die einen noch die andern hier loben, denn die Träume sind weder stets wahr noch stets falsch. Daß sie nicht immer wahr sind, kann ein jeder von uns schon oft erfahren haben, und daß sie nicht alle falsch sind, wurde schon oben in Filomenas Novelle bewiesen, und auch in der meinigen gedenke ich es zu beweisen. Daher ist es meine Ansicht, daß man bei tugendhaftem Leben und Handeln sich durch keinen ungünstigen Traum erschrecken und in seinen guten Entschlüssen erschüttern lassen darf; bei verkehrten und schlechten Handlungen aber, mögen nun die Träume für diese noch so günstig lauten und die Täter durch glückliche Vorzeichen darin bestärken, darf man sich keineswegs darauf verlassen oder ihnen Glauben schenken. Kommen wir jedoch zu unserer Erzählung.

In der Stadt Brescia lebte einst ein Edelmann, mit Namen Herr Negro von Ponte Carraro, der unter andern Kindern eine junge, schöne und noch unverheiratete Tochter hatte, mit Namen Andriuola. Diese verliebte sich zufällig in ihren Nachbarn, der Gabriotto hieß, einen Mann von niederem Stande, aber von lobenswerten Sitten und schöner und anmutiger Gestalt. Durch die Bemühungen und mit Hilfe der Magd im Hause gelang es der Jungfrau, nicht nur Gabriotto wissen zu lassen, daß er von ihr geliebt wurde, sondern er wurde auch häufig in einen schönen Garten ihres Vaters geführt, wo sie sich aufs beste miteinander unterhielten. Damit nun nichts, außer dem Tode, ihre innige Liebe trennen könne, waren sie heimlich Mann und Weib geworden. Während sie so heimlich und verstohlen ihre Verbindung fortsetzten, geschah es, daß die Jungfrau des

Nachts im Schlafe einen Traum hatte. Es schien ihr, als wäre sie im Garten mit Gabriotto und halte ihn zum größten Vergnügen beider in ihrem Arme und während der Umarmung komme aus seinem Körper ein finsterer und schrecklicher Gegenstand hervor, dessen Gestalt sie nicht deutlich erkennen konnte. Dieser Gegenstand, schien es ihr, ergreife Gabriotto, reiße ihn mit wunderbarer Kraft aus ihren widerstrebenden Armen, verschwinde mit ihm unter der Erde und sie könne von beiden nichts mehr sehen. Sie fühlte einen unaussprechlichen Kummer und erwachte daran, und so sehr sie sich auch freuen mußte, daß es nicht wirklich so war, wie sie geträumt hatte, machte ihr dieser Traum dennoch große Angst. Da nun Gabriotto in der folgenden Nacht zu ihr kommen wollte, gab sie sich alle Mühe, um ihn für diesen Abend von seinem Entschlusse abzubringen. Da sie jedoch sein Verlangen sah, empfing sie ihn, damit er nicht einen bösen Verdacht schöpfe, in der folgenden Nacht in ihrem Garten, und nachdem sie viele weiße und rote Rosen, da es gerade die Jahreszeit war, gepflückt hatten, begaben sie sich an einen herrlichen klaren Springbrunnen, der sich im Garten befand. Nachdem sie sich lange hier miteinander vergnügt hatten, fragte sie Gabriotto, warum sie ihm den Tag zuvor sein Kommen hätte verbieten lassen. Die Jungfrau sagte es ihm, indem sie ihm den Traum erzählte, den sie in der Nacht gehabt, und die Besorgnis, die sie deshalb gefaßt hatte. Als Gabriotto es hörte, lachte er und sagte, es sei sehr töricht, den Träumen Glauben zu schenken. Diese entstehen entweder durch Übermaß der Nahrung oder durch Mangel daran, und es zeige sich jeden Tag, daß sie bedeutungslos seien, und, fuhr er fort: »Wenn ich Träumen nachgehen wollte, dann wäre ich nicht hierhergekommen, nicht sowohl um deines Traumes willen, als um des meinigen, den ich ebenfalls in jener Nacht gehabt habe. Ich glaubte nämlich, in einem schönen, lieblichen Walde zu sein, in welchem ich jagte, und hatte eine so schöne, ansehnliche Rehkuh gefangen, wie man noch nie eine gesehen. Sie schien mir weißer als Schnee und wurde in kurzer Zeit so mit mir vertraut, daß sie keinen Augenblick von mir wich. Dennoch aber hatte ich sie so lieb, daß ich ihr, damit sie sich nicht von mir trenne, ein goldenes Halsband anlegte, woran ich sie mit einer goldenen Kette an der Hand führte. Hierauf schien es mir, als komme, während meine Rehkuh einmal ausruhte und mein Haupt an ihrer Brust lag, von irgendeiner Seite her ein kohlschwarzes Windspiel, das schrecklich ausgehungert schien und auf mich zulief. Ich vermochte keinen Widerstand zu leisten. Daher biß es mich an der linken Seite in die Brust und fraß sich so tief ein, daß es bis ans Herz drang, das es mir aus der Brust riß und mit fortnahm. Ich fühlte hierbei einen solchen Schmerz, daß mein Traum abgebrochen wurde. Ich erwachte und fuhr sogleich mit der Hand an die Seite, ob nichts daran wäre. Da ich jedoch nichts fand, lachte ich über mich selbst. Was will das heißen? Solche Dinge und noch viel schrecklichere habe ich schon oft im Traume erfahren, und deshalb ist mir doch nichts begegnet. Lassen wir daher die Sache und denken daran, uns Vergnügen zu machen.« Die Jungfrau, die schon durch ihren Traum sehr erschreckt worden war, wurde es noch mehr, als sie diesen hörte. Um jedoch Gabriotto keinen Verdruß zu machen, verbarg sie ihren Kummer, so gut sie konnte. Obgleich sie nun in steter Umarmung und unter Küssen sich mit ihm ergötzte, mußte sie doch stets etwas fürchten und wußte nicht, was. Sie blickte ihm öfter als gewöhnlich ins Gesicht und schaute oft im Garten umher, ob sie nicht von irgendeiner Seite einen schwarzen Gegenstand herbeikommen sehe. Plötzlich seufzte Gabriotto tief auf, umarmte sie und sagte: »Wehe mir, mein süßes Leben! Hilf mir, ich sterbe!« Und mit diesen Worten fiel er auf das Gras der Wiese nieder. Als die Jungfrau dies sah, zog sie ihn auf ihren Schoß und sagte unter Tränen: »O mein süßer Freund, was fehlt dir?« Gabriotto antwortete nicht. Er holte tief Atem. Der Todesschweiß trat ihm auf die Stirne, und nach kurzer Zeit verschied er. Wie schmerzlich dies für die Jungfrau war, die ihn mehr als sich selbst liebte, kann sich jedermann denken. Sie beweinte ihn innig, und vergebens rief sie oft seinen Namen. Nachdem sie sich jedoch überzeugt, daß er ganz tot war und ihn am ganzen Körper kalt gefunden hatte, wußte sie nicht, was sie tun oder sagen sollte, und rief tief betrübt und weinend ihre Magd, welche von dieser Liebe wußte und der sie ihr Elend und ihren Schmerz offenbarte. Nachdem sie miteinander über dem Leichname Gabriottos bitterlich geweint hatten, sprach die Jungfrau zur Dienerin: »Da Gott mir diesen genommen hat, will ich nicht mehr am Leben bleiben. Ehe ich mich jedoch töte, möchte ich die geeigneten Mittel ergreifen, um meine Ehre zu bewahren und die zwischen uns bestandene Liebe geheimzuhalten. Auch möchte ich, daß der Leichnam, aus dem der anmutige Geist entflohen ist, begraben würde.« Hierauf sprach die Dienerin: »Meine Tochter, sage nicht, daß du dich töten wollest, denn wenn du ihn hier verloren hast, so wirst du ihn, wenn du dich tötest, auch in der andern Welt verlieren. Du würdest in die Hölle kommen, wohin sein Geist gewiß nicht gekommen ist; denn er war ein braver junger Mann. Viel besser ist es, du tröstest dich und denkst darauf, seiner Seele mit Gebet und andern Heilmitteln zu helfen, wenn er irgendeiner Sünde wegen derselben bedürftig wäre. Zu seinem Begräbnis ist in diesem Garten der beste Ort; niemand wird dies je erfahren, denn niemand weiß, daß er jemals hierherkam; wenn du jedoch dies nicht willst, so legen wir ihn hier vor den Garten hinaus und lassen ihn dort liegen. Morgen wird er alsdann gefunden, nach Hause getragen, und seine Eltern lassen ihn bestatten.« So voll Schmerz auch die Jungfrau war und trotz ihrer unaufhörlichen Tränen, hörte sie dennoch auf den Rat ihrer Dienerin. Ohne sich auf ihren ersten Vorschlag einzulassen, antwortete sie auf den zweiten folgendermaßen: »Das wolle Gott nicht, daß ich einen so teuren Jüngling, der so sehr von mir geliebt wurde und mein Gatte war, wie einen Hund begrabe oder auf dem Boden liegenlasse. Meine Tränen sind ihm geflossen, und auch die seiner Eltern werden ihm fließen. Auch kommt mir schon in den Sinn, was wir in dieser Sache zu tun haben.« Sogleich schickte sie daher nach einem Stücke seidenen Tuches, das sie in ihrem Kasten zu Hause hatte, und als es kam, breitete sie es auf die Erde; sie legte den Leichnam Gabriottos darauf, unter sein Haupt legte sie ein Kopfkissen, schloß ihm unter vielen Tränen Augen und Mund, wand einen Kranz aus Rosen, bedeckte ihn ganz mit Blumen, die sie gepflückt hatte, und sprach zur Dienerin: »Von hier nach der Türe seines Hauses ist es nicht weit. Daher wollen wir, du und ich, wenn wir ihm sein Lager zubereitet haben, ihn dahin tragen und vor der Türe niederlegen. Bald wird es Tag werden, und man wird ihn finden, und obwohl es für die Seinigen kein Trost ist, so wird es doch mich freuen, in deren Armen er gestorben.« Und nach diesen

Worten warf sie sich aufs neue unter reichlichen Tränen über ihn hin und weinte lange Zeit. Nachdem sie sich lange von ihrer Dienerin hatte mahnen lassen, weil der Tag schon im Anzuge war, erhob sie sich, zog den Ring, mit welchem sich Gabriotto mit ihr verlobt hatte, von dem Finger, steckte ihn an den seinigen und sprach weinend: »O teurer Geliebter, wenn deine Seele jetzt meine Tränen sieht oder irgendein Gefühl oder eine Erkenntnis in deinem Herzen zurückgeblieben ist, so empfange gütig das letzte Geschenk derer, die du so sehr geliebt hast.« Nach diesen Worten fiel sie ohnmächtig über ihn hin, und als nach einiger Zeit ihre Empfindung zurückkehrte, erhob sie sich, faßte mit ihrer Dienerin das Tuch, auf welchem der Leichnam lag; sie verließen damit den Garten und wandten sich gegen sein Haus. Aber unterwegs begab es sich, daß zufällig die Diener der Behörde, die aus irgendeinem Grunde um jene Zeit umherzogen, auf sie stießen und sie samt dem Leichnam aufgriffen. Andriuola, die sich weit mehr nach dem Tode als nach dem Leben sehnte, sprach, als sie die Polizei erkannte, frei: »Ich weiß, wer ihr seid, und sehe, daß ein Fluchtversuch mir nichts nützen würde; ich bin bereit, mit euch vor die Behörde zu gehen und ihr den ganzen Hergang zu erzählen. Aber keiner von euch wage es, mich zu berühren, wenn ich euch gehorche, noch irgend etwas von diesem Leichnam wegzunehmen, wenn er nicht von mir verklagt werden will.« Daher kam sie, ohne von irgend jemand berührt zu werden, mit dem Leichname Gabriottos in dem Palaste an. Als der Richter die Sache hörte, stand er auf und befragte sie über den Hergang. Zugleich ließ er durch Ärzte untersuchen, ob der brave Mann durch Gift oder auf irgendeine andere Art getötet worden sei. Diese sagten jedoch alle aus, es sei ihm ein Gefäß in der Nähe des Herzens gesprungen, und auf diese Art sei er erstickt. Als der Richter dies hörte und einsah, daß sie keineswegs schuldig sei, bemühte er sich, sie glauben zu machen, er wolle ihr das schenken, was er ihr nicht verkaufen konnte; er sagte ihr daher, wenn sie seine Wünsche befriedigen wolle, sei er bereit, sie zu befreien. Als jedoch diese Worte nichts nützten, wollte er gegen alle Sitte Gewalt brauchen, aber Andriuola, voll Unwillens und dadurch stark, verteidigte sich männlich, indem sie ihn mit Schmähungen zurücktrieb. Als es heller Tag geworden war und Herr Negro die Sache hörte, ging er, zu Tode betrübt, mit vielen Freunden in den Palast, wurde dort durch den Richter von allem unterrichtet und verlangte mit Kummer, man solle ihm seine Tochter zurückgeben. Der Richter klagte sich zuerst selbst an wegen der Gewalt, die er ihr hatte antun wollen, lobte die Jungfrau wegen ihrer Standhaftigkeit und erzählte zu ihrer Bestätigung das Geschehene. Ja, dieser ihrer Festigkeit halber hatte er sie so lieb gewonnen, daß er erklärte, wenn es ihrem Vater und ihr selbst genehm sei, so wolle er sie gerne zu seiner Gemahlin nehmen, obgleich sie einen Mann von niederem Stande gehabt habe. Während der Vater und der Richter hierüber sprachen, kam Andriuola, warf sich ihrem Vater weinend zu Füßen und sagte: »Mein Vater, ich glaube nicht, daß es nötig ist, Euch die Geschichte meiner Liebe und meines Verlustes zu erzählen, denn ich bin überzeugt, daß Ihr sie bereits erfahren habt. Daher bitte ich Euch aufs demütigste um Verzeihung für mein Vergehen, dafür nämlich, daß ich ohne Euer Wissen einen Mann genommen habe, der mir aufs beste gefiel. Und diese Bitte richte ich jedoch nicht an Euch, um mein Leben zu retten, sondern um als Eure Tochter, nicht als Eure Feindin, zu sterben.« Mit diesen Worten fiel sie ihm weinend zu Füßen. Herr Negro, der schon alt und ein von Natur gutmütiger und liebevoller Mann war, fing, als er diese Worte hörte, zu weinen an. Unter Tränen hob er die Tochter zärtlich auf und sprach: »Meine Tochter, viel lieber wäre es mir zwar gewesen, wenn du einen Mann genommen hättest, der nach meinem Dafürhalten für dich gepaßt hätte, wenn du jedoch einen solchen nahmst, der dir gefiel, so mußte mir dies ebenfalls gefallen; daß du es mir jedoch verbargst, dieses Mißtrauen schmerzt mich, und noch weit mehr dies, daß ich dich ihn verlieren sehe, ehe ich ihn noch hatte kennenlernen. Dennoch, weil die Sache einmal so ist, so möge ihm dasselbe, was ich zu seinen Lebzeiten ihm gerne angetan hätte, nämlich die Ehre, die meinem Schwiegersohne gebührt, im Tode widerfahren.« Damit wandte er sich an seine Kinder und Verwandten und gebot ihnen, daß sie für Gabriotto eine große und ehrenvolle Bestattung zurüsten sollten. Mittlerweile waren die Verwandten des jungen Mannes, Männer und Frauen, welche die Nachricht gehört hatten, zusammengelaufen, ebenso auch beinahe alle Männer und Frauen der Stadt. Der Leichnam wurde mitten im Hofe auf dem Tuche Andriuolas mit allen seinen Rosen ausgestellt, und hier wurde er nicht bloß von dieser und von seinen Verwandten, sondern ganz öffentlich fast von allen Damen der Stadt und von vielen Männern beweint. Nicht wie einen Plebejer, sondern wie einen Edelmann führte man ihn aus dem Hofe und trug ihn auf den Schultern der edelsten Bürger auf das ehrenvollste zu Grabe. Einige Tage nachher verfolgte der Richter sein früher ausgesprochenes Verlangen; Herr Negro sprach darüber mit seiner Tochter; diese wollte jedoch nichts davon hören; da ihr Vater ihr hierin nicht zuwider sein wollte, zog sie sich mit ihrer Dienerin als Nonne in ein Kloster zurück, das seiner Frömmigkeit wegen sehr berühmt war, und hier lebten sie noch lange Zeit aufs ehrbarste.

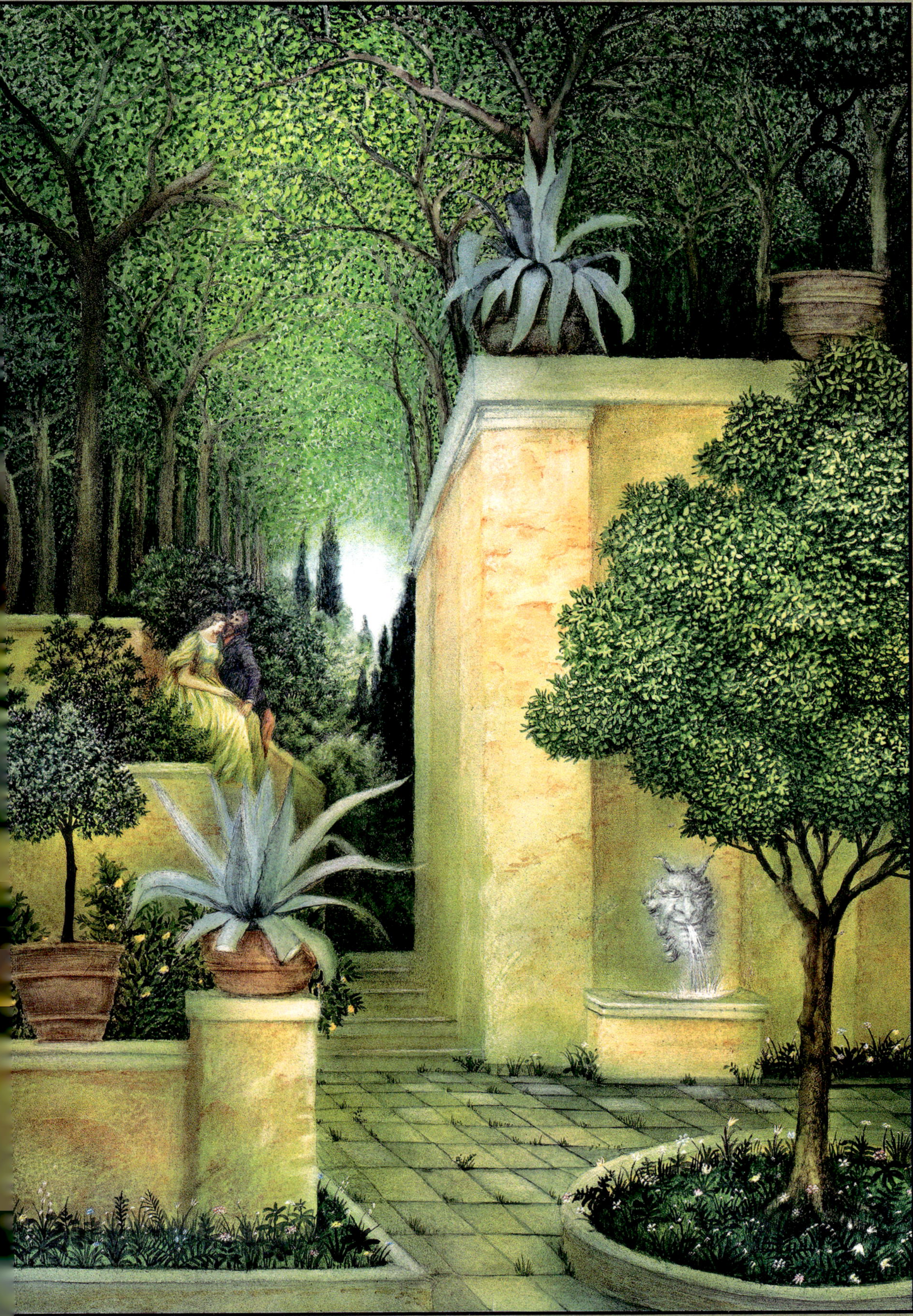

In dem Teil des Gartens, in welchen Pasquino und Simona gegangen waren, stand eine schöne und große Salbeistaude; unter diese setzten sie sich.

SIMONA

LIEBT PASQUINO, UND SIE TREFFEN SICH IN EINEM GARTEN.
PASQUINO REIBT SICH DIE ZÄHNE MIT EINEM SALBEIBLATT
UND STIRBT. SIMONA WIRD FESTGENOMMEN, UND INDEM SIE
DEM RICHTER ZEIGEN WILL, AUF WELCHE ART PASQUINO STARB,
REIBT SIE SICH DIE ZÄHNE MIT DENSELBEN BLÄTTERN
UND STIRBT EBENFALLS.

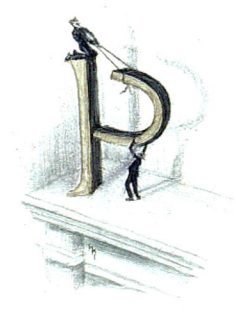

Panfilo war mit seiner Novelle fertig geworden, und der König, der mit Andriuola kein Mitleid an den Tag legte, machte Emilia ein Zeichen, daß es ihm angenehm wäre, wenn sie im Erzählen fortfahren würde. Diese begann ohne Zögern: Meine teuren Freundinnen, die Erzählung Panfilos veranlaßt mich, euch eine Novelle zu erzählen, die mit der seinigen keine andere Ähnlichkeit hat als die, daß auch in ihr die Geliebte ihren Liebhaber im Garten verliert, wie Andriuola, und, ebenso gefangengenommen wie Andriuola, nicht durch Gewalt oder Tugend, sondern durch einen unverhofften Tod vom Gerichte sich befreit.

Wie schon mehrmals von uns ausgesprochen wurde, der Liebesgott, so gerne er die Häuser der Vornehmen besucht, gibt doch deshalb die Herrschaft über die Armen keineswegs auf; auch bei diesen zeigt er zuweilen seine Kräfte. Dies wird auch in meiner Erzählung sich herausstellen, bei der ich in unsere Vaterstadt zurückkehren will, von der wir uns heute in unsern Unterhaltungen ziemlich weit entfernt haben.

Vor noch nicht langer Zeit lebte in Florenz eine schöne Jungfrau, für ihren Stand fein gebildet, die Tochter eines armen Vaters. Sie hieß Simona, und obgleich sie genötigt war, mit ihrer Hände Arbeit ihr Brot zu erwerben und mit Wollespinnen ihr Leben zu fristen, so war sie doch nicht so armen Geistes, um nicht den Mut zu haben, der Liebe ihr Herz zu öffnen. Ein Jüngling von nicht höherem Stande als sie, der für seinen Meister, einen Wollhändler, Wolle spinnen lassen mußte, hatte ihr durch seine anmutigen Worte und Sitten gefallen. Der liebliche Anblick des Jünglings, der Pasquino hieß, flößte ihr Neigung ein. Voll Verlangen und doch nicht wagend, weiter zu gehen, stieß sie bei jeder Spindel tausend glühende Seufzer aus, indem sie sich an den erinnerte, der ihr die Wolle zum Spinnen gegeben hatte. Auf der andern Seite war der Jüngling so besorgt dafür, daß die Wolle seines Herrn gut gesponnen würde, daß er die Simona mehr als irgendeine andere drängte, wie wenn die von Simona gesponnene Wolle das ganze Stück Tuch geben müßte. Während nun der eine drängte und die andere sich gerne drängen ließ, geschah es, daß der eine mehr Mut gewann, als er gewöhnlich hatte, und die andere ihre Furcht und Scham verbannte und sie sich miteinander zu ihren Vergnügungen zusammenfanden. Dies gefiel beiden Teilen so gut, daß nicht nur keines von beiden darauf wartete, von dem andern eingeladen zu werden, sondern sie einander in der Einladung zuvorkamen. Während sie nun dieses Vergnügen fortsetzten und in der Fortsetzung immer noch mehr entzündet wurden, sagte Pasquino zu Simona: er wolle durchaus, daß sie auf irgendeine Art in einen Garten komme, in den er sie führen wolle, damit sie hier mit mehr Bequemlichkeit und weniger Besorgnis beisammen sein könnten. Simona willigte ein, und nachdem sie eines Sonntags nach dem Mittagessen ihren Vater hatte glauben machen, sie gehe zum Ablaß nach San Gallo, begab sie sich mit einer Freundin namens Lagina in den Garten, der von Pasquino bezeichnet worden war. Hier traf sie ihn in Gesellschaft seines Freundes Puccino, den man gewöhnlich Stramba nannte, und nachdem sich zwischen Stramba und Lagina ein neues Liebesverhältnis gebildet hatte, begaben sich Pasquino und Simona in einen Teil des Gartens, und Stramba und Lagina in den andern, um ihre Lüste zu befriedigen. In dem Teil des Gartens, in welchen Pasquino und Simona gegangen waren, stand eine schöne und große Salbeistaude; unter diese setzten sie sich, und nachdem sie sich lange miteinander vergnügt und viel miteinander über ein Vesperbrot gesprochen hatten, das sie in diesem Garten einnehmen wollten, wandte sich Pasquino gegen die große Salbeistaude, pflückte ein Blatt ab und fing an, sich damit die Zähne und das Zahnfleisch zu reiben, indem er sagte: Salbei säubere die Zähne von allem, was beim Essen darin zurückgeblieben sei. Nachdem er sie so eine Zeitlang gerieben hatte, kam er wieder auf das Vesperbrot zu sprechen, von dem er zuvor schon gesprochen hatte. Er redete noch nicht lange davon, als er plötzlich die Farbe wechselte. Bald verlor er auch Gesicht und Sprache und starb in wenigen Augenblicken. Als Simona dies sah, fing sie an zu weinen und zu schreien und rief Stramba und Lagina. Diese liefen sogleich herbei, und als sie Pasquino nicht bloß tot, sondern schon ganz aufgeschwollen und voll dunkler Flecken im Gesicht und am Körper sahen, rief Stramba plötzlich: »O böses Weib! Du hast ihn vergiftet!« Er schlug großen Lärm, und viele, die in der Nachbarschaft wohnten, hörten ihn. Diese liefen herbei, und als sie Pasquino tot und angeschwollen sahen, den Stramba sich grämen und Simona anklagen hörten, daß sie ihn durch List vergiftet habe; da ferner Simona, durch den plötzlichen Verlust ihres Geliebten fast außer sich gebracht, sich nicht zu entschuldigen wußte, so glaubten alle, es sei so, wie Stramba sagte. Man ergriff die Weinende und führte sie in den Palast des Richters. Als hier Stramba und Atticciato und Malagevole, Pasquinos Freunde, die dazugekommen waren, darauf drangen, machte sich ein Richter ohne Verzug an die Untersuchung der Sache, und da er nicht glauben konnte, daß sie in dieser Sache bösartig gehandelt habe und schuldig sei, so wollte er in ihrer Gegenwart den Leichnam und den Ort und den ganzen Tatbestand, wie er von ihr erzählt worden, untersuchen, weil er aus ihren Worten nicht ganz klug wurde. Er ließ sie daher in der Stille an den Ort führen, wo der Leichnam Pasquinos, angeschwollen wie ein Faß, noch lag. Er selbst kam hinten nach, wunderte sich über den Anblick des Toten und fragte sie, wie es zugegangen sei. Sie trat zu der Salbeistaude, und nachdem sie den ganzen Verlauf erzählt hatte, nahm sie, um den Fall zum vollen Verständnis zu bringen, gerade wie Pasquino ein Salbeiblatt und rieb sich damit die Zähne. Dies wurde zwar von Stramba und Atticciato und den übrigen Freunden Pasquinos, die eitle und leichtsinnige Menschen waren, in Gegenwart des Richters verspottet. Sie klagten ihre Bosheit noch viel dringender an und verlangten, der Holzstoß müsse die Strafe dafür sein. Aber die Unglückliche, die im Schmerz um den verlorenen Geliebten und aus Furcht vor der von Stramba verlangten Strafe stumm und tief bekümmert dastand, fiel, nachdem sie mit dem Salbeiblatt ihre Zähne gerieben hatte, in denselben Zustand, in den Pasquino gefallen war, zur großen Verwunderung der Anwesenden. O glückliche Seelen! denen es an einem und demselben Tage widerfuhr, ihre glühende Liebe und ihr irdisches Leben zu schließen; noch glücklicher, wenn ihr miteinander an denselben Ort kommt; und am glücklichsten, wenn man auch im andern Leben sich liebt, und ihr euch dann liebet, wie ihr hier getan habt! Am allerglücklichsten aber die von hier entschwundene Seele Simonas, nach unserem Urteil wenigstens, die wir hier lebend zurückgeblieben sind. Ihre Unschuld sollte nicht dem Zeugnis des Stramba, Atticciato und Malagevole zum Opfer fallen, die wohl Männer von gemeiner Denkungsart waren. Sie fand einen ehrbaren Weg, durch dieselbe Todesart, durch die ihr Geliebter starb, sich von ihrer Schande zu befreien und der von ihr so sehr geliebten Seele ihres Pasquino zu folgen. Der Richter, ganz bestürzt über das Ereignis, gleich den übrigen Anwesenden, wußte nicht, was er sagen sollte, und stand lange unschlüssig da. Dann kam er zu besserer Einsicht und sprach: »Es scheint, diese Salbeistaude ist giftig. Das ist zwar bei dieser Pflanze gewöhnlich nicht der Fall. Damit sie jedoch niemand mehr auf diese Weise verletzen kann, so reiße man sie mit der Wurzel aus und werfe sie ins Feuer.« Als der Gärtner, der in jenem Garten angestellt war, in Gegenwart des Richters diesen Spruch vollzog und den großen Strauch eben abgehauen hatte, kam auf einmal die Ursache des Todes der beiden Liebenden zum Vorschein. Es befand sich nämlich unter diesem Salbeistrauch eine ungeheuer große Kröte, und jetzt erkannte man deutlich, daß der giftige Hauch dieses Tieres den Strauch ebenfalls vergiftet hatte. Da niemand das Herz hatte, sich der Kröte zu nähern, errichtete man einen Holzstoß um sie her und verbrannte sie zugleich mit der Salbeistaude, und hiemit war der Prozeß des Richters wegen der Ermordung Pasquinos beendigt. Pasquino wurde zugleich mit Simona von Stramba, Atticciato und Malagevole in der St. Paulskirche begraben, deren Kirchenmitglieder sie zufällig waren.

GIROLAMO

LIEBT SALVESTRA; DURCH DIE BITTEN DER MUTTER GENÖTIGT,
REIST ER NACH PARIS, KEHRT ZURÜCK UND FINDET SIE VERHEIRATET;
HEIMLICH KOMMT ER IN IHR HAUS, STIRBT AN IHRER SEITE,
WIRD IN EINE KIRCHE GETRAGEN,
UND SALVESTRA STIRBT NEBEN IHM.

milias Novelle war zu Ende, und auf Befehl des Königs begann Neifile also: Meiner Ansicht nach, meine trefflichen Damen, gibt es Leute, die mehr zu wissen meinen als andere, und doch weniger wissen. Sie glauben daher, nicht nur dem Rate verständiger Männer, sondern sogar der Natur ihren Witz entgegensetzen zu können, und aus diesem falschen Glauben sind schon die größten Übel erfolgt, noch nie aber etwas Gutes. Weil nun unter allen natürlichen Dingen die Liebe am wenigsten Widerspruch und Widerstand ertragen kann, da sie ihrer Natur nach sich eher in sich selbst verzehrt, als daß sie durch Macht des Verstandes entfernt werden kann, kam mir eine Geschichte in den Sinn, die ich euch erzählen will. Sie handelt von einer Dame, die, während sie sich bemühte, klüger zu sein, als sich schickte und als sie wirklich war und als außerdem die Sache, in der sie ihren Verstand beweisen wollte, es erlaubte, in der Meinung und Hoffnung, aus dem verliebten Herzen die Liebe, die vielleicht die Sterne hineingelegt hatten, verbannen zu können, ihrem Sohne die Liebe zugleich mit dem Leben nahm.

Wie die Alten erzählten, lebte einst in unserer Stadt ein großer und reicher Kaufmann mit Namen Leonardo Sighieri, der von seiner Gattin einen Sohn hatte, namens Girolamo, und bald nach der Geburt des letzteren starb und alle seine Angelegenheiten in Ordnung zurückließ. Die Pfleger des Knaben sowie seine Mutter verwalteten gut und redlich sein Vermögen. Der Knabe, der mit den Kindern der Nachbarschaft aufwuchs, wurde, mehr als mit irgendeinem Knaben seiner Bekanntschaft, mit einem Mädchen, der Tochter eines Schneiders, vertraut. Als er weiter in den Jahren vorrückte, verwandelte sich die Gewohnheit des Umgangs in so heftige Liebe, daß Girolamo nicht recht bei Sinnen war, wenn er das Mädchen nicht sah, und gewiß liebte das Mädchen ihn nicht weniger, als es von ihm geliebt wurde. Die Mutter des Knaben bemerkte das Verhältnis und tadelte und züchtigte ihn oft deshalb. Als Girolamo sich nicht abwendig machen ließ, klagte sie darüber bei seinen Pflegern, und da sie bei dem großen Reichtum ihres Sohnes das Verhältnis nicht angemessen fand, sagte sie zu jenen: »Dieser unser Knabe, der kaum vierzehn Jahre alt ist, ist in die Tochter unseres Nachbars, des Schneiders, die Salvestra heißt, so verliebt, daß, wenn wir ihn nicht von ihr entfernen, er sie einst, ohne daß es irgend jemand erfährt, entweder zum Weibe nimmt, was mich auf ewig traurig machen würde, oder sich ihretwegen zu Tode grämen wird, wenn er sie an einen andern verheiratet sieht, und daher glaube ich, um dem zu entgehen, müßt ihr ihn fern von hier im Dienste eines Tuchhändlers unterbringen; denn wenn er sie lange nicht sieht, wird er sie vergessen, und dann kann man ihm später eine edle Jungfrau zum Weibe geben.« Die Vormünder gaben der Dame recht und willigten ein. Sie ließen den Knaben in den Laden kommen, und einer von ihnen sagte in einem liebevollen Tone: »Mein Sohn, du wächst nach und nach heran, es wird gut sein, wenn du jetzt auch ein Geschäft verstehen lernst; daher wäre es uns sehr angenehm, wenn du eine Zeitlang nach Paris gingest, dort wirst du erstens deinen Reichtum erst recht kennenlernen, und dann wirst du dir überhaupt dort Benehmen und Einsicht aneignen, wenn du die

Herren, Barone und Edelleute siehst, die sich dort aufhalten; nachher kannst du wieder hieher zurückkehren.« Der Knabe hörte aufmerksam zu und antwortete dann kurz: er wolle das nicht, denn er glaube, er könne ebensogut wie ein anderer in Florenz bleiben. Als die braven Männer dies hörten, drangen sie noch weiter in ihn; da sie ihm aber keine andere Antwort auspressen konnten, sagten sie es der Mutter. Diese geriet darüber in Wut und sagte ihm die größten Schmähungen, nicht wegen seiner Weigerung, nach Paris zu gehen, sondern wegen seiner Liebe. Dann suchte sie ihn wieder mit süßen Worten zu besänftigen, schmeichelte ihm und bat ihn aufs innigste: er möchte dem Willen seiner Vormünder nachgeben, und sie wußte ihm auch so viel zu sagen, daß er endlich einwilligte, auf ein Jahr, aber nicht länger, nach Paris zu gehen, und so geschah es. Girolamo reiste also, aufs glühendste verliebt, nach Paris ab und wurde dort, von einem Tag zum andern, ganze zwei Jahre lang festgehalten. Endlich kehrte er zurück und fand seine Salvestra an einen rechtschaffenen jungen Mann verheiratet, der Zelte machte. Hierüber grämte er sich ungemein. Da er jedoch sah, daß es einmal nicht anders wäre, suchte er sich geduldig in sein Schicksal zu fügen. Doch spürte er ihre Wohnung auf und ging, nach Art verliebter Jünglinge, oft vor ihr vorbei, in der Meinung, sie könne ihn ebensowenig vergessen haben wie er sie. Aber die Sache stand anders. Sie erinnerte sich nicht mehr an ihn und tat, als ob sie ihn nie gesehen hätte, und wenn sie auch noch an ihn dachte, so zeigte sie ihm wenigstens das Gegenteil. Dies bemerkte der Jüngling nur zu bald und fühlte darüber den tiefsten Schmerz. Gleichwohl tat er alles, was in seinen Kräften stand, um sich ihr wieder ins Gedächtnis zurückzuführen. Da jedoch alles nichts half, entschloß er sich, sie zu sprechen, und wenn es sein Leben kostete. Er ließ sich von einem Nachbar sagen, wie ihre Wohnung beschaffen sei, und als sie und ihr Mann eines Abends mit ihren Nachbarn zu ihrer Unterhaltung ausgegangen waren, schlich er sich heimlich in ihr Haus, verbarg sich dort in ihrem Zimmer hinter den Zelten, die dort standen, und wartete so lange, bis sie und ihr Mann zu Bette gegangen waren. Als er sah, daß ihr Mann eingeschlafen war, ging er an das Bett, in das er Salvestra sich hatte legen sehen, legte ihr die Hand auf die Brust und sagte sanft:

»O mein süßes Leben, schläfst du noch?« Das junge Weib, das nicht schlief, wollte schreien, aber der Jüngling sagte: »Um Gottes willen, nicht schreien, ich bin ja dein Girolamo!« Als dies das Weib hörte, sagte sie ganz bebend: »Um Gottes willen, Girolamo, geh; die Zeit unserer Kindheit ist so lange verstrichen, daß es sich nicht mehr schickt, verliebt zu sein. Ich bin, wie du siehst, verheiratet, und es ziemt mir daher nicht mehr, mich mit einem andern Manne zu befassen als mit meinem Gatten. Daher bitte ich dich im Namen Gottes, entferne dich, denn wenn mein Gatte dich hier fände, würde, wenn auch kein anderes größeres Übel, doch wenigstens das daraus entstehen, daß ich nie mehr im Frieden mit ihm leben würde, während ich jetzt von ihm geliebt werde und ein friedliches Leben mit ihm führe.« Als der Jüngling dies hörte, fühlte er einen unbeschreiblichen Schmerz. Er erinnerte sich der vergangenen Zeiten und seiner Liebe, die durch keine Entfernung geschwächt werden konnte; hundert Bitten und Versprechungen verschwendete er, aber er konnte nichts von ihr erhalten. Nach dem Tode sich sehnend, bat er sie zuletzt, sie möchte ihm nur zum Lohne seiner Liebe gestatten, sich so lange an ihre Seite zu legen, bis er einigermaßen wieder erwärmt sei; denn er sei, während er sie erwartete, ganz erstarrt; er werde kein Wort mit ihr sprechen und sie nicht berühren, und sobald er sich ein wenig erwärmt hätte, wolle er gehen. Salvestra hatte ein wenig Mitleid mit ihm und gewährte es ihm unter den Bedingungen, die er selbst bestimmt hatte. So legte sich also der Jüngling ihr zur Seite, ohne sie zu berühren. Er überdachte seine lange Liebe zu ihr, ihre jetzige Grausamkeit und seine lange Hoffnung, und so entschloß er sich, zu sterben. Er drängte den Atem in sich zurück und verschied an ihrer Seite, ohne ein Wort zu sagen. Nachdem eine kurze Weile verflossen war, wunderte sich das junge Weib über seine Enthaltsamkeit, und aus Furcht, ihr Mann möchte erwachen, sprach sie: »Nun, Girolamo, warum gehst du nicht?« Als sie keine Antwort vernahm, dachte sie, er sei eingeschlafen. Um ihn daher zu erwecken, faßte sie ihn mit der Hand und rüttelte ihn. Als sie ihn jedoch berührte, fand sie, daß er eiskalt war. Hierüber erstaunt, berührte sie ihn stärker, und als sie ihn bewegungslos fand, sah sie bald, daß er tot war. Tief betrübt, wußte sie lange nicht, was sie tun sollte. Endlich entschloß sie sich, ihrem Manne die Sache zu erzählen, wie wenn sie jemand anders begegnet wäre, um zu hören, was ihr Mann anraten würde. Sie weckte ihn daher und erzählte ihm, daß, was im Augenblick zuvor ihr begegnet war, einer andern begegnet sei, und fragte ihn dann, was er ihr, wenn es ihr begegnet wäre, für einen Rat geben würde. Der gute Mann antwortete: er glaube, den Toten müsse man heimlich nach seinem Hause tragen und dort niederlegen, ohne deshalb auf die Frau erzürnt zu sein, die ihm hierin schuldlos scheine. Hierauf sprach die junge Frau: »Wir sind in diesem Falle«; dann faßte sie seine Hand und ließ ihn den toten Jüngling berühren. Hierüber ganz erstaunt, erhob er sich, zündete ein Licht an, und ohne mit seiner Frau weiter zu sprechen, nahm er den Toten in seinen Kleidern ohne Zögern (hierin half ihr ihre Unschuld) auf die Schultern, trug ihn an die Türe seines Hauses und legte ihn dort nieder. Als der Tag kam und man den Toten vor seinem Hause fand, entstand ein großer Lärm, besonders von der Mutter. Nachdem man ihn jedoch untersucht hatte und nirgends eine Wunde oder einen Schlag fand, erklärten alle Ärzte einstimmig, er sei aus Kummer gestorben, wie es denn auch war. Er wurde daher in die Kirche getragen, und hier kam die trauernde Mutter mit vielen andern Damen aus der Verwandtschaft und Nachbarschaft und beweinten ihn unserem Gebrauche gemäß über die Maßen. Während dieses Jammers sagte der gute Mann, in dessen Haus er gestorben war, zu Salvestra: »Geh, lege einen Mantel um, begib dich in die Kirche, wohin man Girolamo getragen hat, und mische dich unter die Frauen, um zu hören, was über die Sache gesprochen wird. Ich will es ebenso bei den Männern machen, damit wir erfahren, ob etwas gegen uns geredet wird.« Der Frau, die jetzt auf einmal mitleidig geworden war, gefiel dies; denn sie wünschte den gerne tot zu sehen, dem sie im Leben nicht einmal einen Kuß hatte erlauben mögen, und ging dahin. Es ist wunderbar, wie unergründlich die Macht der Liebe ist. Das Herz, das Girolamo im Glück nicht hatte öffnen können, öffnete sich durch das Unglück. Die edle Flamme erwachte mit aller Glut, und der Anblick des Toten flößte ihr plötzlich wieder so innige Liebe ein, daß sie, in ihren Mantel gehüllt, durch die Damen sich hindurchdrängte und nicht eher ruhte, als bis sie zu dem Leichnam kam. Hier stieß sie einen lauten Schrei aus und stürzte sich mit dem Gesichte auf den toten Jüngling, aber sie benetzte ihn nicht mit Tränen, denn kaum hatte sie ihn berührt, als ihr der Schmerz das Leben nahm, wie er auch jenem das Leben genommen hatte. Die Damen wollten sie trösten und ermahnten sie aufzustehen, noch ohne sie zu erkennen. Endlich, als sie nicht aufstand, wollten sie sie aufheben, aber sie fanden sie bewegungslos und erkannten, daß auch Salvestra tot war. Bei diesem doppelten Schmerze begannen die Frauen aufs neue noch viel größere Klagen. Die Nachricht verbreitete sich auch unter den Männern außerhalb der Kirche, und als sie zu den Ohren ihres Mannes kam, der sich unter jenen befand, weinte er lange Zeit, ohne einen Trost von irgend jemand anzunehmen. Hierauf erzählte er den vielen Anwesenden die Geschichte von der vorigen Nacht mit seiner Frau und dem Jünglinge, und nun sah jedermann die Ursache ihres beiderseitigen Todes ein, worüber alle tiefen Kummer fühlten. Man nahm hierauf die tote Frau, schmückte sie, wie man die Leichname zu schmücken pflegt, und legte sie auf dasselbe Bett neben den toten Jüngling. Nach langen Klagen wurden sie beide in dasselbe Grab gesetzt, und sie, welche die Liebe im Leben nicht hatte verbinden können, verband jetzt der Tod unzertrennlich.

HERR GUILLAUME ROUSSILLON

GIBT SEINER GATTIN DAS HERZ DES HERRN
GUILLAUME GUARDASTAGNO, DER VON IHM GETÖTET
UND VON IHR GELIEBT WORDEN WAR, ZU ESSEN.
DA SIE ES SPÄTER ERFÄHRT, STÜRZT SIE SICH VON EINEM
HOHEN FENSTER AUF DIE ERDE NIEDER, STIRBT
UND WIRD MIT IHREM GELIEBTEN BEGRABEN.

Als die Erzählung Neifiles zu Ende war, die auf alle ihre Freundinnen tiefen Eindruck gemacht hatte, begann der König, der das Vorrecht des Dioneo nicht schmälern wollte, da niemand sonst mehr zu sprechen hatte, folgendermaßen: Mir fällt, meine vortrefflichen Damen, eine Novelle ein, die ihr, da ihr so viel Mitgefühl für das Unglück habt, ebenfalls nicht ohne Mitleid anhören werdet; zumal da die Personen, denen das, was ich erzähle, begegnet ist, höheren Ranges waren als die, von denen in der vorigen Erzählung die Rede war. Ihr müßt also wissen, daß, wie die Provenzalen erzählen, in der Provence einst zwei edle Ritter waren, von denen jeder Schlösser und Vasallen unter sich hatte. Der eine hieß Herr Guillaume Roussillon, der andere Herr Guillaume Guardastagno. Beide waren wackere Streiter, welche die Gewohnheit hatten, miteinander in ihrer Ritterkleidung alle Turniere und Waffenübungen zu besuchen. Und obgleich ein jeder sein eigenes Schloß bewohnte und sie wohl zehn Meilen voneinander entfernt waren, geschah es doch, daß, da Herr Guillaume Roussillon eine wunderschöne liebenswürdige Frau zur Gattin hatte, Herr Guillaume Guardastagno ungeachtet der zwischen ihnen bestehenden Freundschaft und Kameradschaft sich sterblich in sie verliebte. Durch Gebärden gab er ihr auch seine Liebe zu verstehen, und da sie ihn als einen tapfern Ritter kannte, gefiel er ihr, und sie begann ihn zu lieben, so daß ihr bald nichts mehr auf der Welt so teuer war. Sie wartete nur darauf, von ihm aufgefordert zu werden, und es stand auch nicht lange an. Sie waren alsdann öfters beisammen und liebten sich aufs innigste. Als sie nun nicht sehr vorsichtig miteinander Umgang hatten, geschah es, daß ihr Gemahl es bemerkte und darüber so entrüstet wurde, daß seine große Liebe zu Guardastagno sich plötzlich in tödlichen Haß verwandelte. Dennoch hielt er diesen Haß besser geheim, als die zwei Liebenden ihre Liebe geheimzuhalten wußten; ganz in der Stille aber beschloß er, ihn zu töten. Während Roussillon in dieser Stimmung war, geschah es, daß in Frankreich ein großes Turnier gehalten wurde. Roussillon zeigte dies sogleich Guardastagno an und ließ ihm sagen, wenn es ihm gefalle, so möchte er zu ihm kommen und mit ihm beraten, ob sie dahin gehen wollten, und auf welche Weise. Guardastagno, hocherfreut, antwortete, er werde unfehlbar am nächsten Tage bei ihm speisen. Als Roussillon dies hörte, dachte er, jetzt sei der Augenblick, ihn zu töten, gekommen. Am folgenden Tage bewaffnete er sich, stieg mit einem Diener zu Pferde und legte sich etwa eine Meile von seinem Schlosse entfernt in Hinterhalt in ein Gebüsch, an welchem Guardastagno vorüberkommen mußte. Nachdem er ihn eine Weile erwartet hatte, sah er ihn unbewaffnet mit zwei unbewaffneten Dienern kommen, und am gelegenen Orte tötete er ihn meuchelmörderisch und mit böser Tücke von hinten mit der Lanze, unter dem Rufe: Du bist des Todes! Dies auszurufen und mit der Lanze ihn zu durchstoßen war das Werk eines Augenblicks. Guardastagno fiel, ohne im mindesten sich irgendwie zu verteidigen oder nur ein Wort zu sagen, von der Lanze durchbohrt nieder und starb sogleich. Seine Diener, ohne nur gesehen zu haben, wer der Täter war, wandten sogleich ihre Pferde und flohen nach dem Schlosse ihres Herrn. Roussillon stieg vom Pferde, öffnete mit dem Messer die Brust Guardastagnos und nahm mit seiner eigenen Hand das Herz heraus. Er wickelte es in ein Lanzenfähnchen und gab es einem Diener zum Tragen. Nachdem er allen eingeschärft hatte, nichts über den Vorgang zu äußern, stieg er wieder zu Pferde und kehrte, als es schon Nacht war, in sein Schloß zurück. Die Dame, die gehört hatte, Guardastagno solle des Abends bei ihr speisen, und ihn aufs sehnsüchtigste erwartete, wunderte sich sehr, als sie ihn nicht kommen sah, und sagte zu ihrem Manne: »Wie kommt es, mein Herr, daß Guardastagno nicht eintrifft?« Hierauf sprach der Gemahl: »Meine Dame, ich habe Nachricht von ihm erhalten, daß er nicht vor morgen kommen kann«, worüber die Dame etwas beunruhigt war. Als Roussillon vom Pferde gestiegen war, ließ er den Koch rufen und sagte zu ihm: »Nimm dieses Herz eines Ebers und mache daraus eine Speise, so lieblich und schmackhaft, als es dir möglich ist, und wenn ich an der Tafel sitzen werde, sende sie mir in einem silbernen Gefäß.« Der Koch nahm es, wandte seine ganze Kunst und Mühe darauf, hackte es in kleine Stückchen und tat gute Gewürze dazu, so daß er ein köstliches Ragout bereitete. Als es Herrn Guillaume Zeit schien, setzte er sich mit seiner Frau zu Tische. Die Speisen kamen, aber im Bewußtsein seiner Missetat aß er nur wenig. Der Koch sandte ihm die bestellte Speise, er ließ sie seiner Frau vorstellen, da er tat, als sei er gesättigt, und rühmte ihr die Speise sehr an. Die Dame, die noch nicht gesättigt war, fing an davon zu essen, und da sie Geschmack daran fand, aß sie dieselbe ganz auf. Als der Ritter sah, daß die Dame sie ganz gegessen hatte, sprach er: »Meine Dame, wie hat Euch diese Speise geschmeckt?« Die Dame antwortete: »Mein Herr, wahrhaftig, sie hat mir sehr gut geschmeckt.« – »So wahr mir Gott helfe«, sagte der Ritter, »das glaube ich Euch, und es wundert mich gar nicht, daß das im Tode Euch noch gefällt, was Euch im Leben teuer war.« Als die Dame dies hörte, hielt sie eine Zeitlang inne, dann sprach sie: »Wie, was habt Ihr mir denn zu essen gegeben?« Der Ritter antwortete:

»Das, was Ihr gegessen habt, war in Tat und Wahrheit das Herz des Guillaume Guardastagno, den Ihr als ein treuloses Weib so sehr geliebt habt, und seid überzeugt, daß es dies wirklich war, denn mit diesen meinen Händen habe ich ihm die Brust durchbohrt, kurz ehe ich heimkehrte.« Als die Dame dies von dem hörte, was ihr das Teuerste war, war sie natürlich sehr betrübt. Sie sprach nach kurzem Bedenken: »Ihr handeltet wie ein ehrloser, schlechter Ritter, denn wenn ich, ohne daß er mich dazu nötigte, ihn zu meiner Liebe erkoren und dadurch Euch beleidigt hatte, so habe ich und nicht er die Strafe dafür verdient. Aber möge es Gott verhüten, daß auf eine so edle Speise, wie das Herz eines so tapfern und wackern Ritters, des Herrn Guillaume Guardastagno, war, jemals eine andere Speise folge.« Mit diesen Worten erhob sie sich und stürzte sich hinterrücks durch ein Fenster, das hinter ihr war. Das Fenster war sehr hoch; daher starb die Dame nicht nur durch jenen Sturz, sondern sie zerschmetterte sich ganz. Als Herr Guillaume dies sah, wurde er ganz bestürzt und sah ein, daß er unrecht getan habe, und da er die Bauern und den Grafen von Provence fürchtete, ließ er seine Pferde satteln und zog fort. Am folgenden Morgen erfuhr man in der ganzen Grafschaft den Hergang der Sache. Daher kamen die Leute vom Schloß des Herrn Guillaume Guardastagno und die Leute vom Schloß der Dame, nahmen unter Schmerz und Tränen die beiden Leichname und setzten sie in der Kirche des Schlosses der Dame in ein Grab, über welches bezeichnende Verse geschrieben wurden des Inhalts: Wer die hier Begrabenen gewesen seien und auf welche Weise ihr Tod erfolgt sei.

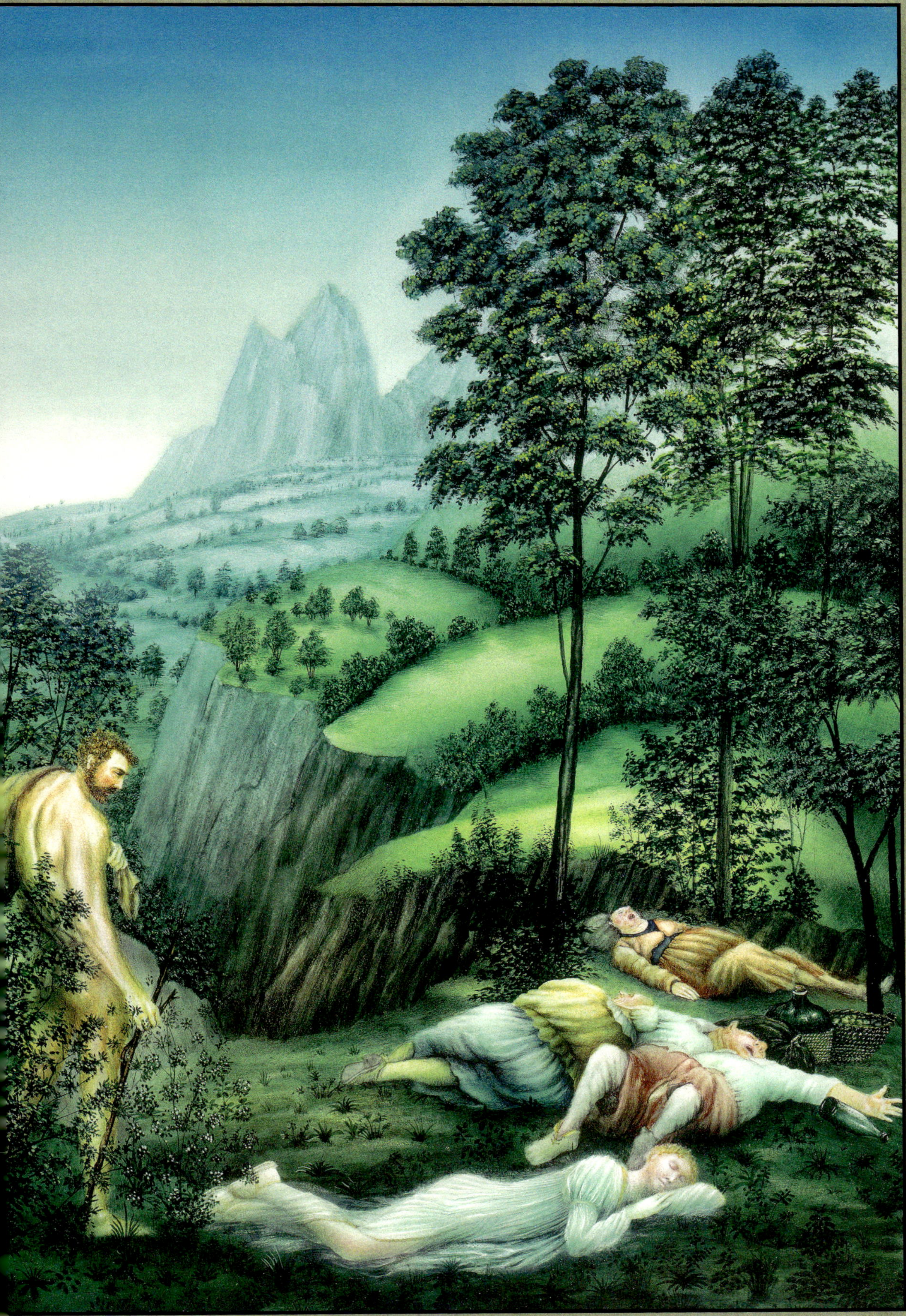

Der Jungfrau zu Füßen schliefen ebenfalls zwei Frauen und ein Mann, die Diener jener Jungfrau. Als Cimon sie sah, stützte er sich, wie wenn er noch nie einen weiblichen Körper gesehen hätte, auf seinen Stab und betrachtete die Jungfrau aufmerksam und mit größter Bewunderung.

CIMON

VERLIEBT SICH UND WIRD DADURCH KLUG;
ER RAUBT SEINE GELIEBTE, IPHIGENIE, AUF DEM MEERE,
WIRD IN RHODUS INS GEFÄNGNIS GEWORFEN,
AUS DEM LISIMACHUS IHN BEFREIT; ER RAUBT AUFS NEUE
MIT DIESEM IPHIGENIE UND CASSANDRA AN IHRER HOCHZEIT;
SIE FLIEHEN MIT IHNEN NACH KRETA, NEHMEN SIE DORT
ZU IHREN WEIBERN UND WERDEN ALSDANN MIT IHNEN
IN DIE HEIMAT ZURÜCKGERUFEN.

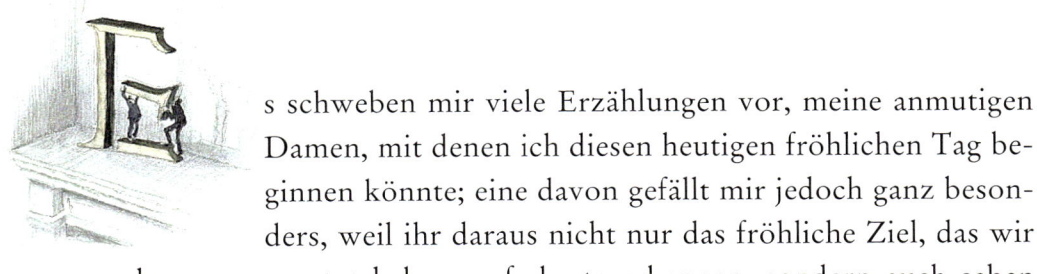

Es schweben mir viele Erzählungen vor, meine anmutigen Damen, mit denen ich diesen heutigen fröhlichen Tag beginnen könnte; eine davon gefällt mir jedoch ganz besonders, weil ihr daraus nicht nur das fröhliche Ziel, das wir uns heute vorgesetzt haben, aufs beste erkennen, sondern auch sehen könnt, wie heilig, groß und überschwenglich die Kräfte der Liebe sind, die von vielen, die nicht wissen, was sie sagen, mit Unrecht verdammt und getadelt wird. Daher wird euch die Erzählung auch sehr angenehm sein, da ihr, wenn ich nicht irre, doch alle verliebt seid.

Wie wir in alten zyprischen Geschichten gelesen haben, lebte auf der Insel Zypern einst ein edler Mann mit Namen Aristipp, der damals der reichste Mann im ganzen Lande war, und auch der glücklichste hätte sein müssen, wenn das Schicksal nicht in einem Punkte hart gegen ihn gewesen wäre. Er hatte nämlich unter andern einen Sohn, der an Größe und Schönheit des Körpers alle andern übertraf, aber beinahe blödsinnig war und ohne Hoffnung, geheilt zu werden. Sein Name war Gales; da aber weder die Mühe des Lehrers noch Schläge oder Liebkosungen des Vaters, noch die Anstrengung irgend jemands es je hatte bewirken können, ihm Kenntnisse oder Sitten beizubringen, vielmehr seine rauhe, harte Stimme und seine Bewegungen mehr tierisch als menschlich waren, so wurde er zum Spotte von jedermann Cimon genannt, was in jener Sprache soviel bedeutet als in der unsern »Vieh«.

Dieser hoffnungslose Zustand seines Sohnes schmerzte den Vater sehr, und um die Ursache seines Kummers nicht beständig vor Augen zu haben, befahl er ihm, aufs Land zu gehen und dort bei seinen Bauern zu leben. Das war Cimon sehr lieb, weil die Sitten und Gebräuche der rohen Menschen ihm viel angenehmer waren als die der Städter. Als nun Cimon sich auf dem Lande befand und sich dort mit ländlichen Verrichtungen beschäftigte, geschah es eines Tages, daß er nach dem Mittagessen, einen Sack auf der Schulter, von einem Felde zum andern ging und in ein liebliches Gehölz eintrat, das, weil es im schönen Mai war, herrlich grünte. Darin gelangte er, wie sein Geschick ihn führte, zu einer mit hohen Bäumen umgebenen kleinen Wiese an einer schönen, frischen Quelle; neben dieser sah er auf dem grünen Rasen eine wunderschöne Jungfrau schlafen, in einem Gewande, das so dünn war, daß es fast nichts von dem weißen Fleische verbarg; nur ein feiner weißer Gürtel schlang sich um ihren Leib. Der Jungfrau zu Füßen schliefen ebenfalls zwei Frauen und ein Mann, die Diener jener Jungfrau. Als Cimon sie sah, stützte er sich, wie wenn er noch nie einen weiblichen Körper gesehen hätte, auf seinen Stab und betrachtete die Jungfrau aufmerksam und mit größter Bewunderung; und in dem rauhen Gemüt, in welches tausend Unterweisungen keinen edlern Geschmack hatten pflanzen können, fühlte er einen Gedanken erwachen, der ihm sagte, dies sei das schönste Geschöpf, das je von irgend jemand gesehen worden sei. Er fing nun an, die Teile ihres Körpers einzeln zu betrachten, er lobte die Haare, die er für golden hielt, die Stirne, die Nase und den Mund, Hals und Arme, und vor allem den Busen, der noch im Aufkeimen war; aus einem Bauern wurde er plötzlich ein Richter der Schönheit und wünschte sehnlich, auch ihre Augen zu sehen, die sie im tiefen Schlafe geschlossen hielt; er wollte sie sogar, gerade deshalb, mehrmals aufwecken. Da sie ihm jedoch weit schöner erschien als irgendein anderes Weib, das er zuvor gesehen, zweifelte er nicht daran, daß es eine Göttin sei, und hatte doch so viel Verstand, um einzusehen, daß göttliche Dinge mehr Verehrung verdienen als menschliche. Daher hielt er sich zurück und wartete, bis sie von selbst erwache, und obgleich es ihm zu lange dauerte, konnte er sich doch nicht trennen; eine nie gefühlte Wonne hielt ihn fest. Nach langer Zeit wachte endlich die Jungfrau, welche Iphigenie hieß, zuerst von allen ihren Leuten auf, erhob das Haupt, öffnete die Augen, und als sie Cimon, auf seinen Stab gestützt, vor sich stehen sah, wunderte sie sich sehr und sprach: »Cimon, was suchst du denn um diese Stunde in diesem Gehölz?« Cimon war sowohl durch seine Gestalt als durch seine Plumpheit und das Ansehen und den Reichtum seines Vaters beinahe einem jeden in der ganzen Gegend bekannt. Er antwortete auf diese Worte Iphigeniens nichts, sondern als sie ihre Augen geöffnet hatte, blickte er starr in diese hinein, und es schien ihm aus diesen eine Lieblichkeit auszuströmen, die ihn mit nie gefühlter Seligkeit erfüllte. Als die Jungfrau dies sah, besorgte sie, dieser starre Blick könnte ihn bei seiner Roheit zu etwas verleiten, was ihr Schande bringen könnte; daher rief sie ihre Frauen, stand auf und sprach: »Lebe wohl, Cimon.« Cimon antwortete: »Ich gehe mit dir.« Und obgleich die Jungfrau sich seine Gesellschaft verbat, indem sie sich immer vor ihm fürchtete, konnte sie ihn doch nicht eher loswerden, als bis er sie vor ihr Haus begleitet hatte. Von hier aus ging er in das Haus seines Vaters und erklärte, er werde unter keinen Umständen mehr aufs Land zurückkehren, und so unangenehm dies dem Vater und den Seinigen war, ließen sie ihn doch gewähren, da sie sehen wollten, was wohl die Ursache dieses schnellen Entschlusses sein möge. Nachdem nun in Cimons Herz, in welches keine Lehre hatte Eingang finden können, Amors Pfeil durch Iphigeniens Schönheit eingedrungen war, machte er seinen Vater und alle die Seinigen und jeden, der ihn kannte, staunen, indem er in kürzester Zeit von einem Gedanken auf den andern kam. Zuerst verlangte er von seinem Vater, er solle ihn in denselben Kleidern und in dem Schmucke gehen lassen wie seine Brüder, was der Vater mit Vergnügen zugab. Hierauf suchte er Umgang mit wackern Jünglingen, eignete sich das Benehmen edler und namentlich verliebter Männer an und lernte zu jedermanns größter Verwunderung in kurzer Zeit nicht bloß die ersten Kenntnisse der Wissenschaft, sondern er wurde sogar ein tüchtiger Philosoph. Hierauf – und an alledem war die Liebe schuld, die er zu Iphigenie hegte – bildete er seine rauhe Stimme nicht nur zu einer feinen und lieblichen um, sondern er wurde sogar Meister der Musik und des Gesanges; und in ritterlichen und kriegerischen Übungen, sowohl zu Lande als zur See, wurde er bald der Erfahrenste und Tapferste. Kurz, um nicht alle seine Vorzüge aufzuzählen, kaum vier Jahre nach seinem ersten Verlieben war er der gebildetste und gesittetste junge Mann und übertraf alle jungen Männer auf der Insel Zypern an Vorzügen. Was sollen wir, meine anmutigen Damen, von Cimon sagen? Gewiß nichts anderes, als daß die vom Himmel in die Seele ihm gelegten hohen Kräfte vom neidischen Geschicke in Banden gehalten und verschlossen worden waren. Diese Bande brach und löste die Liebe, die mächtiger ist als das Geschick; sie weckte die schlafenden Fähigkeiten, zog sie aus dem Dunkel hervor ans helle Licht und zeigte deutlich, zu welcher Höhe sie mit ihren Strahlen die Kräfte entwickeln kann. Obgleich nun Cimon in seiner Liebe zu Iphigenie, wie die meisten verliebten Jünglinge, in manchem übertrieb, so ertrug Aristipp dies doch geduldig in der Erwägung, daß die Liebe ihn aus einem Tiere zu einem Menschen gemacht, ja er munterte ihn sogar auf, seine Liebe zu verfolgen. Cimon, der nicht mehr Gales sich nennen lassen wollte, weil er sich erinnerte, daß Iphigenie ihn Cimon genannt hatte, wollte jedoch seinem Verlangen ein ehrbares Ziel verschaffen und ließ daher Cipseo, den Vater Iphigeniens, oftmals angehen, daß er sie ihm zum Weibe gebe. Aber Cipseo antwortete immer, er habe sie an Pasimund versprochen, einen edlen jungen Rhodenser, dem er sein Wort nicht brechen könne. Als nun die für die Hochzeit Iphigeniens festgesetzte Zeit herankam und ihr Bräutigam nach ihr sandte, sprach Cimon bei sich selbst: »Jetzt ist der Augenblick, zu zeigen, o Iphigenie, wie sehr du von mir geliebt bist. Ich bin durch dich ein Mensch geworden, und wenn ich dich besitze, so zweifle ich nicht, daß ich ruhmreicher werde als ein Gott, ja gewiß, dich muß ich besitzen, oder sterben.« Hierauf ging er in der Stille mehrere edle junge Männer, die seine Freunde waren, an, ließ heimlich ein Fahrzeug mit allen zu einem Seegefecht nötigen Gegenständen versehen und segelte ins Meer, um das Schiff zu erwarten, welches Iphigenie nach Rhodus zu ihrem Bräutigam führen sollte. Dieses Schiff stach auch endlich, nachdem Iphigeniens Vater den Freunden ihres Bräutigams alle Ehre angetan hatte, in das Meer und steuerte gegen Rhodus. Cimon, der auch nicht schlief, überfiel dasselbe am folgenden Tage und rief, auf dem Vorderteile seines Schiffes stehend, denen, welche sich auf dem Schiffe Iphigeniens befanden, mit starker Stimme zu: »Haltet an, streicht die Segel, oder macht euch gefaßt, in den Grund gebohrt zu werden.« Die Gegner Cimons hatten die Waffen gezogen und rüsteten sich zur Verteidigung; nachdem nun Cimon geendet, nahm er einen Enterhaken, warf diesen mit Riesenstärke nach dem Hinterteile des Schiffes der Rhodenser und kettete so dieses an sein eigenes Schiff. Hierauf sprang er, wild wie ein Löwe, ohne von jemand begleitet zu sein, auf das rhodische Schiff hinüber, wie wenn er alle, welche darauf waren, für nichts anschlüge. Von Liebe getrieben, warf er sich mit wunderbarer Stärke, einen Dolch in der Hand, auf die Feinde, verwundete bald diesen, bald jenen und schlachtete sie wie Vieh. Als die Rhodenser dies sahen, streckten sie die Waffen und erklärten sich alle einstimmig zu Gefangenen. Hierauf sprach Cimon: »Ihr jungen Männer, nicht Verlangen nach Beute noch Haß gegen euch hat mich von Zypern hierhergeführt, um euch mitten im Meere mit bewaffneter Hand anzugreifen. Der Besitz dessen, was mich antrieb, ist für mich etwas sehr Wichtiges, ihr dagegen könnt es mir leicht im Frieden überlassen; es ist Iphigenie, die ich über alles liebe. Da ich sie von ihrem Vater nicht als Freund und im Frieden erhalten konnte, hat die Liebe mich bewogen, sie euch als Feind und mit den Waffen in der Hand zu entreißen, und daher will ich ihr jetzt dasselbe sein, was euer Pasimund ihr hatte sein sollen.

Gebt sie mir und ziehet dann mit Gott weiter.« Die Jünglinge, mehr durch die Übermacht gezwungen als aus freiem Willen, lieferten Iphigenie unter Tränen an Cimon aus. Als dieser die Dame sah, sprach er: »Edle Dame, bekümmere dich nicht, ich bin dein Cimon, der dich durch lange Liebe weit eher verdient hat als Pasimund durch ein ihm gegebenes Wort.« Er ließ sie hierauf auf sein Schiff bringen, kehrte selbst, ohne irgend etwas von dem Eigentum der Rhodenser zu berühren, zu seinen Gefährten zurück und ließ jene ziehen. Cimon, hocherfreut über die Eroberung einer so teuern Beute, faßte, nachdem er eine Zeitlang die Weinende getröstet hatte, mit seinen Gefährten den Entschluß, vorderhand nicht nach Zypern zurückzukehren. Sie beschlossen daher einstimmig, nach Kreta zu segeln, wo beinahe jeder und vor allem Cimon durch Verwandte und Freunde aus alter und neuer Zeit mit Iphigenien sicher leben zu können hofften, und steuerten daher dorthin. Aber das Schicksal, das die Eroberung der Dame dem Cimon so freundlich gewährt hatte, war veränderlich und verwandelte die unaussprechliche Freude des verliebten Cimon plötzlich in bittere Tränen. Es waren noch nicht vier Stunden verflossen, seit Cimon die Rhodenser verlassen hatte, als die Nacht sie überraschte, die Cimon diesmal sehnsüchtiger als je erwartete, und zu gleicher Zeit ein wütender Sturm sich erhob, der den Himmel mit Wolken bedeckte und gefährliche Winde aufjagte, so daß niemand sehen konnte, was man tun oder wohin man sich wenden sollte, noch auf dem Schiff irgend zu helfen imstande war. Wie sehr Cimon darüber bekümmert war, braucht man nicht erst zu versichern: es schien ihm, als hätten ihm die Götter sein Verlangen nur gewährt, um ihm das Sterben desto bitterer zu machen, um welches er sich sonst wenig bekümmert hatte. Ebenso grämten sich seine Gefährten, vor allen aber Iphigenie, die in Tränen schwamm und jeden Stoß der Wellen fürchtete. Sie fluchte in ihrem Gram mit harten Worten der Liebe Cimons, schmähte seine Neigung und behauptete, aus keinem andern Grunde sei der Sturm entstanden, als weil die Götter nicht gewollt haben, daß der, welcher sie gegen den Willen der Götter zur Gattin haben wolle, sich seines vermessenen Wunsches freuen sollte, sondern jetzt zuerst sie und dann ihn jämmerlich sterben lassen wollen. Unter solchen und noch bitterern Klagen und Tränen kamen sie, da die Matrosen nicht wußten, was sie tun sollten und wohin der Sturm, der immer stärker wurde, sie führte, in die Nähe der Insel Rhodus. Ohne übrigens zu wissen, daß dies Rhodus sei, strengten sie sich, nur um ihr Leben zu retten, so sehr sie konnten an, um das Land zu erreichen; das Glück war ihnen günstig und führte sie in einen kleinen Meerbusen, in den kurz vor ihnen auch die Rhodenser mit ihrem Schiff eingelaufen waren. Auch bemerkten sie nicht eher, daß sie an der Insel Rhodus gelandet, als bis die Morgenröte heraufkam und sie sich beim Herannahen des Tages auf einen Bogenschuß Entfernung vom Schiffe sahen, das sie tags zuvor auf dem Meere zurückgelassen hatten. Hierüber sehr erschrocken, befahl Cimon, der Besorgte, es möchte ihm das begegnen, was ihm nachher auch wirklich begegnete, alle Kraft daranzuwenden, um von dieser Stelle wegzukommen, möge sie auch das Geschick hinführen, wohin es wolle; denn schlimmer könnten sie nirgends daran sein als hier. Sie wandten alle Kräfte an, um aus dem Meerbusen hinauszukommen, aber vergebens; der starke Wind blies so ungestüm von der entgegengesetzten Seite, daß sie nicht nur aus der kleinen Bucht nicht herauskamen, sondern ganz auf das Land getrieben wurden. Hier angekommen, wurden sie von den rhodischen Matrosen, die ihr Schiff verlassen hatten, erkannt. Sogleich lief einer von diesen auf ein nahes Landhaus zu, wohin die edlen Jünglinge aus Rhodus sich begeben hatten, und erzählte ihnen, Cimon sei mit Iphigenie auf seinem Schiffe hierhergetrieben worden. Diese, über die Nachricht hocherfreut, nahmen viele Männer vom Landhause und begaben sich sogleich ans Meer; und Cimon, der bereits mit den Seinigen das Schiff verlassen und den Entschluß gefaßt hatte, in einen nahen Wald zu fliehen, wurde mit Iphigenie und allen den Seinigen gefangengenommen und auf das Landhaus geführt. Aus der Stadt kam bald Lisimachus, der damals das höchste Amt auf Rhodus bekleidete, mit einer zahlreichen Begleitung von bewaffneten Männern, und Cimon wurde mit seinen Gefährten ins Gefängnis geworfen, was Pasimund, der die Nachricht erhalten hatte, bei dem Senat von Rhodus durchsetzte. Auf diese Weise verlor der unglückliche und verliebte Cimon seine Iphigenie, nachdem er sie kurz zuvor erst gewonnen hatte, ohne etwas anderes von ihr erhalten zu haben als ein paar Küsse. Iphigenie wurde von vielen rhodischen Edeldamen bewillkommt und getröstet, sowohl über ihre Gefangennahme als über die Strapazen und Besorgnisse auf der empörten See, und sie blieb bei ihnen bis zu dem zu ihrer Hochzeit bestimmten Tage. Dem Cimon und seinen Gefährten wurde dafür, daß sie tags zuvor den rhodischen Jünglingen die Freiheit gegeben hatten, das Leben geschenkt, welches Pasimund ihnen zu nehmen sich alle Mühe gab; dagegen wurden sie zu lebenslänglichem Gefängnis verurteilt. In diesem waren sie, was man sich denken kann, sehr bekümmert und ohne Hoffnung auf irgendeine künftige Freude. Pasimund bereitete nun, so schnell er konnte, die Hochzeit. Das Schicksal aber, wie wenn es das Cimon zugefügte Leid bereute, führte ein Ereignis herbei, das ihm wieder zum Heile ausschlug. Pasimund hatte einen Bruder, der an Jahren, aber nicht an Vorzügen unter ihm stand, mit Namen Ormisda, und der in langer Unterhandlung begriffen war, um eine schöne und edle junge Dame der Stadt zur Gattin zu nehmen, welche Cassandra hieß und von Lisimachus außerordentlich geliebt wurde, und es war die Heirat durch verschiedene Zufälle schon mehrmals rückgängig gemacht worden. Als nun Pasimund unter großen Feierlichkeiten seine Hochzeit begehen mußte, hielt er es für das angemessenste, um die Kosten für die Festlichkeit zu vereinfachen, es dahin zu bringen, daß Ormisda an demselben Tage auch seine Frau heimführe. Er knüpfte daher die Unterhandlungen mit den Eltern der Cassandra wieder an und brachte sie zu gutem Ende; und er und sein Bruder beschlossen miteinander, an demselben Tage, an welchem Pasimund Iphigenie heimführe, solle auch Ormisda Cassandra heiraten. Als Lisimachus dies hörte, mißfiel es ihm ungemein; denn er sah sich dadurch seiner letzten Hoffnung beraubt; er hatte nämlich geglaubt, wenn Ormisda sie nicht erhielte, dann werde er sie desto gewisser bekommen. Als ein verständiger Mann hielt er jedoch seinen Kummer geheim und fing an, darüber nachzudenken, auf welche Art er die Sache hindern könne. Er sah indes keinen andern Weg als den, sie zu rauben. Dies schien ihm leicht wegen des Amtes, das er bekleidete; aber er achtete es für unehrbarer, als wenn er das Amt nicht gehabt hätte. Kurz gesagt indessen: nach einiger

Überlegung siegte die Liebe über die Ehrbarkeit, und er faßte den Entschluß, Cassandra zu rauben, möge auch daraus entstehen, was da wolle. Als er über die Leute nachsann, die er zur Ausführung seines Planes nötig hatte, und über die Art und Weise, erinnerte er sich Cimons, den er samt seinen Gefährten im Gefängnis hielt, und glaubte keinen besseren und treueren Gefährten bei dieser Sache haben zu können als Cimon. Er ließ ihn daher in der folgenden Nacht heimlich auf sein Zimmer kommen und fing so zu sprechen an: »Cimon, ebenso wie die Götter die besten und freigebigsten Verleiher der Güter an die Menschen sind, so sind sie auch die weisen Richter ihrer Vorzüge, und diejenigen, welche sie standhaft und fest in allen Angelegenheiten finden, die machen sie auch, als die Vortrefflichsten, der größten Vorteile teilhaftig. Sie wollten von deiner Trefflichkeit bessere Proben haben, als du im Hause deines Vaters hättest zeigen können, der, wie ich weiß, Überfluß an Reichtum hat; sie haben dich zuerst durch den Sporn der Liebe aus einem unverständigen Tiere zu einem Menschen gemacht, wie ich hörte; dann haben sie dich durch ein hartes Schicksal und jetzt durch schmerzliche Gefangenschaft auf die Probe setzen wollen, ob dein Gemüt sich umwandle und anders werde als damals, da du der gewonnenen Beute dich erfreutest. Wenn dieses noch dasselbe ist, was es damals war, so hast du noch nichts empfangen, was dir lieber gewesen wäre als das, was sie dir jetzt zu schenken Anstalt machen, und ich will dir dies, damit du deinen alten Mut wieder gewinnest, zeigen. Pasimund, über dein Unglück erfreut, nachdem er lange bedacht gewesen, dich aus der Welt zu schaffen, rüstet sich gegenwärtig mit aller Macht, seine Hochzeit zu feiern mit deiner Iphigenie, um sich der Beute zu freuen, welche ein freundliches Geschick dir zuerst gewährte und plötzlich dir feindlich wieder entriß. Wie sehr dich dies schmerzen muß, wenn du so innig liebst, wie ich glaube, das weiß ich von mir selbst, dem an demselben Tage sein Bruder Ormisda dasselbe Unrecht antun will mit Cassandra, die ich über alles liebe. Um diesem Unrecht des Geschickes vorzubeugen, sehe ich nur einen Weg, nämlich in der Kraft unserer Seelen und Arme, in die wir die Schwerter nehmen und uns Bahn erkämpfen müssen zum Raub unserer Damen, du zu dem zweiten, ich zu dem ersten;

wenn dir aber deine, ich will nicht sagen Freiheit, denn ich glaube, daß du um diese dich wenig bekümmerst ohne deine Dame; also, wenn dir deine Dame und ihr Besitz am Herzen liegen, so haben die Götter sie in deine Hand gelegt, wenn du mir zu meinem Unternehmen folgen willst.« Diese Worte gaben Cimon den Mut wieder zurück, und ohne sich daher lange auf Antwort zu besinnen, sprach er: »Lisimachus, du kannst keinen tapfrern und keinen treuern Gefährten zu deinem Unternehmen haben als mich, wenn das, was du sagst, für mich daraus erfolgen soll; sage mir daher, was ich dabei zu tun habe, und du wirst mich mit allem Eifer handeln sehen.« Lisimachus sprach: »Von heute über drei Tage werden die neuen Gattinnen zum ersten Male in die Häuser ihrer Männer gehen: du wirst daher bewaffnet mit deinen Gefährten und einigen von den meinigen, auf die ich mich verlassen kann, gegen Abend in jene Häuser dringen; wir rauben sie vom Mahle hinweg, bringen sie auf ein Schiff, das ich in der Stille habe rüsten lassen, und führen sie fort; wer sich erfrecht, uns zu widerstehen, wird getötet.« Cimon gefiel diese Anordnung, und er blieb bis zur festgesetzten Zeit in seinem Gefängnisse.

Als der Tag der Hochzeit herankam, wurden großartige Anstalten getroffen, und das Haus der zwei Brüder war voll Fröhlichkeit. Nachdem Lisimachus alles mögliche zubereitet hatte, teilte er Cimon und seine Gefährten und ebenso seine eigenen Freunde, die alle unter ihren Kleidern Waffen trugen, als es ihm Zeit schien, in drei Haufen, nachdem er sie zuerst mit vielen Worten für seinen Plan begeistert hatte; den einen stellte er vorsichtig an den Hafen, damit niemand ihnen im Wege stehen könne, wenn sie zu gelegener Zeit das Schiff besteigen würden. Mit den beiden andern zog er an das Haus des Pasimund, ließ den einen an der Türe stehen, damit man sie nicht darin einschließen und ihnen den Ausgang wehren könnte, und mit dem Rest stieg er, in Cimons Gesellschaft, die Treppen hinauf. Als sie in den Saal gekommen waren, wo die Neuvermählten mit vielen andren bereits an der Tafel saßen, stürzte er auf die Tische und warf sie um; jeder von beiden ergriff seine Dame, übergab sie den Gefährten und befahl, sie unverzüglich auf das Schiff zu bringen. Die Neuvermählten fingen an zu weinen und zu schreien, ebenso die übrigen Damen und die Dienerschaft, und bald war alles voll Lärm und Wehgeschrei. Aber Cimon, Lisimachus und ihre Gefährten zogen die Schwerter und gelangten, ohne irgendeinen Widerstand, an die Treppe. Während sie diese hinabstiegen, begegnete ihnen Pasimund, der bei dem Lärm mit einem großen Stocke in der Hand herzulief. Cimon gab ihm einen Hieb auf den Kopf und spaltete diesen gerade in der Mitte, so daß er tot ihm zu Füßen fiel. Ormisda, der seinem Bruder zu Hilfe herbeieilte, wurde ebenfalls durch einen Hieb Cimons jämmerlich getötet, und einige andere, die herannahen wollten, wurden von den Gefährten des Lisimachus und Cimon verwundet und zurückgetrieben. So ließen sie das Haus voll Blut, Lärm, Tränen und Wehgeschrei zurück und gelangten ohne Schwierigkeiten mit ihrem Raube an das Schiff. Auf diesem brachten sie ihre Damen unter, bestiegen es selbst mit ihren Gefährten, und während das ganze Gestade schon voll Bewaffneter stand, welche die Damen zurückholen wollten, stachen sie ins Meer, ganz vergnügt über das Gelingen ihres Unternehmens. Als sie nach Kreta gelangt waren, wurden sie hier von vielen Freunden und Verwandten fröhlich empfangen. Sie heirateten die Damen, stellten ein großes Fest an und freuten sich herzlich ihrer Beute. In Zypern und in Rhodus war lange Zeit wegen dieser Geschichte großes Geschrei und Erbitterung. Zuletzt vermittelten die Freunde und Verwandten beider Teile hier und dort, und so geschah es, daß nach kurzer Verbannung Cimon mit Iphigenie fröhlich nach Zypern zurückkehrte und ebenso Lisimachus mit Cassandra nach Rhodus, und jeder führte in seinem Vaterlande noch lange Zeit ein fröhliches Leben.

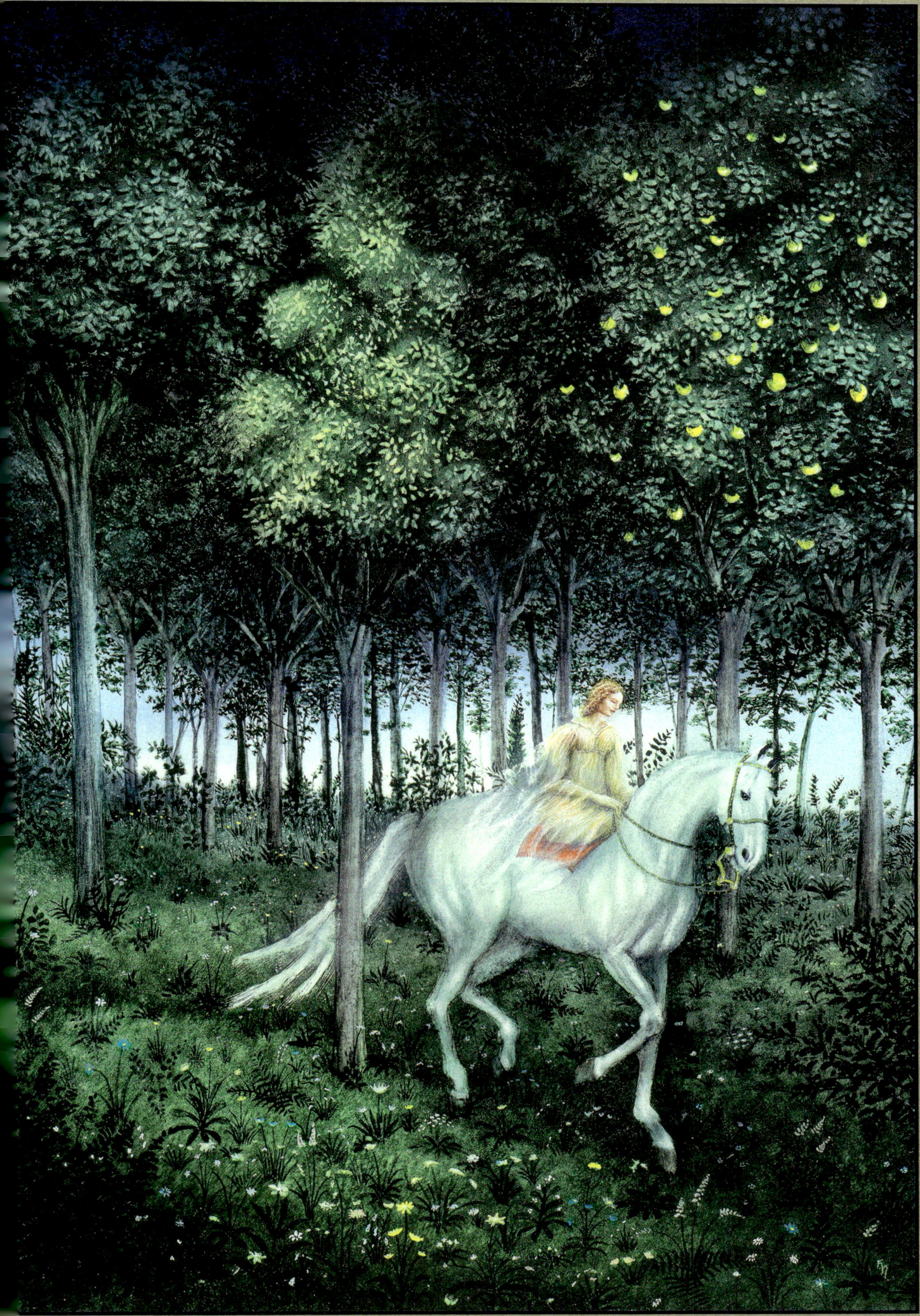

Die Jungfrau, welche, wie wir zuvor erzählt haben, geflohen war, wußte ebensowenig den Weg als ihr Pferd. Sie ließ sich daher hintragen, wohin jenes wollte, und bald war sie so tief im Walde.

PIETRO BOCCAMAZZA

FLIEHT MIT AGNOLELLA UND STÖSST AUF RÄUBER.
DIE JUNGFRAU FLIEHT IN EINEN WALD UND WIRD
IN EIN SCHLOSS GEFÜHRT. PIETRO WIRD FESTGENOMMEN,
ENTFLIEHT DEN HÄNDEN DER RÄUBER UND GELANGT NACH
EINIGEN UNFÄLLEN IN DAS SCHLOSS, WO SICH AGNOLELLA BEFINDET.
DANN HEIRATET ER SIE UND KEHRT MIT IHR NACH HAUSE ZURÜCK.

Alle lobten Panfilos Novelle, und als die Königin sah, daß sie zu Ende war, wandte sie sich an Elisa und gebot ihr, fortzufahren. Diese begann gehorsam: Meine lieblichen Damen, es schwebt mir eine unglückliche Nacht vor, die von zwei nicht sehr verständigen jungen Leuten verlebt wurde; da jedoch viele glückliche Tage darauf folgten und die Geschichte also für unser Thema paßt, so will ich sie erzählen.

In Rom, das einst das Haupt der Welt war, wie es jetzt der Schwanz derselben ist, lebte vor noch nicht langer Zeit ein junger Mann, mit Namen Pietro Boccamazza, aus einer sehr vornehmen römischen Familie. Dieser verliebte sich in eine wunderschöne, liebenswürdige Jungfrau namens Agnolella, Tochter eines gewissen Gigliuozzo Saullo, eines niedrig geborenen Mannes, den aber die Römer sehr hochschätzten. Da er sie einmal liebte, so wußte er es bald dahin zu bringen, daß sie ihn nicht weniger liebte als er sie. Pietro, voll glühender Liebe, außerstand, die Pein dieses Verlangens länger zu ertragen, verlangte sie zum Weibe. Als dies seine Verwandten erfuhren, waren sie alle hinter ihm her und schmähten ihn aufs härteste wegen seines Vorhabens. Auf der andern Seite ließen sie Gigliuozzo Saullo sagen, er möge den Worten Pietros unter keinen Umständen nachgeben, denn wenn er es tue, so werden sie ihn niemals als einen Freund noch als einen Verwandten ansehen. Pietro wollte vor Schmerz sterben, als er so den einzigen Weg verschlossen sah, auf welchem er sein Verlangen erreichen zu können glaubte, und wenn nur Gigliuozzo seine Einwilligung gegeben hätte, er hätte die Tochter trotz aller seiner Verwandten zum Weibe genommen. Gleichwohl entschloß er sich, seinen Zweck zu verfolgen und zu erreichen, wenn die Jungfrau dazu geneigt wäre, und als er durch eine Mittelsperson erfahren hatte, daß es auch ihr angenehm sei, wurde verabredet, sie wollten miteinander aus Rom fliehen. Nachdem die Sache festgesetzt war, stand Pietro eines Morgens sehr frühe auf, stieg mit ihr zu Pferde, und sie schlugen den Weg nach Alagna ein, wo Pietro mehrere Freunde hatte, auf die er großes Vertrauen setzte. Sie nahmen sich nicht Zeit, auf der Reise Hochzeit zu machen, weil sie verfolgt zu werden fürchteten; sie unterhielten sich daher nur von ihrer Liebe und gaben einander viele Küsse. Nun geschah es, da Pietro des Weges nicht recht kundig war, daß sie in einer Entfernung von etwa acht Meilen von Rom an einer Stelle, wo sie sich rechts hätten halten sollen, den Weg links einschlugen. Kaum waren sie zwei Meilen weit geritten, als sie sich in der Nähe eines kleinen Schlosses sahen, aus welchem, als man sie entdeckt hatte, sogleich etwa zwölf Kerle herauskamen. Als sie ihnen schon ziemlich nahe waren, erblickte sie die Jungfrau und sagte mit einem Schrei: »Pietro, retten wir uns! Wir werden angegriffen.« Mit diesen Worten wandte sie ihr Pferd gegen einen dichten Wald, drückte ihm die Sporen in den Leib und hielt sich am Sattelknopfe. Das Pferd, von den Sporen angetrieben, brachte sie in schnellem Laufe in den Wald. Pietro, der ihr mehr ins Gesicht als auf den Weg gesehen hatte, war der Herannahenden nicht so bald gewahr geworden, und während er daher um sich blickte, von welcher Gegend sie herkämen, wurde er von ihnen schon überfallen, gefaßt und vom Pferde gerissen. Nachdem sie ihn gefragt, wer er wäre, und er es ihnen gesagt hatte, fingen sie an, miteinander Rat zu halten und sprachen: »Dieser Mensch gehört zu den Freunden unserer Feinde. Was sollen wir ihm anders tun, als ihm seine Kleider und sein Pferd nehmen und ihn zum Verdruß der Orsini an einer dieser Eichen aufhängen?« Da alle hiemit einverstanden waren, befahlen sie Pietro, sich zu entkleiden. Als er sich entkleidete und sich bereits in sein Unglück geschickt hatte, geschah es, daß eine Zahl von wohl fünfundzwanzig Menschen plötzlich aus einem Hinterhalt auf die andern eindrang, mit dem Rufe: »Nieder mit ihnen! nieder mit ihnen!« Diese, überrascht, ließen Pietro stehen und dachten an ihre Verteidigung. Da sie sich jedoch an Zahl weit schwächer sahen, ergriffen sie die Flucht und wurden von den andern verfolgt. Als Pietro dies sah, sammelte er schnell seine Sachen, stieg auf sein Pferd und floh, so schnell er konnte, nach der Richtung hin, wohin er die Jungfrau hatte fliehen sehen. Da er jedoch im Walde weder Straße noch Fußpfad sah und keinen Pferdehuf entdecken konnte, wurde er, als er sich in Sicherheit und den Händen seiner Feinde entgangen meinte, außerordentlich traurig, da er seine Jungfrau nirgends finden konnte. Weinend irrte er im Walde umher und rief ihren Namen, aber niemand antwortete ihm; zurückzukehren wagte er nicht, und beim Vorwärtsgehen sah er nicht ein, wohin er entkommen sollte. Andererseits hatte er vor den wilden Tieren des Waldes sowohl für sich wie für seine Jungfrau Angst, die er jeden Augenblick von einem Bären oder von einem Wolfe zerfleischt zu sehen meinte. So ging nun der unglückliche Pietro den ganzen Tag über im Walde herum, rufend und schreiend, oft rückwärts gehend, während er vorwärts zu schreiten glaubte, und das Schreien und Weinen, die Angst und das lange Fasten hatten ihn schon so aufgerieben, daß er nicht mehr weiter konnte. Als er sich von der Nacht überfallen sah und keinen anderen Rat wußte, stieg er vom Pferde, band dieses an eine große Eiche und kletterte, um nicht die Nacht über von den wilden Tieren zerrissen zu werden, den

Baum hinauf. Bald ging der Mond auf, und es war eine schöne helle Nacht: Pietro wagte nicht einzuschlafen, um nicht zu fallen, obgleich, wenn er dies auch mit Bequemlichkeit hätte tun können, der Schmerz und die Sorge um seine Jungfrau es ihm nicht gestattet hätte. Er blieb daher wach, unter Seufzern und Tränen seinem Mißgeschicke fluchend.

Die Jungfrau, welche, wie wir zuvor erzählt haben, geflohen war, wußte ebensowenig den Weg als ihr Pferd. Sie ließ sich daher hintragen, wohin jenes wollte, und bald war sie so tief im Walde, daß sie den Ort, wo sie in denselben eingetreten war, nicht mehr sehen konnte. Geradeso wie Pietro irrte sie daher den ganzen Tag unter Tränen und Rufen, über ihren Verlust trauernd, in dem Walde umher. Als sie endlich sah, daß Pietro nicht kam, und es bereits Abend wurde, traf sie auf einen Fußpfad, den sie mit ihrem Pferde einschlug, und da sie über zwei Meilen geritten war, erblickte sie in der Ferne ein kleines Haus, auf welches sie so schnell als möglich zuritt. Sie fand hier einen rechtschaffenen, schon betagten Mann mit seiner Frau, die ebenfalls schon alt war. Als diese sie so allein auf das Haus zukommen sahen, sprachen sie: »O meine Tochter! was treibst du zu dieser Stunde so allein in dieser Gegend?« Die Jungfrau antwortete unter Tränen, sie habe ihre Begleitung in dem Walde verloren, und fragte, wie weit es nach Alagna sei. Hierauf antwortete der rechtschaffene Mann: »Meine Tochter, dies ist nicht der Weg nach Alagna. Dieses liegt wohl mehr als zwölf Meilen von hier.« Hierauf sprach die Jungfrau: »Sind wohl Wohnungen in der Nähe, um übernachten zu können?« Hierauf antwortete der brave Mann: »Hier sind keine Wohnungen so nahe, daß du sie bei Tage erreichen könntest.« Die Jungfrau sagte hierauf: »Da ich nun nirgends anders mehr hin kann, würdet Ihr mich wohl um Gottes willen diese Nacht hierbehalten?« Der brave Mann antwortete: »Recht gerne, o Jungfrau, behalten wir dich diese Nacht; aber wir müssen dich daran erinnern, daß in diesen Gegenden bei Tag und bei Nacht von Freunden und Feinden schlimme Gesellschaften umherstreifen, die uns oft viel Leids und großen Schaden tun, und wenn unglückseligerweise, während du dich hier befindest, eine solche Gesellschaft hierherkäme und sie deine Jugend und Schönheit sehen würden, so würden sie dir ebenfalls Schande und Beleidigungen antun, und wir könnten dir nicht helfen. Wir wollen dir dies gesagt haben, damit, wenn dieser Fall einträte, du dich nachher nicht über uns beklagen kannst.« Die Jungfrau sah ein, daß es spät war, und sosehr sie auch durch die Worte des Alten erschreckt war, sagte sie doch: »Wenn es Gottes Wille ist, wird er Euch und mich vor diesem Leid bewahren; geschähe es dennoch, so ist es weniger schlimm, von Menschen mißhandelt, als im Walde von wilden Tieren zerrissen zu werden.« Mit diesen Worten stieg sie von ihrem Pferde und trat in das Haus des armen Mannes, aß mit den Leuten ärmlich zu Nacht, was sie gerade hatten, und legte sich dann, ganz angekleidet, mit ihnen auf ein Bett, und die ganze Nacht hindurch hörte sie nicht auf zu seufzen und sowohl ihr eigenes als das Unglück ihres Pietro zu beweinen, über dessen Schicksal sie nur schlimme Besorgnisse hegen konnte. Es war bereits gegen Morgen, als sie einen großen Lärm von Menschen hörte; sie stand daher auf und ging in einen großen Hof, der hinter dem kleinen Hause war, und da sie hier einen großen Haufen Heu bemerkte, versteckte sie sich darin, um, wenn die Leute in das Haus eindringen würden, nicht sogleich gesehen zu werden. Kaum hatte sie ihr Versteck bezogen, als jene, die eine Bande böser Menschen waren, an der Türe des kleinen Hauses sich zeigten; sie ließen sich öffnen, und nachdem sie eingedrungen waren, fanden sie hier das Pferd der Jungfrau noch gesattelt und fragten, wer sich hier befinde. Da der brave Mann die Jungfrau nicht sah, antwortete er: »Es ist niemand hier außer uns; dieses Pferd, das irgend jemand entsprungen sein muß, kam gestern abend hier an, und wir haben es in unser Haus genommen, damit es nicht von den Wölfen gefressen werde.« – »Dann«, sagte der Anführer der Bande, »ist es gut für uns, wenn es keinen andern Herrn hat.« Hierauf zerstreuten sie sich in dem kleinen Hause, und ein Teil derselben ging auch in den Hof, und als sie hier ihre Lanzen und Schilder niederlegten, geschah es, daß einer derselben, der nichts anderes zu tun wußte, seine Lanze in das Heu warf und die versteckte Jungfrau beinahe getötet hätte. Sie war auch nahe daran, sich zu verraten; da die Lanze ihr stark an die linke Brust flog und das Eisen ihr die Kleider zerriß, wollte sie, aus Furcht, verwundet zu werden, eben einen lauten Schrei ausstoßen, als sie sich erinnerte, wo sie sich befand, und, plötzlich gefaßt, sich stille verhielt. Nachdem die Bande, im Hofe zerstreut, ihre Ziegen und anderes Fleisch gebraten und gegessen und getrunken hatte, zog sie weiter und nahm das Pferd der Jungfrau mit sich fort. Nachdem sie sich eine Strecke weit entfernt hatten, fragte der brave Mann seine Frau: »Was ist aus unserer Jungfrau geworden, welche gestern abend hier anlangte; ich habe sie, seit wir aufgestanden sind, nicht gesehen.« Die brave Frau antwortete, sie wisse es nicht, und sah sich nach ihr um. Als die Jungfrau merkte, daß sie weggegangen waren, kroch sie aus dem Heu hervor, worauf der brave Mann große Freude äußerte, daß sie nicht jener Bande in die Hände gefallen war, und als es Tag wurde, sprach er: »Da jetzt der Tag kommt, so wollen wir dich, wenn es dir gefällt, nach einem Schlosse begleiten, welches fünf Meilen von hier entfernt ist. Dann bist du an einem sichern Ort; aber den Weg dahin mußt du zu Fuß machen, denn dieses böse Volk, das eben jetzt weggezogen ist, hat dein Pferd mit fortgeführt.« Die Jungfrau tröstete sich darüber und bat sie um Gottes willen, sie nach dem Schlosse zu geleiten; sie machten sich daher auf den Weg und langten dort um die dritte Tagesstunde an. Es war dies das Schloß eines Gliedes der Familie Orsini, Liello di Campo di Fiore mit Namen, und zum Glück war seine Gattin, eine treffliche und schöne Dame, anwesend, welche die Jungfrau auf den ersten Blick erkannte, aufs freundlichste empfing und genau wissen wollte, wie sie denn hierherkomme. Die Jungfrau erzählte ihr alles. Die Dame, welche auch Pietro kannte, als einen Freund ihres Mannes, war über dieses Unglück sehr betrübt, und als sie hörte, daß er ergriffen worden war, mußte sie denken, er sei ermordet worden. Sie sprach daher zu der Jungfrau: »Weil du einmal von Pietro nichts weißt, so bleibe hier bei mir, bis ich imstande sein werde, dich sicher nach Rom zu senden.«

Pietro, der sich in der traurigsten Lage auf der Eiche befand, sah in der Nacht wohl zwanzig Wölfe auf den Baum zukommen, welche, als sie das Pferd sahen, es umringten. Als das Pferd sie bemerkte, zog es den Kopf ein, riß die Zügel ab und machte sich auf die Flucht; allein es wurde umringt, verteidigte sich eine Weile mit Zähnen und Hufen; endlich aber wurde es von ihnen zu Boden gerissen, erwürgt, und nun verschlangen sie es gierig bis auf die Knochen und machten sich dann davon. Hierüber war Pietro, der an dem Pferde einen Begleiter und eine Stütze zu haben wünschte, sehr bestürzt und bildete sich nun ein, jetzt werde er den Wald nicht mehr verlassen können. Gegen Morgen war er auf seinem Baume beinahe erfroren, und als er beständig umherblickte, sah er endlich in der Entfernung von etwa einer Meile ein großes Feuer. Sobald es daher Tag wurde, stieg er von seiner Eiche herab, lief darauf zu und langte endlich an dem Feuer an, um welches er Hirten gelagert fand, die aßen und fröhlich waren und aus Mitleid ihn aufnahmen. Nachdem er gegessen und sich erwärmt hatte, erzählte er ihnen sein Unglück und wie er allein hierhergekommen sei, und fragte sie, ob nicht ein Landhaus oder ein Schloß in der Nähe sei, wohin er sich wenden könne. Die Hirten sagten ihm, etwa drei Meilen entfernt liege ein Schloß des Liello di Campo di Fiore, in welchem sich gegenwärtig dessen Gemahlin befinde. Hierüber hocherfreut, bat sie Pietro, es möchte ihn einer von ihnen bis zum Schlosse begleiten, wozu sich zwei gerne bereit erklärten. Sobald Pietro daselbst angekommen war und einen Bekannten getroffen hatte, suchte er sogleich das Nötige zu veranlassen, daß man die Jungfrau im Walde suchen gehe; aber er wurde von der Dame zu sich gerufen, und als er diesem Rufe folgte und Agnolella bei ihr erblickte, kannte seine Freude keine Grenzen. Es drängte ihn, ihr in die Arme zu stürzen und sie zu küssen; aber aus Scheu vor der Dame unterließ er es. War aber Pietro hocherfreut, so war die Freude der Jungfrau nicht geringer. Die edle Dame begrüßte ihn und nahm ihn freundlich auf, und nachdem sie von ihm gehört hatte, was ihm inzwischen begegnet war, tadelte sie ihn sehr, daß er gegen den Willen seiner Verwandten diese Sache habe durchsetzen wollen. Da sie jedoch sah, daß er einmal in seinem Entschluß fest war und daß die Jungfrau es ebenfalls wünsche, sprach sie: »Was geb' ich mir da Mühe? Diese jungen Leute lieben sich, sie kennen sich; sie sind beide mit meinem Manne befreundet; ihre Liebe ist sehr ehrbar, und ich glaube, daß es der Wille Gottes ist, denn der eine ist dem Galgen entkommen, die andere der Lanze, und beide den wilden Tieren; daher möge es geschehen!« Hierauf wandte sie sich gegen sie und sprach: »Wenn ihr durchaus Mann und Weib sein wollt, so habe ich nichts dagegen; es geschehe und die Hochzeit finde hier auf Kosten Liellos statt; eure Verwandten werde ich dann schon mit euch zu versöhnen wissen.« Pietro, hocherfreut, und Agnolella noch mehr, heirateten sich, und die edle Dame bereitete ihnen, so gut es auf dem Lande möglich ist, eine ehrenvolle Hochzeit, worauf sie die ersten Blumen ihrer Liebe pflückten. Einige Tage darauf stieg die Dame mit ihnen zu Pferde, und so kehrten sie unter Begleitung nach Rom zurück. Hier fanden sie die Verwandten Pietros über das Geschehene sehr bestürzt und brachten bald eine Versöhnung zustande; Pietro aber lebte mit seiner Agnolella bis in ihr hohes Alter in Freude und Vergnügen.

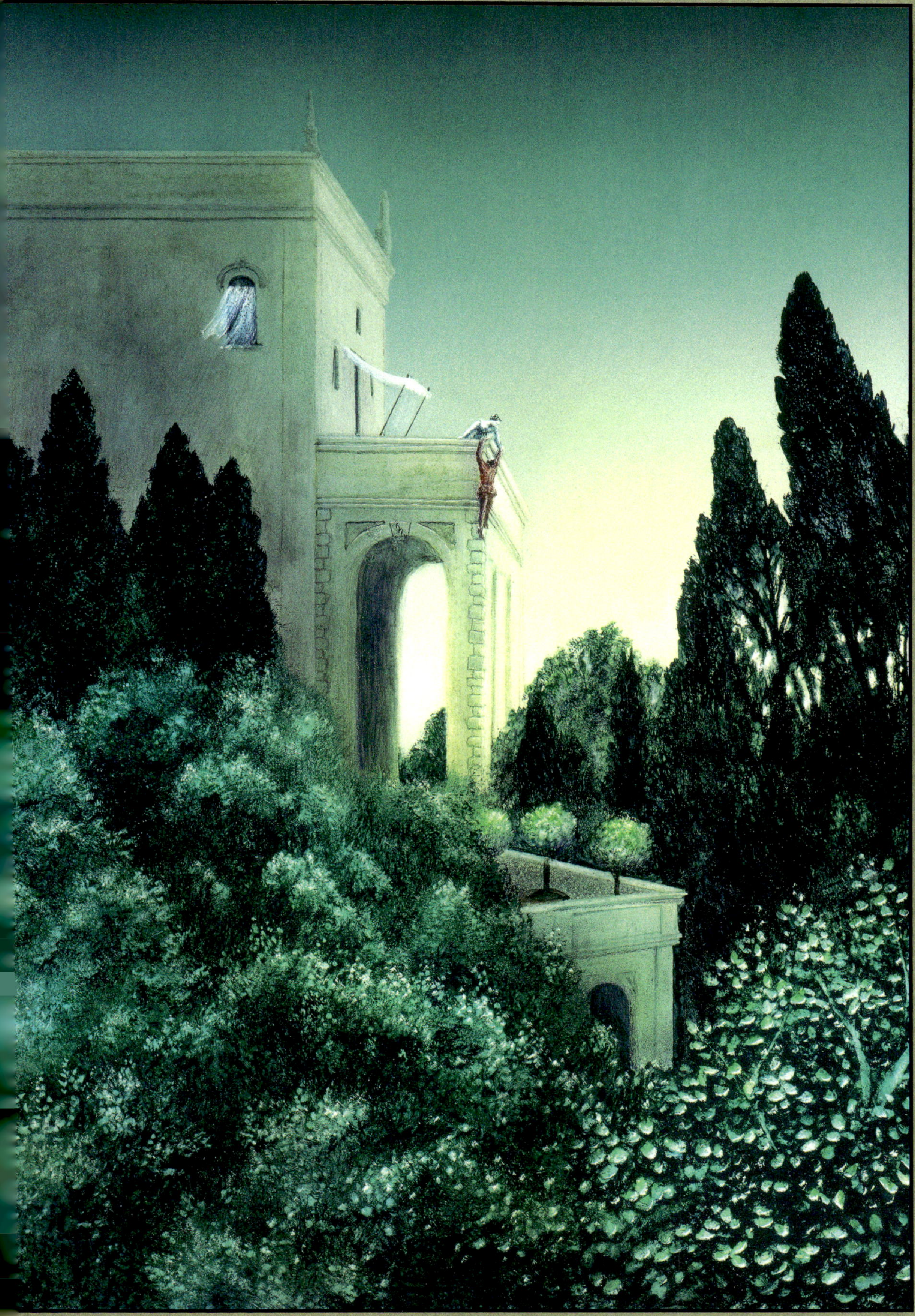

Von hier aus kletterte er an einer zweiten Mauer mit großer Anstrengung und Gefahr, da er leicht hätte fallen können, hinauf und gelangte auf den Altan, wo er von der Jungfrau in der Stille aufs freundlichste empfangen wurde.

RICCIARDO MANARDI

WIRD VON HERRN LIZIO DA VALBONA BEI SEINER TOCHTER ANGETROFFEN. ER HEIRATET SIE UND BLEIBT MIT IHREM VATER IN GUTEM VERNEHMEN.

lisa schwieg, und nachdem ihre Novelle von ihren Freundinnen gelobt worden war, gebot die Königin Filostrato, eine Erzählung vorzutragen. Dieser begann: Ich bin von vielen von euch schon so oft getadelt worden, daß ich für eure Erzählungen ein Thema aufstellte, das so grausam war und euch zum Weinen brachte, so daß ich jetzt zu eurer Entschädigung für diese Pein mich verpflichtet glaube, euch etwas zu erzählen, durch das ich euch zum Lachen bringen kann. Ich will euch daher eine Liebesgeschichte erzählen, in der kein anderer Kummer vorkommt als einige Seufzer, eine kurze Angst und eine kleine Beschämung, die jedoch ein sehr glückliches Ende erreicht.

Es ist noch nicht sehr lange, meine trefflichen Damen, daß in der Romagna ein wackerer, geachteter Ritter lebte, mit Namen Lizio da Valbona, dem im hohen Alter noch von seiner Gattin, welche Frau Giacomina hieß, eine Tochter geboren wurde. Diese wuchs auf und wurde schöner und anmutiger als irgendeine andere in der Gegend, und weil sie ganz allein bei Vater und Mutter lebte, so wurde sie von diesen über alle Maßen geliebt und aufs sorgfältigste bewacht, und sie hofften, dieselbe recht vorteilhaft zu verheiraten. Nun ging in dem Hause des Herrn Lizio ein junger Mann von schöner, anmutiger Gestalt aus dem Geschlechte der Manardi von Brettinoro, mit Namen Ricciardo, viel ein und aus und unterhielt sich sehr häufig mit Herrn Lizio, und dieser sowie seine Gattin waren vor ihm ebensowenig auf der Hut, als wenn es ihr Sohn gewesen wäre. Als dieser nun die schöne, anmutige Jungfrau mit ihren lieblichen Sitten häufig sah und bemerkte, daß sie bereits mannbar sei, verliebte er sich heftig in sie, hielt jedoch seine Liebe mit großer Vorsicht geheim. Als die Jungfrau dies bemerkte, wich sie dieser Neigung keineswegs aus, sondern faßte gleichfalls eine Liebe zu ihm, worüber Ricciardo hocherfreut war, und nachdem er oft den Entschluß gefaßt, ihr ein paar Worte zu sagen und doch stets ängstlich stillgeschwiegen hatte, nahm er einst die günstige Gelegenheit wahr, faßte sich ein Herz und sprach zu ihr: »Catharina, ich bitte dich, lasse mich nicht vor Liebe sterben!« Hierauf antwortete die Jungfrau sogleich: »Möge Gott verhüten, daß nicht vielmehr ich vor Liebe sterbe.« Diese Antwort erhöhte zugleich das Vergnügen und den Mut Ricciardos, und er sagte zu ihr: »Was mich betrifft, so werde ich gewiß alles tun, was dir angenehm ist; aber deine Sache ist es, die Mittel zu finden, um dein und mein Leben zu retten.« Hierauf antwortete die Jungfrau: »Ricciardo, du siehst, wie sehr ich bewacht werde, und ich für meine Person weiß deshalb nicht, auf welche Art du zu mir kommen kannst. Wenn du jedoch einen Weg siehst, den ich ohne Schande einschlagen kann, so sage mir es, und ich will gerne darauf eingehen.« Ricciardo dachte über verschiedene Wege nach und sagte dann plötzlich: »Süße Catharina, ich weiß nichts anderes, als daß du auf dem Altan, der auf den Garten deines Vaters hinausgeht, schlafen kommst; wüßte ich, daß du bei Nacht dort wärest, so würde ich mich unfehlbar bemühen, dahin zu gelangen, so hoch er auch gelegen ist.« Catharina antwortete: »Wenn du das Herz hast, dahin zu kommen, so glaube ich, es schon so einrichten zu können, daß es mir gelingt, dort zu schlafen.« Ricciardo antwortete: »Ja!« Hierauf gaben sie sich verstohlen einen Kuß und trennten sich. Am folgenden Tage, es war schon gegen das Ende des Monats Mai, klagte die Jungfrau bei ihrer Mutter darüber, daß sie in der vergangenen Nacht wegen der übermäßigen Hitze nicht habe schlafen können. Die Mutter sagte: »O meine Tochter, was war denn das für eine Hitze, es war ja gar nicht heiß.« Hierauf sprach Catharina: »Meine Mutter, Ihr könnet das wohl sagen und Ihr sagt die Wahrheit; aber Ihr solltet bedenken, daß es jungen Mädchen viel heißer ist als betagten Frauen.« Die Dame sprach hierauf: »Meine Tochter, das ist wahr. Aber ich kann nicht nach deinem Belieben, wie du es vielleicht gerne hättest, heiß und kalt machen. Man muß die Witterung ertragen, wie die Jahreszeit sie gibt. Vielleicht wird diese Nacht kühler sein; dann wirst du besser schlafen.« – »Das wolle Gott«, sprach Catharina. »Aber wenn es auf den Sommer zugeht, pflegen die Nächte nicht eben kühler zu werden.« – »Was willst du nun aber«, sagte die Dame, »daß geschehen soll?« Catharina antwortete: »Wenn es mein Vater und Ihr erlauben würdet, würde ich gerne ein Bett auf dem Altan machen lassen, der neben seinem Zimmer ist und in den Garten hinausgeht, und würde dort schlafen. Ich hörte dort die Nachtigall schlagen, und der Ort wäre frischer, und ich würde mich dort besser befinden als in Eurem Zimmer.« Die Mutter sagte hierauf: »Tröste dich, meine Tochter; ich will es deinem Vater sagen, und wenn es ihm recht ist, wollen wir es tun.« Als Herr Lizio dies von seiner Tochter hörte, sagte er, weil er schon alt und deshalb ein wenig eigensinnig war: »Was ist das für eine Nachtigall, bei der sie einschlafen will? Ich werde sie noch beim Gesang der Grillen einschlafen lehren.« Als Catharina dies erfuhr, schlief sie in der folgenden Nacht mehr aus Unwillen als wegen der Hitze nicht nur gar nicht ein, sondern sie ließ auch ihre Mutter nicht schlafen, indem sie beständig über große Hitze klagte. Am folgenden Morgen wandte sich die Mutter an Herrn Lizio und sagte zu ihm: »Mein Herr, Ihr habt dieses Mädchen wenig lieb; warum soll sie denn nicht auf jenem Altan schlafen? Sie hat die ganze Nacht vor Hitze kein Auge zutun können. Und überdies, was wundert Ihr Euch denn, daß sie am Gesang der Nachtigall eine Freude findet! Sie ist ja ein junges Mädchen. Junge Mädchen lieben dergleichen Dinge.« Als Herr Lizio dies hörte, sprach er: »So mag sie sich ein Bett dort bereiten lassen, einen Vorhang um dasselbe ziehen, dort schlafen und nach ihrem Gefallen die Nachtigall schlagen hören.« Als die Jungfrau dies erfuhr, ließ sie sogleich ein Bett dort aufschlagen, und da sie am folgenden Abend dort schlafen sollte, wartete sie, bis sie Ricciardo sah, und machte ein zwischen ihnen verabredetes Zeichen, aus welchem er entnahm, was er zu tun hatte. Nachdem nun Herr Lizio gehört hatte, daß die Jungfrau zu Bette gegangen war, schloß er die Türe, welche von seinem Zimmer auf den Altan führte, und ging ebenfalls zu Bette. Als alles still geworden war, stieg Ricciardo mit Hilfe einer Leiter auf eine Mauer. Von hier aus kletterte er an einer zweiten Mauer mit großer Anstrengung und Gefahr, da er leicht hätte fallen können, hinauf und gelangte auf den Altan, wo er von der Jungfrau in der Stille aufs freundlichste empfangen wurde. Nach vielen Küssen legten sie sich nieder und vergnügten sich beinahe die ganze Nacht miteinander, indem sie die Nachtigall oft schlagen ließen. Da die Nächte kurz und ihr Ergötzen groß und der Tag schon nahe war, was sie nicht glaubten, schliefen sie sowohl infolge der Jahreszeit als durch ihre liebevolle Unterhaltung erhitzt, völlig unbedeckt ein; Catharina hatte den rechten Arm um den Hals Ricciardos geschlungen, und mit der Linken hielt sie ihn an dem Ding gefaßt, das ihr in Gegenwart von Männern zu nennen euch schämt. Indem sie so schliefen, ohne zu rechter Zeit zu erwachen, wurde es Tag, und Herr Lizio stand auf, und da er sich erinnerte, daß seine Tochter auf dem Altan schlafe, öffnete er leise die Türe, indem er sagte: »Ich will doch sehen, wie die Nachtigall diese Nacht unsere Catharina in Schlaf gesungen hat.« Leise schlich er hinzu, hob den Vorhang auf, der das Bett umgab, und sah Ricciardo und seine Tochter nackt und unbedeckt hier schlafen, in der Lage, wie ich sie eben geschildert habe. Da er Ricciardo recht gut erkannte, ging er hinaus, begab sich nach dem Schlafzimmer seiner Gattin und rief sie mit den Worten: »Stehe schnell auf, Frau, komme und sieh: Deine Tochter ist so verliebt in die Nachtigall, daß sie sie gefangen hat und in der Hand hält.« Seine Gattin sagte: »Wie kann das sein?«, worauf Herr Lizio sprach: »Du wirst es schon sehen, wenn du schnell kommst.« Eilig zog sich die Dame an und folgte leise dem Herrn Lizio, und nachdem sie beide ans Bett gekommen und den

Vorhang aufgehoben hatten, konnte Frau Giacomina deutlich sehen, wie ihre Tochter die Nachtigall, welche sie so sehr verlangt hatte, singen zu hören, gefangen und in der Hand hielt. Die Dame, die sich von Ricciardo schwer betrogen glaubte, wollte schreien und ihm Schmähungen sagen; aber Herr Lizio sagte zu ihr: »Frau, sei stille! wenn dir meine Liebe teuer ist, so wirst du kein Wort sagen; denn fürwahr, wenn sie einmal die Nachtigall gefangen hat, so soll sie ihr auch gehören. Ricciardo ist ein vornehmer junger Mann und reich. Wir haben an ihm einen ganz braven Schwiegersohn: will er auf eine gute Weise mit mir auseinanderkommen, so muß er sie heiraten, damit er seine Nachtigall in seinen eigenen Käfig gesteckt hat und in keinen fremden.« Hiedurch ward die Dame getröstet, und da sie sah, daß ihr Mann nicht erzürnt darüber war, daß ihre Tochter eine gute Nacht gehabt, gut geschlafen und die Nachtigall gefangen habe, schwieg sie. Bald darauf erwachte Ricciardo, und da er sah, daß es heller Tag war, erschrak er sehr, rief Catharina und sagte: »O weh, mein süßes Leben, was sollen wir jetzt tun? Der Tag hat mich hier überrascht.« Bei diesen Worten ging Herr Lizio hinzu, hob den Vorhang auf und antwortete: »Das wollen wir schon machen.« Als Ricciardo ihn sah, glaubte er, das Blut erstarre in seinen Adern. Er erhob sich im Bette und sprach: »Mein Herr, verzeihet mir um Gottes willen. Ich sehe, daß ich als ein schändlicher böser Mensch den Tod verdient habe. Macht mit mir, was Euch beliebt; nur bitte ich Euch, schonet mein Leben und lasset mich nicht sterben.« Hierauf sprach Herr Lizio: »Ricciardo, die Liebe, die ich für dich hegte, und das Vertrauen, das ich in dich setzte, verdiente diesen Lohn nicht. Nachdem es jedoch einmal geschehen und die Liebe dich zu diesem Vergehen verleitet hat, so nimm, um dir den Tod und mir die Schmach zu ersparen, Catharina zu deiner rechtmäßigen Gattin, damit sie, wie sie diese Nacht die Deinige war, ihr ganzes Leben hindurch die Deinige sei. Auf diese Weise kannst du mir meinen Frieden und dir dein Leben erhalten. Willst du das nicht, so empfiehl deine Seele Gott.« Während diese Worte gesprochen wurden, ließ Catharina die Nachtigall los, deckte sich zu und begann heftig zu weinen und den Vater zu bitten, er möchte Ricciardo verzeihen. Auf der andern Seite bat sie Ricciardo, er möchte tun, was Herr Lizio wolle, damit sie in Sicherheit und lange solche Nächte miteinander zubringen könnten. Dazu bedurfte es jedoch nicht erst langer Bitten; denn die Scham über den begangenen Fehltritt und der Wille, ihn wiedergutzumachen, auf der einen Seite, auf der andern die Furcht vor dem Tode und das Verlangen, sich zu retten, und noch überdies die glühende Liebe und die Sehnsucht nach dem Besitz des geliebten Gegenstandes entlockten ihm sogleich die freie Erklärung, daß er bereit sei zu tun, was Herr Lizio wolle. Hierauf ließ Herr Lizio durch Frau Giacomina einen Ring herbeibringen, und so verlobte sich in Gegenwart der Eltern Ricciardo mit seiner Catharina. Alsdann entfernten sich Herr Lizio und seine Gattin mit den Worten: »Legt euch nur wieder nieder; denn das wird euch mehr Bedürfnis sein als das Aufstehen.« Nachdem sie sich entfernt hatten, umarmten sich die jungen Leute aufs neue, und da sie die Nacht über nur sechsmal die Freuden der Liebe genossen hatten, fügten sie noch zwei weitere Male hinzu, ehe sie aufstanden, und beschlossen so den ersten Tag. Alsdann erhoben sie sich, und nachdem Ricciardo mit Herrn Lizio eine geordnetere Unterredung gehalten hatte, verlobte er sich den Tag nachher aufs neue, in aller Form, in Gegenwart der Freunde und Verwandten, führte die Jungfrau unter großen Festlichkeiten heim und stellte eine prachtvolle Hochzeit an. Hierauf fingen sie lange Zeit in Friede und Fröhlichkeit bei Tag und bei Nacht die Nachtigall ein, sooft es ihnen gefiel.

GIAN VON PROCIDA

WIRD BEI EINER JUNGFRAU ANGETROFFEN,
DIE VON IHM GELIEBT WIRD UND WELCHE
DEM KÖNIG FRIEDRICH GESCHENKT WORDEN WAR.
UM MIT IHR VERBRANNT ZU WERDEN, WIRD ER AN EINEN
PFAHL GEBUNDEN. DA ERKENNT IHN RUGGIERI DELL'ORIA;
ER WIRD BEFREIT UND HEIRATET DIE JUNGFRAU.

Nachdem die Novelle des Filostrato zu Ende war, welche allen Damen gefallen hatte, gebot die Königin der Pampinea, fortzufahren. Diese erhob sogleich ihr heiteres Antlitz und begann: Unbeschreibliche Gewalt, meine anmutigen Damen, hat die Liebe, und sie ermutigt die Liebenden zu den größten Anstrengungen, zu den gewagtesten Gefahren. Dies kann man aus vielen Geschichten sehen, wie sie sowohl heute als früher erzählt wurden. Gleichwohl will auch ich es in einer Geschichte von einem verliebten Jüngling zeigen.

Ischia ist eine Insel in der Nähe von Neapel, auf welcher einst eine schöne, heitere Jungfrau lebte, mit Namen Restituta, die Tochter eines Edelmanns der Insel, welcher Marin Bolgaro hieß. In sie war ein Jüngling namens Gian, von einer kleinen Insel bei Ischia, die Procida heißt, sterblich verliebt, und sie in ihn. Dieser kam nicht nur bei Tage oft von Procida nach Ischia, um sie zu sehen, sondern häufig war er auch schon bei Nacht, wenn er keinen Kahn gefunden hatte, von Procida nach Ischia geschwommen, um, wenn nichts anderes möglich war, wenigstens die Mauern ihres Hauses zu sehen. Während diese glühende Liebe dauerte, geschah es, daß die Jungfrau an einem Sommertage ganz allein am Ufer spazierenging, von einer Klippe zur andern, von denen sie mit einem Messer Seemuscheln ablöste, und so an einen Ort kam, wo sowohl wegen des Schattens, als weil sich hier eine frische Quelle befand, einige sizilianische Jünglinge, die von Neapel kamen, mit einer Fregatte gelandet waren. Als diese die wunderschöne Jungfrau sahen, die sie noch nicht bemerkt hatte, und sich überzeugten, daß sie allein war, entschlossen sie sich, sie zu rauben und zu entführen, und auf den Entschluß folgte die Tat. So sehr auch die Jungfrau schrie, ergriffen sie dieselbe, brachten sie auf das Schiffchen und segelten mit ihr fort. Als sie in Kalabrien angekommen waren, hielten sie Rat, wem die Jungfrau gehören sollte. Bald zeigte es sich, daß sie jeder von ihnen für sich wollte, und da sie darüber nicht einig wurden, sondern fürchteten, die Sache möchte schlimm gehen und ihre ganze Stellung könne dadurch gefährdet werden, kamen sie endlich darin überein, sie dem König Friedrich von Sizilien zu schenken, der damals noch ein junger Mann war und an solchen Dingen seine Freude hatte. So taten sie auch, sobald sie nach Palermo kamen. Als der König ihre Schönheit sah, gewann er sie lieb. Da er jedoch etwas kränklich war, so befahl er, bis er sich wieder gestärkt hätte, sie in ein schönes Haus in seinem Garten zu bringen, den er Cuba nannte, und sie hier zu bedienen, und so geschah es. In Ischia entstand wegen des Raubs der Jungfrau ein großer Lärm, und was am lästigsten war, man konnte nicht erfahren, wer ihre Räuber gewesen. Aber Gian, dem die Sache am schmerzlichsten war, wartete nicht darauf, in Ischia das Nähere zu erfahren. Er hörte, in welche Richtung die Fregatte gesegelt war, ließ ein Schiffchen ausrüsten, bestieg es und steuerte, so schnell er konnte, am Ufer von Minerva bis nach Scalea in Kalabrien hin, überall nach der Jungfrau spähend. In Scalea wurde ihm gesagt, sie sei von sizilianischen Schiffsleuten nach Palermo geführt worden. Gian steuerte nun auch dorthin, so schnell er konnte, und erfuhr nach vielen Erkundigungen endlich, daß die Jungfrau dem Könige geschenkt worden sei und daß dieser sie in seinem Garten Cuba bewacht halte. Hierüber war er sehr betrübt und verlor fast alle Hoffnung, nicht bloß sie je wieder zu besitzen, sondern auch nur sie wieder zu sehen. Dennoch hielt die Liebe ihn zurück; er sandte seine Fregatte nach Hause, und da er wußte, daß er von niemand gekannt war, blieb er. Da er täglich vor Cuba vorüberging, sah er sie eines Tages am Fenster und wurde auch von ihr gesehen, worüber beide sehr erfreut waren. Als Gian sah, daß der Ort sehr einsam war, näherte er sich und sprach mit ihr; sie erklärte ihm, wie er sie mehr in der Nähe sprechen könnte, und, nachdem er zuvor die Lage des Orts von allen Seiten betrachtet, entfernte er sich. Er erwartete die Nacht, und als er einen guten Teil derselben hatte hingehen lassen, kehrte er an den Ort zurück, klammerte sich an einen Teil der Mauer, wo keine Speere angebracht waren, an und stieg in den Garten. Hier fand er eine Segelstange, lehnte diese an das von der Jungfrau ihm angegebene Fenster und kletterte so mit leichter Mühe hinauf. Die Jungfrau, welche früher, um ihre Ehre nicht zu verlieren, sehr grausam gegen ihn gewesen war, glaubte jetzt, sich keinem Würdigeren hingeben zu können, und da sie hoffte, durch ihn befreit zu werden, hatte sie beschlossen, ihm in allem zu Willen zu sein. Daher hatte sie das Fenster offen gelassen, damit er sogleich hineinsteigen könne. Da nun Gian dasselbe offen fand, stieg er leise hinein und legte sich der Jungfrau, welche nicht schlief, zur Seite. Diese entdeckte ihm vor allem ihren Plan und ihre Absicht und bat ihn aufs dringendste, sie zu befreien und mit sich zu nehmen. Darauf erwiderte er, er wünsche nichts sehnlicher als dieses und werde unfehlbar, sobald er sie verlassen habe, die Sache so ins Werk setzen, daß er sie, sobald er wieder hierher zurückkehre, mit sich nehmen könne. Hierauf umarmten sie sich aufs freudigste und kosteten ein Vergnügen, wie Amor kein größeres gewähren kann, und nachdem sie dieses mehrmals wiederholt, schliefen sie, ohne es zu bemerken, in der Umarmung ein. Der König, dem die Jungfrau auf den ersten Blick sehr gefallen hatte und der sich wieder gesund fühlte, gedachte ihrer wieder, und obgleich es schon beinahe Tag war, entschloß er sich doch, zu ihr zu gehen und eine Weile mit ihr zuzubringen. Von einem seiner Diener begleitet, begab er sich daher in der Stille nach Cuba. Im Hause angekommen, ließ er sich das Zimmer, in welchem, wie er wußte, die Jungfrau schlief, leise öffnen und trat mit einer angezündeten Kerze hinein. Als er auf das Bett blickte, sah er die Jungfrau und Gian nackt, in gegenseitiger Umarmung, schlafen. Dies brachte ihn so auf und versetzte ihn in solchen Zorn, daß wenig fehlte, so hätte er beide mit seinem Dolche getötet. Dann bedachte er aber doch, daß es eine schmähliche Sache für jeden, und vollends für einen König sei, zwei Nackte, die im Schlafe liegen, zu töten; er hielt daher an sich und beschloß, sie öffentlich den Feuertod sterben zu lassen. An den Begleiter, den er bei sich hatte, gewendet, sprach er: »Was hältst du von diesem strafbaren Weibe, auf welches ich meine Hoffnung gesetzt hatte?« Dann fragte er ihn, ob er den Jüngling kenne, der sich vermessen habe, in das Haus zu dringen und dort Schmach und Schande anzurichten. Der Gefragte antwortete, er erinnere sich nicht, ihn je gesehen zu haben. Der König verließ erzürnt das Schlafgemach und befahl, die beiden Liebenden, nackt, wie sie waren, gefangenzunehmen, zu binden und, sobald es heller Tag werde, sie nach Palermo zu führen. Hier solle man sie auf dem öffentlichen Platze an einem Pfahl, mit den Rücken einander zugekehrt, anbinden, bis zur dritten Morgenstunde ausstellen, damit sie von allen gesehen werden könnten, und dann verbrennen, wie sie es verdient hätten. Nach diesen Worten kehrte er, sehr erzürnt, nach Palermo in sein Zimmer zurück. Sobald der König sich entfernt hatte, machten sich gleich viele Leute über die Liebenden her; man weckte sie nicht bloß auf, sondern ohne alles Mitleid faßte und band man sie. Als dies die zwei jungen Leute sahen, waren sie natürlich entsetzt, fürchteten für ihr Leben, weinten und klagten. Dem Befehle des Königs gemäß wurden sie nach Palermo geführt, auf dem öffentlichen Platze an einen Pfahl gebunden, und vor ihren Augen wurde der Holzstoß errichtet, um sie nach dem Geheiße des Königs zu verbrennen. Hier liefen nun alle Palermitaner, Männer und Frauen, zusammen, um die beiden Liebenden zu sehen; die Männer schauten alle auf die Jungfrau, und wie sie dieselbe ihrer Schönheit und Gestalt halber lobten, so blickten die Frauen alle auf den Jüngling und lobten ebenfalls seine Schönheit und Gestalt. Aber die unglücklich Liebenden, die sich beide sehr schämten, standen da, die Augen auf den Boden geheftet, beweinten ihr Unglück und warteten von Stunde zu Stunde auf den grausamen Feuertod. Während sie so bis zur bestimmten Stunde ausgestellt waren und die Nachricht von ihrem Vergehen sich in der ganzen Stadt verbreitete, gelangte sie auch zu den Ohren Ruggieris dell'Oria, eines Mannes von unschätzbarem Ansehen, der damals Admiral des Königs war, und er begab sich, um sie zu sehen, an den Ort, wo sie festgebunden waren. Hier angekommen, betrachtete er zuerst die Jungfrau und lobte sehr ihre Schönheit. Hierauf betrachtete er auch den Jüngling und erkannte ihn ohne Mühe; er wandte sich an ihn und fragte ihn, ob er Gian von Procida sei. Gian erhob sein Gesicht, und als er den Admiral erkannte, antwortete er: »Mein Herr! Ich war wohl der, nach welchem Ihr fragt, aber ich bin im Begriff, es bald nicht mehr zu sein.« Der Admiral fragte ihn hierauf, was ihn in diesen Zustand gebracht habe, worauf der Jüngling erwiderte: »Die Liebe und der Zorn des Königs.« Der Admiral ließ sich hierauf die Geschichte ausführlicher erzählen, und nachdem er alles gehört hatte und gehen wollte, rief ihn Gian zurück und sprach zu ihm: »Mein Herr, wenn es möglich ist, so wirkt mir eine Gnade aus von dem, der mich so ausgestellt hat.« Ruggieri fragte: »Welche?« Worauf Gian sprach: »Ich sehe, daß ich bald sterben muß; ich möchte nur noch folgende Gnade: diese Jungfrau hatte ich über alles geliebt und sie mich, und jetzt bin ich ihr mit dem Rücken zugekehrt und sie mir, und darum bitte ich, daß wir mit den Gesichtern einander zugekehrt werden, damit ich, wenn ich sterbe, ihr Gesicht sehe und getröstet von hinnen gehe.« Ruggieri sprach lächelnd: »Gerne; ich will schon machen, daß du sie bis zum Überdruß betrachten kannst.« Er ging nun von ihm weg, befahl den mit der Hinrichtung Beauftragten, bis auf ferneren Befehl vom König nicht weiterzugehen, und begab sich unverweilt zum König. Sosehr er diesen auch erzürnt sah, sagte er ihm doch seine Meinung und sprach: »König, wodurch haben dich die zwei jungen Leute beleidigt, die auf deinen Befehl dort auf dem Markte verbrannt werden sollen?« Der König sagte es ihm, worauf Ruggieri fortfuhr: »Ihr Vergehen verdient die Strafe, aber nicht von dir; ebenso wie Vergehen Strafe verdienen, so verdienen Wohltaten Belohnung, ganz abgesehen auch von Gnade und Mitleid. Weißt du, wer die sind, die du heute verbrennen lassen willst?« Der König antwortete: »Nein.« Hierauf sprach Ruggieri: »Aber ich will, daß du es wissest, damit du siehst, wie du dich vom Zorn hinreißen lässest. Der Jüngling ist der Sohn des Landolfo von Procida, leiblichen Bruders des Herrn Gian von Procida, dessen Hilfe du es zu danken hast, daß du Herr und König dieser Insel bist; die Jungfrau ist die Tochter des Marin Bolgaro, dessen Macht allein es heutzutage bewirkt, daß deine Obrigkeit noch nicht aus der Insel verjagt wurde. Überdies sind es junge Leute, die sich längst geliebt haben und, von Liebe getrieben, nicht aus Verachtung gegen dich, das Vergehen begingen, wenn überhaupt das, was junge Leute aus Liebe tun, ein Vergehen zu nennen ist. Warum willst du sie also töten lassen, da du sie vielmehr mit Geschenken und Ehrenbezeigungen überhäufen solltest?« Als der König dies hörte und sich überzeugte, daß Ruggieri die Wahrheit sage, ging er nicht bloß nicht weiter, sondern es reute ihn auch das, was er getan hatte; er sandte sogleich den Befehl ab, man solle die jungen Leute vom Pfahle losbinden und vor ihn führen. Und so geschah es. Nachdem er ihre Lage kennengelernt, glaubte er durch Ehrenbezeigungen und Geschenke das Unrecht wiedergutmachen zu müssen; er ließ sie anständig kleiden, und als er sah, daß sie die gleiche Gesinnung hegten, vermählte er Gian mit der Jungfrau, gab ihnen herrliche Geschenke und sandte sie, hocherfreut, nach Hause zurück, wo sie aufs festlichste empfangen wurden und lange in Glück und Freude miteinander lebten.

FEDERIGO DI MESSER FILIPPO ALBERTI

… fiel ihm sein Falke in die Augen,
den er im Hausflur auf seiner Stange sah.

FEDERIGO

AUS DEM GESCHLECHTE DER ALBERIGHI LIEBT
UND WIRD NICHT GELIEBT. ER VERSCHWENDET SEIN VERMÖGEN
FÜR GESCHENKE UND RICHTET SICH ZUGRUNDE, SO DASS IHM
NUR NOCH EIN FALKE ÜBRIGBLIEB. DIESEN GIBT ER, DA ER
NICHTS ANDERES HAT, DER GELIEBTEN DAME, WELCHE IN
SEIN HAUS KOMMT, ZU ESSEN, UND DA SIE DIESES ENTDECKT,
ÄNDERT SIE IHRE GESINNUNG, NIMMT IHN ZU IHREM GEMAHL
UND MACHT IHN REICH.

Nun kommt die Reihe zu erzählen an mich, sagte die Königin. Aus meiner Erzählung sollt ihr erkennen, nicht bloß, was eure Liebenswürdigkeit in edlen Herzen für eine Macht hat, sondern auch sehen, daß ihr selbst euern Lohn verschenken und nicht immer das Schicksal walten lassen sollt, das nicht mit Verstand, sondern, wie es der Zufall will, meistens seine Gaben verteilt.

So sollt ihr also wissen, daß Coppo di Borghese Domenichi, der in unserer Stadt lebte und vielleicht noch lebt, ein Mann, der bei den Unsern wegen seiner Sitten und Tugenden in hohem Ansehen und Ehrfurcht stand und deshalb weit mehr noch als wegen seines vornehmen Standes hochberühmt und des ewigen Ruhmes würdig war, in seinem vorgerückten Alter mit seinen Nachbarn und mit andern Leuten nicht selten von vergangenen Dingen sprach und sein Vergnügen daran fand, und solche Geschichten wußte er besser und mit mehr Geschicklichkeit vorzutragen als irgend jemand. Unter anderem erzählte er auch, daß in Florenz einst ein junger Mann lebte, mit Namen Federigo, aus dem Hause des Filippo Alberighi, der in bezug auf Waffentaten und Freigebigkeit über jeden toskanischen Edelmann erhoben wurde. Dieser verliebte sich, wie es häufig bei Edelleuten geschieht, in eine vornehme Dame, mit Namen Frau Giovanna, die zu ihrer Zeit als eine der schönsten und anmutigsten Damen in Florenz galt. Um sich die Liebe dieser Dame zu erwerben, hielt Federigo Turniere, Waffenübungen, stellte Feste an, machte Geschenke und verschwendete sein Vermögen ohne alles Maß und Ziel. Sie aber war ebenso tugendhaft als schön und bekümmerte sich weder um seine Anstalten noch um ihn selbst im mindesten. Da nun Federigo über seine Kräfte verschwendete und nichts einnahm, schwand natürlicherweise sein Reichtum, und er wurde ganz arm, so daß ihm nichts mehr blieb als ein kleines Gütchen, von welchem er notdürftig lebte, und außerdem hatte er noch einen sehr guten Falken. Obgleich er nun immer noch von der nämlichen Liebe entzündet war, sah er doch ein, daß er in der Stadt nicht mehr so leben könne, wie er gerne wollte, und zog daher aufs Land, ließ sich auf seinem Gütchen nieder, vergnügte sich hier mit Vogelstellen, indem er so, niemandes bedürfend, seine Armut geduldig ertrug. Nun geschah es einst, daß, als Federigo schon ganz verarmt war, der Mann der Frau Giovanna erkrankte, und als er sich dem Tode nahe sah, ein Testament machte, wodurch er seinen schon ziemlich erwachsenen Sohn zum Erben seines bedeutenden Reichtums ernannte. Da er jedoch seine Gattin Giovanna sehr liebte, bestimmte er sie für den Fall, daß sein Sohn ohne gesetzliche Erben sterben sollte, zum Erben seines Vermögens und starb. Als nun Frau Giovanna sich verwitwet sah, zog sie, wie unsere Frauen zu tun pflegen, im Sommer mit ihrem Sohne auf das Land, auf ein Gut, das nahe bei dem Gütchen Federigos lag. Dadurch geschah es, daß der junge Sohn mit Federigo in ein vertrautes Verhältnis kam und sich mit ihm an Vögeln und

Hunden ergötzte, und als er den Falken Federigos oft hatte fliegen sehen, gefiel er ihm ungemein, und er wünschte sehnsüchtig ihn zu besitzen; doch wagte er es nicht, ihn darum zu bitten, da er sah, wie teuer er ihm war. So standen die Sachen, als der Jüngling plötzlich krank wurde, worüber die Mutter sich außerordentlich grämte, da er ihr einziger Sohn war und sie ihn aufs innigste liebte. Sie blieb den ganzen Tag bei ihm und hörte nicht auf, ihm Mut zuzusprechen; oft fragte sie ihn, ob er etwas wünsche, und bat ihn, er möchte es ihr entdecken, mit der Versicherung, wenn es ihr nur irgend möglich sei, so werde sie es ihm verschaffen. Nachdem der Jüngling diese Anerbietungen oft gehört hatte, sagte er endlich: »Liebe Mutter, wenn Ihr mir den Falken Federigos verschaffen könnt, dann glaube ich sogleich zu genesen.« Als die Dame dies hörte, bedachte sie sich und wußte nicht, was sie tun sollte; sie wußte, daß jener sie lange geliebt hatte, ohne von ihr je auch nur einen Blick erhalten zu haben. Daher sprach sie zu sich: »Wie sollte ich zu Federigo senden oder zu ihm gehen, um ihn um diesen Falken zu bitten, der, soviel ich höre, der beste ist, der je in der Luft flog, und der überdies noch seinen Herrn erhalten muß? Wie kann ich nur so rücksichtslos sein, um einem Edelmann, dem kein anderes Gut mehr geblieben ist, dieses letzte entreißen zu wollen?« Solchen Gedanken nachhängend, gab sie, obgleich sie überzeugt war, daß sie ihn erhalten würde, wenn sie ihn darum bäte, ihrem Sohne keine Antwort, weil sie nichts zu sagen wußte. Endlich war jedoch die Liebe zu dem Sohne so mächtig, daß sie den Entschluß faßte, um ihn zufriedenzustellen, an Federigo nicht zu senden, sondern selbst zu ihm zu gehen und ihn zur Gewährung der Bitte zu bewegen. Sie antwortete: »Mein Sohn, tröste dich und hoffe auf deine Genesung; ich verspreche dir, daß das erste, was ich morgen tun werde, das sein wird, zu Federigo zu gehen und dir den Falken zu bringen.« Hierüber war der Jüngling hocherfreut, und noch am gleichen Tage zeigte sich eine Besserung in seinem Befinden. Am folgenden Morgen machte sich die Dame in Begleitung einer Freundin auf den Weg, ging nach dem Häuschen des Federigo und ließ ihn rufen. Dieser befand sich, weil es eben keine Zeit war zum Vögelfangen, in seinem Garten, wo er kleine Arbeiten verrichtete. Als er hörte, daß Frau Giovanna ihn an der

Türe erwarte, war er hocherstaunt und ging voll Freude zu ihr. Da sie ihn kommen sah, erhob sie sich mit weiblicher Anmut, ging ihm entgegen, und nachdem sie ihn ehrfurchtsvoll begrüßt hatte, sagte sie zu ihm: »Gott sei mit dir.« Dann fuhr sie fort: »Ich bin gekommen, um dir die Verluste zu ersetzen, die du um meinetwillen gehabt hast, indem du mich mehr liebtest, als es gut für dich war, und dieser Ersatz soll darin bestehen, daß ich mit dieser meiner Freundin heute freundschaftlich bei dir speisen will.« Demütig antwortete Federigo: »Meine Dame! Ich erinnere mich nicht, irgendeinen Verlust durch Euch erlitten zu haben, im Gegenteil habe ich so viel Gutes durch Euch erhalten, daß, wenn ich je irgendeinen Wert hatte, ich dies Eurer Trefflichkeit und der Liebe, die ich zu Euch hegte, verdanken mußte: fürwahr, dieser Euer freiwilliger Besuch ist mir weit teurer, als wenn ich wieder das Vermögen zurückerhielte, das ich verschwendet habe, obgleich Ihr heute in ein armes Haus gekommen seid.« Mit diesen Worten führte er sie verschämt in sein Haus, von diesem in seinen Garten, und da er niemand hatte, der ihnen Gesellschaft leisten konnte, so sprach er: »Meine Damen, weil niemand anders da ist, so wird diese brave Frau, die Gattin dieses Landmanns, euch Gesellschaft leisten, bis ich die Tafel bereitet habe.« Trotz seiner äußersten Armut hatte er bis auf diesen Tag die Not noch nicht gefühlt, in die er sich durch seine übermäßige Verschwendung gestürzt hatte, aber als er diesen Morgen nichts fand, womit er der Dame, der zuliebe er einst unzählige geehrt und bewirtet hatte, eine Ehre erweisen konnte, fühlte er sich ganz verwirrt; sein böses Schicksal innerlich verfluchend, lief er wie außer sich da- und dorthin; aber er fand weder Geld noch irgend etwas von Wert. Da es nun schon spät war und er aufs sehnsüchtigste wünschte, die Dame zu bewirten, und doch weder seinen Arbeiter noch vollends jemand anders angehen mochte, fiel ihm sein Falke in die Augen, den er im Hausflur auf seiner Stange sah. Von allen andern Mitteln abgeschnitten, ergriff er den Falken, und da er ihn fett fand, so dachte er, dieser sei eine würdige Speise für eine solche Dame. Ohne weitere Bedenklichkeiten riß er ihm den Kopf ab und ließ ihn, gerupft und zugerichtet, durch eine Dienerin an den Bratspieß stecken und sorgfältig braten. Dann deckte er den Tisch mit einem weißen

Tuche, deren er noch einige hatte, und kehrte dann mit heiterem Antlitz zu der Dame in den Garten zurück, mit der Meldung, daß das Mahl, das er ihr bieten könne, bereitet sei. Die Dame erhob sich mit ihrer Begleiterin und ging zu Tische, und ohne zu wissen, was sie verspeisten, aßen sie, indem Federigo sie mit aller Aufmerksamkeit bediente, den guten Falken. Nach aufgehobener Tafel, nachdem sie unter anmutigen Gesprächen noch eine Zeitlang bei ihm verweilt hatte, schien es der Dame an der Zeit, ihr Anliegen vorzubringen, und sie wandte sich daher freundlich an Federigo: »Wenn du dich an dein vergangenes Leben erinnerst und an meine Ehrbarkeit, die du unglücklicherweise für Härte und Grausamkeit gehalten hast, so zweifle ich keinen Augenblick daran, daß du über meine Vermessenheit staunen wirst, wenn du die Veranlassung erfährst, die mich heute zu dir hergeführt hat; aber wenn du Kinder hättest oder gehabt hättest, an denen du fühlen könntest, wie mächtig die Liebe ist, die man zu ihnen hegt, so würdest du mich ganz gewiß großenteils entschuldigen. Indessen, wenn du auch keine hast, so kann doch ich, die ich einen Sohn habe, mich den allgemeinen Gesetzen der mütterlichen Liebe nicht entziehen; ihrer Gewalt weichend, muß ich, so leid es mir tut und sosehr es der allgemeinen Sitte widerspricht, dich um ein Geschenk bitten, von dem ich weiß, daß du es über alles liebst, und mit Recht; denn dein hartes Geschick hat dir keine andere Freude, keine andere Ergötzung, keinen andern Trost mehr gelassen. Und dieses Geschenk ist dein Falke, den mein Sohn so liebgewonnen hat, daß ich fürchte, wenn ich ihm den nicht bringe, könnte sich seine Krankheit dadurch so verschlimmern, daß ich seinen Verlust beweinen müßte. Daher bitte ich dich – nicht bei der Liebe, die du zu mir hegst und zu der du in keiner Rücksicht verbunden bist, sondern bei deinem edlen Sinne, der sich ganz besonders in deiner Freigebigkeit ausgesprochen hat –, es möge dir gefallen, mir ihn zu schenken, damit ich sagen kann, durch dieses Geschenk habe ich meinen Sohn am Leben erhalten, und dir fühle ich mich dadurch auf ewig verpflichtet.« Als Federigo hörte, was die Dame verlangte, und einsah, daß er ihr nicht dienen konnte, weil er ihr den Falken als Speise vorgesetzt hatte, fing er vor ihren Augen zu weinen an, ehe er irgendein Wort erwidern konnte; dieses Weinen schrieb die Dame zuerst dem Schmerze zu, den er darüber fühlte, daß er sich von einem so guten Falken trennen müßte, und sie hätte beinahe gesagt, sie wolle ihn nicht; doch hielt sie an sich und wartete auf Federigos Antwort, der zu ihr sprach: »Meine Dame, nachdem es Gott gefallen hat, daß ich in Euch verliebt würde, war mir das Schicksal in vielen Dingen feindlich, und in mancher Rücksicht habe ich mich darüber gegrämt, aber alles dies ist nichts gegen den Schmerz, den ich jetzt empfinde. Nie werde ich mich mit dem Schicksal versöhnen können, wenn ich daran denke, daß Ihr hierher in meine arme Hütte gekommen seid, die Ihr, als ich noch reich war, nicht betreten mochtet, und ein kleines Geschenk von mir wollt, das ich Euch unglücklicherweise nicht geben kann. Warum dies nicht möglich ist, will ich Euch in Kürze sagen: Als ich hörte, daß Ihr mir die Ehre antun wolltet, hier zu speisen, hielt ich es, in Betracht Eurer hohen Vortrefflichkeit und Tugend, für würdig und angemessen, Euch, soweit es mir möglich war, mit einer kostbareren Speise zu bewirten, als man gewöhnlich andern Personen vorsetzt; ich gedachte des Falkens, den Ihr von mir verlangt, und an seine Güte, und hielt ihn für eine würdige Speise für Euch. Diesen Morgen hattet Ihr ihn gebraten auf dem Teller. Ich hatte ihn auf diese Weise trefflich verwendet, aber da ich jetzt sehe, daß Ihr ihn auf eine andere Weise wünschtet, so macht mir meine Unfähigkeit, Euch diesen Dienst zu leisten, so viel Schmerz, daß ich mich nie darüber trösten werde.« Nachdem er diese Worte gesprochen hatte, ließ er ihr zum Zeugnis für seine Worte die Federn und die Füße und den Schnabel des Falken vorlegen. Als die Dame dies gesehen und gehört hatte, tadelte sie ihn zuerst, daß er einen solchen Falken getötet habe, um einer Frau ein Essen vorzusetzen. Alsdann aber mußte sie seinen hohen Sinn, der durch die Armut nicht geschwächt werden konnte, bei sich selbst ungemein schätzen; aber ohne Hoffnung, den Falken zu erhalten, und deshalb an der Genesung ihres Sohnes zweifelnd, trat sie traurig den Rückweg an und kehrte zu ihrem Sohne heim. Nach wenigen Tagen mußte dieser, entweder aus Schwermut darüber, daß er den Falken nicht erhalten konnte, oder infolge der Krankheit allein, den Geist aufgeben, zum größten Schmerz seiner Mutter. Nachdem sie eine Zeit in Tränen und

Trauer verbracht hatte, wurde sie, da sie im Besitze eines sehr großen Reichtums und noch sehr jung war, oft von ihren Brüdern aufgefordert, sich wieder zu verheiraten. Sie aber wollte dies nicht. Da sie sich jedoch beständig durch solche Aufforderungen gequält sah, dachte sie an die Trefflichkeit Federigos und an seine letzte schöne Handlung, als er, um sie zu bewirten, seinen schönen Falken getötet hatte. Sie sprach daher zu ihren Brüdern: »Gerne bliebe ich unverheiratet, wenn ihr jedoch wollt, daß ich einen Mann heiraten soll, so werde ich fürwahr keinen andern nehmen als Federigo Alberighi.« Hierüber spotteten die Brüder und sagten: »Törin, was sagst du da? Warum willst du gerade ihn, der auf der Welt nichts hat?« Hierauf antwortete sie: »Meine Brüder! Ich weiß recht gut, daß es so ist, wie ihr sagt; aber ich will lieber einen Mann, der Reichtum nötig hat, als Reichtum, der einen Mann nötig hat.« Da ihre Brüder diese Gesinnung hörten und Federigo, obgleich er arm war, als einen wackern Mann kannten, gaben sie ihre Schwester, ihrem Willen gemäß, mit allen ihren Reichtümern Federigo zur Frau. Als dieser sich im Besitz einer so trefflichen und so sehr von ihm geliebten Frau und überdies eines so bedeutenden Reichtums sah, wurde er ein besserer Haushalter und beschloß seine Tage fröhlich mit ihr.

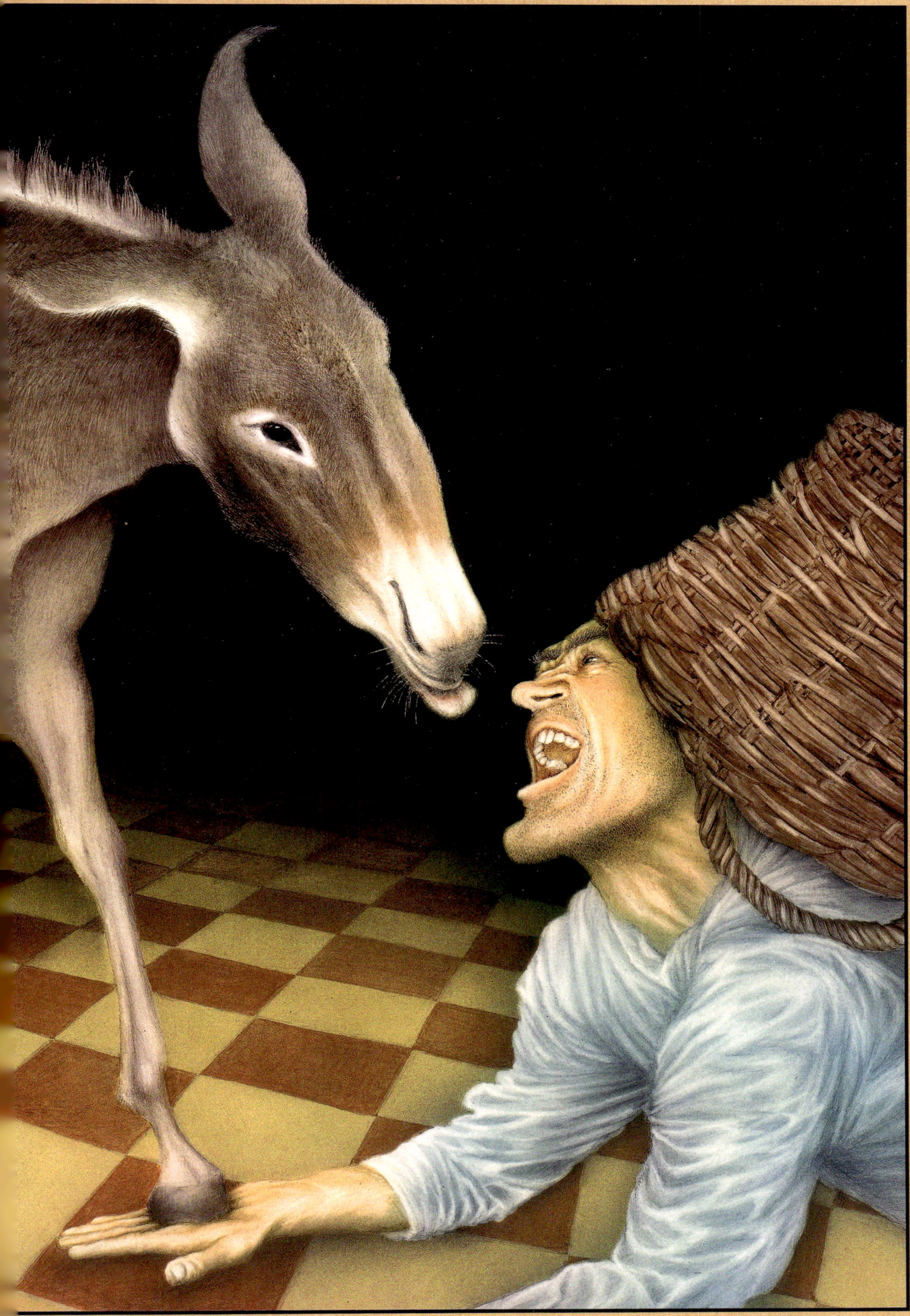

*Da dieser auf allen vieren liegen mußte, so geschah es,
daß seine Finger außerhalb des Korbes auf den Boden
zu liegen kamen, und so wollte es sein Geschick oder vielmehr
sein Unglück, dass jener Esel mit dem Fuß darauf trat,
was ihm den größten Schmerz verursachte.*

PIETRO DI VINCIOLO

SPEIST AUSSER SEINEM HAUSE ZU NACHT. SEINE GATTIN LÄSST SICH EINEN JÜNGLING KOMMEN; ALS PIETRO ZURÜCKKEHRT, VERSTECKT SIE IHN UNTER EINEM HÜHNERKORB. PIETRO ERZÄHLT, DASS MAN IM HAUSE DES ERCOLANO, MIT WELCHEM ER HATTE SPEISEN WOLLEN, EINEN JÜNGLING GEFUNDEN HABE, DEN DESSEN GATTIN DAHIN BERUFEN. DIE FRAU TADELT DIE GATTIN ERCOLANOS. UNGLÜCKLICHERWEISE TRITT EIN ESEL MIT DEM FUSSE AUF DIE FINGER DESSEN, DER UNTER DEM HÜHNERKORB VERSTECKT IST, ER SCHREIT, PIETRO LÄUFT HERZU, SIEHT IHN, ERKENNT DEN BETRUG SEINES WEIBES, MIT DER ER JEDOCH ZULETZT SEINER SCHLECHTIGKEIT HALBER IM FRIEDEN BLEIBT.

Die Erzählung der Königin war zu Ende, und alle priesen Gott, daß er Federigo nach seinem Verdienst belohnt hatte. Hierauf begann Dioneo, der nie auf einen Befehl wartete, folgendermaßen: Ich weiß nicht, ob ich es für ein Laster und für eine schlimme Sitte der Menschen halten soll oder nur für einen Naturfehler, daß man über schlechte Dinge weit eher lacht als über gute Werke, und besonders wenn sie uns nicht unmittelbar betreffen. Weil nun mein ganzes Streben, wie ich es früher schon an den Tag legte und es jetzt wieder an den Tag legen will, keinen andern Zweck hatte als den, euch der Traurigkeit zu entziehen und euch Stoff zum Lachen und zur Heiterkeit zu bieten, so werde ich, obgleich der Inhalt der folgenden Geschichte, meine geliebten Damen, nicht ganz anständig ist, dennoch, weil sie euch ergötzen kann, dieselbe erzählen, und ihr tut, wenn ihr sie anhört, das, was ihr gewohnt seid zu tun, wenn ihr in Gärten geht, ihr streckt nämlich die zarte Hand aus und pflückt die Rosen, aber die Dornen laßt ihr stehen. So werdet ihr hier einen niederträchtigen Mann mit seiner Schändlichkeit stehenlassen, dagegen über die verliebte List seiner Gattin lachen und mit den übrigen Unfällen, wo es not tut, Mitleid haben.

In Perugia lebte vor nicht langer Zeit ein reicher Mann mit Namen Pietro di Vinciolo. Dieser nahm, wohl mehr um die andern zu täuschen und die allgemeine Meinung, die man von ihm in ganz Perugia hegte, von sich abzuwälzen als aus Liebe, ein Weib, und das Schicksal kam hier seinem Geschmack auf folgende Weise entgegen: Das Weib, das er nahm, war ein derbes junges Mädchen mit roten Haaren und feurig, das lieber zwei Männer als einen gehabt hätte; dagegen kam sie hier zu einem, der weit mehr an etwas anderem als an ihr Gefallen fand. Als sie dies im Verlauf der Zeit bemerkte und sich schön und frisch sah und munter und rüstig fühlte, wurde sie zuerst zornig und hatte mehrmals mit ihrem Manne einen scharfen Wortwechsel und beinahe immer Streit. Da sie jedoch sah, daß dies weit eher die Verschlimmerung als die Besserung des niederträchtigen Mannes herbeiführen konnte, sagte sie zu sich selbst: »Dieser jämmerliche Mensch verläßt mich, um in seiner Schändlichkeit Sodomiterei zu treiben, daher werde ich mir Mühe geben, in dieser schlimmen Zeit einen andern auf mein Schiff zu bringen. Ich nahm ihn zum Manne und gab ihm eine große und gute Mitgift, weil ich wußte, daß er ein Mann war, und glaubte, daß er dasselbe Verlangen habe, was die Männer haben und haben sollen; hätte ich nicht geglaubt, daß er ein Mann sei, so hätte ich ihn auch nicht genommen; er wußte, daß ich ein Weib bin, warum nahm er mich zur Frau, wenn die Weiber nicht nach seinem Geschmacke sind? Das ist nicht zum Aushalten. Wenn ich nicht hätte mein Leben genießen wollen, so wäre ich eine Nonne geworden. Wenn ich mit diesem meinem

Willen und mit meinen Wünschen warten will, bis es ihm Vergnügen und Freude macht, sie mir zu gewähren, so kann ich umsonst warten und alt werden. Wenn ich aber alt geworden bin und meinen Fehler einsehe, dann werde ich mich vergebens grämen, daß ich meine Jugend nicht benützt habe. Er selbst geht mir ja mit dem Beispiel voran, daß man sich des Lebens freuen müsse, indem er sich auf seine Weise Ergötzung sucht; wenn *sein* Ergötzen ein schmähliches ist, so soll das meinige ein löbliches sein. Ich werde nur die Gesetze verletzen, während er die Gesetze und die Natur verletzt.« Nachdem nun die gute Frau solche Gedanken wohl mehr als einmal gehabt, machte sie sich, um ihren Wünschen in der Stille Gewährung zu verschaffen, mit einer alten Frau vertraut, die der heiligen Verdiane glich, welche den Schlangen ihr Futter gibt. Stets ging sie mit dem Paternoster in der Hand zu jedem Ablaß, sprach immer von dem Leben der heiligen Väter, von den Wunden des heiligen Franziskus und wurde beinahe von allen für eine Heilige gehalten. Als es der Dame Zeit schien, entdeckte sie dieser ihr ganzes Vorhaben. Die Alte sprach hierauf: »Meine Tochter, weiß Gott, der alles weiß, du tust wohl daran, und wenn du es aus keinem andern Grunde tätest, so müßtest du und jede junge Frau es schon deshalb tun, um die Jugendzeit nicht zu verlieren, denn jedermann, der eine Erkenntnis hat, kennt keinen größern Schmerz als den, wenn man sich sagen muß, man habe seine Zeit verloren. Zu was sind wir denn in unserem Alter noch nütze, als dazu, die Asche im Herde zu bewahren? Wenn niemand es weiß und niemand dies bezeugen kann, so kann ich es, die ich jetzt in meinem Alter nicht ohne große und bittere Qualen einsehe, daß ich manche Zeit verloren habe; und obgleich ich sie nicht ganz verlor, denn ich wollte nicht, daß du glaubst, ich sei ein dummes Ding gewesen, so habe ich doch nicht getan, was ich hätte tun können. Gott weiß, welchen Schmerz ich hierüber empfinde, sooft ich daran denke, jetzt, wo ich so gestaltet bin, wie du mich hier siehst, und mir niemand mehr etwas gibt für meine Glut. Bei den Männern ist dies anders. Sie sind zu tausend Dingen gut, nicht bloß zu dem einen, und die meisten derselben sind im Alter noch mehr wert als in der Jugend. Aber die Frauen sind zu nichts auf der Welt als zu diesem; daraus entstehen Kinder, und deshalb allein hält man die Frauen wert. Wenn du dies an nichts anderem gemerkt hättest, so müßtest du es schon daran merken, daß wir stets dazu aufgelegt sind, was bei den Männern nicht der Fall ist. Überdies kann eine Frau viele Männer ermüden, während viele Männer nicht imstande sind, eine Frau zu ermüden, und weil wir also dazu geboren sind, so sage ich dir aufs neue, daß du sehr wohl daran tun würdest, wenn du deinem Manne Gleiches mit Gleichem vergältest, damit du im Alter deinem Fleische keinen Vorwurf zu machen hast. Auf dieser Welt hat ein jeder das, was er sich selbst nimmt, und zumal die Frauen, die ihre Zeit, wann sie da ist, weit mehr benützen müssen als die Männer. Du kannst es ja sehen, wenn wir alt werden, will uns weder der Mann noch andere mehr sehen; man jagt uns in die Küche, wo wir uns mit der Katze unterhalten und die Töpfe und Schüsseln sehen dürfen, ja noch schlimmer, sie machen sogar Lieder auf uns und sagen, die guten Bissen den Jungen, den Alten die Katzenzungen, und dergleichen mehr. Um dich nicht länger hinzuhalten, sage ich dir noch, daß du dich niemandem auf der Welt hättest entdecken können, der dir hätte nützlicher sein können als ich; denn keiner ist so glatt und fein, daß ich ihm nicht das Nötige zu sagen wagte, und keiner so hart und grob, den ich nicht geschmeidig machte und zu dem brächte, was ich will. Zeige mir nur den, der dir gefällt, und laß mich dann sorgen. Aber eines nur merke dir, Tochter, laß mich dir empfohlen sein, denn ich bin ein armes Weib, und von jetzt an sollst du in alle meine Ablässe und Paternoster eingeschlossen sein, damit Gott deinen Verstorbenen den Weg in das Himmelreich zeige.« In diesem Einverständnis mit der Alten blieb das junge Weib; sie sagte der Alten, wenn ihr ein Jüngling begegne, der häufig in dieser Gegend sich sehen ließ und den sie ihr bezeichnete, so möge sie wissen, was sie zu tun habe. Hierauf gab sie ihr ein Stück eingesalzenes Fleisch und entließ sie. Die Alte sandte ihr nach wenigen Tagen in der Stille den jungen Mann, den sie ihr bezeichnet hatte, in ihr Zimmer und nach kurzer Zeit wieder einen andern, der gerade der jungen Dame gefiel, die, wenn es nur geschehen konnte, ohne daß ihr Mann es merkte, den sie sehr fürchtete, die Gelegenheit nie unbenützt ließ. Eines Abends geschah es, als ihr Mann ausgehen mußte und mit einem Manne namens Ercolano zu Nacht speisen wollte, daß sie der alten Frau den Auftrag gab, ihr einen Jüngling zu senden, der einer der schönsten in ganz Perugia war. Diese tat es auf der Stelle. Als die Frau mit dem Jünglinge eben sich zu Tische setzte, um zu Nacht zu essen, rief Pietro an der Türe, man solle ihm öffnen. Als die Dame ihn hörte, wurde sie schreckensbleich. Da sie jedoch wo immer möglich den Jüngling verbergen wollte und nicht wußte, wo sie ihn anders unterbringen konnte, nahm sie ihn auf eine Altane neben dem Zimmer, wo sie zu Nacht speiste, steckte ihn hier unter einen Hühnerkorb und bedeckte ihn mit einem Sack, den sie den Tag über hatte ausleeren lassen. Hierauf öffnete sie ihrem Manne die Türe und sprach: »Ihr habt Euer Abendessen schnell verschluckt gehabt.« Pietro antwortete: »Wir haben es gar nicht gekostet.« – »Wie ging denn das zu?« fragte die Dame. Hierauf sagte Pietro: »Ich will es dir erzählen. Wir hatten uns schon an den Tisch gesetzt, Ercolano, seine Frau und ich, als wir in der Nähe von uns niesen hörten. Das erste und das zweite Mal kümmerten wir uns nicht darum, als wir aber das dritte, vierte und fünfte Mal niesen hörten und noch öfter, wunderten wir uns. Ercolano, der schon etwas erzürnt war durch seine Frau, weil sie uns lange vor der Türe hatte warten lassen, ohne zu öffnen, rief hierauf in Wut: ›Was will das heißen? Wer niest so?‹ Mit diesen Worten stand er von dem Tische auf und ging gegen eine Treppe, die in der Nähe war und unterhalb der sich ein Bretterverschlag befand, in welchen man verschiedene Dinge legen konnte, so, wie man es gegenwärtig in alten Häusern sieht, die man frisch ausbessert. Aus diesem schien das Niesen zu kommen, daher öffnete er dort eine kleine Türe, aus der ihm beizender Schwefelgeruch entgegendrang. Darüber beschwerte sich der Mann, doch die Frau erklärte ihm: ›Ich habe vorhin meine Schleier mit Schwefel gereinigt und habe dann das Gefäß, in welches ich den Schwefel gegossen, damit sie den Rauch davon annehmen sollten, unter diese Treppe gesetzt.‹ Nachdem Ercolano die Türe geöffnet und der Dampf sich etwas verzogen hatte, sah er hinein und erblickte den, welcher geniest hatte und noch nieste, da ihn die Gewalt des Schwefels dazu trieb. Obgleich er indessen noch nieste, so hatte ihm dennoch der Schwefel die Brust zusammengezogen, und wenig fehlte, so hätte er weder geniest noch irgend etwas anderes mehr getan. Als Ercolano dies sah, rief er: ›Nun sehe ich, Frau, warum du kurz vorhin uns so lange vor der Türe hast warten lassen, ohne uns zu öffnen, aber ich will keine Freude mehr haben, wenn ich dir das nicht heimzahle.‹ Als die Frau sah und hörte, daß ihr Fehltritt offenbar geworden war, floh sie, ohne ein Wort zu sagen, vom Tische hinweg, und ich weiß nicht, wohin sie gegangen. Ercolano rief dem Menschen zu, der zu wiederholten Malen geniest hatte, er solle herauskommen, aber dieser bewegte sich nicht, daher ergriff ihn Ercolano an einem Fuße und zog ihn heraus. Dann lief er fort nach einem Dolch, um ihn zu töten, aber ich, der ich schon für meine Person das Gericht fürchtete, stand auf und verhinderte, daß er ihn tötete oder ihm irgendein Leid tat, und durch mein Rufen und meine Verteidigung zog ich die Nachbarn herbei, die den schon entkräfteten Jüngling ergriffen und aus dem Hause schleppten, ich weiß nicht, wohin. Dadurch wurden wir am Abendessen gestört, und ich habe es daher nicht nur noch nicht verschluckt, sondern auch gar nicht gekostet, wie ich schon gesagt habe.« Als die Dame dies hörte, merkte sie, daß auch andere so verständig waren wie sie, wenn auch der einen und der andern hin und wieder ein Unglück begegnete. Gerne hätte sie daher die Frau des Ercolano mit Worten verteidigt, da sie jedoch dadurch, daß sie den Fehler anderer schmähte, für sich selber mehr Freiheit zu gewinnen hoffte, so fing sie an: »Schöne Geschichten das! Diese fromme, rechtschaffene Frau, wofür sie gelten wollte, welche Ehrbarkeit und Treue! Und ich wäre ihr zur Beichte gesessen, so geistlich sah sie mir aus, und was noch schlimmer ist, da sie bereits alt ist, gibt sie den Jungen ein sehr böses Beispiel. Verflucht sei die Stunde, in der sie auf die Welt kam, und sie, die es noch erträgt zu leben, dieses treulose, strafbare Weib, die Schande und Schmach aller Frauen dieses Landes; die alle Ehrbarkeit, alle Treue gegen ihren Mann, alle Rücksicht auf die Welt vergessen und sich nicht geschämt hat, einem so wackern Manne und einem so angesehenen Bürger zugleich mit sich selbst Schande anzutun; Gott soll mir gnädig sein, solche Weiber würde ich lebendig auf den Scheiterhaufen setzen und verbrennen.« Hierauf ihres Geliebten gedenkend, den sie unter dem Korbe ganz in der Nähe verborgen hielt, fing sie an, Pietro aufzufordern, daß er ins Bett gehen solle, weil es Zeit sei. Pietro, der mehr Lust hatte zu essen als zu schlafen, fragte nur, ob es etwas zu speisen gebe. Hierauf antwortete seine Frau: »Zu essen? Wir sind nicht gewohnt, ein Essen zu bereiten, wenn du nicht hier bist! Meinst du, ich sei so wie das Weib des Ercolano? Warum willst du denn heute nicht ins Bett gehen? Das wäre viel besser!«

Nun waren jenes Abends einige Arbeiter Pietros mit verschiedenen Gegenständen aus der Stadt gekommen und hatten ihre Esel, ohne ihnen zu trinken zu geben, in einen Stall getan, der neben jener Altane sich befand. Einer dieser Esel, vom Durst getrieben, hatte seinen Kopf aus dem Halfter gezogen, den Stall verlassen und spähte überall, ob er nicht irgendwo Wasser finde, und so gelangte er auch an den Korb, unter welchem der Jüngling lag. Da dieser auf allen vieren liegen mußte, so geschah es, daß seine Finger außerhalb des Korbes auf den Boden zu liegen kamen, und so wollte es sein Geschick oder vielmehr sein Unglück, daß jener Esel mit dem Fuß darauf trat, was ihm den größten Schmerz verursachte, weshalb er auch einen lauten Schrei ausstieß. Als Pietro dies hörte, wunderte er sich und merkte, daß es innerhalb des Hauses sein müsse. Er verließ daher das Zimmer, und da jener noch immerfort Klagerufe hören ließ, weil der Esel immer noch seinen Fuß auf seinen Fingern hatte und sie tüchtig drückte, so rief er: »Wer ist da?« und lief zu dem Korb, hob diesen auf und sah den Jüngling, der außer dem Schmerz, den ihm der Druck des Esels auf seine Finger verursachte, zitterte und bebte aus Furcht, Pietro möchte ihm ein Leid antun. Als ihn Pietro, der in seinen schändlichen Gelüsten ihm schon längst nachgestrebt hatte, sah und ihn fragte: »Was machst du hier?«, gab er hierauf keine Antwort, sondern bat ihn um Gottes willen, er möchte ihm doch kein Leid antun. Hierauf sprach Pietro: »Stehe auf, glaube nicht, daß ich dir irgendein Leid tue, sondern sage mir, wie du hierhergekommen bist und warum.« Der Jüngling erzählte ihm alles. Pietro, über diesen Fund ebenso erfreut, als seine Frau traurig war, nahm ihn bei der Hand und führte ihn in das Zimmer, in welchem seine Frau in der größten Angst ihn erwartete. Pietro setzte sich ihr gegenüber und sprach: »Du hast ja erst kurz vorhin der Frau des Ercolano geflucht und erklärt, daß man sie verbrennen sollte und daß sie euch allen zur Schande gereiche, warum hast du dies nicht von dir selbst gesagt? Und wenn du es von dir selbst nicht sagen mochtest, wie hat es dein Gewissen zulassen können, es von ihr zu sagen, da du dir doch desselben Fehltrittes bewußt warst wie sie? Gewiß hat dich dazu nichts anderes verleitet, als daß ihr alle gleich schlecht seid und mit anderer Schuld eure Fehler zu verhüllen sucht. Oh, daß Feuer vom Himmel fallen könnte und euch alle verbrennte, schlechte Brut, die ihr seid!« Die Dame, welche sah, daß er bis jetzt nur mit Worten auf sie eindrang, und zu erkennen glaubte, daß er ganz froh war, einen so schönen Jüngling an der Hand zu haben, faßte sich ein Herz und sprach: »Ich glaube wohl, daß es dir lieb wäre, wenn man uns alle verbrennte, denn du liebst uns geradeso wie die Hunde den Stock, aber beim Kreuz, das wird dir nicht gelingen. Gerne würde ich aber ein wenig mit dir streiten, um zu erfahren, über was du dich eigentlich beschwerst, und gewiß würde ich nur gut dabei fahren, wenn du mich mit der Frau des Ercolano vergleichen würdest, die eine alte Betschwester und Frömmlerin ist, die überdies von ihrem Manne erhält, was sie will, und von ihrem Manne gehalten wird, wie ein Weib gehalten werden soll, was bei mir alles nicht der Fall ist. Habe ich auch schöne Kleider und Schuhe von dir, so weißt du recht wohl, wie es im übrigen steht und wie lange es her ist, daß du nicht mehr bei mir geschlafen hast. Viel lieber würde ich mit zerrissenen Kleidern und Schuhen einhergehen, um im Bette von dir gut gehalten zu werden, anstatt allein jene Dinge zu haben und im Bette so gehalten zu werden, wie du mich hältst. Du mußt wohl merken, daß ich eine Frau bin wie die andern und dieselben Gelüste habe, und wenn ich mir die Befriedigung derselben, da ich sie von dir nicht erhalte, auf eine andere Weise zu verschaffen suche, so brauche ich deshalb nicht geschmäht zu werden. Habe ich doch insoweit deine Ehre geschont, daß ich mich nicht mit Knechten und verdächtigem Gesindel eingelassen habe.« Pietro sah, daß diese Rede die ganze Nacht fortdauern könnte, und sagte: »Nicht weiter, Frau, ich will dich schon in dieser Beziehung befriedigen; nun wirst du aber die Gefälligkeit haben und dafür sorgen, daß wir etwas zu essen bekommen, denn ich vermute, dieser Jüngling hat heute so wenig als ich zu Nacht gegessen.« – »In der Tat«, sagte die Frau, »das hat er noch nicht;

denn gerade, als du zur unglückseligen Stunde kamst, wollten wir uns zum Nachtessen niedersetzen.« – »Nun, so gehe«, sagte Pietro, »und mache, daß wir etwas zu essen bekommen, alsdann will ich die Sache so ins reine bringen, daß du dich nicht zu beklagen hast.« Als die Dame hörte, daß ihr Mann zufrieden war, erhob sie sich, ließ sogleich den Tisch wieder decken und die Speisen auftragen, die sie bereitet hatte, und speiste mit ihrem schändlichen Manne und mit dem Jünglinge fröhlich zu Nacht. Wie es Pietro nach dem Nachtessen anstellte, um alle drei zufriedenzustellen, das habe ich vergessen, ich weiß nur so viel, daß der Jüngling am folgenden Morgen nicht wußte, ob er die Nacht über mehr Weib oder mehr Mann gewesen sei. Euch aber, meine lieben Damen, will ich nur sagen, wenn sich euch die Gelegenheit bietet, so nützet sie, und könnt ihr nicht, so schreibt es euch ins Gedächtnis, bis ihr könnt, damit ihr Gleiches mit Gleichem vergeltet.

Nachdem die Novelle des Dioneo zu Ende war, die von den Damen mehr aus Scham weniger belacht wurde, als weil sie ihnen weniger Vergnügen gemacht, sah die Königin, daß die Erzählungen für heute zu Ende waren. Sie erhob sich daher, nahm den Lorbeerkranz vom Haupte und setzte ihn Elisa aufs Haupt mit den Worten: »Ihr, meine Dame, sollt jetzt regieren.« Elisa nahm diese Ehre an und handelte wie ihre Vorgänger. Sie traf zuerst mit dem Haushofmeister die nötigen Anordnungen für die Zeit ihrer Herrschaft, im Einverständnis mit der Gesellschaft, und sprach hierauf: »Wir haben schon oft gehört, daß durch gewandte Worte, durch witzige Antwort und schnelle Gedanken viele ihre Gegner tüchtig abgeführt und drohende Gefahren vermieden haben, und weil dieser Stoff schön und nützlich ist, schlage ich vor, daß wir morgen mit Gottes Hilfe über folgendes Thema sprechen, nämlich *von Personen erzählen, welche, durch eine witzige Rede versucht, dieselbe zurückzugeben oder durch eine schnelle und verständige Antwort dem Verderben, der Gefahr oder dem Hohne sich zu entziehen wußten.«* Dieses Thema wurde von allen gebilligt; daher erhob sich die Königin und beurlaubte die Gesellschaft bis zum Abendessen. Als die Königin aufgestanden war, erhob sich auch die ganze Gesellschaft, und wie es so herkömmlich war, vergnügten sich alle, wie es ihnen am besten gefiel. Nachdem der Gesang der Zikaden verstummt war, wurden alle zusammengerufen und gingen zu Tische, und nach fröhlich beendetem Essen wurde musiziert und getanzt. Als, dem Willen der Königin gemäß, Emilia einen Tanz aufgeführt hatte, erhielt Dioneo Befehl, ein Lied zu singen. Dieser begann sogleich: »Frau Altruda, heb auf den Schwanz, ich bringe dir frohe Kunde.« Hierüber mußten alle Damen lachen, und besonders die Königin, welche ihm befahl, dieses Lied zu lassen und ein anderes zu singen. Dioneo sprach: »Wenn ich eine Zymbel hätte, würde ich singen: ›Heb auf dein Kleid, Frau Lapa‹, oder ›Unterm Ölbaum ist das Gras‹, oder wollt Ihr, daß ich singen soll: ›Des Meeres Wellen tun mir weh!‹? Ich habe aber keine Zymbel, und deshalb seht selbst, welches von den andern Liedern ich singen soll. Gefiele Euch vielleicht dies: ›Komm hervor, der du geschnitten bist wie mein Etwas auf dem Lande‹?« Die Königin sprach: »Nein, singe ein anderes.« – »Nun«, sagte Dioneo, »so will ich singen: ›Frau Simona sauft und zecht, und 's ist doch nicht Oktober.‹« Die Königin sprach lachend: »Geh zum Henker, singe ein schönes Lied, dieses wollen wir nicht.« Dioneo sprach: »Werdet nur nicht böse, Königin, Ihr könnt wählen, was Euch am besten gefällt, ich weiß noch mehr als tausend, wollt Ihr ›An dies Türchen klopf' ich an‹, oder ›Mach langsam, liebes Männchen‹, oder ›Ich kauf' mir einen Hahn um hundert Lire‹?« Nun wurde die Königin, obgleich alle andern lachten, doch etwas ungehalten und sagte: »Dioneo, laß jetzt das Witzemachen und singe ein schönes Lied, wo nicht, so wirst du sehen, daß ich böse werde.« Als Dioneo dies hörte, ließ er die Possen sein und begann folgendes Lied:

> *Amor, die helle Sonne,*
> *Die aus den Augen dieser Jungfrau lacht,*
> *Hat dir und ihr mich untertan gemacht.*
>
> *Ihr schönes Auge hat den Strahl ergossen,*
> *Der deine Glut zuerst in mir gebar,*
> *Indem er mein's durchsprühte,*

Und wie du wirkst mit deinen Machtgeschossen,
Nahm ich an ihrem holden Antlitz wahr,
Das, wie es im Gemüte
Mir wohnet jede Blüte
Der Tugend mich zum Kranze winden macht,
Um sie zu krönen, die mir Not gebracht.

Worauf ich nun mich zu den Deinen zähle,
Geliebter Herr, und harre demutvoll
Des Danks, den du wirst spenden.
Doch weiß ich nicht, ob sie, der meine Seele
Für alle Zeit so ganz gehören soll,
Daß mich kein Heil kann blenden,
Als nur von ihren Händen,
Ob sie die Flamme, die du angefacht,
Und meine stete Treue nicht verlacht.

Drum laß dich, du mein Herzensherr, erflehen:
Sprich zu ihr, wirf ein Fünkchen ihr ins Herz,
Das etwas sie versehre
Zu meinen Gunsten; denn du mußt ja sehen,
Wie ich vergeh' in meinem Liebesschmerz,
Wie ich zu deiner Ehre
Mich nach und nach verzehre.
Schau, wie mein Herz ob seinen Pflichten wacht,
Und sei auch du der deinen nun bedacht.

Als Dioneo sein Lied zu Ende gesungen hatte, ließ die Königin noch viele andere singen, nachdem sie das von Dioneo gesungene sehr gelobt hatte. Als jedoch ein Teil der Nacht verstrichen war und die Königin merkte, daß die Hitze des Tages bereits der Kühle der Nacht wich, gab sie den Befehl, daß alle bis zum folgenden Tage nach ihrem Gefallen zur Ruhe gehen sollten.

DER BÄCKER CISTI

MACHT HERRN GERI SPINA
DURCH EINE FEINE REDE AUF EINE
UNBESONNENE FORDERUNG AUFMERKSAM.

Von allen Damen und Herren wurde die Geschichte gelobt, worauf die Königin Pampinea gebot fortzufahren. Diese begann: Meine schönen Damen! Ich weiß nicht, wer am meisten hierin fehlt, die Natur, die zu einer edlen Seele einen häßlichen Körper bildet, oder das Schicksal, das einem mit einer edlen Seele ausgestatteten Körper einen andern Beruf gibt, wie wir dies bei unserem Landsmann Cisti und noch bei vielen haben sehen können. Diesen Cisti, der einen hohen Sinn hatte, machte das Schicksal zum Bäcker. Und fürwahr, ich würde die Natur ebenso wie das Schicksal verfluchen, wenn ich nicht sähe, daß die Natur sehr verständig ist und das Schicksal tausend Augen hat, obgleich Toren es sich blind vorstellen. Ich glaube, diese beiden, obgleich sie sehr verständig sind, tun dasselbe, was oft die Menschen tun, die, unsicher über die Ereignisse der Zukunft, ihre kostbarsten Sachen in den schmutzigsten Orten des Hauses vergraben, weil diese weniger verdächtig sind. Von hier aus können sie dieselben in der Not gleich bei der Hand haben, denn an jenen Orten sind sie sicherer aufbewahrt als in den schönsten Zimmern. So verbergen die zwei Beherrscher der Welt häufig ihre kostbarsten Gegenstände im Schatten von Berufsarten, die man für gering hält, damit, wenn sie dieselben im Notfall aus diesen hervortreten lassen, ihr Glanz um so herrlicher erscheint. Wie dies der Bäcker Cisti im kleinen dartat, indem er dem Herrn Geri Spina das Verständnis öffnete, wurde mir durch die Erzählung der Frau Oretta, die seine Gattin war, ins Gedächtnis heraufgeführt, und ich will es euch in einer kurzen Erzählung berichten.

Als unter dem Papst Bonifazius, bei welchem Herr Geri Spina in hohem Ansehen stand, einige edle Gesandte des Papstes in wichtigen Angelegenheiten nach Florenz gesandt wurden und im Hause des Herrn Geri abgestiegen waren, mit welchem sie über die Angelegenheiten des Papstes verhandelten, geschah es, daß aus irgendeinem Grunde Herr Geri mit diesen Gesandten des Papstes zu Fuß fast jeden Morgen vor der Kirche von Santa Maria Ughi vorbeiging, wo der Bäcker Cisti seinen Ofen hatte und persönlich sein Geschäft ausübte. Obgleich diesem das Schicksal einen sehr niedrigen Stand angewiesen hatte, so hatte es sich ihm doch darin wieder sehr günstig erwiesen, daß es ihm einen großen Reichtum gegeben hatte. Ohne diesen noch vermehren zu wollen, führte er ein herrliches Leben und hatte unter andern guten Sachen die besten roten und weißen Weine, die man in Florenz oder der Umgegend finden konnte. Als nun dieser jeden Morgen die päpstlichen Gesandten und Herrn Geri vor seiner Türe vorübergehen sah, dachte er, bei dieser sehr großen Hitze müßte es sehr artig sein, wenn er ihnen von seinem guten weißen Wein zu trinken gäbe; in Erwägung jedoch seines Standes und dessen des Herrn Geri hielt er es nicht für schicklich, ihn einzuladen, doch dachte er auf ein Mittel, um Herrn Geri zu veranlassen, sich selbst einzuladen. Mit einem weißen Wams und einer frischgewaschenen Schürze angetan, wodurch er mehr als ein Müller denn als ein Bäcker erschien, ließ er sich jeden Morgen, wenn er glaubte, daß Herr Geri mit den Gesandten vorbeikommen werde, eine neue Gelte mit frischem Wasser, einen kleinen bolognesischen Krug mit gutem weißen Wein und zwei Becher, die von Silber zu sein schienen, so klar waren sie, vor seine Türe setzen; dann ließ er sich nieder, und wenn sie vorbeigingen, räusperte er sich ein- und zweimal und fing dann an, mit solchem Appetit von seinem Wein zu trinken, daß er sogar einem Toten die Lust dazu hätte erwecken können. Als Herr Geri dies zwei Morgen hintereinander gesehen hatte, sprach er am dritten: »Schmeckt's, Cisti? Ist der Wein gut?« Cisti stand sogleich auf und antwortete: »Ja, mein Herr, aber Ihr könnt das nicht verstehen, wenn Ihr nicht selbst davon kostet.« Herr Geri, der entweder durch die Jahreszeit oder durch die ungewohnte Ermüdung oder durch den Appetit, mit dem er Cisti hatte trinken sehen, Durst bekommen hatte, wandte sich an die Gesandten und sagte lächelnd: »Meine Herren, ich denke, wir kosten von dem Weine dieses wackern Mannes, vielleicht ist er so gut, daß es uns nicht reut«, und mit diesen Worten gingen sie auf Cisti zu. Dieser ließ sogleich eine schöne Bank herausstellen und bat sie, sich zu setzen. Dann sprach er zu ihren Dienern, die herbeikamen, um die Becher zu reinigen: »Zurück, ihr Leute, laßt mich diesen Dienst verrichten, denn ich bin ein ebenso guter Mundschenk wie Bäcker. Erwartet nicht, daß ihr auch nur einen Tropfen kosten werdet.« Mit diesen Worten reinigte er selbst vier schöne neue Becher, ließ einen kleinen Krug von seinem guten weißen Weine herausbringen und bediente damit Herrn Geri und seine Begleiter aufs beste. Diesen schien der Wein der vortrefflichste, den sie seit langer Zeit getrunken hatten. Sie lobten ihn daher sehr, und solange sich die Gesandten in Florenz aufhielten, ging Herr Geri fast jeden Morgen hierher, um zu trinken. Als sie ihre Angelegenheiten ins reine gebracht hatten und abreisen sollten, gab Herr Geri ein prächtiges Mahl, zu welchem er einen Teil der angesehensten Bürger einlud, darunter auch Cisti, der jedoch unter keiner Bedingung kommen wollte. Nun befahl Herr Geri einem seiner Diener, er solle von Cisti eine Flasche Wein holen und davon einem jeden der Gäste bei der ersten Speise einen halben Becher einschenken. Der Diener, vielleicht aus Unwillen darüber, weil er nie von dem Weine hatte zu trinken bekommen, nahm eine große Flasche, und als Cisti diese sah, sprach er: »Mein Sohn, Herr Geri schickt dich nicht zu mir.« Nachdem der Diener es wiederholt behauptet und keine andere Antwort hatte erhalten können, kehrte er zu Herrn Geri zurück und hinterbrachte sie diesem. Hierauf sprach Herr Geri: »Kehre zurück und sage ihm, es sei so, und wenn er dir diese Antwort wieder gibt, so frage ihn, an wen ich dich denn sonst sende.« Der Diener kehrte zurück und sagte Cisti: »In der Tat, Herr Geri schickt mich nur an dich.« Hierauf antwortete Cisti: »Fürwahr, mein Sohn, es ist nicht so.« – »Nun«, sagte der Diener, »wohin sendet er mich denn?« Cisti antwortete: »An den Arno.« Als der Diener dies dem Herrn Geri hinterbrachte, öffneten sich diesem plötzlich die Augen, und er sagte zu dem Diener: »Laß einmal sehen, was für eine Flasche du genommen hast.« Als er sie gesehen hatte, sprach er: »Cisti hatte ganz recht.« Dann tadelte er den Diener und ließ ihn eine andere Flasche nehmen. Als Cisti diese sah, sagte er: »Nun weiß ich wohl, daß er dich an mich schickt«, und füllte mit Vergnügen die Flasche. Noch am gleichen Tage ließ er ein Fäßchen mit einem ähnlichen Weine füllen und in das Haus des Herrn Geri tragen. Er selbst kam hintennach, und als er Herrn Geri getroffen hatte, sagte er zu ihm: »Mein Herr! Ihr müßt ja nicht glauben, die große Flasche diesen Morgen habe mich erschreckt, sondern ich glaubte nur, Ihr habet vergessen, was ich Euch dieser Tage durch meine kleinen Krügchen gezeigt habe, daß nämlich dies kein Wein für die Bedienten ist. Nur daran wollte ich Euch erinnern; da ich ihn jedoch nicht länger behalten will, so habe ich ihn hier ganz mitgebracht, macht mit ihm, was Ihr wollt.« Herr Geri hielt dies Geschenk des Cisti sehr teuer und dankte ihm dafür mit besonderer Huld. Auch behandelte er ihn in Zukunft mit aller Achtung und Freundschaft.

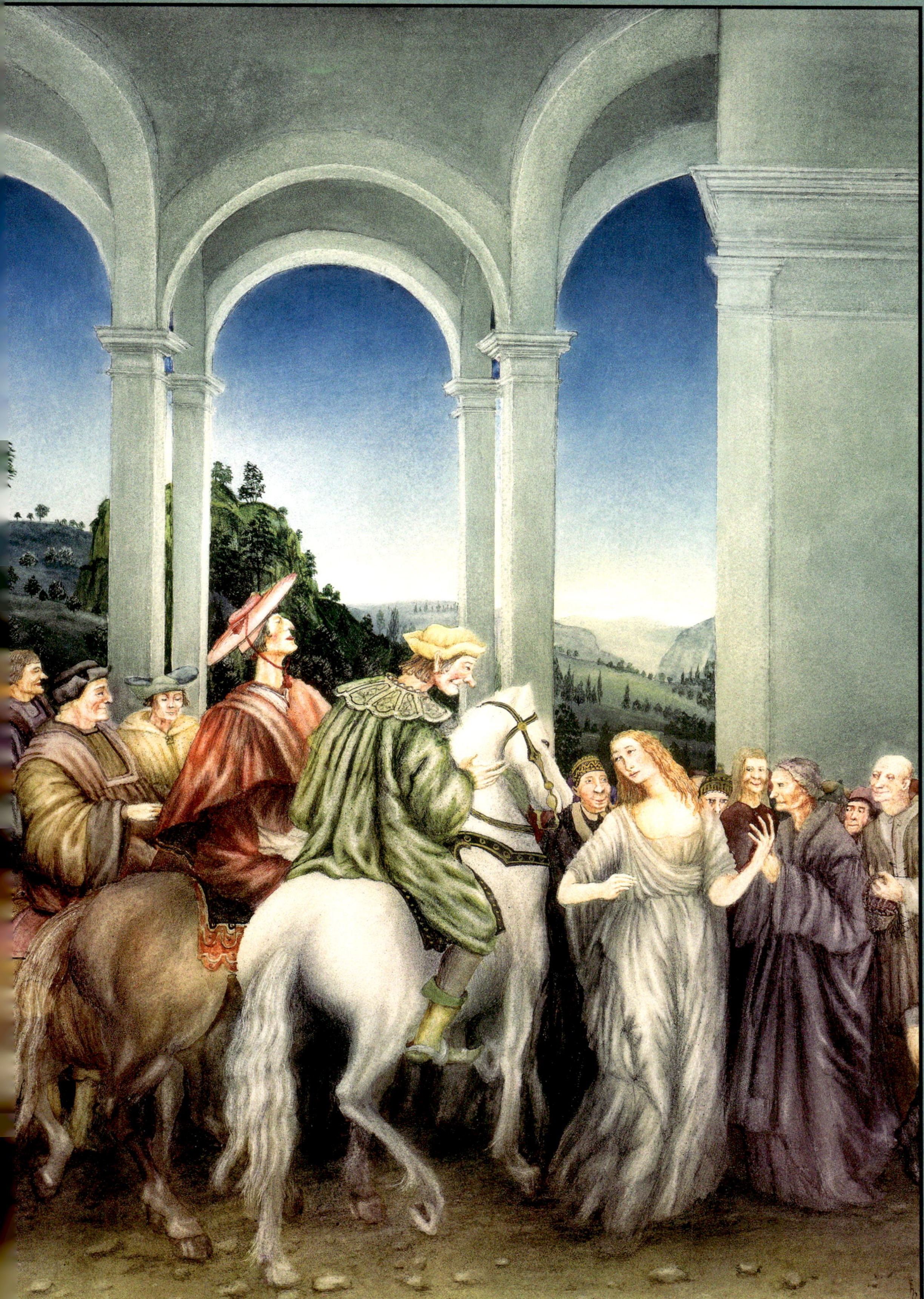

Da nun der Bischof und der Marschall viel miteinander umgingen, geschah es, daß sie einst am St. Johannistage, als sie nebeneinander ritten, die Damen betrachteten, welche auf dem Platze standen.

FRAU
NONNA DI PULCI

LEGT DURCH EINE SCHNELLE ANTWORT
DEM BISCHOF VON FLORENZ, DER SICH UNEHRBARE
SCHERZE ERLAUBT, STILLSCHWEIGEN AUF.

Nachdem Pampinea mit ihrer Erzählung zu Ende war und die Antwort und Freigebigkeit Cistis von allen gelobt worden war, gebot die Königin der Lauretta, mit einer Erzählung fortzufahren, und diese begann anmutig folgendermaßen:
Meine lieblichen Damen! Zuerst Pampinea und dann Filomena haben über den Mangel an Geist, der sich gegenwärtig in unserem Geschlecht bemerkbar macht, und über die Schönheit von witzigen Antworten schon viel Wahres gesagt, auf das ich hier nicht zurückzukommen brauche. Abgesehen also davon, was über die Witzreden gesagt worden ist, will ich euch nur daran erinnern, daß die Scherzreden ihrer Natur nach den Zuhörer zwar treffen, aber nicht verletzen oder beleidigen sollen, denn dies wäre ungezogen. Sehr gute Worte sprachen deshalb Frau Oretta und Herr Cisti: Wenn man zuerst auf grobe Weise verletzt worden ist, so muß die Antwort auch darnach ausfallen und anders, als wenn zuvor nichts ge-

schehen ist. Daher muß man wohl überlegen, wie und wann und mit wem und wo man sich einen Scherz erlaubt. Da nun einer unserer Prälaten einst darauf wenig Rücksicht nahm, so erhielt er denselben Stich zurück, den er ausgeteilt hatte, und dies will ich euch erzählen.

Als Herr Antonio d'Orso, ein vortrefflicher und gelehrter Prälat, Bischof von Florenz war, kam nach Florenz ein Edelmann aus Katalonien, mit Namen Diego de la Ratta, Marschall des Königs Robert. Dieser war von schöner Gestalt und ein großer Freund des weiblichen Geschlechtes, und unter den florentinischen Damen gefiel ihm besonders eine sehr schöne Dame, die Enkelin eines Bruders des genannten Bischofs. Da er nun erfuhr, daß ihr Mann, obgleich aus einer guten Familie, doch ein geiziger, niederträchtiger Mensch war, wurde er mit ihm einig, ihm fünfhundert Goldgulden zu geben, wofür ihn dieser eine Nacht bei seinem Weibe schlafen lassen wollte. Der Marschall ließ nun silberne Münzen, wie sie damals im Kurs waren, vergolden, und nachdem er bei der Frau geschlafen hatte, was dieser jedoch keineswegs angenehm war, zahlte er ihm diese aus. Da man dies nachher überall erfuhr, hatte der niederträchtige Mensch nur Spott und Schande davon, und der Bischof, als ein verständiger Mann, stellte sich, als wisse er gar nichts von der Sache. Da nun der Bischof und der Marschall viel miteinander umgingen, geschah es, daß sie einst am St. Johannistage, als sie nebeneinander ritten, die Damen betrachteten, welche auf dem Platze standen, wo ein Preisrennen stattfand. Unter diesen sah nun der Bischof ein junges Weib, das diese jetzige Pest weggerafft hat, eine Frau mit Namen Nonna di Pulci, die ihr alle gekannt haben müßt; sie war damals ein frisches, schönes, junges Weib, das mit dem Wort umzugehen wußte, Mut hatte und kurz zuvor in der St.-Pietro-Kirche einem Manne angetraut worden war. Diese zeigte er dem Marschall, und da er ganz in der Nähe war, legte er seine Hand auf die Schulter des Marschalls und sagte: »Nonna, was hältst du von diesem? Glaubst du, er könne dich besiegen?« Nonna glaubte, daß diese Worte ihre Ehrbarkeit antasteten und sie in den Augen der Zuhörer, die in Menge umherstanden, herabsetzen müßten; sie dachte daher weniger daran, sich von dieser Beschimpfung zu reinigen, als den Stich zurückzugeben, und antwortete schnell: »Mein Herr! Mich würde er wohl schwerlich besiegen, denn ich verlangte gute Münze.« Als der Marschall und der Bischof dies hörten, fühlten sie sich beide getroffen, der eine, weil er an der Enkelin des Bischofs etwas Unehrbares begangen, und der andere wegen der Schande seiner Verwandten. Beide wagten es daher den ganzen Tag nicht mehr, einander anzusehen, sie schämten sich und gingen in der Stille auseinander, ohne ein Wort miteinander zu sprechen. So stand es der jungen Frau, die verletzt worden war, sehr gut an, den Stich zurückzugeben.

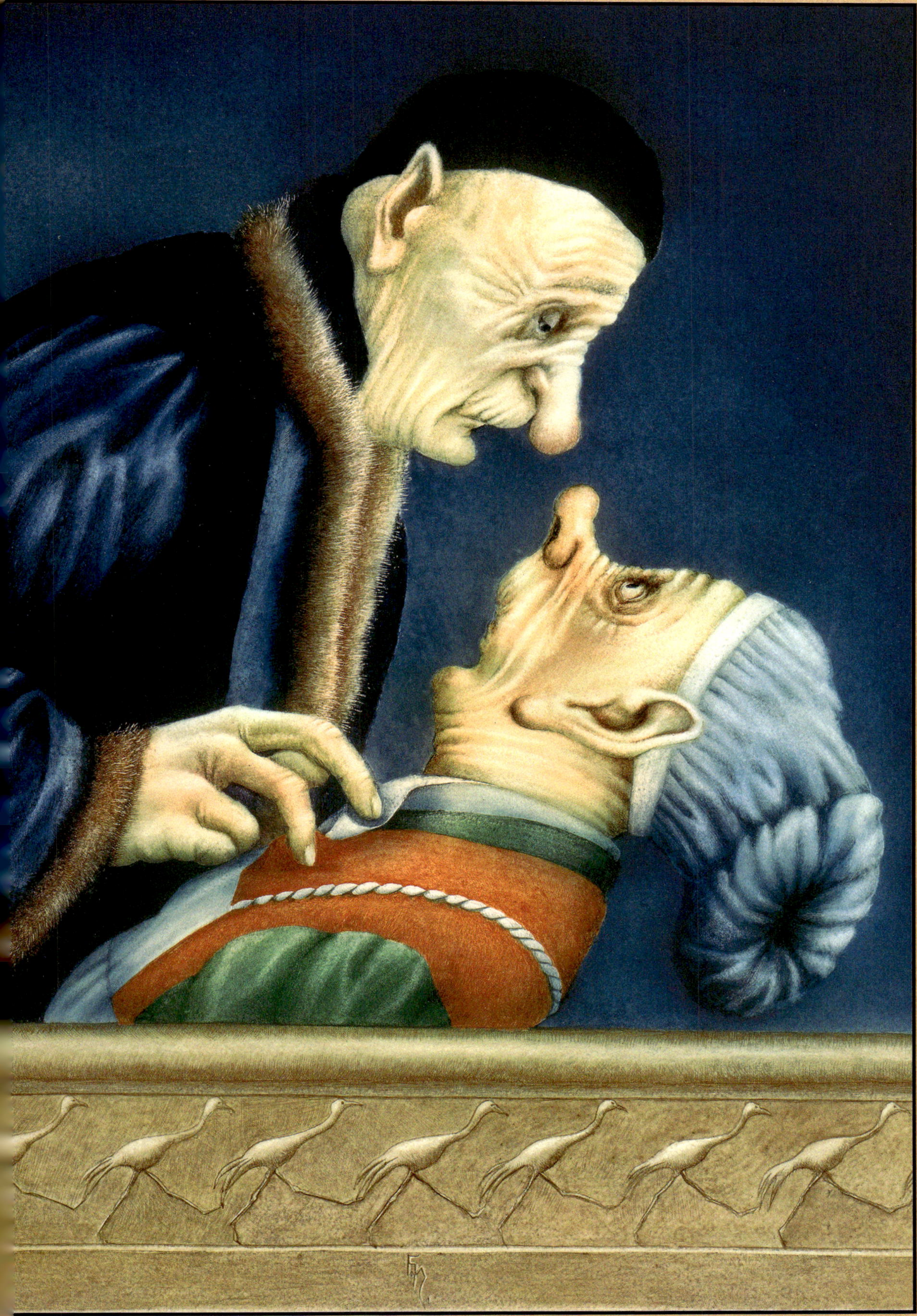

»Gnädiger Herr, die Kraniche haben nur *ein* *Bein*.«

CHICHIBIO

DER KOCH DES CURRADO GIANFIGLIAZZI,
VERWANDELT DURCH EIN SCHNELLES WORT ZU SEINEM HEILE
DEN ZORN DES CURRADO IN LACHEN UND ENTGEHT DADURCH
DEM UNGLÜCK, MIT WELCHEM ER VON CURRADO BEDROHT IST.

Lauretta schwieg, und Nonna wurde von allen außerordentlich gelobt. Hierauf gebot die Königin der Neifile, fortzufahren, und diese begann: Sosehr auch ein lebhafter Geist, meine lieblichen Damen, nützliche und schöne Worte den Umständen gemäß an die Hand gibt, so steht doch auch zuweilen das Schicksal den Furchtsamen bei und legt ihnen plötzlich Worte auf die Zunge, auf die sie bei ruhigem Gemüt nie gekommen wären. Dies will ich euch durch meine Geschichte beweisen.

Currado Gianfigliazzi war, wie ihr wohl alle gehört und gesehen habt, stets ein vornehmer, freigebiger und edler Bürger dieser Stadt, der ein ritterliches Leben führte und stets Vergnügen hatte an Hunden und Vögeln, wobei ich jetzt von seinen größeren Taten ganz absehen will. Als dieser eines Tages mit seinem Falken in der Nähe von Peretola einen Kranich erlegt hatte und ihn noch jung und fett fand, übergab er ihn seinem guten Koch, welcher Chichibio hieß und ein Venetianer war, mit dem

Auftrag, er solle ihn zum Abendessen braten und wohl darauf achtgeben. Chichibio, der ein leichtsinniger Schalk war, richtete den Kranich zu, tat ihn ans Feuer und begann ihn sorgfältig zu braten. Als derselbe schon beinahe fertig war und stark duftete, kam ein Mädchen aus der Gegend, mit Namen Brunetta, in welche Chichibio sehr verliebt war, in die Küche, und als sie den Kranich roch und sah, bat sie den Chichibio aufs inständigste, er möchte ihr eine Keule davon geben. Chichibio antwortete ihr singend: »Das kann nicht sein, meine liebe Brunetta, das kann nicht sein.« Hierüber war Brunetta so erzürnt, daß sie sagte: »Bei Gott! Wenn du sie mir nicht gibst, so wirst du nie mehr etwas von mir erhalten.« Kurz, es gab eine lange Unterhaltung: endlich schnitt Chichibio, um seine Geliebte nicht zu erzürnen, ein Bein von dem Kranich ab und gab es ihr. Als nun derselbe dem Currado vor seinen Gästen, die er bei sich hatte, aufgetragen wurde, ließ Currado, voll Verwunderung darüber, Chichibio rufen und fragte ihn, was aus dem andern Bein geworden sei. Der venetianische Windbeutel antwortete frischweg: »Gnädiger Herr, die Kraniche haben nur *ein* Bein.« Erzürnt sprach nun Currado: »Wie, zum Henker!, sie haben nur *ein* Bein? Ist dies der erste Kranich, den ich sehe?« Chichibio fuhr fort: »Es ist so, gnädiger Herr, wie ich Euch gesagt habe; wenn es Euch gefällig ist, will ich es Euch an den lebendigen zeigen.« Aus Rücksicht für die Gäste, die er bei sich hatte, wollte Currado nichts weiter wissen, sondern sagte: »Weil du es mir an den lebendigen zeigen willst, etwas, was ich noch nie gesehen noch gehört habe, so will ich dies morgen mir von dir zeigen lassen und damit zufrieden sein; aber ich schwöre dir beim Leiden Christi, wenn es anders ist, so will ich dich auf eine Weise zurichten lassen, daß du dich, solange du lebst, an meinen Namen erinnern wirst.« Hiemit war der Streit für diesen Abend aus. Des andern Morgens aber mit Tagesanbruch stand Herr Currado, dessen Zorn sich über Nacht nicht vermindert hatte, noch ganz erbost auf und befahl, die Pferde vorzuführen. Hierauf befahl er Chichibio, einen Klepper zu besteigen, und ritt mit ihm an einen Fluß, an dessen Ufern er des Morgens gewöhnlich Kraniche bemerkte. Unterwegs sagte er: »Wir werden jetzt bald sehen, wer gestern gelogen hat, du oder ich.« Als Chichibio sah, daß Currados Zorn noch fortdauerte und daß er jetzt seine Windbeutelei beweisen sollte und doch nicht wußte, wie dies zu machen sei, ritt er in der größten Angst hinter Currado her. Gerne wäre er geflohen, wenn es nur möglich gewesen wäre. Da er dies jedoch nicht konnte, blickte er überall umher, bald vorwärts, bald rückwärts, bald auf die Seite, und wo er etwas sah, glaubte er, es sei ein Kranich, der auf zwei Füßen stehe. Schon waren sie in der Nähe des Flusses, als er früher als irgend jemand an dem Ufer desselben wohl zwölf Kraniche bemerkte, die alle auf einem Fuße standen, wie sie im Schlafe zu tun pflegen. Sogleich zeigte er diese nun dem Currado und sagte: »Nun könnet Ihr deutlich sehen, daß ich gestern wahr gesprochen habe, wenn ich behauptete, die Kraniche haben nur *ein* Bein; seht nur diese an, die dort stehen.« Als Currado sie erblickte, sagte er: »Warte nur, ich will dir schon zeigen, daß sie zwei haben.« Er ritt näher hinzu und rief: »Hallo! Hallo!« Auf diesen Ruf wachten die Kraniche auf, ließen ihren andern Fuß herab, machten ein paar Schritte und flogen davon. Nun wandte sich Currado zu Chichibio und sagte: »Was meinst du, Schuft, glaubst du jetzt, daß sie zwei haben?« Chichibio in seiner Bestürzung wußte selbst nicht, wie er dazu kam, aber er antwortete: »Ja, gnädiger Herr, aber Ihr habt gestern abend nicht Hallo! Hallo! gerufen, sonst hätte der Kranich gewiß auch seinen andern Fuß und sein anderes Bein gezeigt, wie diese hier.« Dem Currado gefiel diese Antwort so gut, daß sich sein ganzer Zorn in Heiterkeit und Lachen verwandelte, und er sagte: »Du hast recht, Chichibio, das hätte ich freilich tun sollen.« So wandte Chichibio durch seine schnelle und spaßhafte Antwort sein Unglück ab und versöhnte seinen Herrn.

HERR FORESE DA RABATTA

UND MEISTER GIOTTO, DER MALER,
KOMMEN VON MUGELLO, UND DER EINE STICHELT WITZIG
ÜBER DAS UNSCHEINBARE AUSSEHEN DES ANDERN.

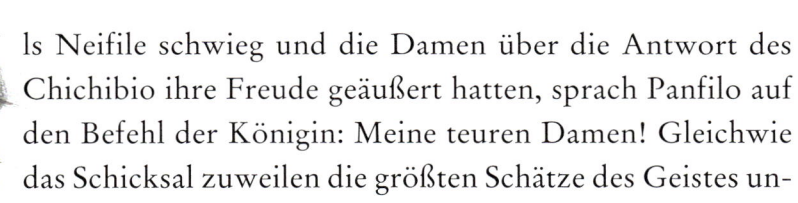

Als Neifile schwieg und die Damen über die Antwort des Chichibio ihre Freude geäußert hatten, sprach Panfilo auf den Befehl der Königin: Meine teuren Damen! Gleichwie das Schicksal zuweilen die größten Schätze des Geistes unter die niedrigsten Stände begraben hat, wie Pampinea kurz vorhin gezeigt hat, findet es sich auch häufig, daß die Natur den häßlichsten Menschengestalten wunderbare Geisteskräfte eingepflanzt hat. Dies zeigte sich in zweien unserer Landsleute, von denen ich euch eine kurze Geschichte erzählen will. Der eine, Herr Forese da Rabatta mit Namen, war klein und mißgestaltet, hatte ein plattes, breites Gesicht, häßlicher als irgendeiner von den Baronci; aber er besaß eine solche Gesetzeskunde, daß er von vielen verständigen Männern ein wahres Repertorium der Rechtsgelehrsamkeit genannt wurde. Der andere, mit Namen Giotto, hatte einen so ausgezeichneten Geist, daß in der ganzen Natur, der Mutter aller

Dinge und der Urheberin des Sternenlaufs, sich kein Gegenstand befand, den er nicht mit dem Bleistift oder mit der Feder oder mit dem Pinsel so ähnlich hätte darstellen können, daß man ihn nicht nur ähnlich fand, sondern sogar mit dem Urbilde verwechselte, so daß es bei seinen Gemälden häufig vorkam, daß das menschliche Auge ganz getäuscht wurde und das für Wirklichkeit nahm, was nur gemalt war. Er hatte diese Kunst, die viele Jahrhunderte lang durch die Torheit von Leuten, die weit mehr malten, um die Augen der Toren zu ergötzen, als dem Verstand der Kundigen zu genügen, begraben lag, ans Licht zurückgeführt und konnte daher mit Recht ein Stern am ruhmvollen Himmel von Florenz genannt werden, um so mehr, als er mit äußerster Bescheidenheit seine Kunst betrieb, ohne den Titel »Meister« je anzunehmen. Die Verschmähung dieses Titels machte ihm um so mehr Ehre, je gieriger derselbe von denen gesucht wurde, die weniger kunstreich waren als er, und je häufiger sogar seine Schüler sich denselben aneigneten. Trotz seiner großen Kunst aber war er keineswegs größer und schöner von Gestalt als Herr Forese. Kommen wir jedoch zur Erzählung.

Herr Forese und Giotto hatten ihre Besitzungen in Mugello, und als Herr Forese in jenen Sommertagen, wo die Gerichtshöfe Ferien haben, sich auf dem Lande aufgehalten und zufällig auf einem schlechten gemieteten Pferde zurückritt, traf er den genannten Giotto, der ebenfalls seine Güter besucht hatte und jetzt nach Florenz zurückkehrte. Dieser bot, weder was das Pferd noch was die Kleidung betraf, im mindesten einen besseren Anblick. Sie leisteten einander Gesellschaft, und da sie beide alt waren, ritten sie in langsamem Schritt. Nun geschah es, wie es häufig im Sommer der Fall ist, daß ein plötzlicher Regen sie überraschte; so schnell sie konnten, flüchteten sie daher in das Haus eines Landmannes, der mit beiden bekannt war. Als nach einer Weile der Regen noch nicht nachließ und sie doch noch am nämlichen Tage nach Florenz kommen wollten, entlehnten sie von dem Landmann zwei alte grobe Mäntel und zwei ganz zerrissene Hüte, weil keine besseren da waren, und machten sich auf den Weg. Als sie eine Weile fortgeritten und ganz durchnäßt und von den Pferden bespritzt worden waren, wodurch sie an Ansehnlichkeit eben nicht gewannen, hellte sich der Himmel endlich auf, und während sie bisher geschwiegen hatten, fingen sie jetzt an, miteinander zu sprechen. Während nun Forese dem Giotto, der ein guter Erzähler war, zuhörte und denselben von der Seite, im Gesichte und überall betrachtete, fing er, da er ihn in allem so gar unscheinbar und mißgestaltet fand, ohne an sich selbst zu denken, zu lachen an und sprach: »Giotto, wenn uns jetzt ein Fremder begegnen würde, der dich vorhin gesehen hätte, meinst du wohl, er würde es glauben, daß du der beste Maler auf der Welt bist?« Hierauf antwortete Giotto schnell: »Mein Herr, ich meine, er würde es glauben, sobald er bei Eurem Anblicke glauben würde, daß Ihr das Abc versteht.« Als Herr Forese dies hörte, erkannte er seinen Fehler und sah sich mit der Münze bezahlt, die er selbst ausgegeben hatte.

MICHAEL SCALZA

BEWEIST EINIGEN JUNGEN LEUTEN,
DASS DIE BARONCI DIE ÄLTESTEN EDELLEUTE DER WELT SEIEN,
UND GEWINNT EIN NACHTESSEN.

Die Damen lachten noch über die schnelle Antwort des Giotto, als die Königin der Fiammetta fortzufahren gebot, die also begann: Meine jungen Damen, da Panfilo die Baronci erwähnte, die ihr vielleicht nicht so gut kennt als er, so fiel mir eine Geschichte ein, durch deren Erzählung ich den Adelsstand derselben beweisen kann, ohne von unserem Thema abzugehen.

Vor noch nicht langer Zeit lebte in unserer Stadt ein junger Mann mit Namen Michael Scalza, der kurzweiligste und unterhaltendste Mensch von der Welt, der alle möglichen Anekdoten bereit hatte. Die florentinischen jungen Männer waren daher immer sehr erfreut, wenn sie ihn in ihrer Gesellschaft haben konnten. Nun geschah es eines Tages, als er mit einigen in Mont'Ughi war, daß sich die Streitfrage unter ihnen erhob, welches die altadeligste Familie in Florenz wäre. Einige sagten: die Uberti, andere die Lamberti, die einen die, die andern andere, wie sie ihnen gerade einfielen. Als Scalza dies hörte, lächelte er spottend und sagte: »Geht mir, geht! Ihr Tröpfe, ihr wißt nicht, was ihr sagt. Die älteste und adeligste Familie nicht bloß von Florenz, sondern von der ganzen Welt sind die Baronci; damit stimmen alle Philosophen überein und jedermann, der sie so gut kennt wie ich, und damit ihr nicht andere darunter versteht, so sage ich, ich meine eure Baronci, die in der Nähe von Santa Maria Maggiore wohnen.« Als die Jünglinge, die einen andern Namen erwartet hatten, dies hörten, neckten sie ihn alle und sagten: »Du willst uns foppen, wie wenn wir die Baronci nicht ebensogut kennten wie du.« – »Meiner Treu«, sagte Scalza, »ich foppe euch nicht, ich sage die Wahrheit, und wenn einer unter euch ist, der ein Nachtessen mit sechs eurer Genossen wetten will für den, der die Wette gewinnt, so bin ich, falls es euch gefällt, zum Beweise bereit und unterwerfe mich dem Urteil eines jeden, den ihr dazu aufstellt.« Nun sagte einer mit Namen Neri Mannini: »Ich bin bereit, diese Wette zu gewinnen.« Hierauf kamen sie miteinander überein, Pietro di Fiorentino, in dessen Haus sie sich befanden, zum Richter aufzustellen, und die ganze Gesellschaft begab sich zu ihm, um Scalza seine Wette verlieren zu sehen und ihn zu necken. Sie erzählten Pietro alles, und dieser, ein verständiger Mann, hörte zuerst die Gründe des Neri und wandte sich dann an Scalza mit den Worten: »Und wie willst denn du deine Behauptung beweisen?« Hierauf sprach Scalza: »Das will ich auf eine Weise, daß nicht bloß du, sondern auch der, der mit mir gewettet hat, sagen wird, ich habe recht. Ihr wißt, daß, je älter die Familien sind, desto adeliger sind sie, und dies haben auch meine Gegner selbst vorhin bejaht. Die Baronci sind die älteste Familie, also sind sie auch die adeligste. Wenn ich euch also zeige, daß sie die ältesten sind, so habe ich ohne Zweifel meine Wette gewonnen. Ihr müßt wissen, daß die Baronci von Gott geschaffen wurden, als er angefangen hatte, das Zeichnen zu lernen, die übrigen Menschen aber wurden von ihm geschaffen, als er schon zeichnen konnte. Damit ihr seht, daß ich hier die Wahrheit sage, so betrachtet nur die Baronci und die übrigen Menschen: Alle haben ein wohlgestaltetes, gutproportioniertes Gesicht, die Baronci dagegen haben entweder ein langes und mageres oder ein übermäßig breites Gesicht; der eine hat eine zu lange, der andere eine zu kurze Nase; der eine hat ein hervorstehendes Kinn und der andere Kinnbacken wie ein Esel, ja, es gibt darunter, deren eines Auge größer als das andere, oder das eine tiefer liegend als das andere ist, wie wir es an den Gesichtern sehen, welche die Kinder, die zeichnen lernen, zuerst machen. Daraus geht deutlich hervor, daß Gott sie schuf, als er erst zeichnen lernte; so sind sie also älter als die andern und folglich adeliger.« Als Pietro, welcher der Richter war, und Neri, der die Wette eingegangen war, und alle andern diese kluge Beweisführung des Scalza angehört hatten, fingen sie alle zu lachen an und behaupteten, Scalza habe recht und er habe die Wette gewonnen, die Baronci seien in der Tat die adeligste und älteste Familie nicht bloß in Florenz, sondern auch in der ganzen Welt. Als daher Panfilo die Häßlichkeit des Herrn Forese schildern wollte, hat er mit Recht gesagt, er sei so häßlich gewesen wie ein Baronci.

FRAU FILIPPA

WIRD, VON IHREM MANNE BEI IHREM GELIEBTEN GETROFFEN,
VOR EIN GERICHT GESTELLT, BEFREIT SICH ABER DURCH EINE
GEWANDTE UND FEINE ANTWORT UND BEWIRKT DABEI
EINE ÄNDERUNG DES GESETZES.

Fiammetta schwieg, und alles lachte noch über die seltsame Beweisführung des Scalza, durch welche er die Baronci zum höchsten Adel erhob, als die Königin dem Filostrato befahl, eine Geschichte zu erzählen. Dieser begann: Meine trefflichen Damen, es ist etwas Schönes darum, wenn man zu jeder Zeit gut zu reden weiß, aber am schönsten ist es, meiner Ansicht nach, wenn man es da versteht, wo die Notwendigkeit es gebietet. Dies verstand trefflich eine edle Dame, von der ich euch etwas erzählen will, denn sie machte dadurch nicht bloß den Zuhörern Freude und Vergnügen, sondern sie befreite sich auch vom schmachvollen Tode.

In dem Lande Prato gab es einst ein Gesetz, das in der Tat ebenso tadelnswürdig wie hart war. Dieses gebot nämlich ohne allen Unterschied, daß jede Frau, die von ihrem Manne bei ihrem Geliebten im Ehebruch angetroffen werde, verbrannt werden solle, wie auch jede, die sich um Geld einem Manne hingebe und bei ihm angetroffen werde. Während dieses

Gesetz in Kraft war, geschah es, daß Frau Filippa, eine edle und schöne und über alle Maßen verliebte Dame, in einer Nacht in ihrem eigenen Zimmer von Rinaldo de Pugliese, ihrem Gatten, in den Armen Lazzarinos de Guazzalioteri, eines edlen und schönen jungen Mannes, der sie wie sich selbst liebte, angetroffen wurde. Als Rinaldo diese Entdeckung machte, war er so erzürnt, daß er sich kaum zurückhalten konnte, sich auf sie zu stürzen und sie zu töten, und wenn er nicht für sein eigenes Leben gefürchtet hätte, so hätte er seinem Zorn gefolgt und es getan. Er legte sich also zunächst Mäßigung auf; allein das, was er selbst sich nicht verschaffen konnte, wollte er sich jetzt durch das Gesetz von Prato verschaffen, nämlich den Tod seiner Frau durch Feuer. Da er die nötigen Zeugnisse in den Händen hatte, um den Fehltritt zu beweisen, klagte er am Tag darauf, ohne einen andern Entschluß zu fassen, seine Frau an und ließ sie vorladen. Die Dame, die einen hohen Sinn hatte, wie gewöhnlich die Frauen, die wahrhaft verliebt sind, entschloß sich, obgleich viele ihrer Freunde und Verwandten ihr widerrieten, vor Gericht zu erscheinen und lieber nach dem Eingeständnis der Wahrheit mit festem Mut zu sterben, als feige zu fliehen, in der Verbannung zu leben und sich dadurch ihres Geliebten unwürdig zu zeigen, in dessen Armen sie in der vergangenen Nacht geruht hatte. Als sie in Begleitung von vielen Damen und Männern, die sie alle aufforderten zu leugnen, vor den Richter gekommen war, fragte sie mit ruhiger Miene und fester Stimme, was er von ihr begehre. Als dieser sie betrachtete und ihre Schönheit und ihren Anstand sah und aus ihren Reden ihren hohen Sinn erkannte, fühlte er Mitleiden mit ihr und fürchtete, sie werde etwas gestehen, das ihn zwänge, sie zum Tode zu verurteilen. Dennoch mußte er die Frage stellen und sagte: »Meine Dame, wie Ihr seht, steht hier Euer Gatte Rinaldo und klagt Euch an, daß er Euch im Ehebruche mit einem andern Manne angetroffen habe; er verlangt daher, daß ich nach einem hier bestehenden Gesetze Euch zur Strafe dafür hinrichten lasse. Dies kann ich jedoch nicht tun, wenn Ihr nichts gesteht. Nehmt Euch daher wohl in acht mit Eurer Antwort und sagt mir, ob die Anklage Eures Gatten wahr ist.« Ohne irgendeine Bestürzung zu zeigen, antwortete die Dame mit ruhiger Stimme: »Es ist wahr, daß Rinaldo mein

Gatte ist und daß er mich in der vergangenen Nacht in den Armen des Lazzarino antraf, in denen ich aus tiefer und inniger Liebe schon oft geruht habe, und ich werde es nie leugnen; aber wie Ihr gewiß wissen werdet, müssen die Gesetze allgemein sein und mit Zustimmung derer abgefaßt werden, auf die sie sich beziehen. Dies ist aber bei Eurem Gesetze nicht der Fall, es legt nur den armen Frauen eine Verpflichtung auf, die weit besser als die Männer viele befriedigen könnten. Überdies hat nicht nur keine Dame, als das Gesetz abgefaßt wurde, ihre Zustimmung gegeben, sondern es wurde nicht einmal eine solche dabei zu Rate gezogen, weshalb man das Gesetz verdientermaßen ungerecht nennen kann; wollt Ihr dasselbe zum Schaden meines Körpers und Eures Gewissens vollziehen, so steht es bei Euch: ehe Ihr jedoch weiter fortfahret, bitte ich Euch um die kleine Gefälligkeit, daß Ihr meinen Mann fraget, ob ich nicht, sooft er es verlangte, ohne ein Wort zu sagen, ihm zu Willen war.« Rinaldo, ohne auf die Frage des Richters zu warten, antwortete sogleich: allerdings sei ihm die Dame auf sein Verlangen jedesmal zu Willen gewesen. Hierauf fuhr die Dame sogleich fort: »Nun frage ich, Herr Richter, wenn er stets von mir erhalten hat, was er bedurfte und verlangte, was sollte ich mit dem beginnen, was mir noch übrigblieb? Sollte ich es den Hunden vorwerfen? Ist es nicht weit besser, einen edeln Mann, der mich über alles liebt, damit zu erfreuen, als es ungenützt verderben zu lassen?« Zu dem Prozesse einer so hohen und berühmten Frau waren beinahe alle Einwohner von Prato zusammengelaufen, und als diese die kluge Frage hörten, riefen sie nach vielem Lachen beinahe einstimmig, die Dame habe recht und sage die Wahrheit. Ehe sie auseinandergingen, änderten sie noch, auf die Aufforderung des Richters, das Gesetz ab, so daß es sich nur noch auf die Frauen bezog, die um Geld ihren Männern untreu werden. Rinaldo, über sein törichtes Benehmen beschämt, entfernte sich vom Gericht, und die Dame kehrte froh und frei und wie vom Tode wieder auferstanden in ihr Haus zurück.

FRESCO   CECCA

*Fresco, dem das dumme Benehmen seiner Nichte sehr mißfiel,
sagte: »Wenn dir die widerwärtigen Leute so viel Verdruß machen,
wie du sagst, so mußt du, um fröhlich zu leben,
niemals in den Spiegel sehen.«*

FRESCO

FORDERT SEINE NICHTE AUF, SICH NICHT MEHR
IM SPIEGEL ZU BETRACHTEN, WENN SIE, WIE SIE SAGE,
DIE WIDERWÄRTIGEN LEUTE NICHT SEHEN MÖGE.

Die von Filostrato erzählte Novelle versetzte die Herzen der Herren und Damen in einige Verlegenheit, wovon die züchtige Röte auf ihren Gesichtern Zeugnis gab. Als sie jedoch einander ansahen, konnten sie sich kaum des Lachens enthalten und hörten schmunzelnd bis zum Ende zu. Darauf wandte sich die Königin an Emilia und befahl dieser fortzufahren. Wie eben erst aus dem Schlafe erwacht, begann diese: Meine liebenswürdigen Damen, da ein tiefes Nachdenken mich lange Zeit von dem, was um mich vorging, ferngehalten hat, so werde ich, um dem Befehl unserer Königin gehorsam zu sein, eine Erzählung vortragen, die vielleicht weit kürzer ist, als sie gewesen wäre, wenn meine Aufmerksamkeit bei der Sache geblieben wäre. Ich werde euch den törichten Wahn eines Mädchens erzählen, von dem es ein Wort ihres Oheims gewiß geheilt haben würde, wenn es imstande gewesen wäre, dasselbe zu verstehen.

Ein Mann namens Fresco da Celatico hatte eine Nichte, die man scherzweise Ciesca nannte. Sie war schön von Gestalt und Gesicht, aber keineswegs so engelgleich, wie man sonst zuweilen Jungfrauen sieht; dennoch aber hielt sie sich für so hoch und edel, daß es ihre Gewohnheit war, an Männern und Frauen alles zu tadeln, was sie sah, ohne an sich selbst zu denken; sie war so widerwärtig, ekelhaft und ärgerlich, daß man ihr nichts recht machen konnte, ja sie war so hochmütig, daß sie nicht hätte hochmütiger sein können, wenn sie der königlichen Familie von Frankreich entsprossen wäre. Ging sie über die Straße, war sie immer geputzt und gespreizt und rümpfte die Nase, wie wenn alles, was sie sah, ihr Ekel verursachte. Wir wollen von ihren widerwärtigen Sitten nicht sprechen und erzählen nur, daß sie einst nach Hause zurückkehrte, wo sie Fresco ganz geziert und aufgeblasen fand. Sie setzte sich ihm zur Seite, und Fresco fragte sie: »Ciesca, was soll das heißen, daß du heute an einem Festtag so bald nach Hause zurückkommst?« Hierauf antwortete sie geziert: »Es ist wahr, ich bin bald nach Hause zurückgekommen, weil ich nicht glaube, daß je die Männer und Frauen auf der Welt so ekelhaft und widerwärtig gewesen sind als heute; nicht ein Mensch ist mir begegnet, der mir nicht zuwider gewesen wäre, und keinem Frauenzimmer auf der Welt macht es so viel Verdruß, diese ekelhaften Menschen zu sehen, als mir. Um sie daher nicht mehr zu sehen, bin ich so bald nach Hause gekommen.« Fresco, dem das dumme Benehmen seiner Nichte sehr mißfiel, sagte: »Wenn dir die widerwärtigen Leute so viel Verdruß machen, wie du sagst, so mußt du, um fröhlich zu leben, niemals in den Spiegel sehen.« Sie aber, zu sehr von sich eingenommen und in der Meinung, Salomo an Weisheit zu übertreffen, verstand diese Rede so wenig als ein Schaf, sondern sagte nur, sie wolle in den Spiegel sehen so gut als andere. So blieb sie bei ihrer Dummheit und ist es bis jetzt geblieben.

GUIDO CAVALCANTI

RÜGT DURCH EIN GEWANDTES WORT
EINIGE FLORENTINISCHE RITTER,
DIE IHN ÜBERRASCHT HATTEN.

Als die Königin sah, daß Emilia mit ihrer Novelle zu Ende war und daß außer dem, welcher das Privilegium hatte, zuletzt zu erzählen, nur noch sie übrig war, ergriff sie das Wort: Obgleich ihr, meine anmutigen Damen, mir heute zwei Geschichten vorweggenommen habt, die ich zu erzählen beabsichtigt hatte, ist mir doch noch eine übriggeblieben, die mit einem so witzigen Worte endigt, als vielleicht noch keine erzählt wurde.

Wisset also, daß in früherer Zeit viele schöne und löbliche Gebräuche in unserer Stadt herrschten, von denen, dank dem Geize, der hier zugleich mit dem Reichtum sich vermehrt und alle jene Gebräuche verbannt hat, beinahe keiner mehr übrig ist. Unter anderem versammelten sich in Florenz die Edelleute des Landes an verschiedenen Orten und bildeten geschlossene Gesellschaften, in welche sie besonders Wohlbemittelte aufnahmen. Nun gab heute dieser, morgen jener, und so der Reihe nach, den anderen große Tafel, zu denen häufig fremde Edelleute und auch Bürger der Stadt eingeladen wurden. Ebenso kleideten sie sich, wenigstens einmal im Jahre, alle gleich und ritten an hohen Festtagen durch die Stadt. Manchmal, und besonders an den Hauptfesten, oder wenn die frohe Nachricht von einem Siege und dergleichen in die Stadt kam, hielten sie Turniere. Eine solche Gesellschaft hatte Herr Betto Brunelleschi gegründet und sich besondere Mühe gegeben, Guido Cavalcanti für dieselbe zu gewinnen, und nicht ohne Grund; denn außer dem, daß er einer der besten Denker und Naturphilosophen der Welt war, worum sich die Gesellschaft wenig bekümmerte, war er auch der Gebildetste, hatte die feinsten Sitten, war ein gewandter Sprecher, der alles, was zu einem Edelmann gehörte, aufs beste verstand. Aber Herrn Betto wollte es nie gelingen, ihn zu gewinnen, und er glaubte mit seinen Genossen, dies komme daher, weil Guido, mit seiner Philosophie beschäftigt, sehr zurückgezogen von den Menschen lebte; und da Guido einiges mit den Epikureern gemein hatte, sagte das Volk, er philosophiere nur, um zu sehen, ob er nicht das Dasein Gottes leugnen könne. Nun geschah es einmal, daß Guido auf seinem gewohnten Spaziergang von Or' San Michele über den Adimariplatz nach Sankt Johannis ging; damals waren die großen Marmorbogen, die heute in Santa Reparata stehen, und noch andere, rings um St. Johannis; Guido stand zwischen den Porphyrsäulen, jenen Bogen und der geschlossenen Kirchentüre, als Herr Betto mit seiner Gesellschaft über den Platz geritten kam und, Guido zwischen den Grabmälern erblickend, ausrief: »Hier wollen wir ihn stellen.« Sie spornten ihre Pferde, und ehe er sich dessen versah, hatten sie ihn umringt und sagten: »Guido, du weigerst dich, an unserer Gesellschaft teilzunehmen; aber wenn du auch den Beweis erbringst, daß es keinen Gott gibt, was hast du damit erreicht?« Worauf Guido, als er sich umringt sah, prompt erwiderte: »Meine Herren, in eurem Hause mögt ihr mir allerdings sagen, was euch beliebt.« Mit diesen Worten faßte er einen der großen Bogen, schwang sich mit Gewandtheit hinüber und entzog sich der Gesellschaft. Die Zurückbleibenden blickten einander an und sagten, er sei ein Tor und seine Antwort nichtssagend, denn da, wo sie sich befinden, haben sie nicht mehr zu tun als jeder andere Bürger und Guido nicht weniger als irgendeiner von ihnen. Herr Betto wandte sich an sie und sagte: »Ihr seid die Toren, wenn ihr ihn nicht verstanden habt; er hat uns hier mit wenig Worten auf die feinste Weise den größten Schimpf gesagt; denn ihr müßt bedenken, daß diese Bogen die Wohnungen der Toten sind; hier liegen und wohnen die Toten. Wenn er sagt, daß dies unsere Wohnung ist, so will er damit sagen, daß wir und die übrigen ungelehrten Menschen im Vergleich zu ihm und zu andern gelehrten Männern nichts anderes als Tote seien und daß wir also, wenn wir uns hier aufhielten, uns in unserer Wohnung befänden.« Nun verstand jeder, was Guido hatte sagen wollen, und schämte sich; nie forderten sie ihn mehr zum Beitritt auf und hielten Herrn Betto fortan für einen feinen und verständigen Kavalier.

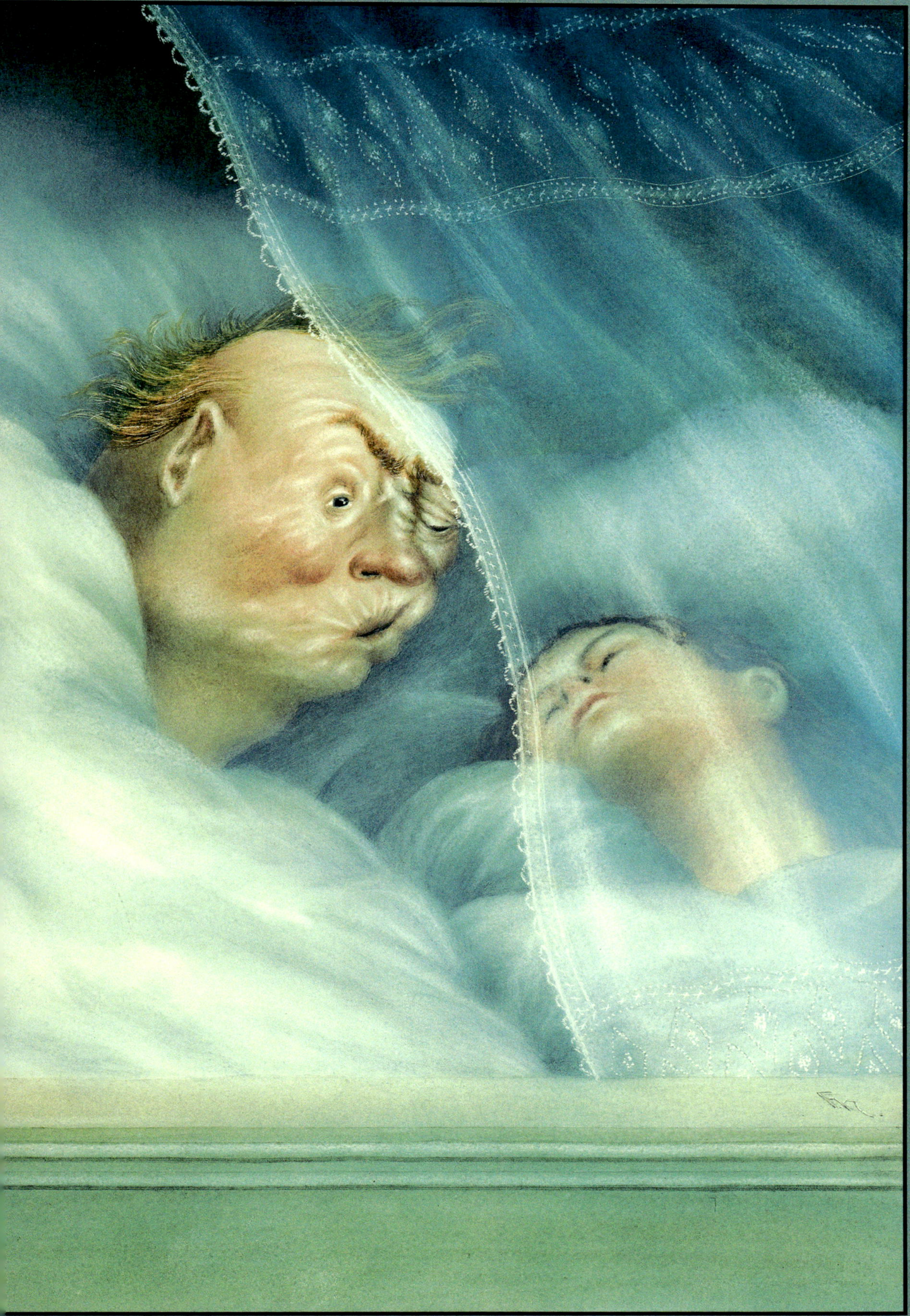

»Tessa, hörst du es auch?
Es kommt mir vor, als klopfe man an unsere Türe.«
Die Dame, welche es noch viel besser als er gehört hatte,
tat, als wache sie gerade auf.

GIANNI, DER LOTHRINGER

HÖRT NACHTS AN SEINE SCHLAFTÜRE KLOPFEN
UND WECKT SEINE FRAU; SIE MACHT IHM WEIS, ES SEI EIN GESPENST;
DANN BESCHWÖREN SIE DASSELBE MIT EINEM GEBET,
WORAUF ES ZU KLOPFEN AUFHÖRT.

nädigster Herr, es würde mir freilich lieber gewesen sein, wenn Ihr eine andere Person als mich über einen so anziehenden Gegenstand, wie der ist, über den ich jetzt sprechen soll, zu erzählen hättet anfangen lassen wollen; allein, da Ihr einmal gewollt, daß ich durch mein Beispiel den andern allen Mut einflöße, so werde ich mir ein Vergnügen daraus machen; auch will ich es mir angelegen sein lassen, meine liebsten Damen, etwas zu erzählen, das euch auch für die Zukunft von Nutzen sein kann, denn wenn die andern sich ebensosehr wie ich besonders vor einem Gespenst fürchten (ich weiß aber bei Gott nicht, was das für ein Ding ist, und ich habe auch noch niemand gefunden, der es gewußt hätte, obwohl wir uns alle gleich sehr davor fürchten), so könnt ihr, wenn ihr auf meine Novelle wohl Achtung gebt, ein heiliges und gutes Gebet von vortrefflicher Wirksamkeit lernen, wodurch jeder Geist, wenn einmal einer zu euch käme, gar leicht vertrieben werden kann.

Es lebte einst in Florenz, in der Straße des heiligen Pankratius, ein Wollenkrämpler, der Gianni der Lothringer hieß, ein Mann, mehr bewandert in seinem Gewerbe als verständig in andern Dingen; denn da man ihn für etwas einfältig hielt, machte man ihn oft zum Anführer der Horasänger »zur heiligen Maria Novella« und übertrug ihm die Aufsicht über ihre Brüderschaften; auch bekleidete er oftmals noch andere derartige Ämtchen, worauf er sich denn sehr viel zugute tat. Dies alles widerfuhr ihm, weil er sehr häufig als ein wohlhabender Mann den Herren Fratres tüchtig auftischen ließ, und da diese gar oft bald Strümpfe, bald Kapuzen, bald ein Scapulier von ihm bezogen, so lehrten sie ihn sehr gute Gebete und gaben ihm zum Beispiel das Vaterunser in der Muttersprache, den Gesang vom heiligen Alexius, das Klagelied des heiligen Bernhard, den Lobgesang der Jungfrau Mathilde und derlei anderes dummes Zeug, welches er alles sehr hoch und wert hielt und zum Heil seiner Seele äußerst sorgfältig aufbewahrte. Nun hatte derselbe aber eine sehr schöne und reizende Dame zum Weibe, welche Frau Tessa hieß und die Tochter des Mannuccio von Cuculia war, eine Frau voll Verstand und Klugheit. Diese kannte die Einfalt ihres Mannes gar wohl, und da sie in Federigo di Neri Pegolotti, einen schönen jungen, kräftigen Mann, verliebt war und er wieder in sie, so wußte sie es durch eines ihrer Dienstmädchen einzurichten, daß Federigo sie auf einem hübschen Landsitze, den Gianni in Camerata hatte und auf dem sie sich den ganzen Sommer über aufhielt, sprechen konnte. Gianni kam nur hie und da hinaus zum Nachtessen, übernachtete und kehrte am andern Morgen früh in seinen Kramladen oder auch zu seinen Horasängern zurück. Federigo, welcher von Begierde brannte, ging eines Tages, der ihm bestimmt worden war, zur angemessenen Zeit gegen Abend hinab, und da Gianni so spät nicht mehr zu kommen pflegte, machte er es sich bequem, aß ganz vergnügt mit seiner Dame zu Nacht und schlief bei ihr, und während sie ihm im Arme lag, lehrte sie ihn die Nacht hindurch wohl sechs der »Horen« ihres Mannes. Da es aber keineswegs in ihrer, so wenig als in Federigos Absicht lag, daß dies das letzte

Mal sein sollte, so wie es das erste Mal war, und da es sich doch nicht jedesmal schicken wollte, daß das Dienstmädchen zu Federigo gehe, so trafen sie miteinander die Verabredung: Er sollte jedesmal, wenn er von oder nach seiner Wohnung, die etwas weiter oben lag, ginge, sein Augenmerk auf einen Weinberg, der neben ihrem Landhaus lag, richten, und wenn er auf einem der Pfähle dieses Weinberges einen Eselsschädel sehe, der mit der Schnauze die Richtung gegen Florenz hin habe, so solle er ganz zuversichtlich und ohne sich zu bedenken spät in der Nacht zu ihr kommen, und sollte er die Türe nicht offen finden, so dürfe er nur dreimal leise klopfen, dann werde sie ihm sogleich öffnen; wenn aber die Schnauze des Eselsschädels in der Richtung gegen Fiesole hin schaue, so solle er nicht herkommen, weil dann Gianni da sei. – So machten sie es auch und fanden sich auf diese Art oftmals zusammen. Inzwischen traf es sich einmal, daß, als eines Abends Federigo mit Frau Tessa zu Nacht speisen wollte und sie zwei große Kapaunen hatte zurechtmachen lassen, Gianni, der heute nicht kommen sollte, noch ganz spät daherkam, worüber die Dame sehr betrübt war. Sie und er aßen noch ein Stückchen Pökelfleisch, welches sie ausdrücklich deswegen sieden ließ; ihrem Mädchen aber befahl sie, die beiden zubereiteten Kapaunen und mehrere frische Eier, nebst einer Flasche guten Weins, in ein weißes Tuch gebunden, in einen ihrer Gärten zu tragen, in welchen man kommen konnte, ohne durch das Wohnhaus zu gehen, und dessen sie sich oft bedient hatte, um mit Federigo daselbst zu Nacht zu essen; die Eßwaren aber sollten am Fuße eines Pfirsichbaumes, der auf einem kleinen Rasenplatze stand, niedergelegt werden. So groß war aber der Ärger, den sie hatte, daß sie nicht mehr daran dachte, der Magd zu befehlen, sie solle so lange warten, bis Federigo käme, um ihm zu sagen, daß Gianni da sei und daß er jene Dinge aus dem Küchengarten nehmen solle. Als hierauf sie und Gianni sowie auch das Mädchen zu Bett gegangen waren, dauerte es nicht lange, so kam Federigo und klopfte leise einmal an die Türe: diese war so nahe bei der Schlafkammer, daß Gianni es sogleich hörte sowie auch ihrerseits die Dame; allein, damit Gianni keinen Verdacht gegen sie schöpfen konnte, stellte sie sich schlafend. Nach einer Weile klopfte Federigo zum zweitenmal, worüber Gianni sehr erstaunte und seine Frau ein wenig anstieß, indem er sagte: »Tessa, hörst du es auch? Es kommt mir vor, als klopfe man an unsere Türe.« Die Dame, welche es noch viel besser als er gehört hatte, tat, als wache sie gerade auf, und sagte: »Was sagst du?« – »Ich sage«, erwiderte Gianni, »es kommt mir vor, als klopfe man an unsere Türe.« – »Klopfen?« sagte die Dame, »ach du lieber Himmel, mein Gianni, weißt du nicht, was das ist? Das ist das Gespenst, vor welchem ich in den letzten Nächten die größte Furcht gehabt habe, die man nur haben kann, so daß ich, sobald ich es hörte, den Kopf unter die Decke gesteckt habe und es nie mehr wagte, ihn hervorzuziehen, bis es heller Tag war.« Darauf sagte Gianni: »Sei ruhig, Frau, und habe keine Angst, wenn es das ist; denn ich habe soeben erst, als wir uns zu Bette legten, das ›Te lucis‹ und die ›Intemerata‹ und noch mehrere andere gute Gebete hergesagt; auch habe ich das Bett im Namen des Vaters, des Sohnes und des heiligen Geistes von allen Seiten bekreuzigt, so daß wir keine Besorgnis haben dürfen, der Geist könne uns, soviel derselbe auch Gewalt haben mag, etwas antun.« Damit aber Federigo nicht zufällig einen andern Verdacht schöpfe und sich mit ihr erzürne, glaubte die Dame, nachdem sie es überlegt hatte, aufstehen zu müssen, um ihm zu verstehen zu geben, daß Gianni da sei, und sagte daher zu ihrem Gemahl: »Schon recht, du sagst da deine Worte her, du; ich aber werde nimmermehr glauben, gerettet und in Sicherheit zu sein, wenn wir den Geist nicht beschwören, während du gerade da bist.« Darauf sagte Gianni: »Aber wie beschwört man ihn denn?« – »Das verstehe ich recht gut«, erwiderte die Dame, »denn vorgestern, als ich zur Beichte nach Fiesole ging, lehrte mich eine der Einsiedlerinnen – und, mein lieber Gianni, das ist etwas sehr Heiliges, was dir Gott jetzt durch mich sagt –, als sie sah, wie ich so furchtsam sei, ein heiliges und gutes Gebet und sagte mir, daß sie es oft genug, ehe sie Einsiedlerin geworden, erprobt und immer bewährt gefunden hätte. Aber so wahr Gott lebt, ich würde nie den Mut gehabt haben, es allein auszusprechen, doch jetzt, da du da bist, wollen wir hingehen und den Geist beschwören.« Gianni sagte, das sei ihm ganz recht, und sie gingen daher, nachdem sie aufgestanden, alle beide ganz leise zu der Türe, vor welcher Federigo, bereits Verdacht schöpfend, noch wartete. Nachdem sie dort angekommen, sagte die Dame zu Gianni: »Nun mußt du ausspucken, sobald ich es dir sagen werde.« – »Gut«, sagte Gianni. Darauf begann die Dame das Beschwörungsgebet, indem sie sagte: »Höre, Gespenst, das du bei Nacht herumgehst und mit steifem Schwanze hierhergekommen bist, entferne dich wieder mit steifem Schwanze; gehe in den Küchengarten an den Fuß des großen Pfirsichbaumes; dort wirst du Fett und Fettes finden und hundert Kikakäckelchen von meinen lieben Hühnerchen; trink einen Schluck und mach dich fort, und tue weder mir noch meinem Gianni etwas Böses.« Nachdem sie also gesprochen, sagte sie zu ihrem Gemahl: »Spucke aus«, und Gianni spuckte aus. Federigo aber, der außen stand und alles hörte, war bereits von aller Eifersucht geheilt und bekam trotz seines Unmuts so große Lust zu lachen, daß er fast hätte bersten mögen; als daher Gianni ausspuckte, sagte er leise: »Wohl bekomm's!« Nachdem nun die Dame das Gespenst auf besagte Weise dreimal beschworen hatte, ging sie mit ihrem Gemahl wieder ins Bett; Federigo aber, der noch nicht zu Nacht gespeist hatte, weil er gerechnet hatte, darauf mit ihr zu essen, hatte den Inhalt der Beschwörungsformel gar wohl verstanden und begab sich daher in den Küchengarten, wo er am Fuße des großen Pfirsichbaumes sowohl die zwei Kapaunen als auch den Wein und die Eier fand und alles mit sich nach Hause nahm, um es mit großer Behaglichkeit zu verzehren. Nachher, als er ein andermal sich wieder mit der Dame zusammenfand, mußten sie beide herzlich über die Beschwörung des Geistes lachen.

Der Wahrheit gemäß muß ich noch erzählen, daß einige sagen, die Dame hätte den Eselskopf ganz recht gegen Fiesole hingewendet gehabt, aber ein Arbeiter, der über den Weinberg nach Hause gegangen sei, habe ihm mit seinem Stocke einen Ruck gegeben, wodurch er umgedreht worden und mit dem Gesicht gegen Florenz gekehrt stehengeblieben sei; darauf sei Federigo, in der Meinung, die Bestellung sei richtig, gekommen, und die Dame habe sofort die Beschwörung folgendermaßen vorgenommen:

»Höre, Gespenst, gehe mit Gott, denn ich habe den Schädel des Esels nicht umgedreht, sondern ein anderer hat das getan, Gott möge ihn verdammen; ich aber bin hier mit meinem Gianni.« Drauf sei er weggegangen, ohne daß ihm Aufnahme geworden oder Zehrung gegeben worden wäre. Mir aber hat meine Nachbarin, welche eine sehr alte Frau ist, gesagt, es sei sowohl das eine als das andere wahr, da sie beides früher, wie sie noch ein kleines Kind gewesen, gehört habe, nur daß das letztere nicht einem namens Gianni der Lothringer begegnet sei, sondern einem, den man Gianni von Nello nannte und der Türsteher bei Sankt Peter war, aber an Pinselhaftigkeit dem Gianni von Lothringen keineswegs nachstand. Darum, meine schönen Damen, steht es euch frei, von diesen beiden Beschwörungen welche ihr wollt anzunehmen oder auch beiden Glauben zu schenken; denn beide sind von großer Wirksamkeit in allen ähnlichen Fällen, wie ihr schon aus Erfahrung wissen werdet, also lernt sie auswendig, sie werden euch noch nützen können.

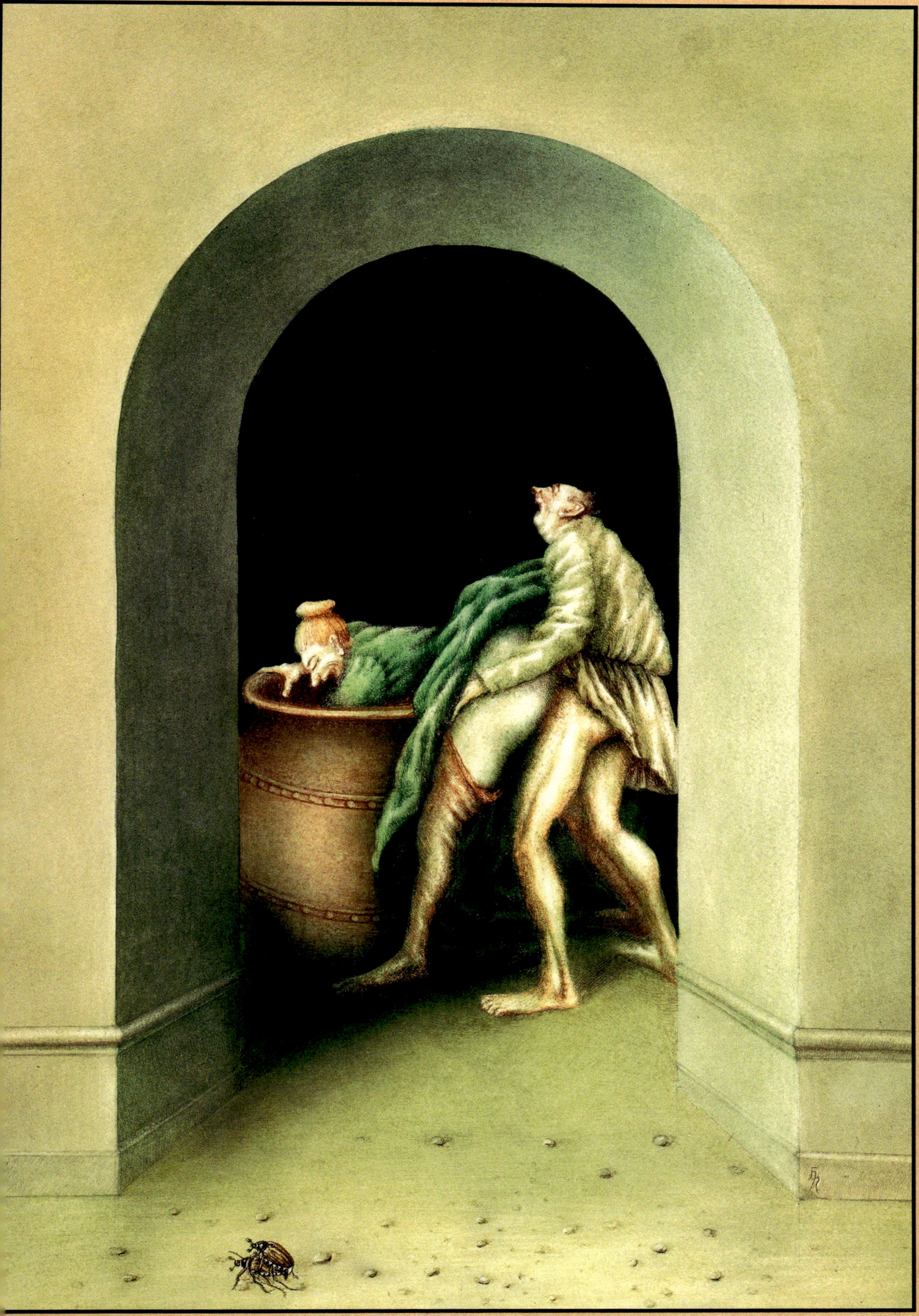

*… da sie die Öffnung des Fasses ganz verschlossen hielt,
und stillte auf dieselbe Art, wie auf offenem Felde die
wildlaufenden brünstigen Hengste die parthischen Stuten
bespringen, sein jugendliches Verlangen.*

PERONELLA

STECKT IHREN GELIEBTEN IN EIN FASS, ALS IHR MANN NACH HAUSE ZURÜCKKOMMT; DA DIESER ES ABER VERKAUFT HAT, SO SAGT SIE, SIE HABE ES BEREITS AN EINEN ANDERN VERKAUFT, DER DARINNEN SEI, UM ZU SEHEN, OB ES AUCH GANZ UNBESCHÄDIGT AUSSEHE. DIESER SPRINGT NUN HERAUS, LÄSST ES DURCH DEN MANN AUSPUTZEN UND NACHHER ZU SICH NACH HAUSE BRINGEN.

Mit dem größten Lachen wurde die Novelle der Emilia angehört und die Beschwörungsformel als ebenso wirksam wie heilig von allen gelobt. Als sie jedoch zu Ende war, befahl der König dem Filostrato, fortzufahren, und derselbe begann folgendermaßen: Meine wertesten Damen, der Streiche, die die Männer, und besonders die Ehemänner, euch spielen, sind so viele, daß ihr, wenn es hie und da vorkommt, daß eine Dame ihrem Manne einen spielt, euch nicht nur freuen solltet, daß es geschah, daß ihr davon gehört, sondern es selber überall verbreiten solltet, damit man unter der ganzen Männerwelt einsähe, daß, wenn sie sich zu helfen wissen, die Frauen es ebenso gut verstehen. Dies kann euch auch nur nützlich sein, denn wenn einer weiß, daß ein anderer auch nicht auf den Kopf gefallen ist, so wird er sich wohl etwas besinnen, ehe er versucht, ihn zu betrügen. Wer wird demnach daran zweifeln, daß, wenn die Männer das erfahren, was wir heute über diesen Gegenstand preisgeben, sie sich dadurch sehr werden zurückhalten lassen, euch zu betrügen, weil sie einsehen müssen, daß ihr, sobald ihr nur wollt, mit dem Betrügen ebenfalls recht gut umzugehen wißt? Es ist daher meine Absicht, euch zu erzählen, wie eine junge Frau, obwohl sie von niederem Stande war, im Augenblick besonnen, ihrem Manne zu ihrer eigenen Rettung mitspielte.

Es ist noch nicht lange her, so nahm in Neapel ein armer Mann ein anmutiges und reizendes Mädchen mit Namen Peronella zum Weibe, und da sie sich, er als Maurer durch sein Gewerbe und sie durch Spinnen, nur wenig erwerben konnten, so fristeten sie ihr Leben, so gut es gehen wollte. Zufälligerweise sah eines Tages ein junger Stutzer diese Peronella und verliebte sich in sie, da sie ihm sehr wohl gefiel; er gab sich nun bald auf diese, bald auf jene Art alle mögliche Mühe, bis er mit ihr vertraut wurde, und, um miteinander allein sein zu können, trafen sie unter sich die Verabredung, es sollte ausgemachte Sache sein, daß der junge Herr, wenn er ihren Mann, der alle Morgen früh aufstand, um zur Arbeit zu gehen oder Arbeit zu suchen, habe ausgehen sehen, gleich bei der Hand sei und sich, da die Straße, in der sie wohnte und die Avorio hieß, sehr einsam und abgelegen war, zu ihr, gleich sobald der Mann ausgegangen, ins Haus begebe. So machten sie es denn auch oftmals; allein, es ereignete sich eines Morgens doch einmal, daß, als der gute Ehemann ausgegangen und Gianello Sirignario, so hieß der junge Stutzer, ins Haus gekommen war, um sich mit Peronella zu unterhalten, kurze Zeit darauf der Mann, ob er sonst gleich den ganzen Tag nicht heimzukommen pflegte, in seine Wohnung zurückkehrte. Da er die Türe von innen verschlossen fand, so klopfte er und begann dann, nachdem er geklopft, folgendes Selbstgespräch: »Lieber Herrgott, gelobt seist du in alle Ewigkeit, daß, obwohl du mich hast arm werden lassen, du mich wenigstens mit einer so braven und treuen Frau, wie mein Weib ist, gesegnet hast. Siehe, wie sie so schnell die Türe von innen verschlossen hat, nachdem ich ausgegangen, damit niemand zu ihr hineinkomme, der ihr Verdruß bereiten könnte.« Peronella, die sogleich merkte, daß ihr Mann da sei, weil sie ihn an seiner Art zu klopfen erkannte, sagte: »Ach, mein Gianello, ich bin des Todes; draußen ist mein Mann; möge ihn Gott verdammen, daß er hierher zurückkehrte; aber ich weiß gar nicht, was das bedeuten soll, denn er kommt sonst niemals um diese Stunde heim; vielleicht hat er dich gesehen, als du ins Haus hereintratest. Aber um Gottes Barmherzigkeit willen, was es auch für eine Bewandtnis haben mag, krieche in das Faß da, das du hier siehst, während ich ihm öffne, und dann wollen wir sehen, was das heißen soll, daß er diesen Morgen so früh nach Hause zurückkehrt.« Gianello kroch eilends in das Faß, Peronella aber ging zur Türe, öffnete sie ihrem Manne und sagte mit einem sehr bösen Gesichte zu ihm: »Ei, was soll denn das heißen, daß du heute so bald nach Hause kommst? Mir scheint, du willst heute nichts arbeiten, da ich dich mit deinem Handwerkszeug in der Hand zurückkehren sehe, und wenn du es so machst, von was sollen wir leben? Woher sollen wir Brot bekommen? Glaubst du, ich werde es leiden, daß du mir den Unterrock und den letzten Fetzen vom Leibe versetzest? Mir, die ich Tag und Nacht nichts anderes tue als spinnen, so daß mir das Fleisch von den Nägeln herabhängt, um nur so viel Öl zu verdienen, als wir zu unserer Lampe brauchen! O Mann! Mann! Es ist keine Nachbarin, die sich nicht darüber wundert und mich auslacht, daß ich mir so viele Mühe mache und das aushalte, was ich tue. Und du kommst mir nach Hause mit herunterhängenden Armen, während du an der Arbeit sein solltest!« Und nachdem sie das gesagt, fing sie von neuem an zu weinen und sagte: »Wehe mir! Ich Arme! Ich Unglückselige! In welch böser Stunde bin ich geboren! In was für ein Elend bin ich geraten! Was hätte ich für einen braven jungen Mann haben können und wollte ihn nicht, um an den da zu geraten, der es gar nicht zu schätzen weiß, wen er zu sich in sein Haus geführt hat! Die andern machen sich gute Tage mit ihren Liebhabern – und es gibt keine, die deren nicht zwei oder drei hätte – und sind lustig und machen ihren Männern ein X für ein U, und ich Unselige, weil ich mich mit solchen Geschichten nicht abgebe, mir geht es schlecht und elend! Ich weiß aber wahrhaftig nicht, warum ich mir nicht auch einige Liebhaber anschaffe, wie es die andern tun. Merke dir's nur, mein Herr Gemahl, wenn ich schlecht handeln wollte, so wüßte ich schon, mit wem; denn es sind hier gar manche junge Herren, die mich lieben und mir wohlwollen und schon nach mir begehrt haben, indem sie mir manches schöne Stück Geld anboten, oder auch, wenn ich lieber wollte, schöne Kleider oder Edelsteine; aber ich hätte das nicht übers Herz gebracht, denn meine Mutter war keine solche …, und der Dank ist, daß du mir nach Hause kommst, wenn du an der Arbeit sein solltest!« – »Pah! Weib«, sagte der Mann, »sei doch nicht so hitzig, bei Gott, ich weiß recht gut, wen ich an dir habe; es ist wahr, ich ging fort, um zu arbeiten, aber man sieht's ja, du weißt es so wenig, als ich selbst es gewußt habe, es ist heute das Fest des heiligen Galeone, und weil man da nicht arbeitet, so habe ich mich demnach zur rechten Zeit nach Hause gemacht; aber ich habe deswegen doch vorgesorgt und ein Mittel gefunden, wodurch wir für länger als einen Monat Brot haben; ich habe nämlich an den Mann da, den du hier siehst und der deswegen mit mir gekommen ist, das Faß verkauft, das, wie du weißt, viel zu groß ist und uns fast das ganze Haus versperrt, und er gibt mir dafür fünf Goldfüchse.« Darauf sagte das Weib: »Das ist es ja eben, worüber ich mich ärgere, du, der du ein Mann bist und draußen herumkommst, du solltest doch etwas von dergleichen Dingen verstehen, und du hast nun ein Faß für fünf Goldfüchse verkauft, welches ich, ein Weib, das kaum einmal aus dem Hause kommt, als ich die Verlegenheit sah, in der wir uns befinden, für sieben an einen guten Menschen verkauft habe, der gerade, als du zurückkamst, in es hineinstieg, um zu sehen, ob es noch gut erhalten ist.« Als das der Mann hörte, war er mehr als zufrieden und sagte zu dem, der mit ihm gekommen war: »Guter Mann, geh mit Gott, denn du hörst, daß mein Weib es für sieben verkauft hat, während du mir nicht mehr als fünfe geben wolltest.« – »In Gottes Namen«, sagte der gute Mann und entfernte sich. Darauf sagte Peronella zu ihrem Manne: »Weil du einmal da bist, so komm nur herab und sieh einmal mit ihm zusammen nach, wie es steht.« Gianello, der mit gespitzten Ohren dastand, um zu sehen, ob er in irgendeiner Hinsicht Besorgnis haben oder sich vorsehen müßte, hatte kaum die Worte der Peronella vernommen, als er sich flink aus dem Fasse herausmachte und, wie wenn er nichts von der Rückkehr des Mannes gemerkt hätte, also zu sprechen anfing: »Wo bist du, gute Frau?« Drauf kam gleich der Mann und sagte: »Hier bin ich, was befehlet Ihr?« – »Wer bist du?« erwiderte Gianello, »ich verlange nach der Frau, mit der ich den Handel wegen des Fasses gemacht habe.« – »Den könnt Ihr sicher auch mit mir abschließen«, sagte der gute Mann, »denn ich bin ihr Ehemann.« Drauf sagte Gianello: »Das Faß scheint mir noch ganz gut erhalten zu sein, aber ich glaube fast, ihr habt Hefe drin gehabt, denn es hat, ich weiß nicht von was, eine harte Kruste, welche ich nicht mit den Nägeln abkratzen kann, und darum werde ich es nicht eher nehmen, als bis ich gesehen habe, daß es ganz rein ist.« Drauf sagte Peronella: »Nein, deswegen soll sich der Handel nicht zerschlagen; mein Mann wird es ganz sauber machen.« Der Mann sagte: »Jawohl«, legte sein Handwerkszeug weg, zog die Oberkleider aus, ließ sich ein Licht anzünden und eine Trogscharre geben, stieg in das Faß hinein und fing an, darin zu kratzen und zu schaben. Peronella aber, wie wenn sie sehen wollte, wie er das mache, streckte ihren Kopf durch das Loch des Fasses, das nicht gar groß war, und außerdem noch einen ihrer Arme mit der ganzen Schulter und rief ihm zu: »Hier schabe, und da, und wieder da, und mache, daß kein Brocken zurückbleibt.« Dieweil sie nun so dastand und ihren Mann auf dieses oder jenes aufmerksam machte, nahm Gianello, der diesen Morgen, als der Mann nach Hause kam, sein Verlangen noch nicht gänzlich gestillt hatte und nun wohl sah, daß er so, wie er wollte, nicht könne, den Augenblick wahr, seine Lust so gut als es ging zu befriedigen; er näherte sich daher ihr, da sie die Öffnung des Fasses ganz verschlossen hielt, und stillte auf dieselbe Art, wie auf offenem Felde die wildlaufenden brünstigen Hengste die parthischen Stuten bespringen, sein jugendliches Verlangen, was ihm auch in demselben Augenblicke gelang; denn kaum war das Faß ausgeschabt, so trat er zurück, Peronella zog den Kopf aus der Öffnung, und der gute Ehemann stieg heraus. Darauf sagte Peronella zu Gianello: »Nimm dieses Licht, guter Mann, und sieh, ob es jetzt sauber genug ist zu deinem Gebrauch.« Gianello zündete hinab und sagte, daß es ganz gut aussehe und daß er jetzt ganz zufrieden sei. Darauf zahlte er die sieben Goldstücke und ließ es sich in seine Wohnung bringen.

RINALDO   AGNESE

»Wie, Bruder Rinaldo, treiben denn die Mönche solche Dinge?«
Darauf erwiderte Rinaldo: »Meine Dame, sobald ich diese Kapuze
abgelegt haben werde, was mir ein leichtes ist, werde ich Euch gerade
wie ein anderer Mensch vorkommen und nicht wie ein Mönch.«

BRUDER RINALDO

LIEGT BEI SEINER GEVATTERIN;
DER MANN FINDET IHN BEI IHR IN DER KAMMER
UND SIE MACHEN IHM WEIS, DASS ER SEINEM PATENKIND
DIE WÜRMER ABTREIBE.

Filostrato konnte sich über die parthischen Stuten nicht so unverständlich und dunkel ausdrücken, daß nicht die Damen es gemerkt und darüber gelacht hätten, ob sie sich gleich so stellten, als lachten sie über etwas anderes. Als jedoch der König sah, daß seine Novelle zu Ende war, gebot er der Elisa, fortzufahren. Diese schickte sich an, dem Befehle nachzukommen, und begann also: Meine nachsichtigen Damen, Emilias Erzählung von einer Gespensterbeschwörung erinnerte mich an eine andere, ähnliche Beschwörung; diese ist zwar nicht so schön, als jene war, allein dennoch will ich sie erzählen, da mir gerade nichts anderes einfällt, das für unsere heutige Materie paßte.

Ihr müßt wissen, daß in Siena einst ein hübscher junger Mann von guter Familie lebte, mit Namen Rinaldo, der in eine seiner Nachbarinnen, eine recht schöne Dame, die Frau eines reichen Mannes, verliebt war und meinte, wenn er nur einmal ohne Aufsehen mit ihr zu sprechen Gelegenheit hätte, so werde er schon alles von ihr erlangen, wonach er begehrte. Da er nun kein anderes Mittel wußte und die Dame gerade guter Hoffnung war, so beschloß er, ihr Gevatter zu werden. Er machte sich daher mit ihrem Manne bekannt und sagte es ihm auf die anständigste Art von der Welt, worauf auch sein Wunsch erfüllt wurde. Nachdem also Rinaldo der Gevatter der Frau Agnese geworden war und so einen beschönigenden Vorwand gefunden hatte, mit ihr zu sprechen, nahm er sich ein Herz und entdeckte ihr seine Absicht geradezu; diese hatte sie nun zwar aus seinen Blicken schon längst erkannt, allein es half ihm deswegen doch nur wenig, obgleich es der Dame nicht mißfiel, ihn angehört zu haben. Nicht lange hernach trug es sich zu, daß Rinaldo, was ihn auch dazu bewogen haben mag, Mönch wurde; allein, so groß auch die Weide war, auf der er nun grasen konnte, so blieb er doch seiner Liebe treu. Zwar hatte er zur Zeit, als er Mönch wurde, die Liebe zu seiner Gevatterin sowie andere Eitelkeiten ein wenig beiseite gelegt, allein im Verlaufe der Zeit nahm er sie, ohne die Kutte abzulegen, wieder auf und hatte wieder seine Freude daran, gut gekleidet zu erscheinen und sich in jeglicher Hinsicht als ein zierlicher Stutzer zu zeigen und Lieder und Sonette und Balladen zu dichten und zu singen und was dergleichen Dinge mehr sind, von denen er den Kopf voll hatte. Doch was sage ich von dem Bruder Rinaldo, von dem jetzt gerade die Rede ist? Wo sind die Mönche, die das nicht täten? Schande über die verderbte Welt! Sie schämen sich nicht, fett und geschminkt zu erscheinen, verweichlicht in Kleidern und in allem, nicht wie Tauben, sondern wie hochmütige Gockel mit üppigem Kamm umherschreitend; ganz zu schweigen davon, daß ihre Zellen voller Wohlgerüche, Salben, Konfektschachteln, zierlichen Fläschchen und Gläschen, kleiner Fässer voll Malvasier und anderer feiner Weine sind, daß sie eher Spezerei- und Salbenläden gleichen als Mönchszellen. Sie schämen sich nicht, daß andere um ihre Gicht wissen, und wähnen, die andern wüßten nicht, daß Fasten, grobe Speisen und Mäßigkeit den Menschen mager, schlank und meistens gesund erhalten, ihn jedenfalls nicht an der Gicht erkranken lassen, die mit Keuschheit und demütig-mönchischem Leben bekämpft werden muß. Sie glauben, andere wüßten nicht, daß, außer dem kargen Essen, lange Nachtwachen, Gebet und Disziplin den Menschen bleich und leidend aussehen machen; und daß weder der heilige Dominikus noch der heilige Franziskus, ganz abgesehen davon, daß sie gewiß keine *vier* Kutten besaßen, in köstlich gefärbtes Tuch gekleidet gingen, sondern in grobe Wolle von natürlicher Farbe, nicht um zu prunken, sondern um sich vor Kälte zu schützen. Möge Gott hiemit eine Einsicht haben, wie es für die einfältigen Seelen, welche sie ernähren, nötig ist. Um also wieder auf unsern Bruder Rinaldo zurückzukommen, so fing derselbe, nachdem er zu seinen früheren Neigungen zurückgekehrt war, an, seine Gevatterin sehr oft zu besuchen, und da seine Dreistigkeit inzwischen noch größer geworden war, so begann er sich noch mit mehr Eifer als früher um das, was er von ihr begehrte, zu bewerben. Als die gute Dame sich also bedrängt sah und ihr der Bruder Rinaldo vielleicht noch etwas schöner vorkam als früher, so machte sie es, da sie sich eines Tages sehr von ihm verfolgt sah, geradeso, wie es alle andern machen, welche das gerne erfüllen möchten, was man von ihnen verlangt, und sagte: »Wie, Bruder Rinaldo, treiben denn die Mönche solche Dinge?« Darauf erwiderte Rinaldo: »Meine Dame, sobald ich diese Kapuze abgelegt haben werde, was mir ein leichtes ist, werde ich Euch gerade wie ein anderer Mensch vorkommen und nicht wie ein Mönch.« Die Dame verzog den Mund zum Lachen und sagte: »Aber lieber Gott, Ihr seid ja mein Gevatter, wie kann man da so etwas tun? Nein, das wäre doch gar zu schlecht, und ich habe oftmals gehört, daß das eine arge Sünde sei; ja wahrhaftig, wenn dies nicht wäre, so würde ich tun, was Ihr von mir verlangt.« Darauf erwiderte Rinaldo: »Ihr seid eine Närrin, wenn Ihr Euch dadurch abhalten laßt. Ich sage zwar nicht, daß es keine Sünde sei, aber es gibt noch viel größere, welche Gott vergibt, wenn man sie bereut. Doch sagt mir einmal, wer ist mehr der Vater von Eurem Söhnchen, ich, der ich ihn aus der Taufe gehoben habe, oder Euer Mann, der ihn zeugte?« Die Dame erwiderte: »Natürlich ist mein Gemahl mehr sein Vater.« – »Ganz recht«, sagte darauf der Mönch, »aber sagt mir, schläft Euer Gemahl nicht bei Euch?« – »Gewiß«, erwiderte die Dame. »Nun denn«, sagte der Mönch, »so werde auch ich, der ich weniger der Vater Eures Söhnleins bin als Euer Gemahl, ebensogut bei Euch schlafen können als Euer Mann.« Die Dame, die nichts von der Logik verstand und nur noch einen kleinen Antrieb nötig hatte, glaubte entweder oder gab sich doch wenigstens den Schein zu glauben, das, was der Bruder sagte, sei wahr, und antwortete: »Wer vermöchte auch alle Eure weisen Worte zu beantworten?« Hierauf weigerte sie sich nicht länger, seine Wünsche zu erfüllen, ohne daß die »Gevatterschaft« fortan ein Hindernis gebildet hätte. Sie blieben jedoch nicht bei dem einen Male stehen, sondern fanden sich noch recht oft und vielmals zusammen, wozu das Verhältnis der Gevatterschaft, weil da der Verdacht weit geringer war, als der beste und bequemste Deckmantel diente. Allein, unter anderem traf es sich einmal, daß der Bruder Rinaldo auch in das Haus der Dame kam, und da er sah, daß außer einem Kindermädchen derselben, das recht hübsch und dazu recht gefällig war, niemand zu Hause sei, so beorderte er seinen Gefährten, der mit ihm gekommen war, mit demselben in den Taubenschlag, um es dort ein Vaterunser beten zu lehren; er selbst aber ging mit der Dame, welche ihr kleines Söhnchen an der Hand hatte, in die Kammer hinein, und nachdem sie diese verschlossen hatten, setzten sie sich auf ein Bett, das darin stand, und fingen an, sich miteinander zu vergnügen. Während sie sich nun auf diese Art die Zeit vertrieben, kam zufällig der Gevatter zurück und stand schon vor der Kammertüre, ehe ihn jemand bemerkt hatte, und klopfte und rief seiner Frau. Als Frau Agnese das hörte, sagte sie: »Ich bin des Todes, das ist mein Mann. Nun muß er es doch gleich merken, was der wahre Grund unserer Vertraulichkeit ist.« Bruder Rinaldo war entkleidet, das heißt ohne Kapuze und Skapulier in der Unterkutte; als er daher dies hörte, sagte er: »Ihr habt recht, wenn ich nur wenigstens angekleidet wäre, so fiele es nicht auf, allein wenn Ihr öffnet und er findet mich so, so gibt es gar keine Entschuldigung.« Die Dame faßte sich jedoch schnell und sagte: »Kleidet Euch sogleich an, und sobald Ihr angekleidet sein werdet, so nehmt Euer Taufpätchen in den Arm, höret wohl, was ich sagen werde, damit Eure Worte mit den meinigen übereinstimmen, und im übrigen laßt nur mich machen.« Der gute Mann hatte noch nicht zu klopfen aufgehört, als seine Frau antwortete: »Ich komme schon.« Sie nahm nun eine freundliche Miene an, ging zur Kammertüre und öffnete diese, indem sie sagte: »O mein Gemahl, wie gut ist es doch, daß Bruder Rinaldo, unser Gevatter, hierhergekommen ist; Gott muß ihn hergeschickt haben, denn ganz gewiß, wenn er nicht gekommen wäre, so hätten wir heute unsern Kleinen verloren.« Als der dumme Tölpel das hörte, fiel er fast in Ohnmacht und sagte: »Wie denn?« – »Ach, mein lieber Mann«, erwiderte die Dame, »er ward soeben von einer so plötzlichen Schwäche befallen, daß ich schon glaubte, er sei tot, und ich hätte mir weder zu raten noch zu helfen gewußt, wenn nicht Bruder Rinaldo, unser Gevatter, gerade noch zu rechter Zeit gekommen wäre; er nahm ihn auf den Arm und sagte: ›Liebe Gevatterin, der Knabe hat Würmer im Leibe, diese fressen ihm ans Herz und würden ihn ganz sicher umbringen; aber habt keine Furcht, ich werde sie beschwören und sämtlich töten, und ehe ich noch von hier weggehe, werdet Ihr Euern Kleinen so gesund sehen, als er nur einmal war.‹ Und weil du hierbei nötig warst, um gewisse Gebete herzusagen, und das Mädchen dich nicht finden konnte, so mußte sie dieses mit seinem Gefährten oben in unserem Hause hersagen, und er und ich gingen in die Kammer hinein. Weil aber bei dieser Vorrichtung niemand als die Mutter des Knaben zugegen sein darf, so haben wir uns, damit uns niemand störe, hier eingeschlossen, und noch hat er ihn auf den Armen, und ich glaube, daß er nur noch darauf wartet, bis sein Begleiter mit den Gebeten fertig ist, was aber jetzt geschehen sein muß, weil auch unser Kleiner schon wieder zu sich gekommen ist.« Der dumme Mann glaubte alles und war durch die Liebe zu seinem Kinde so sehr verblendet, daß er gar nicht daran dachte, seine Frau könnte ihm einen Betrug spielen; er stieß daher einen tiefen Seufzer aus und sagte: »Ich will hineingehen und nach ihm sehen.« Darauf sagte die Dame: »Gehe nicht hinein, du würdest die ganze Geschichte verderben; warte, ich will erst sehen, ob du hineingehen darfst, und werde dich dann rufen.« Bruder Rinaldo, der alles mit angehört und sich inzwischen ganz gemächlich angezogen hatte, nahm nun den Knaben auf den Arm und rief, als er alles in Ordnung gebracht hatte: »Gevatterin, höre ich draußen nicht den Gevatter?« – »Gewiß, Herr«, erwiderte der Tölpel. »Nun«, sagte Bruder Rinaldo, »so kommt herein.« Der Tölpel ging hinein. Darauf sagte Bruder Rinaldo:

»Da habt Ihr Euern Knaben durch die Gnade Gottes wieder ganz gesund, während ich kaum erst zweifelte, ob Ihr ihn diesen Abend noch lebend finden würdet; lasset daher eine Wachskerze von seiner Größe zum Lobe Gottes vor dem Bilde des heiligen Ambrosius, wegen dessen Verdienst Euch Gott diese Gnade hat angedeihen lassen, aufstellen!« Als der kleine Knabe den Vater sah, lief er auf ihn zu und liebkoste ihn, wie es kleine Kinder machen. Dieser nahm ihn auf die Arme und fing an zu weinen, nicht anders, als wenn er aus dem Grabe wieder erstanden wäre; darauf küßte er ihn und dankte seinem Gevatter für die Rettung desselben. Als der Begleiter des Bruder Rinaldo, der die kleine Magd nicht nur *ein* Vaterunser, sondern wohl mehr als vier gelehrt und ihr dafür ein Beutelchen von weißem Zwirn, das Geschenk einer Nonne, die sein Beichtkind war, verehrt hatte, den Tölpel von Ehemann in die Schlafkammer seiner Frau gehen hörte, schlich er sich leise an einen Ort, von dem aus er alles, was vorging, sehen und hören konnte, und als er sah, wie die Sache eine so gute Wendung nahm, trat er hervor, ging in die Kammer und sagte: »Bruder Rinaldo, die vier Gebete, die Ihr mir aufgegeben habt, habe ich alle hergesagt.« Ihm antwortete Bruder Rinaldo: »Mein lieber Bruder, du bist bei guter Lunge und hast deine Sachen ganz recht gemacht. Was mich anbelangt, so hatte ich, als mein Gevatter ankam, erst zwei vollendet; allein der liebe Gott hat deiner und meiner Anstrengung wegen uns die Gnade angetan und den Knaben gesund werden lassen.« Der übertölpelte Ehemann ließ nun Wein und Konfekt auftischen und tat seinem Gevatter und dessen Begleiter alle Ehre an, wie sie es denn auch nötiger hatten als jemand anders. Darauf begleitete er sie bis unter die Haustüre und empfahl sie Gott; auch ließ er ohne irgendeinen Aufschub die Wachskerze verfertigen und befahl, sie neben den andern vor dem Bilde des heiligen Ambrosius, aber nicht vor dem von Mailand, aufzustellen.

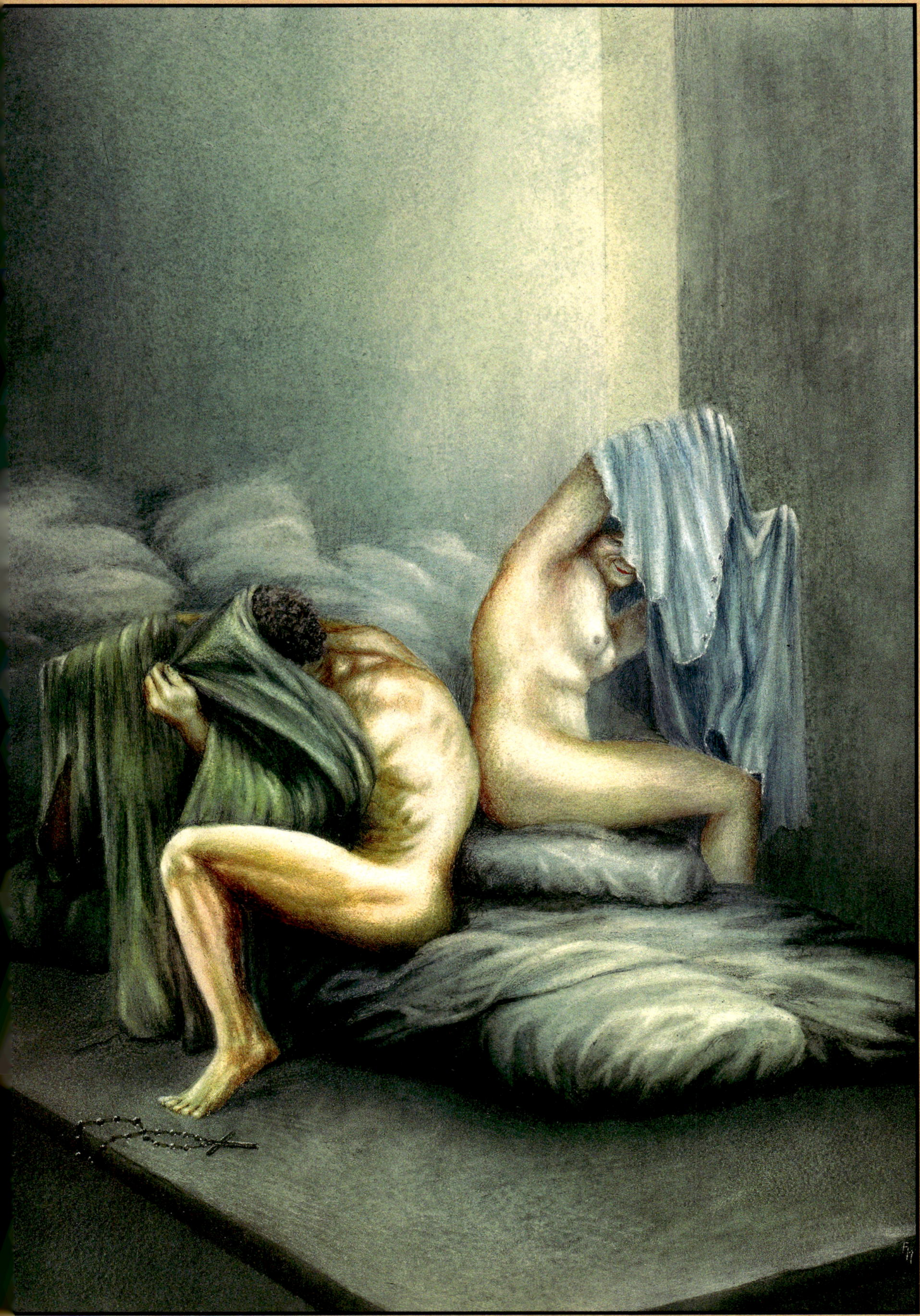

... daß sie in einen Priester verliebt sei,
der jede Nacht zu ihr komme und bei ihr schlafe.

EIN EIFERSÜCHTIGER

LÄSST, ALS PRIESTER VERKLEIDET, SEINE FRAU BEICHTEN; DIESE GIBT AN, DASS SIE EINEN PFAFFEN LIEBE, DER JEDE NACHT ZU IHR KOMME. WÄHREND NUN DER EIFERSÜCHTIGE HEIMLICH AN DER HAUSTÜRE WACHE HÄLT, LÄSST DIE FRAU IHREN GELIEBTEN ÜBER DAS DACH ZU SICH HEREIN UND VERGNÜGT SICH MIT IHM.

Um keine Zeit zu verlieren, wandte sich der König an Fiammetta und befahl ihr mit freundlichem Gesichte, mit dem Erzählen fortzufahren, worauf sie folgendermaßen begann: Meine sehr edlen Damen, ich möchte eine Geschichte von einem Eifersüchtigen erzählen, da ich glaube, daß alles, was die Frauen ihren Männern antun, besonders wenn diese ohne Grund eifersüchtig sind, ihnen ganz recht geschieht. Und wenn die Gesetzgeber auf alles achtgehabt hätten, so glaube ich, sie hätten den Frauen wegen dieses Punktes keine andere Strafe auferlegen dürfen, als demjenigen gebührt, der bei der Selbstverteidigung jemanden ein Leides antut; denn die Eifersüchtigen stellen offenbar dem Leben der jungen Frauen nach und suchen aufs eifrigste ihren Tod. Wenn nämlich diese die ganze Woche eingesperrt sind und ihren mütterlichen und häuslichen Geschäften nachgehen, so wollen sie, wie jeder andere, hernach an Sonn- und Festtagen einige Erholung und Ruhe und möchten auch irgendein Vergnügen genießen, so wie dies auch die Arbeiter auf dem Felde, die Handwerker in der Stadt und die bei Hofe Angestellten tun, ja, wie es sogar Gott selbst getan hat, da er am siebten Tage von seiner Arbeit und Mühe ausruhte, und wie es sowohl göttliche als menschliche Gesetze wollen, welche zur Ehre Gottes und zur Wohlfahrt eines jeden einzelnen zwischen Werktagen und Ruhetagen wohl unterscheiden. Allein die Eifersüchtigen sind ganz und gar nicht derselben Meinung, vielmehr schließen sie und riegeln sie ihre Frauen noch viel fester ein, so daß diesen jene Tage, die sonst für jedermann Tage der Freude und Fröhlichkeit sind, nur noch trauriger und betrübter vorkommen. Wie sehr aber und wie hart diese Unglücklichen darunter leiden und sich abzehren, das wissen nur diejenigen, die es selbst durchgemacht haben; folglich sollte man eine Frau wegen eines Streiches, den sie ihrem eifersüchtigen Manne spielt, nicht nur nicht tadeln, sondern vielmehr loben.

Es war einmal zu Rimini ein Kaufmann, der einen großen Reichtum sowohl an Gütern als an Geld besaß; dieser hatte eine wunderschöne Frau zum Weibe und wurde über alle Maßen eifersüchtig auf sie, ohne daß er einen andern Grund gehabt hätte, als daß er, weil er sie selbst sehr liebte und sie sehr schön fand und wohl sah, daß sie sich die äußerste Mühe gab, ihm zu gefallen, glaubte, sie müsse jedermann liebenswürdig und schön erscheinen und sie bemühe sich, jemand anderem ebensosehr als ihm zu gefallen: wahrhaftig ein Grund, den nur ein gemeiner Mensch ohne Herz und Gefühl haben konnte. Weil er nun aber einmal eifersüchtig war, hütete er sie so sehr und hielt sie so strenge, daß vielleicht mancher, der zum Tode verurteilt ist, vom Gefangenenwärter nicht so sorgfältig gehütet wird. Die Frau, außer dem, daß sie weder zu einer Hochzeit noch zu einem Feste noch in die Kirche gehen noch überhaupt den Fuß über die Schwelle setzen konnte, durfte es nicht einmal wagen, an ein Fenster zu gehen und aus irgendeinem Grunde hinauszusehen. Ihr Leben war daher das traurigste von der Welt, und sie konnte diese langweilige, widerliche Quälerei um so weniger mit Geduld ertragen, je mehr sie sich ihrer Unschuld bewußt war. Da sie nun sah, wie ihr Mann ihr so ganz Unrecht tat, beschloß sie, sich selbst zu trösten und, wenn irgend möglich, Mittel und Wege zu finden, das zu tun, was sie mit Recht tun konnte. Und da sie nicht ans Fenster treten durfte und also keine Gelegenheit hatte, einen, der sie im Vorbeigehen von der Straße aus beachtet hätte, mit ihrer Liebe zu beglücken, so fiel ihr ein, daß in dem Hause, das neben dem ihrigen stand, ein schöner, freundlicher junger Mann wohnte, und sie dachte, wenn nur durch die Mauer, die ihr Haus von dem seinigen trennte, ein Loch ginge, so wollte sie schon so lange hindurchsehen, bis sich einmal die Gelegenheit gäbe, mit dem jungen Manne zu sprechen und ihm ihr Herz zu schenken, wenn jener es annehmen wollte, und dann würde sich auch schon eine Gelegenheit finden, mit ihm einmal zusammenzutreffen, um auf diese Art ihr armseliges Leben etwas zu versüßen, bis der Eifersuchtsteufel aus ihrem Manne gefahren sei. Sie besah sich nun, wenn ihr Mann nicht da war, die Mauer von allen Seiten und entdeckte endlich durch Zufall an einer ziemlich verborgenen Stelle eine Ritze in der Mauer, durch die man durchsehen konnte. Indem sie nun hindurchsah, bemerkte sie, ob sie gleich von der andern Seite nur wenig unterscheiden konnte, dennoch sogleich, daß das, wohin der Spalt führte, ein Schlafzimmer sein müsse, und sagte zu sich selbst: »Wenn das das Schlafzimmer Filippos – das heißt des jungen Mannes, ihres Nachbars – wäre, so hätte ich schon halb gewonnen Spiel.« Darauf stellte sie eines ihrer Mädchen, das mit ihr Mitleid hatte, vorsichtig auf die Lauer und fand bald, daß der junge Mann in der Tat ganz allein darin schlief. Von nun an ging sie oft an den Spalt und ließ, wenn sie den jungen Mann in seinem Zimmer wußte, kleine Steinchen oder Holzsplitter hineinfallen, was die Wirkung hervorbrachte, daß der Jüngling herbeikam, um zu sehen, was das sei. Darauf rief sie ihm ganz leise; er aber, der ihre Stimme kannte, antwortete ihr ebenso, und nun eröffnete sie ihm, da sie freien Spielraum hatte, ihr ganzes Herz. Der junge Mann, der hierüber sehr erfreut war, tat natürlich von seiner Seite alles, um das Loch zu vergrößern, machte es aber gleichwohl so, daß es niemand bemerken konnte. Auf diese Art sprachen sie sich oftmals und gaben sich die Hand; weiter aber konnten sie wegen der außerordentlichen Wachsamkeit des Eifersüchtigen nicht kommen. Inzwischen kam

Weihnachten heran, und die Dame sagte zu ihrem Manne, sie wolle, wenn es ihm recht sei, am heiligen Christmorgen in die Kirche gehen, um zu beichten und das heilige Abendmahl zu nehmen, wie es alle andern Christen auch tun. Darauf sagte der eifersüchtige Ehemann: »Ei, was hast du denn für Sünden begangen, daß du in die Beichte gehen willst?« Die Frau aber erwiderte: »Wie? Glaubst du, ich sei eine Heilige, weil du mich so eingeschlossen hältst? Ich weiß recht wohl, daß ich so gut meine Sünden begehe wie alle andern Menschen auf der Welt, aber ich kann sie doch dir nicht erzählen, da du kein Priester bist.« Der Eifersüchtige faßte über diese Worte Verdacht und hätte gerne wissen mögen, was sie für Sünden begangen habe; nachdem er sich daher über die Art und Weise bedacht hatte, wie er dies bewerkstelligen könnte, erwiderte er ihr, er sei es zufrieden, nur dürfe sie in keine andere Kirche gehen als in ihre eigene Kapelle; dort solle sie den andern Morgen frühzeitig hingehen und entweder ihrem eigenen Kaplan oder dem Priester, den ihr der Kaplan nenne, aber durchaus keinem andern, beichten und unverzüglich wieder nach Hause kommen. Die Dame glaubte, ihn halb und halb zu verstehen, sagte aber nur, ohne etwas anderes zu erwidern, daß sie es so machen werde. Am Morgen des Christfestes stand die Dame schon mit der Sonne auf, zog ihre Festkleider an und begab sich in die Kirche, welche ihr von ihrem Manne vorgeschrieben worden war. Der Eifersüchtige seinerseits stand ebenfalls auf und ging in die gleiche Kirche, wo er noch vor ihr ankam, und da er mit dem dortigen Priester schon verabredet hatte, was er vorhatte, warf er sich geschwind in ein Gewand des Pfaffen, mit einer großen Kapuze, die bis über die Wangen herabhing, zog diese etwas vor und setzte sich in den Chor. Als die Dame in die Kirche kam, ließ sie sogleich den Priester rufen. Dieser kam, und als er von der Dame hörte, daß sie beichten wollte, sagte er zu ihr, daß er sie jetzt nicht hören könne, daß er aber einen seiner Gefährten damit beauftragen wolle. Darauf ging er fort und schickte ihr den Eifersüchtigen zu dessen böser Stunde. Dieser kam ernsten Schrittes herbei, aber ob es gleich noch nicht ganz heller Tag war und er sich die Kapuze tief über die Augen herabgezogen hatte, konnte er sich doch nicht so sehr verbergen, daß ihn seine Frau nicht augenblicklich erkannt hätte. Als sie ihn sah, sagte sie zu sich selbst: »Gelobt sei Gott, daß der Narr da aus einem Eifersüchtigen ein Priester geworden ist; aber laßt mich nur machen, ich will ihm das schon hinter die Ohren schreiben, was er zu entdecken sucht.« Sie stellte sich jedoch, als ob sie ihn nicht erkenne, und setzte sich zu seinen Füßen. Unser Eifersüchtiger hatte einige Steinchen in den Mund genommen, die ihn einigermaßen am Sprechen hindern sollten, um nicht von seiner Frau erkannt zu werden, indem er glaubte, in jeglicher andern Hinsicht durchaus so entstellt zu sein, daß ihm in keinerlei Weise möglich schien, von ihr erkannt zu werden. Darauf kam es zum Beichten, und unter anderem erzählte ihm die Dame auch – nachdem sie ihm zuerst schon gesagt, daß sie verheiratet sei –, daß sie in einen Priester verliebt sei, der jede Nacht zu ihr komme und bei ihr schlafe. Als das der Eifersüchtige hörte, war es ihm, als ginge ihm ein Stich durchs Herz, und wenn es ihm nicht darum gewesen wäre, noch mehr zu erfahren, so hätte er den Beichtstuhl verlassen und wäre davongegangen. Er blieb daher fest stehen und fragte die Dame: »Ei wie denn? Schläft denn nicht Euer Mann bei Euch?« – »Gewiß, Herr«, erwiderte die Dame. »Aber«, sagte der Eifersüchtige, »wie kann dann auch der Priester bei Euch schlafen?« – »Herr«, antwortete die Dame, »auf welche Art dies der Priester möglich macht, weiß ich nicht; aber es gibt keine Türe im Hause, sie mag auch noch so gut verschlossen sein, die sich nicht, wenn er sie berührt, öffnete; auch sagte er mir, daß er, wenn er an meine Kammertüre komme, ehe er sie öffne, einige Worte spreche, auf welche mein Gemahl sogleich einschlafe; sobald er dann merkt, daß mein Mann schläft, öffnet er die Türe, kommt herein und legt sich zu mir, und noch niemals hat ihn dieses Mittel getäuscht.« Darauf sagte der Eifersüchtige: »Frau, das ist eine sehr große Sünde, und Ihr müßt durchaus von derselben lassen.« – »Herr!« erwiderte die Dame, »das werde ich wohl niemals können, denn ich liebe ihn gar zu sehr.« – »Dann«, sagte der Eifersüchtige, »werde ich Euch nicht absolvieren können.« Darauf sagte die Dame: »Das schmerzt mich sehr; ich bin nicht hierhergekommen, Euch eine Lüge zu sagen; wenn ich glaubte, es unterlassen zu können, so würde ich es Euch sagen.« Alsdann sagte der Eifersüchtige: »In Wahrheit, edle Dame, ich habe Mitleid mit Euch; denn bei solchen

Grundsätzen müßt Ihr Eure Seligkeit verlieren; allein ich will für Euch keine Mühe scheuen und in Eurem Namen meine Fürbitten an Gott richten, ob sie Euch vielleicht nicht helfen. Und wenn ich Euch einmal einen meiner Chorknaben schicke, so werdet Ihr ihm sagen, ob sie Euch geholfen haben, und wenn es der Fall ist, so wollen wir damit fortfahren.« Darauf sagte die Dame: »Das werdet Ihr doch nicht tun, daß Ihr mir jemand ins Haus schickt, denn wenn mein Mann dahinterkäme, so könnte es ihm bei seiner großen Eifersucht die ganze Welt nicht aus dem Kopfe bringen, daß die Person aus einer andern als bösen Absicht gekommen sei, und ich hätte es ein ganzes Jahr lang nicht mehr gut bei ihm.« Hierauf entgegnete der Eifersüchtige: »Habt deswegen keine Angst, denn ich werde es so einzurichten wissen, daß Ihr kein Wort von ihm darüber hören sollt.« – »Nun«, erwiderte die Dame, »wenn Ihr das zustande bringen könnt, so bin ich es zufrieden.« Nachdem sie sodann die Beichte gesagt und die Absolution empfangen hatte, erhob sie sich von den Knien und ging zur Messe. Der Eifersüchtige, der unter seinem bösen Geschicke seufzte, legte die Pfaffenkleider ab, ging nach Hause und sann auf ein Mittel, wie er den Priester und seine Frau zusammen überraschen könnte, um sowohl ihm als ihr schlimm mitzuspielen. Als die Frau von der Kirche heimkam, sah sie wohl an dem Gesichte ihres Mannes, daß sie ihm nicht den fröhlichsten heiligen Christ beschert habe; allein er gab sich soviel als möglich Mühe, das, was er getan hatte und zu wissen glaubte, zu verbergen, und da er vorher den Entschluß gefaßt hatte, die kommende Nacht ganz nahe an der Haustüre sich aufzustellen und zu warten, ob der Priester käme, sagte er zu seiner Gemahlin: »Ich muß diesen Abend anderswo zu Abend essen und übernachten; deswegen will ich die Haustüre und die Treppentüre und die Kammertüre wohl verschließen; du aber magst zu Bett gehen, wenn es dir beliebt.« – »In Gottes Namen«, sagte die Frau; sobald sie aber Zeit hatte, ging sie an das Loch und machte das gewöhnliche Zeichen; als Filippo das hörte, stellte er sich ebenfalls ein. Dann erzählte ihm die Dame, was sie an diesem Morgen getan habe und was ihr Mann ihr nach dem Mittagessen gesagt hatte, und fuhr dann fort: »Ich bin ganz sicher, daß er nicht aus dem Hause gehen, sondern sich an der Haustüre auf die Lauer legen wird, darum mußt du ein Mittel ausfindig machen, über das Dach herüberzukommen, damit wir diese Nacht beieinander sind.« Hierüber war der junge Mann außerordentlich erfreut und sagte: »Schöne Frau, laß mich nur machen.« Als nun die Nacht herbeikam, versteckte sich der Eifersüchtige mit seinen Waffen leise in ein Gemach im Erdgeschoß; die Dame aber ließ alle Türen, besonders aber auch die Treppentüre schließen, damit der Eifersüchtige nicht heraufkommen könne; als darauf der junge Mann ganz vorsichtig von seinem Hause herübergestiegen war, gingen sie zur rechten Zeit zu Bette, befriedigten ihr gegenseitiges Verlangen und verschafften sich eine vorzügliche Nacht; sobald es aber Tag wurde, kehrte der junge Mann in seine Wohnung zurück. Der Eifersüchtige hatte die ganze Nacht gar traurig, ohne Abendessen und fast sterbend vor Frost zugebracht, indem er mit seinen Waffen an der Haustüre Wache hielt, um den Priester abzupassen; als aber der Tag graute, vermochte er die Augen nicht mehr offenzuhalten und legte sich in der Kammer im Erdgeschosse schlafen. Es war schon um die dritte Stunde, als er aufstand, und da die Haustüre bereits offen war, tat er, als komme er von woanders her, ging ins Haus hinauf und aß zu Mittag. Gleich nachher sandte er einen Knaben, den er so instruiert hatte, als wäre er der Chorknabe des Priesters, bei dem sie gebeichtet hatte, zu ihr und ließ sie fragen, ob der Bewußte wieder gekommen sei. Die Dame, welche den Abgesandten gar wohl erkannte, erwiderte, daß er diese Nacht nicht gekommen sei und daß sie, wenn er so fortmache, ihn gar wohl ganz vergessen könnte, obgleich sie nicht eben wünsche, ihn vergessen zu müssen. Doch was soll ich weiter sagen? Der Eifersüchtige stand noch manche Nacht Wache, um den Pfaffen am Eingang zu treffen, und die Dame fuhr fort, sich mit ihrem Geliebten die Zeit zu vertreiben. Zuletzt konnte es der Eifersüchtige nicht mehr länger aushalten und fragte seine Frau mit zornigem Gesichte, was sie dem Priester an jenem Morgen, da sie zur Beichte ging, gesagt habe. Die Dame erwiderte, daß sie ihm das nicht sagen könne, weil es weder recht noch schicklich wäre. Darauf sagte der Eifersüchtige: »Schlechtes Weib, dir zum Schaden weiß ich alles, was du ihm sagtest, und ich muß durchaus jetzt wissen, wer der Pfaffe ist, in den du so verliebt bist und der durch seinen

Zauberspruch jede Nacht bei dir schläft, oder ich schneide dir den Hals ab.« Die Dame sagte, es sei nicht wahr, daß sie in einen Priester verliebt sei. »Wie?« rief nun der Eifersüchtige, »hast du nicht das und das zu dem Priester gesagt, dem du beichtetest?« Die Dame entgegnete: »Wenn er es dir nicht wieder gesagt hat, so mußt du selbst zugegen gewesen sein; ja, ich habe das gesagt.« – »Nun«, sagte der Eifersüchtige, »so sag mir, wer ist dieser Priester, und zwar auf der Stelle.« Die Dame fing an herzlich zu lachen und sprach: »Das ist doch recht komisch, wenn ein kluger Mann sich von einem einfältigen Weibe so am Narrenseile herumführen läßt, wie man einen Ochsen an den Hörnern auf die Schlachtbank führt, obgleich du weder jetzt klug bist noch es seit der Zeit warst, da du den Teufel der Eifersucht in dein Herz einziehen ließest, ohne zu wissen, warum; je törichter aber und je dümmer du bist, um so mehr schmälert sich auch mein Ruhm. Glaubst du denn, mein Herr Gemahl, mein leibliches Auge sei auch so blind wie dein geistiges? Dem ist nicht so, ich habe den Priester, der meine Beichte hörte, auf den ersten Blick erkannt und weiß recht wohl, daß du es selbst warst. Ich nahm mir deshalb auch vor, dir Gleiches mit Gleichem zu vergelten, und es ist mir geglückt. Wenn du jedoch ein so gescheiter Mann wärest, als du sein willst, so hättest du nicht auf diese Art hinter die Geheimnisse deines guten Weibes dringen wollen und hättest, ohne einen törichten Verdacht zu schöpfen, eingesehen, daß das, was sie dir beichtete, ganz wahr sein könne, ohne daß sie deswegen nur den geringsten Fehler sich zuschulden kommen ließ. Ich sagte dir, daß ich einen Priester liebe, und hattest du, den ich, ganz mit Unrecht, liebe, dich nicht zum Priester umgewandelt? Ich sagte dir, daß keine Türe meines Hauses vor ihm verschlossen bleibe, wenn er bei mir schlafen wolle, und welche Tür war dir jemals verschlossen, wenn du, wo ich auch war, zu mir kommen wolltest? Ich sagte dir, daß der Priester jede Nacht mit mir zubringe, und wann hättest du jemals nicht bei mir geschlafen? Und sooft du deinen Chorknaben zu mir sandtest, so oft ließ ich dir, jedesmal, wenn du nicht bei mir gewesen warst, sagen, er sei nicht dagewesen. Wo wäre ein anderer als du, der du von Eifersucht blind geworden, so dumm, das alles nicht sogleich einzusehen? Im Hause warst du, um die Nacht hindurch an der Türe Wache zu halten, und mir glaubst du weisgemacht zu haben, du habest auswärts zu Abend gegessen und übernachtet. Gehe doch einmal in dich und werde wieder ein Mann, wie du sonst einer warst; mache nicht, daß jedermann, der deine Weise kennt wie ich, sein Gespötte mit dir hat, und lasse das feierliche Wachehalten gehen; denn siehe, ich schwöre es bei Gott, wenn mich die Lust ankäme, dich Hörner tragen zu lassen, so würde ich, und wenn du auch hundert Augen hättest, doch Mittel und Wege finden, mein Gelüste zu stillen, ohne daß du es merktest.« Als der Eifersuchtspinsel, der ganz schlau hinter das Geheimnis seiner Frau gekommen zu sein glaubte, das hörte, sah er ein, daß er gefoppt war, und hielt nun, ohne etwas zu erwidern, seine Frau für ebenso brav als klug. Und wie er früher, wo er es nicht nötig hatte, ganz toll vor Eifersucht war, so legte er diese jetzt, wo sie wohl am Platze gewesen wäre, ganz ab. Die kluge Dame aber, die sich jetzt frei fühlte, hatte es nun nicht mehr nötig, ihren Geliebten übers Dach, wie es die Katzen machen, kommen zu lassen, sondern ließ ihn offen zur Haustüre ein, war aber dabei so vorsichtig, daß sie sich noch recht oft mit ihm die Zeit vertreiben und das Leben versüßen konnte.

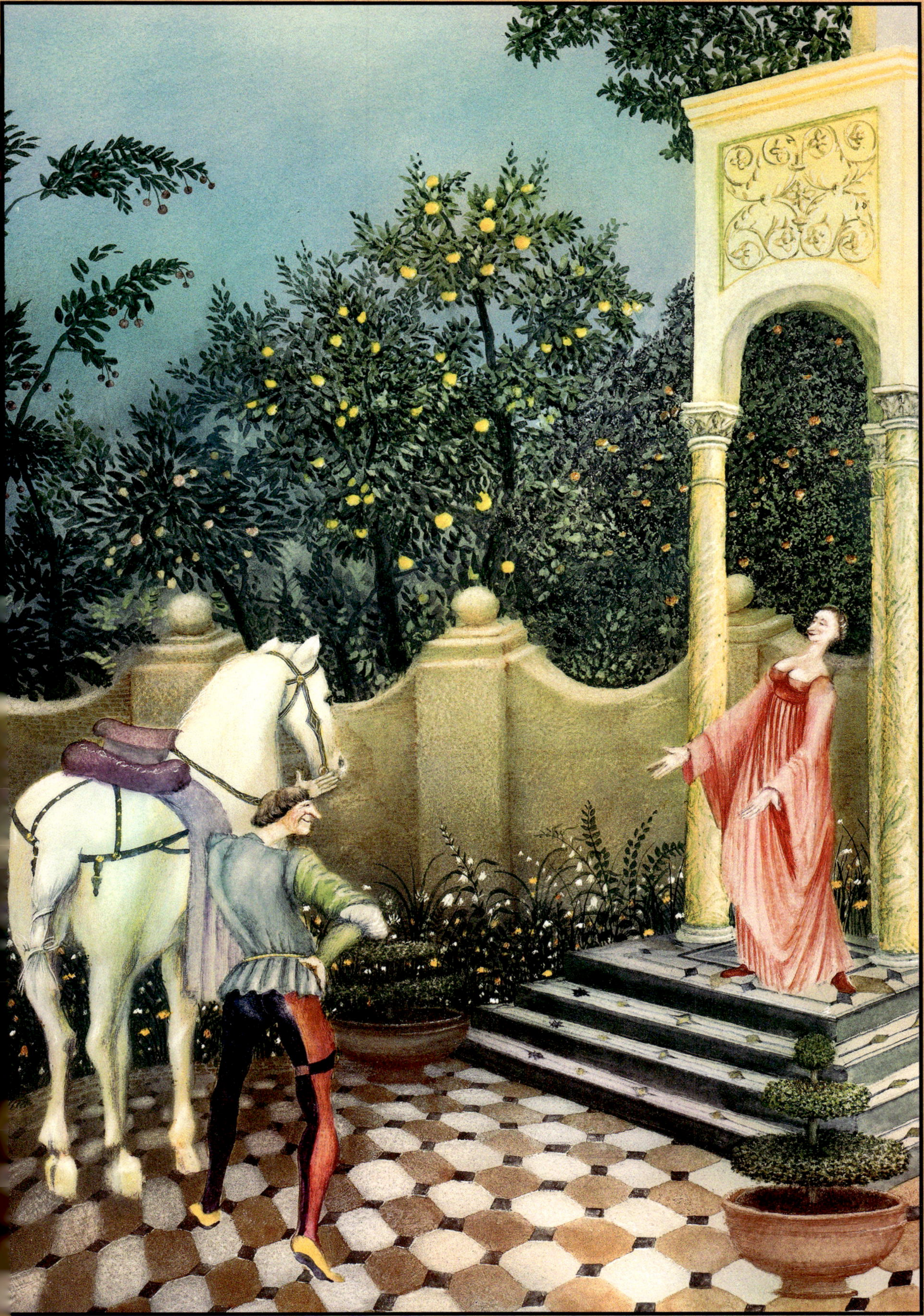

Die Dame machte ein gutes Gesicht zum bösen Spiele, ging ihm bis zur Treppe entgegen, empfing ihn mit so freundlichen Worten als möglich und fragte ihn, was ihn herführe.

FRAU ISABELLA

DIE GERADE MIT LIONETTO ZUSAMMEN IST,
IST AUCH NOCH DIE GELIEBTE EINES HERRN LAMBERTUCCIO
UND WIRD VON DIESEM BESUCHT; DARAUF KOMMT IHR MANN ZURÜCK
UND SIE BEFIEHLT LAMBERTUCCIO, MIT DEM BLOSSEN SCHWERT IN
DER HAND AUS DEM HAUSE ZU STÜRZEN; IHR EHEGEMAHL ABER
BEGLEITET NACHHER DEN LIONETTO NACH HAUSE.

Fiammettas Novelle hatte allen ganz ausnehmend wohl gefallen, und jeder versicherte, die Dame habe ganz recht gehandelt, gerade wie es einem solchen Vieh von Ehemann zukomme; als sie jedoch zu Ende war, befahl der König der Pampinea, fortzufahren, und diese begann folgendermaßen: Es gibt viele, die ganz ehrlich die Behauptung aufstellen, die Liebe bringe einen um den Verstand, und wer verliebt sei, müsse auch unbesonnen handeln; das scheint mir jedoch eine ganz falsche Ansicht zu sein, wie schon die bisherigen Erzählungen hinlänglich erwiesen haben und wie ich es ebenfalls zu beweisen mich nun unterfangen will.

In dieser Stadt, die so reich ist an allem Guten und Schönen, lebte eine junge, artige und sehr schöne Dame, die Frau eines recht stattlichen und ehrenwerten Kavaliers. Wie es aber sehr oft vorkommt, daß der Mensch nicht immer dasselbe speisen mag, sondern öftere Abwechslung will, so konnte der genannten Dame ihr Gemahl auch nicht immer genügen, und sie verliebte sich daher in einen jungen Mann mit Namen Lionetto, der, ob er gleich keiner ausgezeichneten Familie angehörte, doch ein sehr gefälliger und wohlerzogener Mensch war und sich ebenfalls in sie verliebte, und da, wie ihr wißt, das, was beide Teile wollen, selten unausgeführt bleibt, so stand es nicht lange an, bis sie ihrer Liebe die Krone aufsetzten. Nun trug es sich zu, daß, da sie eine sehr schöne Dame von vielem Anstand war, sich ein Kavalier, der Herr Lambertuccio hieß, außerordentlich in sie verliebte. Dieser konnte sie zwar, weil er ihr ein äußerst widerwärtiger und ekelhafter Mensch zu sein schien, um alles in der Welt nicht zur Gegenliebe bewegen; allein er bestürmte sie mit Briefen und Botschaften, und als es ihm nichts helfen wollte, drohte er ihr, da er ein Mann von Gewicht war, sie zu verleumden, wenn sie seinen Willen nicht erfülle. Dies ängstigte die Dame sehr, und da sie wohl wußte, wessen er fähig war, so beschloß sie, ihm den Willen zu tun. Als nun die Dame, die Frau Isabella hieß, sich, wie es im Sommer bei uns Sitte ist, auf ein sehr schönes Landgut, das sie in der Gegend besaß, begeben hatte, ritt eines Morgens ihr Mann irgendwohin, wo er den Tag über bleiben wollte. Sie ließ daher dem Lionetto sagen, er möchte zu ihr kommen und bei ihr bleiben. Lionetto kam auch sogleich voll Freude; allein Herr Lambertuccio, der erfahren hatte, daß der Gemahl der Dame ausgegangen sei, stieg sogleich zu Rosse, ritt ganz allein zu ihr hinaus und klopfte ans Hoftor. Kaum sah ihn das Mädchen der Dame, als es sogleich zu dieser, die gerade mit Lionetto in der Schlafkammer war, eilte, ihr rief und sagte: »Gnädige Frau, Herr Lambertuccio ist draußen, ganz allein.« Als dies die Dame hörte, war sie das unglücklichste Weib von der Welt, allein, da sie ihn sehr fürchtete, so bat sie den Lionetto, er möchte es doch nicht übelnehmen und sich eine Weile hinter den Bettvorhängen verstecken, bis Herr Lambertuccio wieder fortgegangen sei. Lionetto, der ihn ebensosehr wie die Dame fürchtete, versteckte sich dort, und sie befahl nun ihrem Mädchen, dem Herrn Lambertuccio zu öffnen. Dieses öffnete ihm; er aber war im Hofe bereits vom Pferde gestiegen, band dieses an einen Haken fest und ging hinauf.

Die Dame machte ein gutes Gesicht zum bösen Spiele, ging ihm bis zur Treppe entgegen, empfing ihn mit so freundlichen Worten als möglich und fragte ihn, was ihn herführe. Der Kavalier umarmte und küßte sie und sagte: »Mein Herz, ich habe erfahren, daß Euer Mann nicht zu Hause sei, deswegen bin ich herausgekommen, um ein wenig mit Euch zusammensein zu können.« Nachdem er das gesagt, traten sie miteinander ins Zimmer, schlossen dieses von innen, und Herr Lambertuccio fing an, sich mit ihr zu vergnügen. Während sie nun so zusammen waren, kam plötzlich, ganz gegen Erwarten der Dame, ihr Ehegemahl zurück. Das Mädchen, das ihn erst bemerkte, als er schon ganz nahe am Hause war, lief spornstreichs in das Zimmer der Dame und sagte: »Gnädige Frau, der Herr ist zurück, ich glaube, er ist schon im Hofe.« Als die Dame das hörte und daran dachte, daß sie zwei Männer im Hause habe (auch sah sie wohl ein, daß sich der Kavalier nicht verstecken konnte, da sein Pferd im Hofe stand), war sie fast des Todes. Nichtsdestoweniger wußte sie sich sogleich zu fassen, indem sie augenblicklich von dem Bette herabsprang und zu Herrn Lambertuccio sagte: »Mein Herr, wenn Ihr nur einen Funken Liebe zu mir habt und mich vom Tode retten wollt, so tut, was ich Euch sage. Nehmt Euer bloßes Schwert in die Hand, macht ein ganz böses und zorniges Gesicht und geht so die Treppen hinab, indem Ihr ausruft: ›So wahr Gott im Himmel ist, ich will ihn schon noch anderswo treffen.‹ Und wenn mein Mann Euch aufhalten oder darüber befragen wollte, so antwortet durchaus nichts anderes, als was ich Euch soeben gesagt habe, steigt zu Pferde und lasset Euch unter keinem Vorwande zurückhalten.« Herr Lambertuccio war hiezu bereit; er zog deshalb draußen sein Schwert, und mit einem Gesichte, das teils von der Anstrengung, die er eben durchgemacht hatte, teils aus Zorn über die Rückkehr des Herrn, ganz rot angelaufen war, machte er es gerade so, wie es ihm die Dame befohlen hatte. Ihr Gemahl war schon von seinem Rosse gestiegen und wollte eben, ganz erstaunt über das fremde Reitpferd, ins Haus hinaufgehen, als er den Herrn Lambertuccio die Treppen herabkommen sah und sich ebenso über dessen Worte als sein Gesicht wundern mußte. Er sagte daher zu ihm: »Was ist denn das, mein Herr?« Herr Lambertuccio aber setzte den

Fuß in den Steigbügel, schwang sich auf, indem er nichts erwiderte als: »So wahr Gott lebt, ich will ihn schon noch anderswo treffen«, und ritt davon. Der edle Herr ging nun hinauf und traf seine Frau ganz bestürzt und voll Furcht an der Treppe, worauf er ihr sagte: »Was soll denn das heißen? Gegen wen stößt Herr Lambertuccio solche zornige Drohworte aus?« Die Dame zog sich gegen ihr Schlafzimmer zurück, damit Lionetto sie hören konnte, und antwortete: »Noch nie in meinem Leben bin ich so erschrocken wie jetzt. Ein junger Mann, den ich nicht kenne und den Herr Lambertuccio mit dem bloßen Schwerte in der Hand verfolgte, flüchtete sich hierher, fand zufälligerweise die Kammertüre offen und sagte voll Zittern und Beben: ›Edle Frau, helft mir um Gottes willen, sonst sterbe ich in Euren Armen.‹ Ich erhob mich sogleich, und wie ich ihn fragen wollte, wer er sei und was er habe, kam schon Herr Lambertuccio herauf, indem er rief: ›Wo bist du, Verräter?‹ Ich stellte mich vor die Kammertüre, und da er hineindringen wollte, hielt ich ihn zurück. Er war nun doch so artig gegen mich, daß er, als er sah, wie unangenehm es mir wäre, wenn er hineindränge, unter verschiedenen Redensarten, die er ausstieß, die Treppe hinabstieg, wie Ihr gesehen habt.« – »Du hast ganz recht getan«, sagte darauf der Ehemann; »es wäre eine zu große Schande für uns gewesen, wenn jemand hier innen ermordet worden wäre, und Herr Lambertuccio beging ein schmähliches Unrecht, eine Person, die sich hierhergeflüchtet hatte, zu verfolgen.« Darauf fragte er, wo der junge Mann sei. »Herr!« erwiderte die Dame, »ich weiß nicht, wo er sich versteckt hat.« Der Kavalier sagte sofort: »Wo bist du? Komm nur ganz furchtlos hervor!« Lionetto, der alles gehört hatte, kam ganz ängstlich, so wie einer aussehen mußte, der eben eine große Angst ausgestanden hatte, von dem Orte hervor, wo er verborgen war. Darauf sagte der ritterliche Herr: »Was hast du denn mit Herrn Lambertuccio?« – »Gar nichts auf der ganzen Welt«, erwiderte der Jüngling, »deswegen bin ich fest überzeugt, er ist entweder nicht recht bei Sinnen, oder er hat mich mit einem andern verwechselt; denn als er mich nicht weit von Eurem Palaste auf der Straße sah, legte er sogleich die Hand an das Schwert und sagte: ›Verräter, du bist des Todes.‹ Ich fragte nicht lange warum, sondern lief, was ich konnte, davon; so kam ich hierher und wurde, Gott und Eurer edlen Gemahlin sei es gedankt, gerettet.« Darauf sagte der edle Herr: »Nun wohlan, sei ganz ohne Furcht, ich werde dich gesund und wohlbehalten in deine Wohnung zurückführen, und dann wirst du es schon in Erfahrung bringen können, wie du dich gegen ihn zu stellen hast.« Und als sie darauf zu Mittag gegessen hatten, ließ er ihn zu Pferde steigen, führte ihn nach Florenz und verließ ihn erst in seiner Wohnung. Er aber sprach, einem Winke gemäß, den er von der Dame erhalten hatte, noch an demselbigen Abend heimlich mit Herrn Lambertuccio und machte es mit ihm so ab, daß, obgleich sehr viel darüber gesprochen wurde, dennoch der Kavalier nie ein Wort von dem Streiche erfuhr, den ihm seine Frau gespielt hatte.

LODOVICO

ENTDECKT DER FRAU BEATRICE SEINE LIEBE;
DIESE BEAUFTRAGT IHREN MANN EGANO,
AN IHRER STATT IN EINEN GARTEN ZU GEHEN,
UND LEGT SICH MIT LODOVICO ZU BETT; DIESER STEHT NACHHER AUF,
GEHT HINAUS UND PRÜGELT DEN EGANO IN DEM GARTEN.

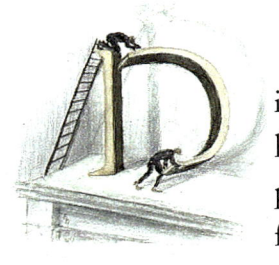

Die Klugheit der Frau Isabella, von der Pampinea erzählt hatte, wurde von der ganzen Gesellschaft erstaunlich gepriesen; Filomena aber, welcher der König befohlen hatte, fortzufahren, sagte: Liebenswürdige Damen, wenn ich mich nicht ganz täusche, so ist die Geschichte, die ich euch, und zwar sogleich, erzählen will, nicht minder schön.

Ihr müßt nämlich wissen, daß einmal in Paris ein edler Florentiner lebte, der aus Armut Kaufmann geworden war, dem aber seine Spekulationen so glückten, daß er einer der Reichsten der Stadt wurde. Dieser hatte von seiner Frau einen Sohn, sein einziges Kind, dem er den Namen Lodovico gegeben hatte. Und weil sich dieser mehr an den edlen Stand seines Vaters als an die Kaufmannschaft hielt, so hatte ihn sein Vater in keinen Laden stecken mögen, sondern hatte ihn mit andern Edelleuten dem Dienste des Königs von Frankreich gewidmet, wo derselbe sich gute

Manieren und ein feines Benehmen aneignete. Während er nun da verweilte, kamen einmal mehrere Edelleute, die vom Heiligen Grabe zurückgekehrt waren, zu einem Gespräche, das junge Leute, und unter diesen auch Lodovico, miteinander führten, und hörten da unter anderem auch viel von den schönen Frauen Frankreichs und Englands und anderer Weltgegenden sprechen; darauf sagte einer von ihnen, der schon einen großen Teil der Welt gesehen hatte, daß er, so viel er auch schon Frauen gesehen habe, noch keine gefunden hätte, die an Schönheit sich mit der Gemahlin des Egano von Galuzzi aus Bologna, die Frau Beatrice hieß, messen könnte. Damit stimmten alle seine Gefährten, die sie mit ihm zugleich in Bologna gesehen hatten, überein. Als nun Lodovico, der bis jetzt noch niemals verliebt gewesen war, dies hörte, überkam ihn eine so große Begierde, die Dame zu sehen, daß er seine Gedanken gar nicht mehr davon abbringen konnte. Nachdem er daher alle Vorbereitungen getroffen, nach Bologna zu reisen, um sie zu sehen und dort zu verweilen, wenn sie ihm gefalle, stellte er sich gegen seinen Vater, als ob er zum Heiligen Grabe wallfahren wolle, was ihm auch, obgleich nur sehr ungern, gestattet wurde. Er nahm nun den Namen Anichino an und kam nach Bologna, wo ihm das Glück so günstig war, daß er die Dame schon am folgenden Tag bei einer Festlichkeit sah. In der Tat fand er sie auch noch weit schöner, als er sie sich gedacht hatte; deswegen verliebte er sich auch sterblich in sie und beschloß, Bologna nicht eher zu verlassen, als bis er ihre Liebe erlangt hätte. Indem er nun mit sich zu Rate ging, wie er dazu kommen könnte, und jede andere Rücksicht beiseite tat, kam ihm der Gedanke, er werde, wenn es ihm möglich wäre, unter die Diener ihres Ehegemahls, deren dieser sehr viele hatte, aufgenommen zu werden, durch irgendeinen glücklichen Zufall das, wonach er verlangte, ins Werk setzen können. Er verkaufte daher seine Pferde und versorgte seine Leute hinlänglich, daß diese zu leben hatten, indem er ihnen befahl, sich so zu stellen, als kennten sie ihn gar nicht; dann wandte er sich an seinen Wirt und sagte diesem, er möchte gerne in die Dienste eines edlen Herrn treten, wenn sich ein solcher Platz finden lasse. Hierauf erwiderte der Wirt: »Du bist gerade ein Bursche, wie sie ein edler Herr dieses Landes, der deren sehr viele hat, und lauter stattliche Leute wie du, gerne hat; ich werde mit ihm darüber sprechen.« Wie gesagt, so getan, und ehe er noch von Egano wegging, hatte er den Anichino schon bei diesem untergebracht. Anichino gab sich so viel als möglich Mühe, die Gunst seines Herrn zu erwerben. Während dieses Aufenthaltes bei Egano hatte er oft genug Gelegenheit, seine Dame zu sehen, und wußte den Egano so vortrefflich und so ganz nach dessen Wünschen zu bedienen, daß dieser eine große Zuneigung zu ihm faßte und gar nichts mehr ohne ihn tat; auch übertrug er ihm nicht bloß die Oberaufsicht über seine persönliche Bedienung, sondern auch über sein ganzes Hauswesen. Eines Tages, als Egano auf Vogelfang ausgegangen war, blieb Anichino zurück und mußte sich mit Frau Beatrice, welche zwar von seiner Liebe zu ihr noch nichts wußte, aber schon oft sowohl ihn selbst als auch sein feines Benehmen beobachtet und ihn deswegen belobt und ein Gefallen an ihm gefunden hatte, zum Schachspiel niedersetzen. Anichino, der sich gerne ihr Wohlwollen erworben hätte, machte es ihr so leicht als möglich und ließ sie gewinnen, worüber denn die Dame eine außerordentliche Freude hatte. Als nun alle Frauen und Dienerinnen der edlen Dame, weil sie diese im Schachspiele beschäftigt sahen, fortgegangen waren und die beiden allein gelassen hatten, stieß Anichino einen tiefen Seufzer aus. Die Dame sah ihn an und sagte: »Was hast du, Anichino? Bist du betrübt darüber, daß ich dich besiegt habe?« – »Edle Frau«, erwiderte Anichino, »etwas weit Wichtigeres als dieses war die Ursache meines Seufzers.« Darauf sagte die Dame: »So sage mir es doch, wenn du mir ein bißchen gewogen bist.« Als Anichino sie so inständig bitten hörte: »Wenn du mir ein bißchen gewogen bist« – sie, die er mehr liebte als alles andere, so seufzte er noch weit tiefer als zuvor. Die Dame bat ihn daher nochmals von neuem, er möchte ihr doch sagen, was ihn zu diesen Seufzern bewege. Darauf sagte Anichino: »Edle Frau, ich fürchte sehr, es möchte Euch unangenehm sein, wenn ich es Euch sage, und dann weiß ich auch nicht, ob Ihr es nicht jemand anderem wiedererzählt.« Die Dame erwiderte: »Gewiß, es wird mir nicht unangenehm sein, und sei versichert, daß ich, was du mir auch erzählen magst, es niemandem wieder sagen werde, wenn es dir nicht recht ist.« Alsdann sagte Anichino: »Weil Ihr mir das versprecht, so will ich es Euch sagen«, und darauf sagte er ihr mit Tränen in den Augen, wer er sei, was er von ihr gehört habe und wie und wo er sich in sie verliebt habe und sodann deswegen in die Dienste ihres Mannes getreten sei. Zuletzt bat er sie demütig, sie möchte doch, wenn es ihr möglich sei, Mitleid mit ihm haben und sein heimliches und heißes Verlangen stillen; wenn sie aber das nicht wolle, so solle sie ihn doch in seiner jetzigen Stellung belassen und es wenigstens dulden, daß er sie liebe. O Bologneserinnen, was habt ihr doch für ein zärtliches Blut! Wie lobenswert zeigt ihr euch immer in solchen Fällen! Nie hattet ihr Lust an Tränen und Seufzern, und immer zeigtet ihr euch den Bittenden willfährig und den heftig Verliebten zuneigungsvoll! Wenn ich glaubte, durch Lobeserhebungen euch würdig preisen zu können, so würde dessen meine Zunge nicht überdrüssig werden. Die edle Dame, welche den Anichino, während er sprach, beobachtete und seinen Worten vollen Glauben schenkte, wurde über seine Bitten so gewaltig von seiner Liebe ergriffen, daß sie nun ihrerseits zu seufzen anfing und nach einem tiefen Seufzer also sprach: »Mein süßer Anichino, sei guten Muts. Bis jetzt konnten weder Geschenke noch Versprechungen, noch die Höflichkeitsbezeigungen eines Kavaliers oder vornehmen Herrn oder sonst eines andern (und wahrhaftig, man hat mir oft genug den Hof gemacht und tut es noch) jemals so auf mich Eindruck machen, daß ich in irgendeinen verliebt geworden wäre, aber du hast mich in dem kurzen Zeitraum, während du zu mir sprachst, so umgewandelt, daß ich weit mehr dir angehöre als mir selbst. Ich glaube, daß du meine Liebe ganz und gar gewonnen hast, und indem ich sie dir schenke, verspreche ich dir auch, daß du sie genießen sollst, ehe noch die kommende Nacht ganz vorübergegangen ist. Damit aber dies geschehen kann, so mache, daß du um Mitternacht in mein Schlafzimmer kommst. Ich werde die Türe offen lassen; du weißt, auf welcher Seite des Bettes ich schlafe: dahin komme, und wenn ich schlafen sollte, so berühre mich nur so lange, bis ich aufwache, und ich werde dein Begehren, das du nun schon so lange in dir trägst, zu stillen wissen. Damit du aber das glaubst, gebe ich dir jetzt einen Kuß zum Unterpfande.« Sie umschlang darauf seinen Hals mit ihren Armen und küßte ihn ganz zärtlich, so wie auch Anichino sie küßte. Nach dieser Verabredung verließ Anichino die Dame und ging seinen Geschäften nach, indem er mit der größten Freude von der Welt auf die Nacht wartete. Als Egano von der Vogeljagd zurückkam, aß er zu Nacht und ging gleich nachher, da er müde war, zu Bett. Seine Gattin folgte ihm und ließ, wie sie versprochen hatte, die Kammertüre offen. Zu der Stunde, welche ihm festgesetzt worden war, kam Anichino, betrat das Schlafzimmer ganz leise, machte die Türe von innen wieder zu, ging auf die Seite, wo die Dame schlief, und legte seine Hand auf ihre Brust, fand sie aber nicht schlafend. Als sie merkte, daß Anichino da sei, nahm sie seine Hände, preßte sie zwischen die ihrigen und hielt ihn so fest; dann warf sie sich so heftig im Bette herum, daß sie den Egano aus dem Schlafe weckte. Darauf sagte sie zu ihm: »Ich wollte dir gestern nur nichts sagen, weil du mir sehr müde schienst; aber bei allem, was dir heilig ist, sage mir aufrichtig, welcher von den Dienern, die du im Hause hast, glaubst du wohl, sei dir am ergebensten und treusten und liebe dich am meisten?« Egano erwiderte: »Wie kannst du nur so fragen? Hast du denn keine Augen im Kopfe? Ich habe keinen und habe noch nie einen gehabt, dem ich mich so anvertraut hätte, dem ich jetzt noch so traue und den ich so liebe, als ich Anichino liebe und vertraue. Doch warum fragst du mich das?« Als Anichino merkte, daß Egano wach war, und hörte, daß von ihm die Rede war, zog er mehrmals seine Hand an sich, um sich fortzuschleichen, indem er große Angst bekam, die Dame wolle ihn hintergehen; allein, sie hatte ihn so fest gepackt und hielt ihn so fest, daß er sich nicht losreißen konnte. Die Dame antwortete nun ihrem Gemahl und sagte: »Ich will es dir sagen. Ich glaubte auch, es sei so, wie du sagst, und hielt ihn für treuer gegen dich als irgendeinen andern; allein er hat mich aus meinem Irrtume gerissen, denn als du heute auf die Vogeljagd gegangen warst und er hier zurückblieb, so paßte er die Gelegenheit ab und scheute sich nicht, mich zu bitten, ich sollte ihm seine Wünsche erfüllen; um nun nicht nötig zu haben, hiefür erst viele Beweise beizubringen, und damit du dich durch den Augenschein überzeugen könnest, erwiderte ich, ich sei es zufrieden, und versprach ihm, diese Nacht, wenn Mitternacht vorüber sei, in unsern Garten zu kommen und ihn am Fuße des Fichtenbaumes zu erwarten. Ich habe nun wahrhaftig nicht Lust, hinzugehen; allein wenn du die Treulosigkeit deines Dieners kennenlernen willst, so kannst du das ganz leicht; du darfst nur einen meiner langen Oberröcke anziehen und den Kopf mit einem Schleier verhüllen und hinuntergehen, um zu sehen, ob er kommt, wovon ich jedoch fest überzeugt bin.« Als das Egano hörte, sagte er: »Wahrhaftig, ich muß doch sehen«, stand auf, zog, so gut es in der Dunkelheit gehen wollte, einen Oberrock seiner Frau an, nahm einen Schleier um den Kopf und ging in den Garten, wo er den Anichino am Fuße eines Fichtenbaumes erwartete. Kaum sah die Dame, daß er aufgestanden und aus der Kammer gegangen war, als auch sie sich erhob und die Kammertüre von innen schloß. Als Anichino, der in seinem Leben keine größere Angst ausgestanden und immer wieder versucht hatte, sich von den Händen der Dame loszumachen, seine Liebe und Leichtgläubigkeit tausendmal verfluchte und sah, wo die Sache hinauswolle, war er der allerglücklichste Mensch von der Welt, und da die Dame sich wieder ins Bett legte, zog er sich ihrem Willen gemäß aus und legte sich zu ihr, und beide genossen nun eine geraume Zeit lang das größte Vergnügen beieinander. Hernach, als die Dame glaubte, Anichino könne nicht mehr länger dableiben, hieß sie ihn aufstehen und sich ankleiden und sprach so zu ihm: »Mein süßes Leben, nimm einen derben Prügel und gehe in den Garten, und tue, als ob du mich nur hättest auf die Probe stellen wollen, und schimpfe den Egano, als ob ich es selbst wäre, tüchtig aus und spiele ihm mit dem Stocke dazu auf; das muß einen köstlichen Spaß geben.« Anichino stand auf und ging, mit einer Weidenrute in der Hand, in den Garten; als er nahe am Fichtenbaume war und Egano ihn kommen sah, erhob sich dieser und ging ihm, als ob er ihn mit der größten Freude empfangen wollte, entgegen. Darauf sagte Anichino: »Ha! Du schlechtes Weib! So bist du doch hierhergekommen und hast geglaubt, ich wollte oder wolle meinen Herrn so betrügen? Sei tausendmal verdammt!« Er erhob nun den Stock und fing an, ihn tanzen zu lassen; Egano aber, als er ihn so reden hörte und den Prügel sah, machte sich, ohne ein Wort zu sagen, auf die Fersen und Anichino hintendrein, immerfort schreiend: »Geh zum Teufel, elendes Weibsbild! Morgen mit dem Tage will ich es ganz gewiß Egano sagen.« Egano hatte einige tüchtige Streiche erhalten und kehrte daher, so schleunig er nur konnte, in sein Schlafzimmer zurück, wo ihn seine Gattin fragte, ob Anichino in den Garten gekommen sei. »Wäre er doch lieber nicht gekommen«, erwiderte Egano, »denn, da er mich für dich hielt, so hat er mich mit einem Prügel ganz durchgebleut und mir die ärgsten Schimpfworte gesagt, die man nur einer schlechten Weibsperson sagen kann. Und wahrhaftig, es wäre mir auch ganz sonderbar vorgekommen, wenn er etwas zu dir gesagt hätte, in der Absicht, mir Schande zu bereiten; allein, da er sah, daß du so fröhlich und vergnügt darüber warst, so wollte er dich auf die Probe stellen.« Darauf sagte die Dame: »Gott sei Dank, daß er mich nur wörtlich, dich aber tatsächlich auf die Probe gestellt hat; doch glaube ich mit Recht sagen zu dürfen, daß ich seine wörtlichen Äußerungen geduldiger aufgenommen habe als du seine tätlichen. Aber weil er dir so viel Treue bewiesen hat, so mußt du ihn lieb haben und in Ehren halten.« – »Du hast ganz recht«, sagte Egano und folgerte daraus den Schluß, er habe die treueste Gattin und den ergebensten Diener, den nur ein Edelmann haben könne. In der Folge lachten sowohl Anichino als er und seine Gattin noch oft über diesen Streich, und Anichino und die Dame hatten nun, was ihnen sonst der Zufall wohl nicht geboten hätte, hinlänglich Gelegenheit, das zu tun, wonach sie so sehr gelüstete, solange es Anichino bei Egano in Bologna zu bleiben beliebte.

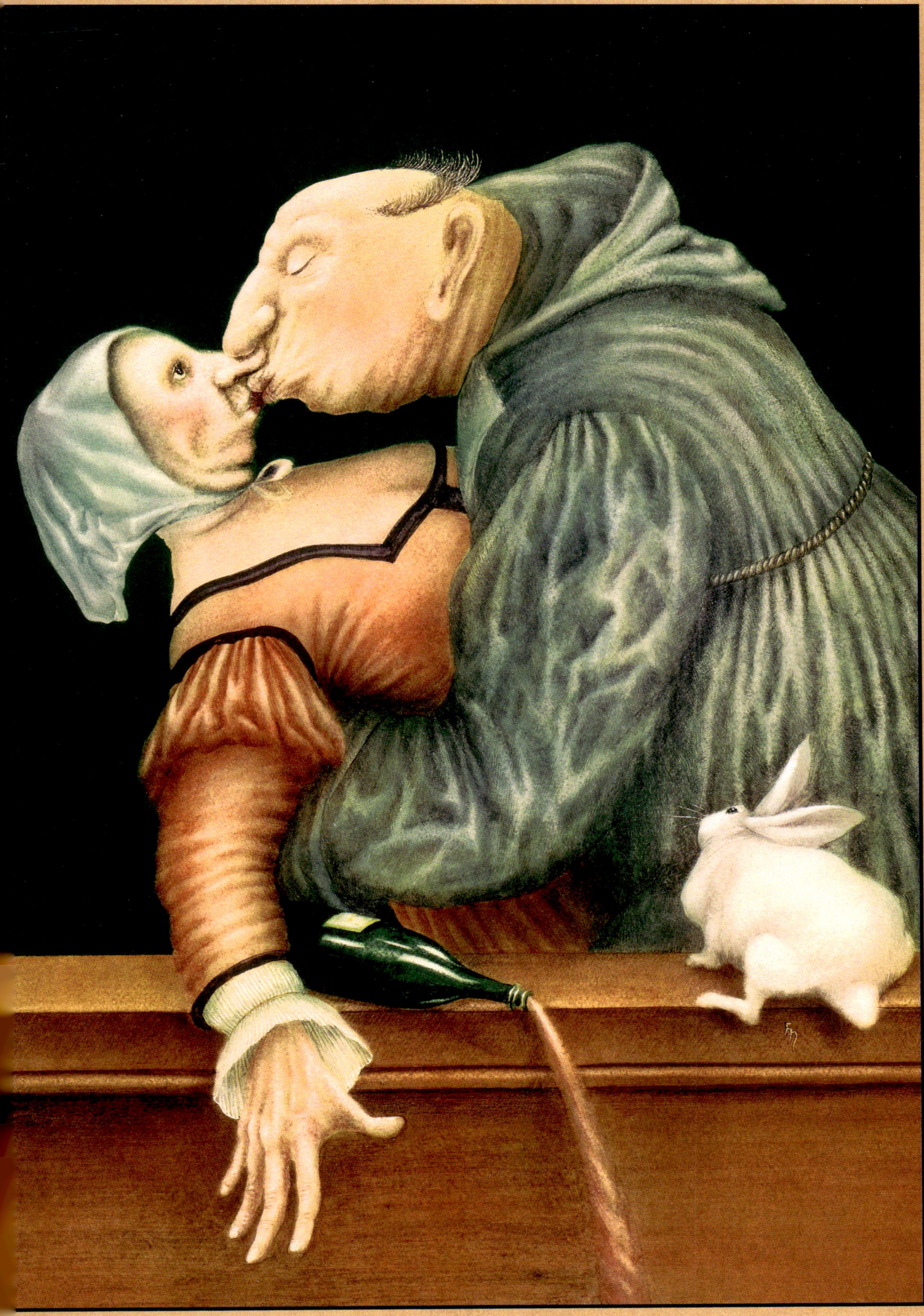

... und der Pfarrer gab ihr die süßesten Schmatzmäuler von der Welt und vertrieb sich mit ihr eine gute Weile die Zeit, indem er sie mit unserem lieben Herrgott in Verwandtschaft setzte.

DER PFARRER VON VARLUNGO

BESCHLÄFT FRAU BELCOLORE UND LÄSST IHR ALS FAUSTPFAND
SEINEN MANTEL ZURÜCK; DARAUF ENTLEHNT ER VON IHR EINEN
MÖRSER UND LÄSST, ALS ER IHN ZURÜCKSCHICKT, SEINEN MANTEL,
DEN ER ALS UNTERPFAND ZURÜCKGELASSEN HABE, VERLANGEN;
DIE GUTE FRAU GIBT IHN IHM UNTER SCHMÄHUNGEN.

Die Königin wandte sich nun an Panfilo und befahl ihm lächelnd, fortzufahren, worauf dieser also begann: Schöne Damen, ich habe im Sinne, eine Geschichte zur Verspottung derjenigen zu erzählen, welche uns unaufhörlich beleidigen, ohne daß wir ihnen mit Gleichem vergelten können, nämlich der Pfaffen, die gegen unsere Weiber einen allgemeinen Kreuzzug gepredigt haben und die, wenn sie eine derselben unter sich gebracht, dadurch ebenso gewiß Vergebung von Sünden und Strafen erworben zu haben glauben, als wenn sie den Sultan von Alexandria gebunden nach Avignon geführt hätten; die gottlosen Weltkinder können aber nicht Gleiches mit Gleichem vergelten, wenn sie auch mit derselben Hitze, wie jene ihre Weiber anfallen, auf deren Mütter, Schwestern, Freundinnen und Töchter losgingen, um an ihnen ihren Zorn auszulassen. Deswegen will ich eine ländliche Liebesgeschichte erzählen, die am Schlusse mehr zu lachen gibt, als sie lang ist, und aus der ihr noch überdies die gute Moral ziehen könnt, daß man den Priestern nicht immer alles glauben darf.

Um jedoch auf meine Erzählung zu kommen, so war einmal in Varlungo, einem Orte, der nicht weit von hier entfernt ist, was jeder von euch weiß oder wohl schon gehört hat, ein Pfarrer von kräftiger Natur, wie zum Dienste der Frauen gemacht. Dieser erbaute, obgleich er nicht recht lesen konnte, sonntäglich seine Bauern mit manch guter und heiliger Rede am Fuße einer Ulme und besuchte, wenn sie anderswohin gegangen waren, ihre Frauen öfter als ein anderer Pfarrer, der vorher da war, und brachte ihnen festtags Weihwasser oder ein Stümpfchen von einer Wachskerze und gab ihnen zuletzt seinen Segen. Nun fand er unter andern seiner Bäuerinnen, die ihm früher gefallen hatten, eine, die ihm vor allen gefiel; dieselbe hieß Frau Belcolore und war die Frau eines Taglöhners namens Bentivegna von Mazzo, war aber nichts weiter als eine starke, frische Bäuerin mit bräunlichem Gesicht, fröhlichen Augen und von untersetzter Statur, die sich flinker als eine andere rühren konnte. Auch verstand sie es außerdem sehr gut, zu dem Liede: »Es läuft das Wasser das Tal hinab« die Cymbel zu schlagen, und, wenn es nötig war, den Wirbeltanz oder einen Hopswalzer, sie mochte auch zur Nachbarin haben, wen sie wollte, mit einem kleinen, hübschen und zierlichen Schnupftuche in der Hand, vorzutanzen. Diese Vorzüge machten den Herrn Pfarrer so lüstern, daß er ganz närrisch vor Liebe wurde und den ganzen Tag herumschnüffelte, um sie zu sehen. Und wenn er sie sonntags früh in der Kirche sah und er gerade am »Kyrie« oder »Sanctus« war, so strengte er seine Lunge über die Maßen an, um zu zeigen, was er für ein gewaltiger Sänger sei, ob es gleich mehr dem Geschrei eines Esels glich; wenn er sie aber nicht sah, so ging er nur ganz gleichgültig darüber weg. Doch wußte er es so zu machen, daß weder Bentivegna von Mazzo noch einer seiner Nachbarn etwas merkte. Um aber die Liebe der Frau Belcolore eher zu gewinnen, machte er ihr von Zeit zu Zeit Geschenke und schickte ihr bald einigen frischen Knoblauch, der nirgends in der Gegend so schön wuchs als in seinem Garten und den er selbst pflanzte; bald ein Körbchen Hülsenfrüchte oder auch hie und da ein Bündelchen roter Zwiebeln oder Schalotten; manchmal, wenn es ihm am Platze schien, sah er sie auch etwas mürrisch an oder schalt sie ganz lieblreich ein wenig aus; allein sie tat immer, als ob sie es gar nicht bemerkte, und war ungezogen genug, ganz kalt an ihm vorüberzugehen, so daß der fromme Herr Pfarrer gar nicht zu seinem Zwecke kommen konnte. Eines Tages begegnete der Pfarrer, der ohne Zweck in der Gegend herumschweifte, dem Bentivegna von Mazzo mit einem Esel, der über und über beladen war; er redete ihn an und fragte ihn, wo er hinwolle. Bentivegna antwortete: »Bei meiner Treu, Herr, daß ich's Euch nur sage, ich hab' was in der Stadt zu schaffen und bringe die Sachen da dem Herrn Bonaccorri von Ginestreto, daß er mir hilft, denn es hat mir der Malefizrichter den Presser auf den Hals geschickt und mich zu Termin geladen.« Hierüber ward der Pfarrer sehr erfreut und sagte: »Gut, mein Sohn, ich gebe dir meinen Segen auf den Weg; kehre bald wieder um, und solltest du dem Lapuccio oder Naldino begegnen, so vergiß doch nicht, ihnen zu sagen, sie sollten mir die Riemen zu meinen Dreschflegeln schicken.« Bentivegna sagte, er wolle es tun, und ging Florenz zu weiter. Nun, dachte der Pfarrer, sei es gerade die beste Zeit, zu Belcolore zu gehen und sein Glück zu probieren. Er nahm daher den Weg zwischen die Füße und stand nicht eher still, als bis er an ihrem Hause war. Er trat hinein und sagte: »Grüß Gott, ist niemand zu Hause?« Als Belcolore, die auf dem oberen Boden war, ihn hörte, sagte sie: »Seid willkommen, Herr! Was lauft Ihr da in der Hitze herum!« Der Pfarrer antwortete: »Der Himmel meint's gut mit mir, denn ich bin hergekommen, mich ein Weilchen mit dir zu unterhalten, da ich deinen Mann in die Stadt gehen sah.« Belcolore kam herab, setzte sich und fing an, Krautsamen, den ihr Mann gerade vorher gedroschen hatte, zu lesen. Der Pfarrer begann nun folgendes Gespräch: »Belcolore, willst du mich denn durch dieses Betragen ganz ums Leben bringen?« Belcolore fing an zu lachen und sagte: »Oh! was tue ich Euch denn?« – »Du tust mir nichts«, sagte nun der Pfarrer, »aber du läßt mich das nicht tun, was ich gerne möchte und was Gott selbst befiehlt.« Drauf erwiderte Belcolore:

»Ach, geht mir! Tun denn die Priester auch solche Dinge?« – »Gewiß«, erwiderte der Pfarrer, »und wir tun es noch besser als die anderen Männer. Und warum nicht? Ich sage dir noch einmal: wir machen weit bessere Arbeit. Und weißt du, warum? Weil wir nur mahlen, wenn wir die Mühle geschwellt haben. Gewiß und wahrhaftig, es soll dein Schade nicht sein, wenn du still hältst und mich machen läßt.« – »So«, sagte Belcolore, »und worin bestände denn das? Ihr seid ja alle zusammen so schäbig wie der Teufel!« Drauf erwiderte der Pfarrer: »Ich wüßte nicht, sag nur einmal, was du begehrst; willst du ein paar hübsche Schuhe oder einen metallenen Gürtel oder einen roten Beutel mit Wolle oder sonst etwas?« – »Oh«, erwiderte Belcolore, »daran fehlt es mir nicht! Das habe ich alles im Überfluß; aber wenn Ihr wirklich so gut gegen mich seid, würdet Ihr mir wohl einen Gefallen erweisen, wenn ich Euch dann Euern Willen täte?« Drauf sagte der Pfarrer: »Sag, was du willst, und ich will es gerne tun.« Nun erwiderte Belcolore: »Ich muß nächsten Sonnabend nach Florenz gehen und Wolle hineintragen, die ich gesponnen habe, und will auch gleich mein Spinnrad wieder machen lassen; und wenn Ihr mir fünf Taler geben wolltet, die Ihr ganz gewiß bei Euch habt, so würde ich meinen dunkelroten Rock und meinen Festtagsgürtel, den ich in die Ehe brachte und der mir so sehr fehlt, daß ich nicht einmal in die Messe oder irgendwo anders hingehen kann, von dem Pfandleiher einlösen, und dann würde ich immer bereit sein, Euch Euern Willen zu tun.« Der Pfarrer antwortete: »Gott möge mich strafen, wenn ich so viel Geld bei mir habe; aber ich versichere dich, ehe es Samstag ist, sollst du es ganz gewiß haben.« – »Jawohl«, sagte nun Belcolore, »so seid ihr alle, das Maul nehmt ihr voll mit Versprechungen, und wenn es ans Halten geht, wollt ihr nichts davon wissen. Glaubt Ihr, Ihr könnt es ebenso mit mir machen, wie Ihr es mit der Biliuzza gemacht habt, die mit einer langen Nase abziehen mußte? So wahr Gott lebt, das sollt Ihr nicht, denn sie ist dadurch in aller Leute Maul gekommen. Wenn Ihr das Geld nicht bei Euch habt, so geht nach Hause und holt es.« – »Geh!« sagte der Pfarrer, »du wirst doch nicht wollen, daß ich den weiten Weg nach Hause mache? Denn sieh, es steht nicht immer so glücklich, daß niemand da ist, und vielleicht wäre, wenn ich dann wieder zurückkäme, einer da, der uns im Wege stände; auch weiß ich nicht, wann wieder eine so gute Gelegenheit kommt wie gerade jetzt.« Darauf erwiderte sie: »Es bleibt dabei; wenn Ihr nach Hause gehen wollt, so geht, wo nicht, so bleibt's beim alten.« Als der Pfarrer sah, daß sie durchaus nicht dahin zu bringen wäre, seine Wünsche zu erfüllen, außer wenn er den Geldbeutel ziehe, sagte er, da sie jetzt ohne Zeugen waren: »Siehe, du glaubst mir nicht, daß ich dir das Geld bringen werde; damit du mir aber Glauben schenkst, will ich dir meinen hellblauen Mantel hier als Pfand dalassen.« Belcolore hob den Kopf in die Höhe und sagte: »Da den Mantel da? was ist er denn wert?« Darauf sagte der Pfarrer: »Was er wert ist? Ich sage dir, es ist Zweibrücker, ja sogar Dreibrücker Tuch, und viele unserer Leute meinen sogar Vierbrücker Tuch; auch ist es noch keine vierzehn Tage her, daß er mich sieben gute Taler auf dem Trödelmarkt gekostet hat, und ich habe an diesem guten Kaufe wohl fünf Zwanziger profitiert, wie mir Buglietto sagte, der, wie du weißt, sich auf blaues Tuch sehr gut versteht.« – »Sei's denn«, sagte Belcolore, »aber Gott soll mir helfen, ich hätte das nicht gedacht, doch gebt mir ihn nur zuerst.« Der Herr Pfarrer, dessen Armbrust schußbereit war, zog den Mantel aus und übergab ihn ihr. Sie hob ihn auf und sagte: »Herr, wir wollen da in die Hütte gehen, denn dort kommt niemand hin.« So machten sie es auch, und der Pfarrer gab ihr die süßesten Schmatzmäuler von der Welt und vertrieb sich mit ihr eine gute Weile die Zeit, indem er sie mit unserem lieben Herrgott in Verwandtschaft setzte. Dann ging er im Kirchenrock ohne Mantel fort, so daß es schien, er käme gerade von einer Trauung, und wandte sich zur Kirche. Indem er hier darüber nachdachte, daß, soviel er auch das ganze Jahr hindurch Lichtstümpfchen geopfert erhielte, diese doch nicht halb soviel wert wären als seine fünf Taler, überkam ihn die Reue, daß er seinen Mantel zurückgelassen hatte, und er dachte darüber nach, wie er ihn wohl ohne eine weitere Ausgabe wiedererlangen könnte. Auch fiel es ihm, da er von der Natur mit etwas Bosheit begabt war, bald ein, wie er es angreifen müsse, um ihn wiederzubekommen, und er kam in der Tat zum Ziele. Der Tag darauf war nämlich ein Festtag, und er sandte daher einen Buben seines

Nachbarn zur genannten Frau Belcolore und ließ sie bitten, ihm doch ihren steinernen Mörser zu leihen, weil Binguccio von Poggio und Nuto Buglietti den andern Tag bei ihm zu Mittag äßen und er für diese ein Gericht darinnen zubereiten wolle. Belcolore schickte ihm den Mörser. Als nun die Essenszeit herbeikam, wartete der Pfarrer ab, bis Bentivegna von Mazzo und Belcolore zusammen am Tische sitzen würden, rief seinen Mesner und sagte zu ihm: »Nimm diesen Mörser da, bringe ihn der Belcolore zurück und sage zu ihr: ›Der Herr läßt Euch schönen Dank sagen und Ihr möchtet ihm doch den Mantel wieder zurückschicken, den der Knabe als Faustpfand zurückgelassen habe.‹« Der Mesner ging mit dem Mörser in das Haus der Belcolore und traf sie mit Bentivegna gerade bei Tische über dem Mittagessen. Er stellte den Mörser hin und richtete seine Botschaft aus. Als Belcolore hörte, wie man ihr den Mantel wieder abfordere, hatte sie schon eine Antwort bereit; allein Bentivegna sagte mit einem bösen Gesichte: »Demnach nimmst du von dem Herrn ein Unterpfand? Gott strafe mich, ich hätte gute Lust, dir eine rechte Maulschelle zu geben. Geh, gib ihn gleich her, oder das Wetter soll über dich kommen, und nimm dich wohl in acht, daß du ihm, was er auch verlangt, ja, ich sage dir, wenn er sogar unseren Esel, geschweige etwas anderes wollte, ganz und gar nichts verweigerst.« Belcolore stand brummend auf, ging zum Bettkasten hin, zog den Mantel hervor, gab ihn dem Mesner und sagte: »Richte deinem Herrn von mir aus: Belcolore sagt, sie bitte Gott, Ihr möchtet doch in ihrem Mörser keinen Pfeffer mehr stoßen, denn Ihr habet damit eine gar schlechte Ehre eingelegt.« Der Mesner ging mit dem Mantel fort und richtete seinem Herrn die Botschaft aus. Darauf sagte der Pfarrer lachend: »Sage ihr, wenn du sie wieder siehst, wenn sie mir nicht den Mörser leihen will, so leihe ich ihr auch nicht den Stößel, eins geht nur mit dem andern.« Bentivegna glaubte, seine Frau habe jene Worte darum gesagt, weil er sie gezankt habe, und bekümmerte sich nicht weiter darum; Belcolore aber war auf den Herrn erbost und sprach kein Wort mit ihm bis zur Weinlese; als jedoch der Pfarrer ihr drohte, er wolle schon machen, daß sie in die tiefste Hölle komme, versöhnte sie sich um die Zeit des Kelterns und der Kastanienernte aus purer Furcht mit ihm, und sie hielten nachher noch oft ein Schmäuschen miteinander. Zum Ersatz der fünf Taler stimmte ihr der Pfarrer ihre Cymbel und ließ sogar noch Schellen daran anbringen, womit sie dann zufrieden war.

CINTAZZA

Nun hatte die Dame eine Magd, die nicht mehr allzu jung war und noch überdies das allerhäßlichste und ungestaltetste Gesicht, das man nur sehen konnte, hatte. Die Nase war ganz stumpf und zerquetscht, der Mund krumm, die Lippen dick und wulstig ...

DER PROPST VON FIESOLE

LIEBT EINE WITWE, WIRD ABER VON IHR NICHT WIEDER GELIEBT;
IN DER MEINUNG NUN, ER LIEGE BEI IHR, LIEGT ER BEI IHRER MAGD,
UND DIE BRÜDER DER DAME RICHTEN ES SO EIN,
DASS IHN DER BISCHOF SO FINDET.

Als die Erzählung, an welcher die ganze Gesellschaft eine große Freude hatte, zu Ende war, wandte sich die Königin an Emilia und befahl ihr zu erzählen. Diese begann sogleich folgendermaßen: Wackere Frauen! Soviel ich weiß, ist es schon in vielen Erzählungen bewiesen worden, wie sehr die Priester und Mönche und überhaupt alle Geistlichen unsere Sinne aufzuregen suchen; allein weil über diesen Gegenstand nie zuviel gesagt werden kann, so beabsichtige ich, euch überdies die Geschichte eines Propstes zum besten zu geben, der um alles in der Welt gerne gehabt hätte, daß eine edle Dame, ob gerne oder nicht, ihm den Willen tue; diese aber, eine sehr kluge Frau, behandelte ihn, wie er es verdiente.

Wie jeder von euch weiß, war Fiesole, dessen Anhöhen wir von hier aus sehen können, einmal vor alters eine große Stadt, und wenn sie jetzt auch herabgekommen ist, so hatte sie doch stets einen Bischof und hat ihn jetzt noch. Hier besaß ganz nahe an der Hauptkirche eine edle Dame, Frau Piccarda, ein Gütchen mit einem nicht allzugroßen Hause, und weil sie nicht in den besten Umständen war, so brachte sie den größten Teil des Jahres da zu und mit ihr zwei Brüder, ganz artige und wackere junge Männer. Zufälligerweise besuchte diese Dame die Hauptkirche sehr oft, und da sie noch sehr jung und schön und liebenswürdig war, verliebte sich der Propst dieser Kirche so sehr in sie, daß er vor Liebe ganz blind wurde. Nach einiger Zeit hatte er sogar die Dreistigkeit, der Dame seine Wünsche offen zu gestehen und sie zu bitten, seine Liebe anzunehmen und ihn wieder zu lieben, wie er sie liebe. Dieser Propst war zwar in den Jahren schon etwas vorgerückt, hatte aber einen so jugendlichen Geist und war so stolz und so hochmütig und von sich eingenommen, und in Manieren und Sitten so voll Ziererei und Affektation, und überhaupt so widerwärtig und ekelhaft, daß ihn niemand liebte; und wie niemand ihm geneigt war, so war die Dame diejenige, die ihn nicht nur nicht liebte, sondern der er so verhaßt war wie das Kopfweh. Deswegen erwiderte sie ihm als eine kluge Frau folgendes: »Mein Herr, daß Ihr mich liebt, kann mir nur sehr schmeichelhaft sein, und ich muß Euch wieder lieben und will Euch auch recht gerne lieben, aber zwischen unserer gegenseitigen Liebe darf nie das mindeste Unanständige vorfallen. Ihr seid mein geistlicher Vater, seid Priester und nähert Euch schon gar sehr dem Greisenalter; diese Dinge müssen Euch keusch und ehrbar machen; andererseits bin ich kein junges Mädchen mehr, dem solche Liebeleien noch etwa hingingen; ich bin Witwe, und von den Witwen verlangt man, wie Ihr wißt, die größte Anständigkeit; deswegen werdet Ihr mich entschuldigen, daß ich Euch auf die Weise, wie Ihr es von mir verlangt, nie lieben werde und auch nicht so von Euch geliebt sein will.« Obgleich der Propst für diesmal nichts anderes von ihr erlangen konnte, so war er darüber doch nicht bestürzt und gab das Unternehmen beim ersten Versuch noch nicht auf; im Gegenteil, er lag ihr nach seinem gewohnten ungestümen, vermessenen Wesen mit Briefen und Botschaften sehr oft an und sogar in eigener Person, wenn er sie in die Kirche kommen sah. Dieses ewige Quälen war der Dame verhaßt und widerwärtig, und sie dachte daher darauf, wie sie ihn sich auf eine Art, wie er es verdiente, da er es nicht anders haben wollte, vom Halse schaffen könnte; doch wollte sie nichts vorher tun, ehe sie mit ihren Brüdern darüber gesprochen hatte. Sie sagte ihnen daher, was der Propst gegen sie beabsichtige und was sie dagegen zu tun im Sinne habe, und da sie von ihnen volle Freiheit erhielt, ging sie nach ihrer Gewohnheit in den nächsten Tagen in die Kirche. Sobald sie der Propst sah, ging er auf sie zu und ließ sich mit ihr, wie er es immer machte, auf eine recht väterliche Art in ein Gespräch ein. Als die Dame ihn kommen sah, warf sie ihm einen Blick zu und machte ein sehr freundliches Gesicht; nachdem sie dann etwas auf die Seite gegangen waren und der Propst ihr nach gewohnter Weise vieles vorgeschwatzt hatte, sagte die Dame mit einem tiefen Seufzer: »Herr, ich habe oft und viel gehört, es sei keine Festung so stark, die, wenn man sie alle Tage stürmt, nicht endlich einmal eingenommen würde; dies kann ich jetzt an mir selbst recht gut sehen. Ihr habt mir, bald mit süßen Worten und bald mit dieser, bald mit jener Gefälligkeit, so von allen Seiten zugesetzt, daß ich meinen Vorsatz brechen muß, und ich bin deswegen bereit, wenn ich Euch noch ebenso gefalle, die Eure zu sein.« Der Propst sagte ganz erfreut hierüber: »Schöne Dame, großen Dank; um Euch aber die Wahrheit zu sagen, so habe ich mich sehr darüber gewundert, wie Ihr Euch so lange zurückhalten konntet, besonders wenn ich daran dachte, daß mir das noch von keiner andern begegnet ist; manchmal schon hatte ich deswegen bei mir selbst gesagt, wenn die Weiber von Silber wären, so wären sie keinen Groschen wert, weil keine die Probe halten würde. Doch lassen wir das, sagt mir lieber, wo und wann wir zusammensein können?« Darauf erwiderte die Dame: »Mein lieber, süßer Herr, das Wann könnte zu jeglicher Stunde, wenn es Euch gefällt, geschehen, denn ich habe keinen Ehegemahl, dem ich wegen meiner Nächte Rechenschaft ablegen müßte, allein über das Wie kann ich noch nicht mit mir einig werden.« – »Wieso nicht?« erwiderte der Propst, »etwa in Eurem Hause?« Darauf antwortete die Dame: »Wie Ihr wißt, mein Herr, habe ich zwei junge Brüder, die sowohl bei Tag als bei Nacht mit ihren Gesellschaften in mein Haus kommen, das noch überdies nicht allzu groß ist;

deswegen könnte es dort nicht sein, wenn Ihr nicht etwa die Rolle eines Stummen spielen und, ohne ein Wort zu sprechen oder einen Laut von Euch zu geben, in der Finsternis wie ein Blinder tappen wolltet; wäre Euch aber das recht, so könnte es sein, denn sie bekümmern sich nicht um mein Zimmer, nur ist das ihrige dem meinigen so nahe, daß man alles hört, man mag auch noch so leise sprechen.« Der Propst erwiderte: »Schöne Dame, deswegen wollen wir die Sache nicht um eine oder gar zwei Nächte aufschieben, inzwischen aber will ich schon auf einen andern Ort denken, wo wir mit größerer Bequemlichkeit zusammensein können.« Die Dame sagte: »Das steht ganz bei Euch, mein Herr; nur um eines bitte ich Euch, es muß alles geheimbleiben, und kein Mensch darf ein Wort erfahren.« – »Schöne Dame«, erwiderte der Propst, »zweifelt nicht im geringsten hieran, und wenn es sein kann, so macht, daß wir diesen Abend noch beisammensein können.« Die Dame war es zufrieden, und nachdem sie ihn davon unterrichtet hatte, wie und wann er kommen solle, nahm sie Abschied und ging nach Hause. Nun hatte die Dame eine Magd, die nicht mehr allzu jung war und noch überdies das allerhäßlichste und ungestaltetste Gesicht, das man nur sehen konnte, hatte. Die Nase war ganz stumpf und zerquetscht, der Mund krumm, die Lippen dick und wulstig, und die Zähne unregelmäßig und groß; sie schielte bedeutend und hatte immer böse Augen, ihre Gesichtsfarbe war grün und gelb, so daß man glauben konnte, sie habe den Sommer nicht in Fiesole, sondern in Sinigaglia zugebracht. Überdies war sie noch lendenlahm und an der rechten Hüfte etwas zu kurz bedacht. Eigentlich hieß sie Cinta, weil sie aber ein so gar hündisches Gesicht hatte, nannte sie jedermann nur Cintazza. Sosehr sie aber auch von Person mißgestaltet war, so war sie doch um nichts weniger boshaft. Diese Magd nun ließ die Dame rufen und sagte ihr: »Cintazza, wenn du mir diese Nacht einen Dienst erweisen willst, so will ich dir ein schönes neues Hemd dafür geben.« Als Cintazza von dem Hemde hörte, sagte sie: »Gnädige Frau, wenn Ihr mir ein Hemd gebt, so laufe ich zum wenigsten für Euch durchs Feuer.« – »Gut«, sagte die Dame, »ich wünsche, du sollst diese Nacht mit einem Manne in meinem Bette schlafen und ihm Liebkosungen machen, dich aber wohl hüten, ein

Wort zu sprechen, damit dich meine Brüder, die, wie du weißt, hart daneben schlafen, nicht hören. Dann will ich dir das Hemd geben.« Cintazza erwiderte: »Ei, ich würde bei sechsen schlafen, nicht nur bei einem, wenn es nötig wäre.«

Als es Nacht geworden war, kam der Herr Propst, wie es ihm angegeben worden war; die zwei jungen Männer aber waren, wie es ihre Schwester mit ihnen ausgemacht hatte, in ihrem Zimmer und ließen ihre Anwesenheit laut genug hören; der Propst trat daher ganz leise und im Finstern tappend in das Zimmer der Dame und ging, wie sie es ihm angegeben, auf das Bett zu; ihrerseits aber war Cintazza von der Dame ebensogut unterrichtet, was sie zu tun habe. Der Herr Propst, in der Meinung, die Dame neben sich zu haben, schloß Cintazza in die Arme und küßte sie, ohne ein Wort zu sagen; Cintazza gab ihm die Küsse zurück, und der Propst begann nun, sich mit ihr zu ergötzen, indem er von den Gütern Besitz nahm, nach denen er so lange geschmachtet hatte. Als die Dame sah, wie alles gutging, trug sie ihren Brüdern auf, die Sache, so wie es ausgemacht war, zu Ende zu führen; diese verließen daher leise ihr Zimmer und gingen dem Marktplatze zu. Auch war ihnen das Glück für ihr Vorhaben günstiger, als sie es selbst erwartet hätten, denn es war ein sehr heißer Tag, und der Bischof hatte sich deshalb den beiden jungen Männern ansagen lassen wollen, daß er zu seiner Erholung zu ihnen kommen werde, um mit ihnen zu trinken. Als er sie daherkommen sah, sagte er ihnen sein Vorhaben selbst und machte sich mit ihnen auf den Weg; sie gingen miteinander in den kühlen Hof am Hause, ließen viele Lichter anzünden und tranken mit großem Vergnügen von ihrem guten Weine. Nachdem sie den Durst gelöscht hatten, sagten die Jünglinge: »Herr, weil Ihr uns die hohe Gnade erzeigt habt, unser kleines Haus, in das wir Euch eben einladen wollten, Eures Besuches zu würdigen, so wagen wir es, Euch zu bitten, Ihr möchtet eine Kleinigkeit, die wir Euch zeigen wollen, mit ansehen.« Der Bischof antwortete, er sei es zufrieden. Einer der jungen Männer nahm eine brennende Fackel in die Hand, ging voran, während der Bischof und alle anderen nachfolgten, und wandte sich gegen das Zimmer, in dem der Herr Propst bei Cintazza lag. Dieser hatte, um bald ans Ziel der Reise zu kommen, einen Schnellritt angestellt und war, ehe jene ankamen, wohl schon mehr als drei Meilen weit geritten; darüber ermattet, war er eingeschlafen, indem er Cintazza, trotz der großen Hitze, fest umschlossen hielt. Der junge Mann trat, mit dem Lichte in der Hand, in das Zimmer und hinter ihm der Bischof und die übrige Gesellschaft, der natürlich der Probst in den Armen Cintazzas sogleich sichtbar ward. Über dem erwachte der Herr Propst, und da er das Licht und die vielen Leute um sich herum sah, schämte und fürchtete er sich sehr und steckte den Kopf unter die Decke; der Bischof aber hielt ihm eine große Schmährede, hieß ihn den Kopf hervorziehen und sah nach, mit wem er im Bette liege. Der Propst erkannte nun den Betrug, den ihm die Dame gespielt hatte, und wurde sowohl hierüber als auch wegen der Schande, die jetzt über ihn erging, plötzlich der allerbetrübteste Mensch von der Welt; der Bischof befahl ihm, sich anzukleiden, legte ihm wegen der Sünde, die er begangen, eine schwere Buße auf und schickte ihn unter guter Bedeckung nach Hause. Nachher wollte der Bischof wissen, wie es gekommen sei, daß jener mit Cintazza hier habe schlafen können, und die jungen Männer unterrichteten ihn daher gehörig von allem. Als er das hörte, lobte er die Dame und die jungen Männer andererseits sehr, weil sie den Propst, ohne sich mit dem Blute eines Priesters die Hände zu beflecken, so wie er es verdiente, behandelt hätten. Der Bischof ließ denselben sein Vergehen vierzig Tage lang büßen. Allein Liebe und Zorn machten, daß die Buße wohl noch eine gute Woche länger dauerte, ganz abgesehen davon, daß er lange Zeit hindurch nicht über die Straße gehen konnte, ohne daß die Knaben mit den Fingern auf ihn gedeutet und gerufen hätten: »Siehe, das ist der, der bei Cintazza geschlafen hat.« Dies kränkte ihn so tief, daß er nahe daran war, den Verstand zu verlieren; die wackere Dame aber schaffte sich auf besagte Weise den widerwärtigen, ungestümen Propst vom Halse, und Cintazza hatte ein Hemd und eine gute Nacht davongetragen.

DREI
JUNGE MÄNNER

ZIEHEN EINEM MARCHESANER RICHTER
IN FLORENZ DIE BEINKLEIDER AUS,
WÄHREND ER AUF DER RICHTERBANK SITZT
UND GERICHT HÄLT.

Als Emilia ihre Erzählung geendigt hatte, lobten alle die Witwe gar sehr; die Königin aber warf dem Filostrato einen Blick zu und sagte: »An dir ist jetzt die Reihe zu erzählen.« Er erklärte sich augenblicklich bereit dazu und fing an: Geliebteste Damen, Elisa hat kurz vorher den Namen eines jungen Mannes genannt, nämlich Maso von Saggio, der mich veranlaßt, eine Geschichte, die ich erzählen wollte, beiseite zu setzen, um eine andere von ihm und von einigen seiner Kameraden zu erzählen, die zwar anzüglich ist, da in ihr eine Menge Redensarten vorkommen, deren ihr euch zu bedienen schämen würdet, die aber nichtsdestoweniger so ergötzlich ist, daß ich sie immerhin auftischen will.

Wie ihr alle schon gehört haben könnt, kommen in unsere Stadt sehr oft Marchesanische Beamte, die im allgemeinen armselige Menschen sind und ein so karges und elendes Leben führen, daß ihr ganzes Sein und Wesen einem lausig vorkommt; wegen ihrer geizigen und niederträchtigen Gesinnung, die ihnen angeboren ist, haben sie Beamte, sowohl Richter als Notare, welche eher gerade vom Pfluge oder vom Schusterschemel zu kommen scheinen als von den Schulen der Rechtsgelehrsamkeit. Als nun einmal einer in der Eigenschaft eines Oberrichters hierhergekommen war, führte er unter andern vielen Richtern, die er bei sich hatte, auch einen mit sich, der sich Herr Nicola von San Lepidio nennen ließ, aber weit eher einem Kesselflicker als sonst etwas gleichsah. Dieser war nebst einigen andern Richtern dazu aufgestellt, Kriminalfälle abzuurteilen. Wie es nun oft geht, daß manche, wenn sie auch auf der Welt nichts im Gericht zu tun haben, dennoch hie und da hingehen, so kam auch Maso von Saggio eines Morgens, als er einen Freund aufsuchen wollte, zufälligerweise hin; er sah da den Herrn Nicola zu Gericht sitzen und dachte gleich, das werde so ein neuer Maulaffe sein, weswegen er ihn auch näher betrachtete. Und ob er gleich bemerkte, daß derselbe ein ganz eingeräuchertes Marderfell auf dem Kopfe und eine Federbüchse am Gürtel hängen hatte, obgleich das Unterkleid viel länger als der Oberrock war und noch vieles andere gegen einen gewöhnlich gekleideten Menschen gar wunderlich abstach, so sah er doch außerdem etwas an der Kleidung, das ihm noch weit merkwürdiger als alles andere vorkam, und das war ein Paar Hosen, die im Sitzen unter den zu engen, vorn auseinanderklaffenden Kleidern mit dem Hinterteile bis halb auf die Knie herabhingen. Ohne sich daher lange zu besinnen, gab er seine frühere Absicht, seinen Freund aufzusuchen, auf, machte schnell die Runde, um andere zu suchen, und traf auch zwei Kameraden, von denen der eine Ribi, der andere Mateuzzo hieß, zwei Männer, die beide ebenso lose Spaßvögel waren wie Maso. Zu diesen sagte er: »Wenn ihr mich lieb habt, so kommt mit mir in den Gerichtssaal, wo ich euch den allersonderbarsten Faselhans zeigen werde, den ihr je gesehen habt.« Er ging nun mit ihnen in das Gerichtshaus und wies ihnen den Richter mit seinen Hosen. Diese brachen schon von weitem bei solchem Anblick in ein großes Gelächter aus, und als sie sich der Bank, auf welcher der Herr Richter saß, näherten, sahen sie, daß man unter diese Bank ganz leicht hinunterkriechen könne, und bemerkten noch überdem, daß das Brett, auf welchem der Richter seine Füße hatte, zerbrochen sei, so daß man ganz bequem die Hand und den Arm hindurchstecken konnte. Darauf sagte Maso zu seinen Gefährten: »Wollen wir ihm nicht die Hosen vom Leibe ziehen, da dies ganz leicht geschehen kann?« Alle drei hatten schon gesehen, wie das möglich sei; sie machten daher untereinander aus, was jeder tun und sagen solle, und kamen den andern Morgen wieder. Der Saal war ganz voll Menschen, und Mateuzzo kroch, ohne daß es jemand bemerkte, unter die Bank ganz nahe an den Ort hin, wo der Richter seine Füße hatte. Maso näherte sich von der einen Seite dem Herrn Richter und faßte ihn am Saume seines Oberrocks, Ribi näherte sich von der andern Seite und tat das gleiche, worauf Maso also begann: »Ach, liebster Herr, ich bitte Euch um des Himmels willen, veranlaßt, daß dieser Spitzbube, der Euch hart zur Seite ist, ehe er sich davonmacht, mir ein Paar Stiefelchen zurückgibt, die er mir gestohlen hat; er leugnet es zwar; allein ich habe es gesehen, wie er sie vor noch nicht vier Wochen hat neu sohlen lassen.« Ribi schrie andererseits laut: »Herr, glaubt es ihm nicht, das ist ein Schurke, und weil er weiß, daß ich hierhergekommen bin, um ihn wegen eines Felleisens, das er mir gestohlen hat, zu verklagen, so ist er gleich auch hergelaufen und spricht da von einem Paar Stiefel, die ich schon seit langer Zeit zu Hause habe; und wenn Ihr mir nicht Glauben schenken wollt, so kann ich Euch das Hökerweib da neben mir und den fetten Dickwanst da und noch eine andere, die den Auskehricht der Kirche zur heiligen Maria von Vergaza sammelt, und ihn, wie er von meinem Landhause herauskam, gesehen hat, als Zeugen stellen.« Maso seinerseits schrie so, daß Ribi kaum zu Worte kommen konnte, worauf Ribi noch ärger schrie. Während nun der Richter aufstand und sich ihnen mehr näherte, um sie besser zu verstehen, nahm Mateuzzo den rechten Zeitpunkt wahr, streckte die Hand durch den Riß des Brettes, ergriff das Hinterteil der Hosen des Richters und zog stark daran. Die Hosen fielen auch gleich herab, denn der Richter war mager und namentlich hinten schlecht gepolstert. Sobald er es merkte, ohne jedoch die Ursache zu kennen, wollte er die Kleider vorn zusammenziehen, sich bedecken und wieder niedersetzen, allein Maso hielt ihn von der einen und Ribi von der andern Seite fest, und sie schrien gewaltig: »Herr, das ist schlecht von Euch, daß Ihr mir nicht Recht verschaffen und mich nicht hören oder gar fortgehen wollt; über eine solche Kleinigkeit wie diese Sache da gibt man hierzulande keine besondere Klagschrift ein.« Mit solchen Redensarten hielten sie ihn an den Kleidern fest, so daß alle, welche im Hause waren, sahen, wie ihm die Hosen ausgezogen waren. Mateuzzo hielt sie eine Zeitlang fest, ließ sie dann fahren und stahl sich fort, ohne daß ihn jemand bemerkt hätte. Ribi, als er glaubte, es sei nun genug, sagte: »Ich schwöre es bei Gott, ich werde mir bei der Revision des Prozesses schon mein Recht zu verschaffen wissen.« Maso seinerseits ließ jetzt den Rock auch fahren und sagte: »Nein, wahrhaftig, ich werde so oft herkommen, bis ich Euch einmal nicht in dem Zustande der Verwirrung treffen werde, in dem Ihr mir heute erscheint.« So machten sie sich, der eine nach dieser, der andere nach jener Seite, so schnell sie nur konnten, davon. Der Herr Richter zog sich nun vor allen Zuschauern die Hosen an, wie wenn er gerade vom Bette aufstände, und da er sich nun recht gut über das, was man mit ihm vorhatte, im klaren war, fragte er, wo die hingegangen seien, welche den Streit über die Stiefel und das Felleisen gehabt hätten; da man sie nicht auffinden konnte, schwur er bei allen Heiligen und allen Teufeln, er möchte doch wissen, ob es in Florenz Brauch sei, einem Richter, wenn er gerade auf der Gerichtsbank sitze, die Hosen auszuziehen. Der Oberrichter seinerseits machte, als er von der Sache hörte, einen großen Lärm. Als ihn aber seine Freunde überzeugten, daß dies nur geschehen sei, um ihm zu zeigen, wie die Florentiner es aufnehmen, daß er, statt, wie es seine Pflicht wäre, ordentliche Richter mit sich zu führen, Schafsköpfe und Maulaffen bringe, weil er dabei einen besseren Schnitt mache, so hielt er es fürs klügste zu schweigen und ging für diesmal in der Sache nicht weiter.

S.V.

*Unter andern kam auch ein Meister Simon da Villa,
der mehr elterliches Gut in der Tasche als Wissenschaft im Kopfe hatte,
vor noch nicht langer Zeit, in Scharlach gekleidet und mit einem
weiten Mantel bedeckt, als Doktor der Medizin …*

MEISTER SIMON

EIN ARZT, WIRD VON BRUNO UND BUFFALMACCO,
UNTER DEM VORWAND, IHN IN EINE GEHEIME GESELLSCHAFT
EINZUFÜHREN, AN EINEN GEWISSEN ORT HINGELOCKT UND IN EINE
JAUCHEGRUBE GEWORFEN, WO MAN IHN LIEGENLÄSST.

Ich will euch einen andern Fall erzählen, sagte die Königin, wo einer es so haben wollte, indem ich glaube, daß diejenigen, die ihm den Streich spielten, eher zu loben als zu tadeln sind. Der, dem der Streich gespielt wurde, war ein Arzt, welcher, obgleich von Haus aus ein Schafskopf, doch in einen grauen Doktormantel gehüllt, von der Universität Bologna nach Florenz zurückkehrte.

Wie wir es alle Tage sehen können, kommen unsere Mitbürger, der eine als Richter, der andere als Arzt, der dritte als Notar, alle in langen weiten Mänteln, mit Scharlach und Grauwerk und andern großartigen Auszeichnungen verziert, von Bologna zurück, und wir können sie, ob ihre Praxis gut oder schlecht geht, den ganzen Tag so umhergehen sehen. Unter andern kam auch ein Meister Simon da Villa, der mehr elterliches Gut in der Tasche als Wissenschaft im Kopfe hatte, vor noch nicht langer Zeit, in Scharlach gekleidet und mit einem weiten Mantel bedeckt, als Doktor der Medizin, so wie er wenigstens selbst sagte, von da zurück und bezog in der Straße, die man jetzt die Gurkenstraße heißt, eine Wohnung. Besagter Meister Simon, der, wie schon gemeldet, gerade von der Universität zurückgekehrt war, hatte unter andern nobeln Gewohnheiten auch die, denjenigen, der gerade bei ihm war, nach jedem zu fragen, den er vorübergehen sah; und gleich als ob er aus dem Aussehen der Menschen die Arzneien, die er seinen Kranken verschrieb, zusammensetzen müßte, richtete er sein Augenmerk auf alle und notierte sie in seinem Gedächtnis. Unter vielen andern, die seine größte Aufmerksamkeit auf sich gezogen hatten, waren auch zwei Maler, von denen heute schon zweimal gesprochen worden ist, Bruno und Buffalmacco, Nachbarn von ihm, die stets beieinander waren. Da es ihm nun schien, daß diese sich weniger als irgendein anderer um die Welt bekümmerten und lustig in den Tag hinein lebten, wie sie es denn auch wirklich taten, fragte er viele Leute nach ihren nähern Verhältnissen, und als er von allen Seiten hörte, es seien zwei arme Teufel und Maler, so kam es ihm in den Kopf, dieselben könnten unmöglich von ihrem spärlichen Verdienste so vergnügt leben, sondern er schloß vielmehr aus dem, was er gehört hatte, es müßten listige Kameraden sein, die aus irgendeiner verborgenen Quelle beträchtlichen Profit zögen; deshalb stieg auch der Wunsch in ihm auf, wenn es möglich wäre, mit ihnen beiden oder wenigstens mit einem von ihnen in ein vertrauliches Verhältnis zu treten, und in der Tat gelang es ihm auch bald, mit Bruno Bekanntschaft zu machen. Bruno fand in den wenigen Malen, die er mit ihm zusammen war, gleich heraus, daß dieser Doktor ein Esel sei, und vertrieb sich nun mit seinen Schnurren und Histörchen die Zeit aufs beste bei ihm, während andererseits auch der Arzt das größte Wohlgefallen an ihm hatte. Nachdem ihn letzterer mehrere Male zum Essen eingeladen hatte und auf dieses hin glaubte, vertraulich mit ihm sprechen zu können, sagte er ihm, wie sehr er sich über ihn und Buffalmacco wundern müsse, daß sie, da sie doch arm seien, so fröhlich und lustig lebten, und bat ihn, es ihm anzuvertrauen, wie sie dies möglich machten. Als Bruno den Doktor so reden hörte und ihm seine Frage über alle Maßen töricht und einfältig vorkam, fing er an zu lachen, besann sich auf eine Antwort, die solcher

Dummheit angemessen wäre, und sagte: »Meister, es gibt nicht viele Leute, denen ich es sagen möchte, wie wir es anstellen; allein Euch, der Ihr mein Freund seid und es nicht weitererzählen werdet, stehe ich keinen Augenblick an, es zu sagen. Es ist wahr, wir zwei, mein Kamerad und ich, leben so fröhlich und guter Dinge, als Ihr es Euch vorstellt, und vielleicht noch weit mehr; allein weder von unserer Kunst noch von einigen andern Einkünften, die uns ein paar kleine Besitzungen abwerfen, hätten wir soviel, um nur das Wasser zu bezahlen, das wir brauchen. Deswegen möchte ich aber durchaus nicht, daß Ihr etwa glauben könntet, wir gehen auf Diebstahl aus, sondern wir gehen vielmehr auf Kaperei aus, und daher beziehen wir alles, was wir wünschen und bedürfen, ohne sonst jemand zu beeinträchtigen, und daher kommt es, daß wir so vergnügt leben können, wie Ihr seht.« Als der Arzt das hörte und, ohne recht zu wissen, was es sei, auch glaubte, so verwunderte er sich höchlich, und sogleich entstand die brennendste Begierde in ihm, zu wissen, was das heiße, »auf Kaperei ausgehen«; er bat ihn daher inständig, es ihm zu sagen, indem er ihm zugleich die Versicherung gab, keiner Seele etwas davon weiterzuerzählen. »Ach du mein Gott«, erwiderte Bruno, »Meister, was verlangt Ihr von mir? Es ist dies ein zu großes Geheimnis, was Ihr von mir wissen wollt, eine Sache, mich gänzlich zu vernichten und aus der Welt zu schaffen, ja sogar dem Gottseibeiuns selbst in den Rachen zu jagen, wenn jemand etwas davon erführe; allein so groß ist die Liebe, die ich für Euren Hohlkopf hege, und so groß ist mein Vertrauen in Euch, daß ich Euch gar nichts abschlagen kann, was Ihr von mir verlangt; darum will ich es Euch sagen, jedoch unter der Bedingung, daß Ihr mir beim heiligen Kreuz von Montesone schwört, niemandem, wie Ihr mir es versprochen habt, jemals etwas davon anzuvertrauen.« Der Meister beteuerte, es nicht tun zu wollen. »So wisset also, mein Süßester«, fuhr Bruno fort, »es ist noch nicht lange her, da lebte in dieser Stadt ein großer Meister der Schwarzen Kunst; derselbe hieß Michael Scotto, weil er von Schottland war, und sehr viele edle Herren, von denen jetzt nur noch wenige leben, erwiesen ihm die größten Ehrenbezeigungen. Da er nun von hier abreisen wollte, ließ er auf ihr inständiges Bitten hin zwei seiner tüchtigsten Schüler zurück, denen er befahl, sie sollten allen Wünschen dieser edlen Herren, die ihm so viel Ehre erwiesen, stets nachkommen. Diese leisteten nun genannten vornehmen Herren in gewissen Liebesabenteuern und bei sonstigen Gelegenheiten freiwillig die besten Dienste. Später gefiel ihnen die Stadt und die Art hier zu leben so gut, daß sie sich für immer hier niederließen und mit einigen andern feste und enge Freundschaft schlossen, ohne danach zu fragen, wer diese seien, ob von Adel oder nicht, ob reich oder arm, wenn es nur Leute nach ihrem Schlage waren. Um sich nun diesen ihren Freunden gefällig zu erzeigen, stifteten sie eine Gesellschaft von ungefähr fünfundzwanzig Männern, die alle Monate wenigstens zweimal an einem von ihnen bestimmten Orte zusammenkommen sollten; dort spricht nun jeder einen Wunsch aus, und sie erfüllen ihn auf der Stelle in derselben Nacht. Da wir beide nun, Buffalmacco und ich, in der allerengsten Freundschaft und Vertraulichkeit mit diesen Männern stehen, sind wir von ihnen in diese Gesellschaft aufgenommen worden und sind noch darin; und ich sage Euch, wenn wir allemal unsere Versammlung halten, so gewähren die Tapeten im Saale, in dem wir speisen, die Tische, die eines Königs würdig besetzt sind, die Menge der edlen und schönen Diener (männliche und weibliche, zur beliebigen Auswahl für jeden, der von der Gesellschaft ist), die Becken, Krüge, Flaschen, Gläser und die andern goldenen und silbernen Gefäße, aus denen wir essen und trinken, außerdem noch die vielen und verschiedenen Speisen, die jedem, wie er sie wünscht, nach der Ordnung gereicht werden – einen gar wundersamen Anblick. Ich kann Euch gar nicht beschreiben, von welcher Art, wie mannigfach und wie schön die Töne sind, die man dort von unzähligen Instrumenten hört, und wie voll Melodie die Gesänge, die sich da vernehmen lassen; und unmöglich ist es mir, zu beschreiben, wie viele Wachskerzen während der Tafelzeit brennen, wie groß die Anzahl des Konfektes ist, das dabei verzehrt wird, und wie kostbar die Weine sind, die wir trinken. Und Ihr wäret sehr irre daran, mein süßer Zuckerstengel, wenn Ihr glaubtet, daß wir dort in diesem Aufzuge und in diesen Kleidern, die Ihr jetzt an uns seht, seien; keiner ist dort so schlecht angetan, daß Ihr ihn nicht wenigstens für einen Kaiser hieltet, so kostbar sind die Kleider, die wir anhaben, und der

Schmuck, mit dem wir geziert sind. Allein über alle diese und andere Freuden, die wir dort genießen, geht doch noch das, daß dort die schönsten Frauen urplötzlich, sowie nur einer den Wunsch ausspricht, von allen Weltgegenden her sich versammeln. Ihr könnt dort sehen die edle Dame Barbanicchi, die Königin der Baschi, die Gemahlin des Sultans, die Kaiserin der Osbech, die Frau Hulle von Schlaraffenland, die Lemistante von Berlinzone und die Scalpedra von Narsia. Doch was soll ich Euch alles hererzählen? Ich sage Euch, alle Königinnen der Welt sind da, bis zur Schinchimurra von der raschen Jugend, welcher Hörner aus dem Steiße wachsen. Allein hört nur weiter. Sobald sie genug getrunken und Konfekt gegessen haben, auch ein oder zwei Tänzchen getan, geht jede mit dem, auf dessen Befehl sie hergezaubert wurde, in ihr Schlafzimmer. Ihr müßt aber wissen, diese Schlafzimmer sehen durchaus einem Paradiese gleich, so schön sind sie; auch ist der Wohlgeruch darin nicht weniger stark als in den Spezereibüchsen Eurer Apotheke, wenn Ihr Kümmel darin stoßen laßt, und Betten haben sie da, die Euch schöner dünken werden als die des Dogen von Venedig, und in diese legen sie sich hinein. Ob sie aber da als tüchtige Leineweberinnen das Weberschiffchen recht hin- und herfahren lassen und den Kamm fest an sich ziehen, um das Tuch recht dicht zu machen, das überlasse ich Euch selbst zu bedenken. Wer aber unter allen andern am besten daran ist, das ist nach meiner Meinung Buffalmacco und ich, denn Buffalmacco läßt meistenteils die Königin von Frankreich für sich kommen und ich die Königin von England für mich; denn dies sind die schönsten Frauen der Welt, und wir haben es auch so zu veranstalten gewußt, daß sie für niemanden sonst Augen im Kopfe haben als nur für uns. Aus diesem allem nun könnt Ihr selbst schließen, ob wir nicht vergnügter als alle andern Menschen leben und auftreten können und dürfen, wenn wir bedenken, daß wir die Liebe zweier so schöner Königinnen besitzen, ohne anzuführen, daß wir, wenn wir ein- oder zweitausend Gulden von ihnen wollen, im Augenblick das Geld von ihnen erhalten. Dies heißen wir nun ›auf Kaperei ausgehen‹, weil wir wie Seeräuber sind, die jedermann bis auf den nackten Leib ausziehen, nur mit dem einzigen Unterschiede, daß jene alles behalten, während wir, sobald wir Gebrauch davon gemacht haben, alles wieder zurückgeben. Nun wißt Ihr, Meister meines Herzens, was wir ›auf Kaperei ausgehen‹ nennen; allein wenn Ihr fein verschwiegen sein wollt, so könnt Ihr Euch mit Euern eigenen Augen überzeugen, und deswegen sage ich Euch auch nichts weiter und lasse Euch für jetzt nicht mehr wissen.« Der Medikus, dessen Wissenschaft vielleicht nicht weiterging, als wie man den Kindern den Grind kuriert, schenkte den Worten Brunos vollen Glauben, als wären sie eine vom Himmel gefallene Wahrheit, und seine Begierde, in diese Gesellschaft aufgenommen zu werden, ward so heiß und glühend, als nur die brünstigste Sehnsucht sein kann. Darum erwiderte er dem Bruno, daß er sich nun wahrhaftig nicht mehr wundere, wenn sie so vergnügt lebten, und nur mit größter Mühe hielt er mit der Bitte, es so einzurichten, daß er dabei sein könne, noch so lange zurück, bis er ihm noch mehr Ehre angetan hätte, um dann mit um so größerem Vertrauen seine Bitte vorbringen zu können. Er unterdrückte also seine Sehnsucht glücklich, setzte aber seinen Umgang mit ihm nur um so eifriger fort, lud ihn mittags und abends zum Essen und erwies ihm uneingeschränkte Liebe. Ja, so groß und so beständig war ihre Vertraulichkeit, daß man glaubte, der Arzt könne ohne Bruno gar nicht leben. Dem Bruno war ganz wohl dabei; damit er aber, da ihm der Arzt so viele Ehre erwies, nicht undankbar erscheine, so hatte er ihm in seinem Salon die Fastenzeit, über dem Eingang in sein Schlafzimmer ein Agnus Dei und über seiner Haustüre einen Nachttopf hingemalt, damit jedermann, der des Doktors Rat bedürfe, sein Haus unterscheiden könne; in seinem Korridor aber hatte er die Mäuse- und Katzenschlacht hingemalt, welche der Arzt für besonders schön hielt. Wenn er übrigens hie und da einmal nicht mit dem Arzte zu Nacht aß, so sagte er öfters zu ihm: »Heute nacht bin ich wieder in der Gesellschaft gewesen; allein, da ich der Königin von England ein wenig überdrüssig geworden bin, so habe ich mir die Riesenschenkelina vom Großchan vom Drei-Batzenland kommen lassen.« Der Meister Medikus erwiderte hierauf: »Wer ist denn die Riesenschenkelina? Ich kenne diesen Namen nicht.« – »Oh, mein lieber Meister«, meinte nun Bruno, »darüber wundere ich mich nicht, denn Porcocrasso und Hasenzinna sagen, soviel ich gehört habe, nichts darüber.« – »Du willst sagen: Hippokrates und Avicenna«, erwiderte der Arzt. »Möglich«, sagte Bruno, »ich weiß es aber nicht; denn ich verstehe mich ebensoschlecht auf Eure Namen wie Ihr Euch auf die meinigen. Allein Riesenschenkelina will in der Sprache des Großchan soviel heißen als Kaiserin in der unserigen. Ei, Ihr würdet sie auch für das schönste Weibsstück halten! Ja, ich möchte behaupten, sie würde Euch alle Eure Purganzen, Klistiere und Pflaster aus dem Kopfe treiben.« So sprach er oftmals mit ihm, um ihn immer mehr anzufeuern, und als nun einmal unser guter Medikus, der ihn nun durch seine vielen Ehrenbezeigungen genugsam gewonnen zu haben glaubte, eine Nacht durch mit ihm wachte (denn er hielt ihm das Licht, während Bruno an seinem Katzen- und Mäusekrieg malte), so entschloß er sich, ihm sein ganzes Herz zu eröffnen, und da sie ganz allein waren, sagte er zu ihm: »Weiß Gott, Bruno, es gibt keinen Menschen in der Welt, für den ich alles so gerne täte wie für dich; ich glaube, wenn du mir sagtest, ich solle für dich an den Nordpol laufen, ich täte es; darum hoffe ich, du wirst dich nicht darüber wundern, wenn ich dich in aller Freundschaft und ganz im Vertrauen um etwas befrage. Vor kurzem hast du mir, wie du dich erinnern wirst, von der Lebensweise eurer lustigen Gesellschaft erzählt; und da ist die Begierde, auch einmal dabeizusein, so lebhaft in mir geworden, daß ich nichts sonst so sehnlich wünsche. Es hat aber dies seinen guten Grund, wie du selbst sehen wirst, wenn mir je einmal das Glück zuteil wird, dabeizusein, denn ich will gleich der größte Dummkopf sein, wenn ich dann nicht das schönste Mädchen hinkommen lasse, das du jemals gesehen hast. Ich habe dasselbe vor längerer Zeit, als ich voriges Jahr in Cacavincigli war, gesehen und ihr gleich mein ganzes Herz zugewandt. Bei dem Blute Christi, ich wollte ihr gleich zwölf harte Bologneser Taler geben, wenn sie sich mir hingegeben hätte, aber sie wollte nicht. Darum bitte ich dich um alles in der Welt, sage mir, was ich zu tun habe, um einmal dabeisein zu können. Und wenn du es dahin bringst, daß ich dazukomme, so sollt ihr wahrhaftig einen treuen und ehrlichen Kameraden an mir haben. Sieh mich doch nur einmal an, was ich für ein hübscher Kerl bin und wie schön mir die Beine am Leibe stehen; ich habe ein Gesicht wie Milch und Blut und bin überdies Doktor der Medizin, wie ihr wahrscheinlich noch keinen unter eurer Gesellschaft habt, und weiß eine Menge hübscher Dinge und viele schöne Liedchen, und will dir gleich eines vorsingen.« In der Tat fing er auch gleich an zu singen, und Bruno hatte deshalb so große Lust zu lachen, daß er sich kaum halten konnte; doch nahm er sich zusammen, und als das Lied zu Ende war und der Meister ihn fragte, was er davon halte, sagte Bruno: »Wahrhaftig, eine Zither von Haselstauden ist ein Dreck dagegen, so übermäßig schön singt Ihr.« Der Meister erwiderte: »Ich sag's ja, du hättest mir's nicht geglaubt, wenn du's nicht selbst gehört hättest.« – »Beim Teufel, Ihr habt recht«, sagte Bruno. Darauf meinte der Meister: »Ich kenne noch viele andere; allein, lassen wir das gut sein. So wie du mich hier siehst, war mein Vater ein Edelmann, ob er gleich auf dem Lande wohnte, und mütterlicherseits stamme ich aus dem Hause Valecchio, und wie du schon hast sehen können, so habe ich von allen Doktoren von Florenz die schönsten Bücher und die schönsten Kleider. So wahr Gott lebt, ich habe einen Rock, der, alles zusammengerechnet, mich meine hundert Pfund Heller, das Pfund zu einem Gulden und fünfzehn Kreuzer gerechnet, kostete, und das ist schon mehr als zehn Jahre her; darum bitte ich dich noch einmal um alles in der Welt, mach, daß ich dabei bin, und wenn du es dahin bringst, so will ich auf der Stelle des Teufels sein, wenn ich je einen Kreuzer von dir nehme, wenn du einmal krank wirst.« Als Bruno das hörte, mußte er ihn, wie er es auch schon früher getan hatte, für einen ausgemachten Esel halten, und er sagte daher: »Meister, haltet mir das Licht ein wenig höher und werdet nicht verdrießlich, bis ich den Mäusen die Schwänze hingemalt habe, dann will ich Euch antworten.« Als die Schwänze fertig waren, tat Bruno, als ob ihn die Erfüllung der Bitte recht hart ankäme, und sagte: »Mein lieber Meister, es ist nichts Geringes, was Ihr durch mich erreichen wollt, das sehe ich wohl ein; denn mag auch das, was Ihr von mir begehrt, für die Größe Eures Kopfes nur eine Kleinigkeit sein, so ist es wahrhaftig für mich ein schweres Stück Arbeit; allein ich kenne auch niemanden in der Welt, für den ich etwas lieber täte, wenn ich es überhaupt zu tun imstande bin, als für Euch, einmal, weil ich Euch so sehr liebe, als Ihr es verdient, und dann, weil Ihr so schöne und sinnreiche Worte zu machen wißt, daß Ihr damit Betschwestern aus Reiterstiefeln, wieviel mehr einen guten Vorsatz aus mir herausziehen könntet. Je länger ich mit Euch umgehe, um so weiser erscheint Ihr mir, und ich muß Euch daher sagen, daß ich, wenn ich auch sonst keinen Grund hätte, Euch gerne zu haben, Euch schon deswegen lieben müßte, weil ich sehe, daß Ihr in einen so schönen Gegenstand, wie Ihr gesagt habt, verliebt seid. Allein ich will Euch nur so viel sagen, ich habe in dieser Sache nicht die Gewalt, wie Ihr meint, und darum kann ich Euch nicht dazu verhelfen, wonach Ihr begehrt; wenn Ihr mir jedoch bei Eurem großen und durchtriebenen Ehrenwort versprecht, mir unbedingtes Zutrauen zu schenken, so will ich Euch Mittel und Wege an die Hand geben, wie Ihr verfahren müßt, und ich bin fest überzeugt, Ihr werdet, da Ihr so schöne Bücher und so viele andere Dinge habt, wie Ihr mir vorhin sagtet, bald ans Ziel kommen.« Darauf antwortete der Meister: »Sprich nur frei heraus. Ich sehe schon, du kennst mich noch nicht genau und weißt nicht, wie ich ein Geheimnis zu bewahren weiß. Da gab es kaum etwas, das Herr Guasparuolo da Saliceto, als er noch oberster Richter von Forlimpopoli war, mir nicht anvertraut hätte, so verschwiegen fand er mich! Du willst etwa wissen, ob ich die Wahrheit sage? Ich war der erste Mensch, dem er sagte, er wolle die Bergamina heiraten; siehst du nun?« – »Oh, jetzt steht es gut«, sagte Bruno; »wenn er sich Euch so sehr anvertrauen konnte, so kann ich es wohl auch. Also, Ihr habt folgendes zu beobachten: Wir haben nämlich in unserer Gesellschaft immer einen Hauptmann mit zwei beisitzenden Räten, die von sechs zu sechs Monaten wechseln, und ohne Zweifel wird mit dem Ersten nächsten Monats Buffalmacco Hauptmann, und ich werde Rat. So viel ist aber ausgemacht, wer Hauptmann ist, kann viel machen und besonders auch es dahin bringen, daß der, den er vorschlägt, aufgenommen wird. Ich glaube daher, Ihr solltet, soviel nur immer möglich ist, die Freundschaft und das Vertrauen Buffalmaccos zu gewinnen suchen und ihm daher alle Ehre erweisen. Er ist ein Mann, der, sobald er sieht, wie weise Ihr seid, Euch auf der Stelle liebgewinnt; und wenn Ihr ihn durch Euern Witz und die andern Vorzüge, die Ihr habt, ein wenig vertrauter gemacht haben werdet, so könnt Ihr ihm Eure Bitte ans Herz legen, und er wird nicht ›nein‹ sagen dürfen. Ich habe schon von Euch mit ihm gesprochen, und er kann Euch recht wohl leiden; tut also nur, wie ich Euch gesagt habe, und für das Weitere laßt ihn und mich sorgen.« Darauf erwiderte der Meister: »Was du da sagst, gefällt mir recht wohl, und wenn er wirklich ein Mann ist, der an klugen Leuten einen so großen Gefallen hat, so will ich es schon machen, daß er mich, wenn er nur einmal ein paar Worte mit mir gesprochen hat, immer aufsuchen soll, denn ich habe so viel Grütze in meinem Kopfe, daß ich einer ganzen Stadt damit aushelfen könnte und dennoch immer noch der Klügste bliebe.« Als dies soweit in Ordnung gebracht war, erzählte Bruno dem Buffalmacco alles haarklein, und diesem kam die Zeit, wo er das tun könnte, was unser Herr Strohkopf suchte, wie eine Ewigkeit vor. Der Medikus, der nichts sehnlicher wünschte, als auf Kaperei auszugehen, ruhte nicht eher, als bis er sich Buffalmacco zum Freunde gemacht hatte, was ihm auch gut gelang. Er gab ihm die besten Mittagstafeln und die köstlichsten Abendmahlzeiten, und Bruno mußte stets daran teilnehmen; diese beiden benahmen sich hierbei wie jene vornehmen Herren, welche, wenn es gute Weine und fette Kapaunen und andere gute Dinge zu riechen gibt, stets bei der Hand sind, und ohne sich lange einladen zu lassen, gleich zugreifen und dabei immer die Entschuldigung brauchen, bei einem andern würden sie nicht so frei sein. Als jedoch der Medikus glaubte, es sei Zeit, richtete er an Buffalmacco dieselbe Bitte wie vorher an Bruno. Hierüber tat Buffalmacco äußerst aufgebracht und fing mit Bruno die schrecklichsten Händel an, indem er sagte: »Beim allmächtigen Gott von Pasignano, ich kann mich kaum halten, dir eins über den Schädel zu versetzen, daß du den Himmel für eine Baßgeige ansiehst, du altes Schwatzmaul, du! Wer anders als du hat dies dem Doktor verraten?« Der Medikus entschuldigte ihn, sosehr er konnte, indem er hoch beteuerte, die Sache aus einer andern Quelle erfahren zu haben, und brachte es endlich durch die weisen Redensarten, mit denen er ihn überschwemmte, dahin, ihn zu beruhigen. Buffalmacco wandte sich nun an den Meister und sagte: »Lieber Meister, nun sieht man wohl, daß Ihr auf der Universität gewesen seid, da Ihr bis jetzt von einer solchen Sache reinen Mund halten konntet. Ja, wahrhaftig, Ihr könnt mehr als auf fünfe zählen und habt das Abc so gut wie jeder andere Dummkopf aus dem Effeff los, und wenn mich nicht alles täuscht, so seid Ihr ein Sonntagskind. Soviel ich von Bruno gehört habe, habt Ihr Medizin studiert; allein ich möchte eher glauben, Ihr habt Euch darauf gelegt, wie man die Leute fange, denn das versteht Ihr durch Euern Witz und Eure schönen Redensarten mehr als irgendein anderer Mensch.« Der Medikus fiel ihm in die Rede und sagte: »Was ist es doch für eine schöne Sache um den Umgang mit weisen Männern! Wer hätte wohl alle Fasern meiner Gedanken so schnell ergründen können wie dieser wackere Mann da? Du, Bruno, hast bei weitem nicht so bald eingesehen, was ich wert bin, wie er; aber weißt du noch, was ich dir sagte, als du mir sagtest, Buffalmacco habe eine Freude an gescheiten Leuten? Glaubst du nun, daß er mich gerne hat?« – »Ganz gewiß«, antwortete Bruno. Darauf sagte unser Medikus zu Buffalmacco: »Ganz anders würdest du erst sprechen, wenn du mich in Bologna gesehen hättest; da war weder vornehm noch gering, weder Doktor noch Student, der mich nicht von ganzer Seele geliebt hätte, so sehr wußte ich alle durch meine Unterhaltung und meinen Witz zu fesseln. Ja, ich sage dir, ich durfte dort nur ein Wort sprechen, so lachte gleich alles, so ein großes Wohlgefallen hatten sie an mir. Und als ich von dort abreiste, schwamm alles in Tränen, und jedermann bat mich dazubleiben; auch stand es darauf und daran, daß ich dageblieben wäre, denn sie wollten es mir ganz überlassen, den Studenten medizinische Kollegien zu lesen vor so viel Zuhörern, als ich bekommen könnte; allein, ich wollte nicht, denn ich hatte mir einmal fest vorgenommen, hierherzugehen und die große Kundschaft anzutreten, die ich hier habe und die immer mit meinem Hause verbunden war.« Darauf sagte Bruno zu Buffalmacco: »Was meinst du nun? Du wolltest mir's immer nicht glauben, als ich dir's sagte. Beim heiligen Evangelium, es gibt auf dieser Welt keinen Arzt, der sich besser auf das Wasser von einem Esel verstände als er; wahrhaftig, du findest von hier bis zu den Toren von Paris nicht seinesgleichen. Geh, laß dir nicht einfallen, etwas nicht zu tun, was er haben will!« – »Bruno sagt die Wahrheit«, meinte nun der Arzt, »man kennt mich hier nur nicht recht. Ihr seid hier ein so rohes und dummes Volk wie nur eines, und ich wollte nur, ihr solltet mich einmal unter den Doktoren sehen, wie ich mich da ausnehme!« Darauf sagte Buffalmacco: »Wahrhaftig, Meister, Ihr habt viel mehr los, als ich je geglaubt hätte; und nun, nachdem ich mit Euch so konfus und verdreht gesprochen habe, als man nur mit gescheiten Leuten, wie Ihr seid, spricht, sage ich Euch, ich werde es ohne Zweifel dahin bringen, daß Ihr in unsere Gesellschaft aufgenommen werdet.« Auf dieses Versprechen hin verdoppelte der Doktor seine Ehrenbezeigungen gegen sie, und zum Dank für diese Genüsse verdrehten sie ihm mit den ärgsten Dummheiten, die sie aufbringen konnten, den Kopf und versprachen ihm zuletzt, ihm die Gräfin von Vornoffen zu verschaffen, welche die »allerschönste Dame auf dem ganzen großen Misthaufen des Menschengeschlechts« sei. Der Arzt fragte, wer die Gräfin sei. Darauf sagte Buffalmacco: »Mein lieber, süßer Kürbiskopf, das ist eine gar vornehme Dame, und es gibt wenige Häuser in der Welt, in denen ihr nicht alle Rechte zustehen, und nicht bloß sonst viele Leute, sondern auch hauptsächlich der Orden ›von den kleinen Brüdern‹ zollt ihr bei Glockenspiel den verdienten Tribut. Ich sage Euch, sie zieht nicht unbemerkt umher, wenn sie auch meist eingeschlossen lebt. So ging sie vor nicht langer Zeit hier an der Türe vorüber, als sie zum Arno hinabstieg, sich die Füße zu waschen und ein wenig frische Luft zu schöpfen; ihren gewöhnlichen Aufenthaltsort hat sie jedoch auf der großen Latrine. Von hier aus sendet sie ihre Diener aus, die alle zum Zeichen ihrer Herrschaft eine Rute mit einem Senkblei daran tragen. Von ihren ersten Hofbeamten sieht man überall eine Menge, als da sind: Signor Purzel vor der Scheide, Herr Kot, Herr von Stier-im-Bauch, Frau Kacke und noch viele andere, die, wie ich glaube, auch Eure Hausfreunde sind, obgleich Ihr Euch im Augenblick ihrer nicht erinnert. Diese vornehme Dame nun wollen wir Euch, wenn Ihr das Mädchen von Cacavincigli fahrenlaßt, in die Arme legen, soviel wir wenigstens jetzt im Sinne haben.« Der Arzt, obgleich zu Bologna geboren und erzogen, verstand ihre Redensart nicht und war mit der so bezeichneten Dame zufrieden. Nicht lange nach dieser Unterhaltung erzählten ihm die beiden Maler, daß er so gut wie aufgenommen sei. Den Tag vor der Nacht, in welcher die Versammlung stattfinden sollte, hatte sie der Arzt beide beim Essen, und nach dem Essen fragte er sie, wie er sich zu benehmen habe, um in die Gesellschaft zu kommen. Darauf sagte Buffalmacco: »Sehet, Meister, Ihr müßt nur recht dreist sein; denn wenn Ihr nicht tut, als wäret Ihr Eurer Sache gewiß, so könnte man Euch leicht ein Hindernis in den Weg legen, was uns den größten Nachteil brächte. Worin Ihr aber hauptsächlich dreist sein müßt, das will ich Euch sagen. Ihr müßt nämlich ein Mittel ausfindig machen, daß Ihr Euch heute nacht, wenn alles im ersten Schlafe liegt, auf einem der neu aufgeworfenen Grabhügel, welche sie draußen vor Santa Maria Novella errichteten, und zwar in einem Eurer schönsten Röcke, einfindet, damit Ihr gleich zum erstenmal anständig vor der Gesellschaft erscheint. Überdies (wenigstens nach dem, was uns gesagt worden ist; wir selbst waren nicht dabei) beabsichtigt die Gräfin, weil Ihr ein Edelmann seid, Euch auf ihre Kosten zum Ritter vom kalten Bade zu machen. Hier wartet Ihr so lange, bis derjenige zu Euch kommt, den wir an Euch absenden werden. Es ist dies aber – Ihr sollt nämlich von allem unterrichtet sein – ein schwarzes, nicht sehr großes Tier mit Hörnern, das mit furchtbarem Zischen und in gewaltigen Sätzen vor Euch auf dem Platze umherspringen wird, um Euch in Furcht zu jagen; wenn Ihr aber keine Furcht zeigt, so wird es sich Euch ganz ruhig nähern. Ist dies geschehen, so kommt ohne die mindeste Furcht von dem Grabhügel herunter, springt, ohne jedoch Gott oder die Heiligen anzurufen, auf das Tier hinauf, und sobald Ihr fest sitzt, so kreuzt die Hände über der Brust, wie die Höflinge zu tun pflegen, und berührt das Tier nicht weiter. Dieses wird sich dann ganz sanft in Bewegung setzen und Euch zu uns bringen; wenn Ihr aber bis dahin entweder Gott und die Heiligen anruft oder Furcht zeigt, so sage ich Euch, es könnte Euch abwerfen oder an einen Ort hinstoßen, der genugsam stinken würde. Darum, wenn Ihr nicht das Herz auf dem rechten Flecke sitzen habt, so bleibt nur zu Hause, denn Ihr würdet Euch dann nur Schaden zufügen, ohne uns im geringsten etwas zu nützen.« Darauf sagte der Arzt: »Ihr kennt mich noch nicht recht. Kehrt Euch nicht daran, daß ich lange Hosen und die Handschuhe in der Hand trage. Wenn Ihr wüßtet, was ich oft nachts in Bologna, wenn ich mit meinen Kameraden den Mädchen nachlief, getan habe, so würdet Ihr Euch wundern. So wahr Gott lebt, es war einmal in einer solchen Nacht, da wollte eine nicht mit uns gehen; es war so ein armes kleines Tierchen, das mir kaum bis an den Nabel ging; aber ich gab ihm zuerst mit der Faust einige Schläge, hob es darauf, so schwer es war, auf und trug es, ich glaube fast eine Schußlänge; da brachte ich es bald dahin, daß es mit uns ging. Ein anderes Mal, erinnere ich mich, ging ich, ohne daß jemand bei mir war als mein Bedienter, so etwas nach dem Ave Maria, am Kirchhofe der Minoritenbrüder, auf dem an demselben Tage eine Frau begraben worden war, vorbei und hatte nicht die mindeste Angst. Macht Euch deshalb keine Sorge um mich, denn ich bin dreist und mutig. Ich sage Euch also, ich werde, um ganz anständig zu erscheinen, meinen Scharlachrock anziehen, in welchem ich zum Doktor promovierte, und gebt nur acht, ob nicht die Gesellschaft, wenn sie mich darin erblickt, eine große Freude an mir hat, und mich mir nichts, dir nichts schnurstracks zu ihrem Hauptmann macht. Ja, wartet nur, wie es erst gehen wird, wenn ich selbst da sein werde, da die Gräfin sich, noch ehe sie mich gesehen hat, schon so in mich verliebt, daß sie mich zum Ritter vom Bade machen will. Wie mir aber die Ritterschaft anstehen wird und wie ich sie zu handhaben wissen werde, ob schlecht oder gut, dafür lasset nur mich sorgen.« – »Recht gut gesprochen«, sagte Buffalmacco, »aber nehmt Euch in acht, daß Ihr uns nicht zum besten habt und ausbleibt und nicht dort gefunden werdet, wenn wir nach Euch senden; ich sage Euch das, weil es heute nacht sehr kalt werden wird und ihr Herren Ärzte Euch hiervor sehr fürchtet.« – »Gott bewahre«, erwiderte der Arzt, »ich bin keiner von diesen Frierhasen und fürchte mich nicht vor der Kälte. Es kommt mir sehr oft vor, daß ich mich nachts, wenn mich ein Bedürfnis anwandelt, wie es vielen Leuten geht, erhebe, und dann lege ich nichts an als meine Wildschur über dem Unterleibchen. Darum werde ich mich ganz gewiß einfinden.« Als nun die beiden fortgegangen waren und die Nacht hereinbrach, suchte der Arzt seine Frau zu Hause unter allerlei Vorwänden zu beschwichtigen, nahm heimlich seinen schönen Rock aus dem Kasten und zog ihn, als es ihm Zeit schien, an. Darauf ging er auf einen der neu aufgeworfenen Grabhügel und kauerte sich hier, da es sehr kalt war, auf einem Leichensteine zusammen, die Bestie erwartend. Buffalmacco, der groß und stark war, wußte sich eine Maske zu verschaffen, wie sie damals bei gewissen Spielen, die jetzt nicht mehr im Brauche sind, nötig waren, und zog einen schwarzen Pelz verkehrt an, so daß er ganz wie ein Bär aussah, nur daß seine Maske aus einer Teufelsfratze bestand und Hörner hatte. In diesem Aufzuge ging er auf den neuen Platz von Santa Maria Novella, in dessen Nähe sich auch Bruno begeben hatte, um zu sehen, wie die Sache ablaufen würde. Als jener nun sich vergewissert hatte, daß der Medikus da sei, fing er an, so gewaltige Sprünge zu machen und so furchtbar auf dem Platze umherzuschnauben, zu zischen und zu brummen und zu heulen, als ob ihn der Teufel ritte. Als dies der Meister sah und hörte, standen ihm alle Haare zu Berge, und er fing an, am ganzen Leibe zu zittern und zu beben, ärger als ein altes Weib, und tausendmal wünschte er lieber zu Hause zu sein als hier. Allein, teils weil er einmal hergekommen war, hauptsächlich aber wegen der Begierde, die Wunder zu sehen, von denen ihm jene erzählt hatten, bezwang er sich, ruhig zu scheinen. Nachdem aber Buffalmacco, wie schon gesagt, eine Zeitlang umhergetobt hatte, stellte er sich, als werde er nach und nach ganz ruhig, näherte sich dem Leichensteine, auf dem der Meister saß, und stand hier stille. Der Meister, welcher am ganzen Leibe vor Furcht zitterte, wußte nicht, was er tun solle, ob aufspringen oder sitzenbleiben. Da er aber befürchtete, es möchte ihm Übles widerfahren, wenn er nicht aufstehe, überwog diese zweite Furcht die erste; er stand auf, sagte leise ein »Gott helfe mir«, sprang auf das Grabmal, setzte sich so fest als möglich und faltete, immer noch vor Furcht zitternd, seine Hände nach Höflingsmanier, wie ihm befohlen worden war. Buffalmacco nahm nun ganz langsam die Richtung gegen Santa Maria della Scala hin und brachte ihn, auf allen vieren gehend, bis nahe zu dem Kloster der Jungfrauen von Ripola. In dieser Gegend waren damals Gräben gezogen, durch welche die Landleute der Gegend Jauche und Unrat herleiteten, um ihre Felder damit zu düngen. Diesen näherte sich Buffalmacco, trat an den Rand derselben, ergriff im geschickten Augenblick mit der einen Hand einen der Füße des Arztes, faßte ihn mit der andern von hinten und warf ihn kopfüber in den Graben hinab. Darauf fing er an, heftig zu knurren, umherzuspringen und zu toben und lief endlich die Santa Maria della Scala entlang auf die Allerheiligenwiese, wo er den Bruno traf, der, weil er das Lachen nicht länger mehr hatte halten können, schon vorher hierhergeflüchtet war. Beide wollten sich nun vor Lachen ausschütten und beobachteten sodann in der Ferne, was der eingeseifte Medikus machen würde. Sobald dieser weise Herr merkte, an welch abscheulichem Orte er sich befinde, strengte er sich an, aufzustehen; indem er sich aber auf alle Art abmühte, herauszukommen, fiel er bald auf diese, bald auf jene Seite zurück und wurde so vom Kopf bis zum Fuße ganz einbalsamiert; nun ward er verzweifelt und niedergeschlagen, und erst nachdem er sogar eine Portion verschluckt hatte, gelang es ihm, unter Zurücklassung der Kapuze, herauszukommen. Er bröckelte sich nun den Kot mit den bloßen Händen, so gut er konnte, ab, eilte, da ihm nichts Besseres einfiel, schnell nach Hause und klopfte so lange, bis man ihm aufmachte. Kaum war er, also von Gestank überzogen, eingetreten und hatte die Haustüre wieder hinter sich geschlossen, als Bruno und Buffalmacco auch schon da waren, um zu hören, wie derselbe von seiner Frau empfangen werde. Wie sie nun auf der Lauer standen, hörten sie, wie die Frau ihm die allergröbsten Schimpfworte sagte, mit denen nur je ein armer Ehekrüppel überschüttet wurde. »Was bist du doch für ein erbärmlicher Mensch«, sagte sie; »einem andern Frauenzimmer bist du nachgelaufen und wolltest deshalb in deinem Scharlachrocke recht anständig vor ihr erscheinen. Ich war dir also nicht genug? Ich, die ich ein ganzes Regiment befriedigen könnte, geschweige einen Burschen wie dich. Hätten sie dich doch lieber ganz erstickt, statt daß sie dich bloß hineinwarfen, wo der geeignete Platz für dich war! Sieh einer doch den ehrenwerten Doktor da, hat eine Frau und läuft nachts andern Weibern nach.« Und mit solchen und andern ähnlichen Redensarten hörte die Frau bis Mitternacht nicht auf, den armen Medikus, der sich inzwischen die ganze Zeit über wusch, zu peinigen. Den andern Morgen gingen Bruno und Buffalmacco, die sich den ganzen Leib, soweit er unter den Kleidern steckte, so bemalt hatten, als wären es blutunterlaufene Flecken, wie man sie von Schlägen bekommt, zu dem Arzte ins Haus und trafen ihn schon aus dem Bette. Wie sie zu ihm hereintraten, stank ihnen alles entgegen, und sie merkten wohl, daß die Reinigung nicht so vollständig hatte vollzogen werden können, daß nichts mehr gestunken hätte. Wie der Arzt sie zu ihm kommen sah, ging er ihnen entgegen und wünschte ihnen einen guten Tag und ein Helfgott. Darauf erwiderten Bruno und Buffalmacco, wie sie es sich vorher vorgenommen hatten, mit ganz verstörten Gesichtszügen: »Das wünschen wir Euch nicht, sondern wir bitten vielmehr Gott, er möchte Euch so viel Unheil auf den Hals schicken, daß Ihr lieber wünschtet, ein Dolchstich mache Eurem Leben ein Ende; denn Ihr seid der wortbrüchigste und heilloseste Verräter, der existiert. Euer Verdienst ist es nicht, daß wir, die wir uns Mühe gaben, Euch Ehre und Vergnügen zu bereiten, nicht wie elende Hunde getötet worden sind. Wegen Eurer Wortbrüchigkeit haben wir heute nacht so viel Prügel bekommen, daß man mit kaum der Hälfte einen Esel von hier bis nach Rom treiben könnte; und außerdem liefen wir noch Gefahr, mit Schmach aus der Gesellschaft gestoßen zu werden, in welcher wir alles zu Eurer Aufnahme hergerichtet hatten. Wollt Ihr uns keinen Glauben schenken, so seht einmal unsere Leiber an, wie sie aussehen.« Nun schlugen sie bei dem schwachen Tagesschimmer, der hereinbrach, ihre Kleider auseinander, zeigten ihm die bemalte Brust und bedeckten sich nachher gleich wieder. Der Arzt wollte sich entschuldigen, von seinem eigenen Unglück anfangen und wie und wo er hineingeworfen worden sei, allein Buffalmacco sagte: »Ich wollte, Ihr wäret von der Brücke in den Arno hinabgeworfen worden; wer hieß Euch denn auch Gott und die Heiligen anrufen? Hatte man es Euch nicht vorher gesagt?« Darauf sagte der Arzt: »So wahr Gott lebt, ich dachte nicht daran.« – »Wie?« sagte Buffalmacco, »Ihr dachtet nicht daran? Ihr werdet Euch an vieles nicht erinnern; denn unser Abgesandter sagte uns, Ihr hättet gezittert wie Espenlaub und gar nicht gewußt, wo Ihr nur wäret. Ja wahrhaftig, Ihr habt Eure Sache gut gemacht; aber das soll mir eine Warnung sein, und Euch wollen wir dafür soviel Ehre antun, als Euch gebührt.« Der Arzt fing nun an, um Verzeihung zu flehen und sie um Gottes willen zu bitten, ihn nicht der Beschimpfung preiszugeben, und bemühte sich, sie mit so süßen Worten, als er nur finden konnte, zu beruhigen. Und aus Furcht, sie möchten seine Schande ausplaudern, wenn er auf einmal mit seinen Ehrenbezeigungen aufhörte, ehrte und umwarb er sie von da an mit Geschenken und dergleichen noch weit mehr als zuvor. Auf diese Art nun, wie ihr gehört habt, wurde dem Verstand beigebracht, der davon keinen Schimmer auf der Universität erworben hatte.